普通高等教育经管类专业“十二五”规划教材

微观经济学

谭淑霞　主　编

李海霞　赵　辉　刘　旸　副主编

清华大学出版社

北　京

内 容 简 介

本书根据高等院校微观经济学课程的基本要求编写，采用理论与实践相结合的方法，系统地介绍了微观经济学的理论架构和应用。全书共 12 章，主要内容包括：绪论；理论市场的需求与供给；供求理论的现实应用；消费者选择理论；企业行为与生产决策；成本理论；完全竞争市场；垄断市场；垄断竞争市场；寡头市场；生产要素市场；市场失灵与信息不对称。

本书可以作为高等院校经济管理类相关专业的教学用书，也可作为广大工商管理人员的学习参考书和继续教育培训教材。

本书配有课件，下载地址为：http://www.tupwk.com.cn。

图书在版编目(CIP)数据

微观经济学 / 谭淑霞 主编. — 北京：清华大学出版社，2015
(普通高等教育经管类专业“十二五”规划教材)
ISBN 978-7- 302-41963-1

Ⅰ. ①微… Ⅱ. ①谭… Ⅲ. ①微观经济学—高等学校—教材 Ⅳ. ①F016

中国版本图书馆 CIP 数据核字(2015)第 254323 号

责任编辑：施　猛　马遥遥
封面设计：周晓亮
版式设计：方加青
责任校对：曹　阳
责任印制：杨　艳

出版发行：清华大学出版社
网　　址：http://www.tup.com.cn，http://www.wqbook.com
地　　址：北京清华大学学研大厦 A 座　　邮　　编：100084
社 总 机：010-62770175　　邮　　购：010-62786544
投稿与读者服务：010-62776969，c-service@tup.tsinghua.edu.cn
质 量 反 馈：010-62772015，zhiliang@tup.tsinghua.edu.cn
课 件 下 载：http://www.tupwk.com.cn，010-62794504
印 刷 者：北京富博印刷有限公司
装 订 者：北京市密云县京文制本装订厂
经　　销：全国新华书店
开　　本：185 mm×260mm　　印　　张：19　　字　　数：403 千字
版　　次：2015 年 11 月第 1 版　　印　　次：2015 年 11 月第 1 次印刷
印　　数：1～2200
定　　价：32.00 元

产品编号：057995-01

前　言

500多年前建立的经济学是一门古老而又年轻的科学，它的许多理论还很不成熟并且尚存争论。但无论是古老还是年轻，都不影响它的应用性，经济学的分析方法能够给我们提供广泛的应用空间。自20世纪80年代以来，经济学领域的新理论、新方法不断涌现，大大扩展了传统的微观经济理论。

本书是为工商管理、物流管理、市场营销等管理类本科专业的学生编写的。按照教育部教学大纲的要求，针对国家创办应用技术型大学的需要，针对管理类专业面向市场、面向企业、突出应用的特点，我们结合多年的教学实践与经验，策划编写了本书。在编写过程中我们力求结合实际、贴近生活、接近市场，用轻松而有趣的方式对微观经济学理论进行解释，并尽可能地说明微观经济理论在现实中的应用；力求有所选择、有所侧重地引入部分最新理论。作为管理类学生的基础课程，本书的编写目的是为学生奠定经济学基础、培养经济学思维方式、理解和掌握经济学分析方法。

在编写过程中，编写组成员经过反复研究和讨论，大胆采取了拿来主义和实用主义的观点，参考和吸收了20世纪90年代以来国内外经济学教科书的内容，并进行了大胆整合。为了更好地适应教学实际需要，书中重点介绍理论的内容与运用，规避了理论的发展过程和不同学派间的争论。

于是，本书就有了如下特点。

1. 语言简明、逻辑性强。本书直接介绍微观经济学原理和应用，直接提出问题；语言简练易懂，尽量将定义简化，或采用通俗化定义。对于传统经济学采用的复杂的公式，尽量用简化的文字进行阐述，力争做到用较少的篇幅容纳较多的内容。虽然尽可能采用生动活泼的语言来解释微观经济学理论，但是力争做到严谨有序，严谨性与条理性贯穿于本书的始终。

2. 图形准确、科学严谨。在理论分析中，为了能更清晰地表达逻辑关系，本书通过绘制准确、流畅的图形来对模型进行分析。本书涵盖了微观经济学理论的主要内容，但这并不意味着本书是高难度的教科书。全书语言文字风格基本一致，内容前后呼应，线索清晰。

3. 案例丰富、应用性强。书中各章开篇均以案例引入相应内容，各个章节中设置了相应的案例分析，锻炼读者利用相关理论分析现实问题的能力。在内容选编上注重实用性，将理论分析与实际相结合，为了更好地锻炼读者的经济学思维习惯与能力，每章都精心设置了大量的练习题与思考题，这些题目尽可能地选取贴近生活与现实经济的问题，计算题也体现出了一定的应用性。

4. 注重理论、关注发展。本书在编写中重点关注微观经济理论的解释与说明，但同时也关注了最近几年来经济学理论新的发展问题，如博弈论和厂商间的相互作用、不确定性和信息不对称问题等，在本书中，用了一定的篇幅来对相关理论进行解释和阐述。

本书作为新世纪应用型教材之一，不仅仅适合于管理类本科专业学生，也适合于经管类申请同等学历人员、研修班人员以及机关和企事业单位的培训人员。书中各章节设置的习题是本书的一个重要组成部分，读者应予以重视。做题时应尽可能全部做完，如果时间紧则可以每种题型都选做一部分。

本书由谭淑霞任主编，负责设计思路、编写大纲并最终修改定稿。李海霞、赵辉、刘旸任副主编。具体编写分工为：第1章、第2章、第3章、第4章和第12章由谭淑霞编写；第5章、第6章和第11章由李海霞编写；第7章和第8章由赵辉编写；第9章和第10章由刘旸编写。

编写本书的构想是在总结多年应用型本科教学经验基础上提出来的，同时借鉴了前辈和同行在经济学研究领域和教学领域所作出的贡献(详见书后参考文献)，前人的研究拓展了我们的思路和视野，在此一并向这些作者、译者和学者表示真诚的谢意！

学而有成，既要下功夫，又得有兴趣，二者缺一不可。读者能捧起我们的《微观经济学》，想必是肯下苦功的。如果这本书能够使你对经济学产生兴趣，各位编者会非常欣慰。

虽然编者做了积极的努力，但是由于才疏学浅，差错在所难免，敬请广大师生提出宝贵意见。追求完美是我们的梦想，真诚希冀广大读者能关注本书，为本书的日臻完善提供智力支持。反馈邮箱：wkservice@vip.163.com。

编　者

2015年7月

目　录

第1章　绪论

本章导入

本章作为微观经济学的绪论，将介绍经济学和微观经济学的一些预备知识，包括经济学的研究对象；微观经济学的研究对象、框架体系、经济学研究的基本问题、假设前提以及研究方法等，使读者能对经济学的原理知识有个初步的了解。掌握经济学的定义；理解为什么要做选择；掌握机会成本的定义；了解三项基本经济问题；了解微观经济学和宏观经济学的区别；了解实证分析和规范分析的方法；学会运用生产可能性边界分析机会成本和经济增长。

开篇案例　迪卡侬(Decathlon)的资源配置

迪卡侬(Decathlon)是一家在全球设计、生产和销售体育用品的法国企业，1976年由米歇尔·雷勒克(Michel Leclercq)创立，它开创了运动用品超市的新概念。在创建之初，迪卡侬就始终坚持着这样一种愿望，希望通过最低的商品价格，最全面的运动商品种类，将喜欢运动的顾客聚集在一起，从而能够让最广泛的大众享受运动给身心带来的愉悦。起初迪卡侬只是一个简单的代理商，但随着自身零售力量越来越强，问题也越来越多——品牌商们在价格或者货品供应上的配合很难如其所愿。为了摆脱上游的制约，迪卡侬决定向上游市场和研发领域进军。

1986年开始，迪卡侬尝试体育运动用品的生产，这一决策使得迪卡侬从最初仅仅销售外来公司的产品转变为同时生产自己品牌的产品。为了配合这一决策，迪卡侬开始在全球范围内进行生产布局和资源整合。1989年迪卡侬采购公司变为迪卡侬国际采购公司，分别在泰国、韩国、意大利、西班牙、中国香港等国家和地区设立分公司，其生产网络发展到全球五大洲18个国家。

迪卡侬几乎囊括了体育用品产业链的全部环节，从设计、原材料采购、生产、物流，到品牌营销，以及最终的零售。通过产业链一体化的经营模式，一方面，可以对产业链进行优化，抓住高附加值的环节，如设计、零售，并且依靠终端的销售规模在原材料采购方面取得优势；另一方面，对于低附加值的环节如生产，则通过“全球布局”思维，根据不同地域劳动力成本、汇率、安全状况等对产品在全世界范围内的生产做出调整。如此可以控制相当一部分成本，也可以控制自己的产品模式。

作为零售商，都希望沿着产业链往上走，这样可以控制价值链上尽可能多的环节。零售商自身介入品牌和生产加工领域，最显而易见的好处是，它不需要单独为了品牌做特别大的投入，而是可以充分利用自身的渠道力量，这样成本就相对更低，利润就相对更多。

截止到2010年底，迪卡侬在全球17个国家开设了535家商场，营业额将近60亿欧元。目前，迪卡侬在全世界的员工总数超过35 000名，是欧洲最大、全球第二大的运动用品连锁集团。除了连锁运动用品店的经营外，迪卡侬集团另外一个最大的特色就是拥有丰富的自有品牌产品线，并根据运动类别的不同，分为Quechua(户外山地运动)、Domyos(健身)、Kipsta(团队运动)、Nabaiji(游泳)等16种以上不同的品牌，涵盖了60多种不同的运动项目。

自2003年11月5日在上海开设亚洲第一家分店以来，截至2011年1月，迪卡侬已经在中国的上海、北京、南京等14个城市开设了24家大型迪卡侬运动超市，在中国的员工数量超过1500人。中国成了迪卡侬生产和销售产品的重要基地，而运动超市则是其主要的一种销售模式。典型的迪卡侬体育用品超市面积一般在3000～6000平方米，交通位置便利，店面可视性强，商品分类布局，同时利用内部或周围场地为顾客提供免费锻炼和运动的机会。

由于全球资源的配置以及“全球思维”带来的影响，迪卡侬决定采取一种自行设计生产的方式，并根据运动类别的不同，分设十余种不同的品牌。迪卡侬每个品牌背后都有一个专业的研发团队。迪卡侬根据运动用品的运动特点创建了不同的运动品牌，旗下的运动品牌多达16个。为了保证每一个品牌都能够更加实用、舒适和使用方便，迪卡侬还拥有一系列的产品和技术支持，并希望从纵(技术、创新、设计)深(产品线)两方面构建自己的高度。

资料来源：R. 格伦・哈伯德，安东尼・P. 奥布赖恩. 王永钦，丁菊红，许海波，译. 经济学(微观)[M]. 北京：机械工业出版社，1997.

1.1 经济学的含义

经济(Economy)一词在西方源于希腊文，原意是家计管理。古希腊哲学家色诺芬在其著作《经济论》中论述了以家庭为单位的奴隶制经济的管理，这和当时的经济发展状况相适应。

在中国古汉语中，“经济”一词是“经邦”和“济民”，“经国”和“济世”，以及“经世济民”等词的综合和简化，含有“治国平天下”的意思。古代汉语中的“经济”一词所涉及的内容不仅包括国家对各种经济活动的管理，也包括国家如何理财，还包括国家对政治、法律、教育、军事等方面问题的处理。包括在“经世济民”内的“经济”一词，很早就从中国传到日本。西方经济学在19世纪传入中、日两国。日本的神田孝平最先把Economics译为“经济学”，中国的严复则译为“生计学”。20世纪80年代以来，经济学已逐渐成为各门类经济学科的总称，具有经济科学的含义。

一般对于初学者而言，最关心的问题是：什么是经济学？经济学与其他学科之间有什么联系与区别？但事实上，要界定一个能被所有人都接受的经济学定义是比较困难的。而且，在给经济学下定义时还要充分考虑到它是一门迅速发展且内容丰富的学科，所以，很难用简洁的文字来为经济学下一个定义。不过，现在理论界对经济学含义的普遍描述是：经济学(Economics)是一个经济社会如何进行选择，以利用稀缺的经济资源来生产各种商品，并将它们在社会成员之间进行分配，以满足人们需要的科学。该定义主要是强调资源的稀缺性以及对资源进行充分利用的重要性，这就需要我们来进一步分析经济学的研究对象等相关问题。

1.1.1　经济学的研究对象

自古以来，人们就被其生存空间中资源的稀缺性与人类欲望的无限性之间的矛盾所困扰，并苦苦寻找与之相应的解决办法。经济学正是在这种经济环境下产生的，由于经济学所要解决的问题对于人们的生活是如此重要，因此经济学常常被冠以“社会科学的皇后”的美誉。

1. 欲望的无限性——经济问题的根源

生存与发展是人类社会的基本问题。在生存与发展的过程中人们需要不断地用产品与劳务来满足自身日益增长的需求，这种需求产生于欲望。简单地说，欲望是指一种缺乏的感受与想获得满足的愿望，可以从以下三点来理解欲望的含义。

(1) 欲望主要表现为一种心理需求。欲望虽然产生于人们的生理需求，但它主要是一种心理感觉，它是不足之感与求足之愿的统一。

(2) 欲望具有层次性。根据马斯洛的需求层次理论，可以将人们的欲望划分为五个层次：①满足生理需要的欲望。是指人们希望能够满足衣食住行等基本生存条件的欲望。这是人类最基本的欲望。②满足安全需要的欲望。主要是指人们希望能够满足现在与未来生活安全感的欲望。这种欲望实际上是满足生理需要欲望的延伸。③满足归属和爱的需要的欲望。这是人的一种社会需要，主要指人们希望自己在团体里拥有一席之地，以及与别人建立友情关系等。④满足尊重需要的欲望。包括自尊与来自别人的尊重。自尊包括获得信心、能力、本领、成就、独立和自由等的愿望。来自他人的尊重包括威望、承认、接受、关心、地位、名誉和赏识等。⑤满足自我实现需要的欲望。这就是成长、发展、利用自己潜在能力的需要。包括对真、善、美的追求，以及实现理想与抱负的欲望。这是人类最高层次的欲望。

(3) 欲望具有无限性。欲望的特点是具有无限性，一种欲望得到满足之后又会产生新的欲望，人类为了满足自己不断产生、永无止境的欲望而不断奋斗，这种无限性的欲望是推动社会前进的动力。

(4) 欲望不是贪婪。欲望与贪婪有什么不同呢？欲望指的是人正当的要求，它应该与人满足欲望的能力相匹配。换句话说，欲望是以自己的能力可以满足的，或通过正当途径的努力可以实现的。贪婪则是要去满足无法实现的欲望。

2. 资源的稀缺性——经济问题的产生

所谓资源的稀缺性是指，相对于人类的无限欲望而言，要生产出满足人类这些欲望的经济物品的生产资源是有限的，这种资源的相对有限性就是稀缺性。稀缺资源是指，某种资源相对于人类活动的年限来说，无法在短时间内找到其替代品，或者其本身不能再生，因此无法满足人类的无限欲望。

稀缺性就是指人的欲望超过了用于满足欲望的物品和服务的资源。例如，当一个人只有2万元而想买20万元的汽车时，他面临着金钱的稀缺；当一个家庭只有一天的闲暇，既想外出旅游，又想到商场购物时，面临着时间的稀缺。稀缺无时、无处不在。无论是生活在贫穷的不发达国家(如非洲国家)、还是富裕的发达国家(如西欧和北美国家等)，虽然每个人需要满足的欲望在层次上不同，但都一样为资源的稀缺所困扰。

这里所说的稀缺性不是资源绝对数量的多少，而是指相对于人类无限的欲望而言，资源是稀缺的。所以，稀缺性不是一种绝对性概念，而是一种相对性概念。

3. 选择与资源配置——经济问题的解决

资源的有限性与生产技术的既定性，决定了人类社会的生产能力不能无限地增长，相对于人们无限的难以满足的欲望而言，社会的生产能力和生产水平永远都是不足或稀缺的。所以，如何配置和有效利用稀缺的资源来满足人类无限的欲望，就成了社会所面临的基本问题。

因为资源具有稀缺性，而人类的无限欲望有轻重缓急之分，因此，人类就必须做出选择。经济学产生于稀缺的存在。具体一点说，选择就是面对稀缺性，人类社会必须选择有限的资源去生产某些物品，以满足人们无限欲望中的某些欲望。经济学就是研究人们如何做出选择。由于人们所拥有的资源非常有限，所有的欲望不可能都被满足，因此，人们必须按一定的原则去决定满足欲望的先后顺序。由于稀缺性迫使人们做出选择，所以经济学又被称为“选择的科学”。即在时间、货币等资源稀缺的条件下，人们面临着一个选择性权衡的问题：我们要做哪些事情，不做哪些事情。这里就涉及“机会成本”的概念。

机会成本是指多种用途的生产资源被择定用于生产某种物品时所放弃的其他的最大收益。机会成本强调的是最大收益，比如有一块地，如果用于种菜，可以赚取2万元，种粮食可以赚取5万元，现在，你选择在这块地上盖房子，则你盖房子的机会成本就是5万元。当你所面临的选择只有两种时，为了得到一种东西而放弃的另一种东西就是做出选择的机会成本。

总之，经济学产生于稀缺性的存在。经济学就是研究人们如何利用稀缺的资源来满足人类无限的欲望，从而使人们获得最大的满足的一门学问。由于我们所拥有的资源不能满足所有的欲望，必须按一定的原则决定先满足哪些，后满足哪些。天下没有免费的午餐，选择的代价是机会成本的问题。

案例1-1 **上大学值吗?**

从支付能力上看，中国现阶段大学收费是世界最高的3倍以上。现在在居民的收入中教育支出占的比例越来越大。一个大学生大学四年的会计成本包括上大学的学费、书费和生活费，按照现行价格标准，一个普通家庭培养一个大学生的这三项费用之和是4万。大学生如果不上学，会找份工作，按照现行劳动力价格标准假如也是4万，也就是说一个大学生上大学四年的机会成本也是4万。大学生上大学经济学概念的成本是8万。这还没算上在未进大学校门前，家长为了让孩子接受最好的教育从小学到中学的择校费用。

上大学的成本如此之高，为什么家长还选择让孩子上大学，因为这种选择符合经济学理论——收益的最大化原则。我们算一下上大学与不上大学一生的成本与收益。不上大学的人从18岁开始工作，工作到60岁，共42年，平均每年收入是1万，共42万。上大学的人从22岁开始工作，工作到60岁，共38年，平均每年收入是2万元，共76万，减去上大学的经济学成本8万，剩下68万。与不上大学的收入相比较上大学多得到的收入是26万。这还没考虑高学历所带来的名誉、地位等其他效应。为什么家长舍得在子女教育上投入，就在情理之中了。这里说的“选择”是指有两种机会，是在你能考上大学的情况下。

但对一些特殊的人，情况就不是这样了。比如，一个有足球天赋的青年，如果在高中毕业后去踢足球，每年可收入200万人民币。这样，他上大学的机会成本就是800万人民币。这远远高于一个大学生一生的收入。因此，有这种天赋的青年，即使学校提供全额奖学金也不去上大学。如果把机会成本作为上大学的代价，那么不上大学的决策就是正确的。同样，有些具备当模特气质与条件的姑娘，放弃上大学也是因为当模特收入高，上大学机会成本太大。当你了解机会成本后就知道为什么有些年轻人不上大学的原因了。可见机会成本这个概念在我们日常生活决策中是十分重要的。

资料来源：http://wenku.baidu.com/link?url=_pX6rX5Ho3-n_Uxl4JhrZa-OYaHCQiL1m_QDIhl6RtKGjdo89LP85rB7S-hcJVLMuUA4qBI2_9f0VRRp0IpQ7iLgDHQSq3_tJLcHpwbEJ3W

1.1.2 生产可能性曲线：机会成本和选择

稀缺性决定了每一个社会和个人必须做出选择。同一种资源可以满足不同的欲望，而人们的许多欲望有轻重缓急之分。因此，人们就需要选择用有限的资源去满足哪一种欲望，需要做出决策，即如何使用有限资源的决策。

1. 生产可能性曲线的含义

经济学家用一个简单的经济模型——生产可能性边界来研究在稀缺的条件下人们的选择问题。即，用生产可能性曲线来说明稀缺性、选择和机会成本。在现实经济中人们要生产成千上万种物品与提供各种各样的服务，在研究一个经济体生产什么的选择问题时，经济学家通过假设来使问题得到简化，但这并不影响基本经济思想的表述。

假定一个经济体用全部资源生产两种物品：玉米和棉花。如果只生产玉米可以生产10万吨，只生产棉花可以生产400万公斤。在这两种极端的生产可能性之间，还存在着粮食和棉花的不同数量组合。假设这个经济体在决定玉米和棉花的生产时，提出了*A*、*B*、*C*、*D*、*E*五种组合方式，则可以列表1-1。

表1-1　生产可能性表

可 能 性	玉米/万吨	棉花/百万公斤
A	10	0
B	9	1
C	7	2
D	4	3
E	0	4

基于表1-1，我们可以作出图1-1所示的生产可能性曲线。

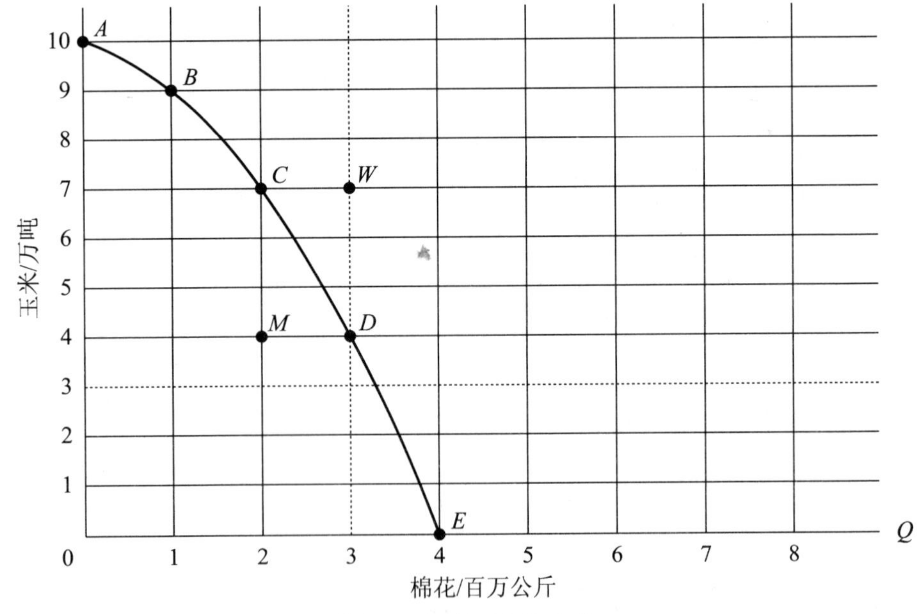

图1-1　生产可能性曲线

在图1-1中，连接*A*、*B*、*C*、*D*、*E*点的*AE*线是在资源既定的条件下所能达到的玉米与棉花的最大产量的组合，被称为生产可能性曲线或生产可能性边界。*AE*线还表明了，多生产一单位棉花要放弃生产多少单位玉米，因此又被称为生产转换线。从图1-1中还可以看出，*AE*线内的任何一点(例如在*M*点上)玉米与棉花的组合(4万吨玉米和200万公斤棉花)，也是既定资源条件下所能达到的，但这并不是两种产品最大产量的组合，说明资源没有得到充分利用，即这样的生产组合是没有效率的。在*AE*线外的任何一点(例如在*W*点上)玉米与棉花的组合(7万吨玉米和300万公斤棉花)，是玉米和棉花更大数量的组合，但这是既定资源条件下无法实现的生产组合。

人的欲望是无限的，但因为用来满足这种欲望的玉米和棉花是有限的，这就表明稀缺性的存在。在存在稀缺性的情况下，人们必须做出生产多少玉米和棉花的决策，这就是我们所面临的选择问题。生产可能性曲线上的所有点都是人们所作出的选择。

在资源既定时，多生产一单位棉花就要少生产若干单位玉米，或者说为了多得到一单位棉花就要放弃若干单位玉米。放弃的若干单位玉米正是得到一单位棉花的机会成本。例如，从*A*点到*B*点，为了多生产100万公斤棉花就必须放弃1万吨玉米(从10万吨减少为9万吨)。所放弃的1万吨玉米就是生产100万公斤棉花的机会成本。由以上分析可知，生产可能性曲线的斜率代表机会成本。

因此，生产可能性曲线是在资源既定的条件下所能达到的两种物品最大产量的组合。它说明了稀缺性、选择和机会成本这三个重要的概念。

2. 生产可能性曲线的移动

现实中，一个经济体的生产可能性边界并不是固定不变的。随着时间的推移，尤其当生产技术和资源发生变化时，生产可能性边界就会发生移动。

例如，假设其他的条件都不变，但生产棉花的技术进步了，即一定数量的资源能够生产出更多的棉花。这时，生产可能性边界就会发生移动。因为社会资源的总量和生产玉米的技术没有发生变动，所以生产可能性边界的*A*点不发生变化。但在其他每一个既定的玉米产量处，棉花的产量都增加了。如果社会资源都用于生产棉花，*B*点移至B_1处，即，生产可能性边界就会发生如图1-2的移动。

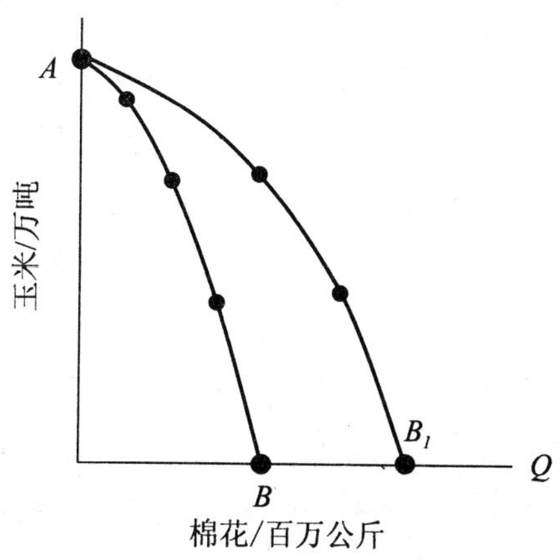

图1-2 生产可能性边界的移动

除了技术的变化外，社会资源总量的变化也会引起生产可能性边界的移动。当社会资源总量增加时，就能够生产出更大数量的玉米和棉花组合，从而引起生产可能性边界向外移动。如果生产玉米和棉花的技术都进步了，也会引起生产可能性边界类似于图1-3的移动。

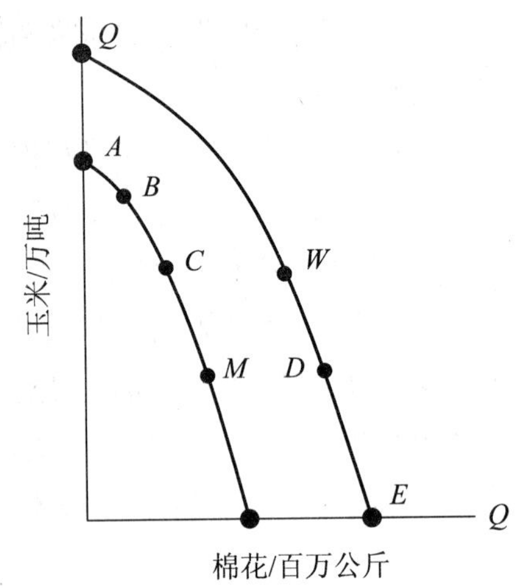

图1-3　生产可能性边界的外移

通过上面的分析，我们很容易得出这样的结论，如果一个经济体的技术发生了进步，或者是资源的数量增加，这个经济体的生产可能性边界就会向外移动，这种移动代表了经济体生产能力的增长，我们称之为经济增长。

图1-2和图1-3都说明了一个经济体的经济增长，即一个经济可以生产出更多的产品。原来不可能达到的产量水平现在可以达到了。

生产可能性边界简化了复杂的经济。通过这一简单的经济模型，我们了解了一些基本的经济思想，稀缺、选择、效率、机会成本和经济增长。这些思想在我们研究现实经济问题时是非常重要的。

案例1-2　楚汉之争——生产可能性曲线

秦朝末年，群雄并起。其中项羽破釜沉舟，在巨鹿全歼秦军主力，一时名声大噪，成为起义部队中实力最强的一支队伍。然而，令项羽没有想到的是，刘邦乘其酣战之际率军独自攻入咸阳，占领关中。项羽想了想，觉得自己提着脑袋同秦军进行苦战，没想到胜利果实却被刘邦窃取了，因此大为恼怒！于是自立为西楚霸王，在公元前206年向刘邦开战，拉开了楚汉之战的序幕。

项羽在巨鹿之战后，实力十分雄厚，拥军40余万，并且取得了上将军地位。尽管刘邦占据富足的关中地区，但是军队人数不足10万，显然不是西楚霸王项羽的对手，和项羽直接作战简直就是以卵击石。于是刘邦便请项伯为其说情，为表诚意决定亲赴鸿门向项羽陪礼道歉，没想到此举收到成效，不仅动摇了项羽进行战争的决心，而且使得亚父范增与项羽关系不和，可谓一箭双雕。

刘邦回到关中以后，继续“约法三章”并采纳萧何的建议，迅速完成了收巴蜀、定三秦的战略目标，并制定了如何夺取天下的谋略。刘邦趁项羽在齐地平定叛乱之际拜韩信为大将军，曹参为前锋，积极备战。刘邦趁齐、楚两军胶着之际，以项羽背信弃义为借口，联合各路诸侯，共同攻占楚都彭城。项羽大惊，遂亲率精兵3万回来解围彭城，以少胜多，大败刘邦及其联军。

刘邦在经历了一系列的惨败之后，痛定思痛，一方面积极发展生产经济，另一方面广泛招兵买马，并继续重用大将军韩信，与项羽展开拉锯战。此时的刘邦已经不可小觑，内有萧何运筹帷幄，外有韩信决胜千里，实力大为增强。特别是韩信在东边取得的一些军事胜利，形成了从东、北两面对项羽夹击的态势。

在此后的两年里，形势的发展对项羽来说是每况愈下。英布叛楚归汉，北有韩信的威胁，中有彭越的侵扰，刘邦则据荥阳、成皋，此时的项羽可谓是腹背受敌。汉五年，刘邦调集韩信、彭越等各路大军几十万人马，将项羽及其楚军包围于垓下。项羽已是四面楚歌，最后逃至乌江自刎而死。刘邦彻底赢得了楚汉之争，统一了天下。

如果从经济学的角度来说明这个问题，就是说在楚汉战争刚刚拉开帷幕的时候，刘邦的“生产可能性曲线”是远远低于项羽的，但是到了后期，项羽的“生产可能性曲线”却远远不如刘邦的了。因为资源是稀缺的，任何人都无法随心所欲地得到所有的物品，同理，刘邦和项羽也不能随心所欲地招兵买马。

资料来源：http://www.doc88.com/p-5129895273159.html

1.2 经济学研究的基本问题

稀缺性是人类社会各个时期和每个社会所面临的永恒问题，所以，选择，即“生产什么”“如何生产”和“为谁生产”的问题，是人类社会所必须解决的基本问题，这三个问题被称为资源配置的基本问题。经济学家将人们面临稀缺性条件下所作出的选择问题概括为三个相关的基本问题，经济学就是针对这三个基本问题进行相关的研究。

1.2.1 生产什么

生产什么(What)即生产什么物品与生产多少的问题，这是经济学研究的第一个基本问题。用玉米和棉花的例子来说，就是生产玉米还是生产棉花；或者生产多少玉米，多少棉花，即在玉米和棉花的所有生产可能性中选择哪一种。

在市场经济条件下，生产什么和生产多少主要取决于厂商和消费者之间的相互作用，但是政府也会发挥一定的作用。决定生产什么的关键因素是价格，某种商品的价格上升会诱使厂商增加生产以求增加利润。于是，为什么有的物品比别的物品价格高以及为什么有些物品的价格会上升或下降就成为人们特别关心的一个中心问题。

1.2.2 如何生产

如何生产(How)即用什么方法来生产玉米和棉花。生产产品与劳务的过程中要使用各种不同的资源(即生产要素)，把不同的资源组合在一起就能生产出产品与劳务。生产产品的过程中需要采用不同的生产方法来进行。生产方法就是如何对各种生产要素进行组合，是多用资本，少用劳动，还是少用资本多用劳动。即是用资本密集型方法来进行生产呢，还是用劳动密集型方法来生产。不同的方法可以达到相同的产量，但是不同的生产方法下的生产率水平是不同的，这就是如何生产的问题。

1.2.3 为谁生产

为谁生产(Who)即生产出来的产品如何分配的问题。还是用玉米和棉花的例子，经济学研究的为谁生产的问题就是研究生产出来的玉米与棉花按什么原则分配给各个社会成员。社会收入的分配决定了不同的社会集团与个人在有限的资源中可以获得多大的消费份额，但是，随之而来的问题是，不同社会集团和个人收入的高低主要取决于什么？应该取决于什么？这个问题难以回答。但有一点可以肯定的是，政府的税收和收入再分配制度也是起很大作用的因素。因此，经济学要研究为谁生产的问题。

事实上，经济学家不仅仅关心经济学如何回答这三个基本问题，而且非常关心这些问题回答得好不好。例如，经济学家会关心“这个经济效率高吗”？也会研究一个社会是否可以在不减少一种物品的同时增加另一种物品。他们也会关心是否可以在不损害一部分人利益的情况下使得另一部分人生活得更好的问题，即福利经济学中的“帕累托最优”配置问题。

1.3 经济学的组成分支

从经济学的产生与演化发展来看，和许多学科一样，经济学的研究领域涉及各个层次，是很宽泛的，从个人到整个经济体层面都能涉及。因此，通常将经济学的研究领域划分成两个层次：微观经济学(Microeconomics)和宏观经济学(Macroeconomics)。也就是说，微观经济学和宏观经济学是经济学的两个重要的组成分支。

1.3.1　微观经济学

“微观”的英文为“Micro”，来源于希腊文“ukto”，原意是“小”。微观经济学以单个经济单位为研究对象，通过研究单个经济单位的经济行为和相应的经济变量的单项数值如何决定，来说明价格机制如何解决社会的资源配置问题。

1. 微观经济学的基本问题

微观经济学的基本问题包括以下4个。

(1) 研究对象是单个经济单位。微观经济学研究单个的人和企业如何做出决策以及这些决策在市场上的相互作用。微观经济学主要考察家庭如何做出购买决策，企业如何做出生产决策，以及家庭和企业的决策如何在市场上相互作用从而决定产品的交易价格和交易数量等。

(2) 解决的问题是资源配置。要使资源配置达到最优化，就必须解决好资源的配置问题，即在哪种资源配置下能给社会带来最大的经济福利。微观经济学从研究单个经济单位的最大化行为入手，来解决社会资源的最优配置问题。如果每个经济单位都能实现最大化，那么，整个社会的资源配置也就能实现最优化。

(3) 中心理论是价格理论。在市场经济中，价格像一只看不见的手，支配着家庭和厂商的行为，调节着整个社会的经济活动，从而使整个社会的资源配置能够实现最优化。因此，微观经济学研究的中心理论是价格理论，其他内容都是围绕着价格理论而展开的。

(4) 研究方法是个量分析。个量分析主要是研究单项数值如何决定。例如，苹果的价格就是苹果作为经济研究变量的一个单项数值。微观经济学主要分析这种个量的决定、变动以及个量间的相互关系。

2. 微观经济学的基本假设

与很多学科一样，经济学的相关理论研究是在一定的假设前提下进行的，就微观经济学而言，该领域的研究主要有以下三个基本假设。

(1) 经济人假设。经济人的假设，起源于享受主义哲学和英国经济学家亚当·斯密(Adam Smith)的关于劳动交换的经济理论。亚当·斯密认为：人的本性是懒惰的，必须加以鞭策；人的行为动机源于经济和权力的力量。经济人假设也被称为理性人假设，它是对在经济社会中从事经济活动的所有人的基本特征的一个一般性的抽象。这个被抽象出来的基本特征就是：每一个从事经济活动的人都是利己的，也可以说，每一个从事经济活动的人所采取的经济行为都是力图以自己的最小经济代价去获得自己的最大经济利益。西方经济学家认为，在任何经济活动中，只有这样的人才是“合乎理性的人”，否则，就是非理性的人。消费者或厂商都是理性的经济人，他们行为的动力来自于自己的利益，行为目标是追逐自身利益的最大化。

(2) 市场出清假设。市场出清一般是指市场均衡的状态，此时，市场上的产品既无过剩也无短缺。当偏离市场均衡时，价格的调整可以使市场自发地实现市场出清的状态。这种市场出清的状态可以使我们找到市场运动的起点和终点，因此，这一假设可以使我们把经济中的复杂的动态分析简化为简单的静态分析。

(3) 完全信息假设。完全信息一般是指消费者和生产者可以免费而迅速地从市场获得任何关于产品的信息。只有这样，消费者和厂商才能迅速对价格信号做出反应，从而实现自身行为的最优化。

1.3.2 宏观经济学

“宏观”的英文为“Macro”，来源于希腊文“nakno”，原意是“大”。宏观经济学以整个国民经济为研究对象，通过研究经济中各有关总量的决定因素及其变化，来解决如何使资源得到充分利用的问题。

1. 宏观经济学的基本问题

宏观经济学的基本问题主要包括以下4个方面。

(1) 研究对象是整个国民经济。宏观经济学主要研究一国总体的经济现象，研究经济总量以及相关经济总量的决定因素与变化，从而说明如何才能使资源实现充分利用。这就是说，宏观经济学研究的不再是单棵的树木，而是整片的森林。

(2) 解决的问题是资源利用。资源配置的问题仍然是宏观经济学研究的基本问题，宏观经济学主要研究经济中资源未能实现充分利用的原因、分析资源如何才能获得充分利用并研究经济增长等相关问题。

(3) 中心理论是国民收入决定理论。国民收入决定理论是宏观经济学的中心理论，其他理论都是围绕国民收入决定理论而展开的。宏观经济学把国民收入决定作为中心来研究资源的利用问题，将国民收入作为最基本的总量来分析整个国民经济的运行。

(4) 研究方法是总量分析。宏观经济学有时也被称为总量经济学。一般将反映经济体运行的经济变量称为总量。经济总量一般分为两种：一种是反映个量的总和，国内生产总值是指在某一时期一国范围内所生产的所有最终物品与劳务的市场价值之和；第二种经济总量是指一种平均量，例如，价格水平是各种物品与劳务的平均价格。宏观经济学对总量的分析主要是研究经济总量的决定、变动以及总量之间的相互关系，借此说明整个社会经济的运行状况。

2. 宏观经济学的基本假设

产生于20世纪30年代的宏观经济学的主要内容是以三个假设作为前提条件而进行研究和论述的。

(1) 市场机制是不完善的。自从市场经济产生以来，每个国家的市场经济都是在繁荣与萧条的交替中发展起来的。市场经济发展的必然产物是若干年一次的经济危机。20世纪30年代爆发的资本主义大危机使经济学家认识到，单纯靠市场机制的调节无法克服危机与失业，这就会导致资源配置与利用中出现浪费。因此，市场机制也是不完善的。

(2) 政府有能力调节经济，纠正市场机制的缺点。市场机制是不完善的，人类不能仅仅顺从市场机制的作用，因此，人们需要在尊重基本经济规律的前提下对经济进行调节。而能从整体上对资源的配置和利用起调节作用的就是政府。政府通过研究分析来采取适当的手段对国民经济进行调节。宏观经济学的研究正是在对政府调节经济能力信任的基础上展开的。

(3) 各种经济变量之间存在错综复杂的相互关系。宏观经济学在研究经济总量的同时，必须考虑每个经济总量之间的相互关系。与微观经济学相比，宏观经济学的假设更能反映现实经济的情况，也更为复杂。

1.4 经济学的研究方法

任何一门科学都有自己的研究方法，经济学家在研究社会问题时，主要采用实证分析和规范分析等方法。通常，将以实证表述为内容的经济学称为实证经济学(Positive Economics)，以规范表述为内容的经济学称为规范经济学(Normative Economics)。

1.4.1 实证经济学

实证经济学是指超脱或排斥价值判断，只研究经济本身的内在规律，并根据这些规律来分析和预测人们经济行为效果的理论。它主要是回答“是什么”的问题，但不对事物的好坏作评价。例如，“今年的货币政策会使通货膨胀率下降2%”，这属于一个实证研究问题，它并未涉及对通货膨胀的价值判断问题。

1.4.2 规范经济学

规范经济学是指依据一定的价值判断，提出某些分析处理问题的标准，研究哪些理论和政策才能符合这些标准。它主要回答“应该是什么”的问题。例如，“今年政府应该控制经济中的流动性问题，以使通货膨胀率下降2%”，这是一个规范命题，它隐含对当前通货膨胀率过高的价值判断。

1.4.3 实证经济学与规范经济学的区别与联系

实证经济学与规范经济学既有区别又有联系，二者的区别主要体现在以下三个方面。

1. 是否以一定的价值判断为依据

这是实证经济学与规范经济学的主要区别之一。所谓价值判断，是指对事物是好还是坏的判断。实证经济学为了使经济学具有客观科学性，就要避开价值判断；而规范经济学要判断某一具体经济事物的好坏，则从一定的价值判断出发来研究问题。

2. 实证经济学与规范经济学要解决的问题不同

实证经济学要解决“是什么”的问题，即要确认事物本身，研究经济本身的客观规律与内在逻辑，分析经济变量间的关系，并用于经济分析与预测。而规范经济学则要解决“应该是什么”的问题，即要说明事物本身是好是坏，是否符合某种价值判断，或者对社会有什么意义。在解决问题不同的这一点上也就决定了实证经济学可以避开价值判断，而规范经济学则必须以价值判断为基础。

3. 研究内容是否具有客观性

实证经济学的研究内容具有客观性，它得出的结论可以用事实来进行检验，不以人的意志为转移。而规范经济学本身则没有客观性，它所得出的结论要受到不同价值观的影响。具有不同价值观判断标准的人，对同一事物的好坏会作出截然相反的评价，谁是谁非没有绝对标准，从而也就无法进行检验。

实证经济学与规范经济学虽然存在上述三点差异，但它们不是绝对相互排斥的，二者之间也具有一定的联系。规范经济学要以实证经济学为基础，而实证经济学也离不开规范经济学的指导。一般来说，越是具体的问题，实证的成分就越多；而越是高层次、带有决策性的宏观问题，越具有规范性。实证经济学与规范经济学强调的是用不同的方法来研究经济学，而微观经济学与宏观经济学都是用实证的方法来进行研究，因此二者都属于实证经济学范畴。

1.5 学习经济学的三大理由

经济学作为一门为现实服务的学科，具有较强的实用性。目前，经济学的发展已经广泛深入很多领域。对于许多人来说，学习经济学具有很强的必要性。

1.5.1　经济学是一门基础性科学

经济学是一门科学，经济学的方法论与其他科学门类基本一致，如与物理学的方法论基本是一样的，所以经济学是属于社会科学的学科，是实证经济学。无论是对于专业学生还是对于正在工作的人，经济学是继续学习深造的一门基础性学科。

经济学方法论模式是通过对现实作简单化的假设(甚至是不符合现实的假设，如几何学中有关“点”和“线”的假设，物理学中“质点”的假设，经济学中“经济人”假设，都不是完全符合事实的)，通过设定内生因素和外生因素(大多从其他学科引入，如偏好结构、技术结构等)来建立模型，再通过经验来证实或证伪结论以验证理论的合理性及其适用范围。在这个意义上，经济学定律并不是放之四海而皆准的真理，都有被证伪的可能性。学习经济学有助于我们更好地认识和理解现实的世界。我们的生活状况不仅取决于自己的决策，而且依赖于其他人的决策，以及周围环境的变化。理解周围的世界如何运行，自然有助于改进个人的决策。在现实世界中，有许多经济问题会引发我们的好奇心，经济学就是这样一门能教会我们更好认识我们所生活的现实世界的学科。

同时，经济学又是其他研究领域的基础。国际经济学、财政学、劳动经济学、管理经济学、产业组织理论等都是以经济学研究作为基础的。并且，经济学的研究方法和分析工具已经成为广大经济管理者研究现实经济问题的基础，这些分析方法和工具也被政治学和社会学所引用。

1.5.2　经济学是选择之学

当你完成高中学业的时候，你需要决定去工作还是去读大学？当你大学毕业的时候，你需要决定继续读研还是去找工作？当你参加了工作，有了一定收入后，你需要决定如何安排你的收入，是消费还是投资？当你拿定主意要去投资的时候，你需要决定是储蓄，还是买股票，还是买基金或者是买房产？我们的一生就是在不断的选择中度过的。当有一天你面临选择左右为难无所适从的时候，那么你就需要补充点经济学知识了。

经济学就是一门有关选择的科学，学习经济学有助于你做出更好的决策。我们可以看出经济学是一门理性选择的学问，它与人自身最根本的利益息息相关，教会我们从对自己、对社会最有利的角度去分析、解决问题，给我们的生活提供了理性且有益的帮助，给我们警示，让我们清醒。美国经济学家2001年诺贝尔经济学奖获得者斯蒂格利茨在其《经济学》一书中指出：“经济学研究我们社会中的个人、企业、政府和其他组织如何进行选择，以及这些选择如何决定社会资源的使用方式。”每一个社会和个人都必须做出选择。

欲望有轻重缓急之分，同一资源又可以满足不同欲望。选择就是用有限的资源去满足不同欲望的决策。但在作选择时，务必请记住：一定要仔细权衡一下你的机会成本，这是提高选择能力需要养成的基本习惯之一。

案例1-3　从"吴三桂冲冠一怒为红颜"看选择的重要性

在清军入关之前，中国的历史上曾经发生了一件十分有意思的事。

1644年李自成率大顺军浩浩荡荡攻入北京城，明朝的崇祯皇帝万般无奈之下在景山自缢。但是李自成心里清楚，并不是占据了北京城就可以高枕无忧了，因为此时的山海关还被明朝将领吴三桂所占据。于是李自成决定派人去游说吴三桂投降于他，并且答应给予吴三桂许多优惠条件，以此来拉拢吴三桂，并声明要犒赏吴三桂及其驻守在出海关的军队。此时的吴三桂被李自成的诚意打动，已有降意。

就在吴三桂准备投诚李自成的前夕，吴三桂先后接到来自北京城的两个消息：其一是吴三桂的父亲被李自成的大将刘宗敏抓捕追赃，并且遭到非难；其二是吴三桂最爱的小妾陈圆圆也被刘宗敏所霸占。得知这两个消息之后，吴三桂勃然大怒，一气之下，拔剑斩杀一名来使，决定一要为父报仇，二要抢回爱妾陈圆圆，三要与李自成势不两立。吴三桂态度的180度大转变，引起大顺朝一片哗然。

这时候占据北京的李自成就面临着如下选择：其一是继续招降吴三桂，但是招降吴三桂可能会影响到占有陈圆圆的刘宗敏，进一步影响到大顺军的团结；其二是征伐吴三桂，但毕竟其是一股不可小觑的力量，又没有人愿意去征战。对李自成来说真的是左右为难，但最后他还是决定要与吴三桂开战。吴三桂得知大顺朝前来讨伐一事之后，大为震惊。他十分清楚，以自己的这点兵力是无法抵挡大顺军的，他很有可能会命丧黄泉。吴三桂冥思苦想，到底是就投降于李自成呢？还是奋起与他们拼死一搏呢？万般无奈之下，吴三桂决定向多尔衮借兵抗衡李自成。多尔衮闻讯窃喜，因为清军的志向在于问鼎中原，一直苦于没有出路， 得知吴三桂借兵的消息后，当然欣喜若狂。聪明的多尔衮提出了借兵的条件，那就是吴三桂必须臣服于清军，当然清军也不会亏待吴三桂。此时的吴三桂已经是热锅上的蚂蚁——急得团团转了，再一想自己的爱妾还在敌军之手，于是决定与多尔衮合作，共同抗击大顺军。就这样吴三桂选择了"冲冠一怒为红颜"。

明末清初这段历史时期里，吴三桂算得上是一个举足轻重的人物：吴三桂当时面临投降李自成和归顺清军两个选择，在关键时刻，这位明朝边防大将迅速倒向清军一边，引清兵入关，联合清军追杀李自成农民军，转战大半个中国，直至李自成败死。

从中我们可以看出，选择对于一个人乃至一个国家是至关重要的，但同时，选择也是要付出代价的，这就是经济学上的机会成本问题。

资料来源：http://www.doc88.com/p-5129895273159.html

1.5.3 经济学是幸福之学

在日常生活中，我们常常烦恼于别人为什么挣得比我多，总是觉得自己得到的比应得的少，而经济学却告诉我们这样的感觉是庸人自扰，也是错误的。经济学认为别人比自己挣得多是正常的，自己得到的就是应得的，如果自己不能理性地坦然面对，只会给自己的生活带来不必要的烦恼和忧愁。

我们之所以在日常生活中遇到这样那样的烦恼，主要还是因为对经济学有一些误解，这可能是经济学说起来比较简单的缘故。“供给与需求”“价格”“效率”“竞争”等都是大家耳熟能详的经济学词汇，而且这些词汇的意思也是显而易见的，因此，很多时候，似乎人人都是经济学家。人们不敢随便在一个物理学家或数学家面前班门弄斧，但在一个经济学家面前，谁都可以就车价跌了是该高兴还是该郁闷等实际问题随意发表自己的见解。其实，经济学中有许多并非显而易见的内容，并不像一些人想象的那么简单。在经济学领域，要想从“我听说过”进入“我懂得”的境界并不是件轻而易举的事情。

因此，掌握正确的经济学知识，将经济学思考问题的方法运用到日常生活中来，使我们能够更加理性地面对生活中的各种琐事，小到油盐酱醋，大到谈婚论嫁，就会减少生活中的诸多郁闷和不快，多一些开心，多一些欢笑。

经济学的理论告诉我们：资源是稀缺的，时间是有限的，选择是有代价的。我们要学会放弃一些眼前的利益，而选择机会，选择未来，坚持学习，不断地给自己充电，适应新的变化。如果你能多懂得一点经济学，就会多一点机遇，少一点风险。

经济学是一门能教会我们选择的科学。我们在一生中，会做出多种决策，而每一种决策都是需要付出机会成本的。经济学让我们能体会并考虑到这种成本，了解到选择应充分考虑的条件，知道沉没成本的存在能让我们尽可能少地不再为过去的付出而伤悲。在学习经济学的过程中以及以后，我们能逐渐体会到经济学所能带给我们的这种幸福和快乐。

案例1-4 **经济学与生活——像经济学家那样思考**

有一则故事，说的是三个经济学家和三个数学家一起乘火车去旅行。数学家讥笑经济学家没有真才实学，弄出的学问还摆了一堆诸如“人都是理性的”之类的假设条件；而经济学家则笑话数学家们过于迂腐，脑子不会拐弯，缺乏理性选择。最后经济学家和数学家打赌看谁完成旅行花的钱最少。于是，三个数学家每个人买了一张票上车，而三个经济学家却只买了一张火车票。列车员来查票时，三个经济学家就躲到了厕所里，列车员敲厕所门查票时，经济学家们从门缝里递出一张票说，买了票了，就这样蒙混过关了。三个数学家一看经济学们这样就省了两张票钱，很不服气，于是在回程时也如法炮制，只买了一张票，可三个经济学家一张票也没有买就跟着上了车。数学家们心想，一张票也没买，看你们怎么混过去。等到列车员开始查票的时候，三个数学家也像经济学家们上次一样，躲到厕所里去了，而经济学家们却坐在座位上没动。过了一会儿，厕所门外响起了敲门声，并传来了查票的声音。数学家们乖乖地递出车票，却不见查票员把票递回来。原来是经济学家们冒充查票员，把数学家们的票骗走，躲到另外一个厕所去了。数学家们最后还是被列车员查到了，乖乖地补了三张票，而经济学家们却只掏了一张票的钱，就完成了这次往返旅行。

这个故事经常被经济学教授们当做笑话讲给刚入门的大学生听，以此来激发学生们学习经济学的兴趣。但在包括经济学初学者在内的大多数人看来，经济学既枯燥又乏味，充满了统计数字和专业术语，远没有这则故事生动有趣；而且经济学总是与货币有割舍不断的联系，因此，人们普遍以为，经济学的主题是货币。其实，这是一种误解。经济学真正的主题是理性，其隐而不彰的深刻内涵就是人们理性地采取行动的事实。经济学关于理性的假设是针对个人而不是团体。经济学是理解人们行为的方法，它源自这样的假设：每个人不仅有自己的目标，而且还会主动地选择正确的方式来实现这些目标。这样的假设虽然未必总是正确的，但很实用。在这样的假设下发展出来的经济学，不仅有实用价值，能够指导我们的日常生活，而且这样的学问本身也因为充满了理性而足以娱人心智，令人乐而忘返。尽管我们在日常生活中时常有意无意地运用了一些经济学知识，但如果对经济学知识缺乏基本的了解，就容易在处理日常事务时理性不足，给自己的生活平添许多不必要的烦恼。比如，刚刚买回车子，没过两天，这款车子却降价了，大部分人遇到这种情况都垂头丧气，心里郁闷得很；倘若前不久刚刚买了房子，该小区的房价最近上涨了，兴高采烈是一般购房者的正常反应。这些反应虽然符合人之常情，但跌价带来的郁闷感觉却是错误的。

经济学认为，正确的反应应该是：无论是跌价，还是涨价，都应该感觉更好。经济学认为，对消费者而言，最重要的是你消费的是什么——房价、车价是多少以及其他商品的价格是多少。在价格变动以前，你所选择的商品组合(房子、车子加上用收入余款购买的其他商品)就是对你来说最好的东西。如果价格没有改变，你会继续这样的消费组合。在价格变化以后，你仍然可以选择消费同样的商品，因为房子、车子已经属于你了，所以，你不可能因为价格变化而感觉更糟糕。但是，由于房子、车子与其他商品的最佳组合取决于房价、车价和其他商品的价格，所以，过去的商品组合仍然为最佳是不可能的。这就意味着现在还有一些更加吸引人的选择。新的选择虽然存在，但你却更钟情于原来的最佳选择(原来的商品组合)，因此，你的感觉应该更好。

资料来源：http://www.talicai.com/diary/24234

本章小结

1. 经济学：关于人们如何在稀缺的情况下做出选择

有选择，就会有得失。在选择中，你得到的东西的成本就是为了得到它所放弃的东西，经济学称之为机会成本。一个社会面临的三项最基本的经济选择或三项最基本的经济问题是：生产什么？如何生产？为谁生产？

2. 生产可能性曲线：选择与机会成本

经济学家通过经济模型来描述并解释经济现象。我们介绍了一个简单的经济学模型，即生产可能性边界。

生产可能性边界能够帮助我们理解在稀缺的条件下人们的选择问题。生产可能性边界是指在资源和技术既定的条件下，一个经济体所能生产的最大产量组合。它很好地描述了在稀缺的条件下为了得到更多的一种物品就必须减少另一种物品的生产，因此可以用它的斜率来表示机会成本。因为存在资源的适用性，所以生产一种物品的机会成本递增。当生产资源和技术发生改变时，生产可能性边界会发生移动，我们可以用生产可能性边界的移动来说明经济增长。

3. 微观经济学与宏观经济学：经济学的两大分支与组成

经济学家从两个层面上对经济问题进行分析，一个是研究单个的人和企业如何做出决策以及他们如何在市场上相互作用的微观经济学，另一个是研究整体经济现象的宏观经济学。

4. 实证分析与规范分析：经济学的主要研究方法

经济学家采用两种方法来分析经济问题，一个是客观地描述世界“是什么”并揭示其客观规律的实证分析，另一个是关于世界“应该是什么”的规范分析。

通过本章的学习，我们已经对经济学的研究内容有了一个初步的了解。在以后的各章中，我们会依次对产品市场、家庭、企业和要素市场进行深入细致的分析。

复习思考题

1. 什么是稀缺？是否每个人都面临着稀缺？如果你也面临着稀缺的话，列出你所面临的稀缺。

2. 微观经济学的基本内容是什么？

3. 西方经济学的理论体系是由哪两部分构成的？它们之间的关系如何？

4. 实证经济学与规范经济学的区别与联系是什么？

5. 假设你家楼下的超市每瓶水卖3.0元，但你知道500米外的另一家超市每瓶水只卖2.5元，你会到距离较远的另一家超市买水吗？你的决定给你带来什么好处？你决定的机会成本是什么？不同的人或同一个人在不同的情况下会做出不同的决策吗？

6. 什么是基本经济问题？

7. 在经济活动中，人们为什么必须做出选择？

8. 下列说法中哪些属于实证分析，哪些属于规范分析？

(1) 农药价格的上涨会提高玉米的价格；

(2) 食堂饭菜的价格太高了；

(3) 提高利率会减少投资；

(4) 每个大学生都应该学习经济学；

(5) 应该保证社会上每一个人都尽可能拥有最好的医疗保障；

(6) 政府应该加强对我国教育体制的改革；

(7) 工资率提高可以吸引和留住高技术人才。

9. 说明下面的问题是微观经济问题还是宏观经济问题。

(1) 企业关于投入多少资本品的决策；

(2) 印刷业利润上升的原因；

(3) 政府增加科技教育投入对经济增长的影响；

(4) 央行大量发行货币对经济的影响；

(5) 在淘宝网上卖电脑的定价决策；

(6) 日本经济增长率下降的原因。

10. 什么是生产可能性边界？生产可能性边界的斜率为负值说明了什么？为什么生产可能性边界通常都是向外移的？哪些因素会导致生产可能性边界的外移？

11. 经济循环流向图的含义是什么？它揭示了什么规律？

12. 指出下面的每次交易是发生在要素市场上还是在产品市场上，家庭或企业是买方还是卖方。

(1) 张晓丽同学到沃尔玛超市购买日用品；

(2) 李凡同学寻找暑假兼职工作；

(3) 你向亲戚借20 000元用于毕业后创业，答应每年向其支付1000元的利息；

(4) 小李租用1亩土地用于种植绿色蔬菜。

13. 农民小吴一天可以收割100公斤玉米，也可以一天收割300公斤大豆。他每月工作30天。

(1) 画出小吴每月收割粮食的生产可能性边界。

(2) 小吴收割1公斤玉米的机会成本是多少？

14. 假设经济体只生产汽车和飞机两种物品，数量组合如表1-2所示，经济体初始在C点运行。

表1-2　数量组合

组合	A	B	C	D
汽车	20	16	10	0
飞机	0	1	2	3

(1) 多生产1单位汽车的机会成本是多少？

(2) 多生产1单位飞机的机会成本又是多少？

15. 小琳1小时可以读80页经济学著作，她还可以1小时读100页心理学著作。她每天学习8小时。

(1) 请画出小琳阅读经济学和心理学著作的生产可能性曲线；

(2) 小琳阅读160页经济学著作的机会成本是多少？

16. 假设经济体只生产汽车和电脑两种物品，产量组合如图1-4所示。如果经济体初始在C点运行。则：

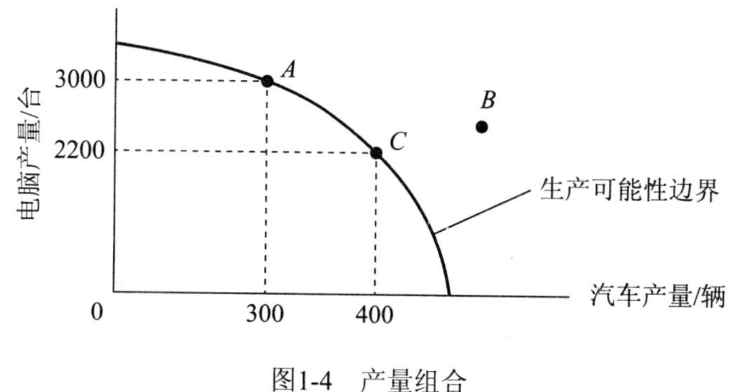

图1-4　产量组合

(1) 多生产1单位电脑的机会成本是多少？

(2) 如果最初经济是在A点运行，则多生产1单位汽车的机会成本是多少？

17. 20世纪上半期，德国实行国民经济军事化，要“大炮”不要“黄油”；第二次世界大战后的苏联和美国为了军备竞赛，把有限的资源用于“大炮”，“黄油”减少，人民生活水平下降；“文化大革命”后，邓小平提出和平与发展主题，注重给人民带来实惠，把更多的资源用于生产“黄油”。请问为什么“大炮”与“黄油”是一种此消彼长、你多我少的替代关系？如何解决“大炮与黄油”问题？

18. 微观行为与宏观结果甚至可能是背离的。对此，萨缪尔森在他经典的教科书上曾打过一个精辟的比方。他说，好比在一个电影院看电影，有人被前面的人挡住了视线，如果他站起来的话，他看电影的效果将会改善。因此，站起来就微观而言是合理的。但是，如果大家都站起来的话，则大家看电影的效果都不能得到真正的改善，站着和坐着的效果是一样的，不过是增加了一份“折腾”的成本而已。这个例子足以说明，在微观上合理的事情在宏观上未必合理，在个体看来是理性的事情在总量上看未必理性。因此，我们无法从微观现象简单推导出宏观结论。在宏观经济学方面，所谓“观一叶而知秋”的说法是靠不住的。

讨论题：

(1) 微观经济学与宏观经济学的主要内容是什么？

(2) 微观经济学与宏观经济学有哪些区别与联系？

第2章　理论市场的需求与供给

本章导入

本章将介绍需求和供给理论，包括市场的含义与类型；供给的含义与供给定理；供给和供给共同决定的市场均衡以及均衡的变动分析；价格变动对供求量的反作用，即需求与供给弹性。通过本章的学习，将会使读者理解供给和需求如何共同决定市场均衡；学会运用均衡的变动来预测市场价格和数量的变动；理解弹性的含义以及在经济学中的运用；掌握需求价格弹性的含义及计算方法；理解需求收入弹性与交叉弹性的含义；掌握供给价格弹性的含义及计算方法。

开篇案例　惠普公司如何管理打印机的需求量

2005年早些时候，惠普公司的董事会罢免了首席执行官卡莉·费奥瑞纳的职务，代替她的人是马克·赫德(当时是NCR公司的首席执行官)。到底发生了什么？

2000年惠普公司出现一次供应链危机。由于迅猛发展的移动电话制造商们大量使用闪存，原本在打印机里面使用的闪存数量就明显不够，惠普公司无法获得充足供应来满足利润颇丰的打印机生产需求。公司无法按计划生产出大约250 000台打印机，这意味着高达几千万美元的收入损失。为了确保闪存的供应量，惠普公司被迫和供应商签订了一份为期三年的合同，合同中规定了固定供应数量和恒定价格。别忘了，闪存市场可是一个高度波动的市场，价格变化很大。

这次危机促使惠普公司建立了评估和管理供应链危机的框架，取名为采购风险管理框架(Procurement Risk Management，PRM)。该框架涵盖了相关流程和技术，运用于公司内部许多业务部门，每年的费用支出为560亿美元上下。由于PRM的实施，迄今为止已为公司节省了1亿多美元。

正如任何一家成功的企业一样，惠普的成功依赖于它分析需求和供给变化的能力。由于打印机对惠普至关重要，这家企业投入了大量资源搜集消费者的需求信息并进行预测。例如，2001年卡莉·费奥瑞纳曾经宣布，在这一年的上半年惠普打印机的销售量与前一年同期相比会大幅度下降，导致下降的两个原因分别是美国经济进入衰退以及个人和企业计算机的升级与更新。

尽管如此，惠普公司在预测消费者想要的打印机类型的变化上做得仍然是比较好的。2003年数码相机的不断增加使得惠普一共销售了5000万台数码相机，而许多人购买相机时也会购买用于打印数码照片的新打印机。

对卡莉·费奥瑞纳来说不幸的事情是，惠普在多功能设备上的成功非个人电脑上的成功可比。惠普过于依赖在零售店面销售个人电脑，而不是像戴尔公司那样，非常成功地在互联网上建立起面向消费者的直销，对此公司董事会的部分成员表示非常忧虑，因此，董事会授命马克·赫德负责提高企业在个人电脑市场的竞争力。

资料来源：江柳. 打印机行业环境分析和战略群组——惠普打印机业务发展探讨[J]. 产业经济，2014(16).

2.1 市场的含义与类型

市场(Market)主要是通过价格机制来解决资源最优配置的场所。最初，市场是众多买者和卖者实现面对面交易的实实在在的场所，例如，菜农将他们种植出来的蔬菜运进城市农贸市场来进行销售，家庭到农贸市场上买菜，买卖双方在这个传统的市场上讨价还价。但是，随着人类社会经济的逐渐发展以及科技的不断进步，传统的市场模式发生了巨大的改变。今天的市场可以是集中式的，也可以是分散式的；可以是有形的交易市场，也可以是无形的网上交易市场。例如，今天，人们可以坐在电脑前操作软件来实现自身金融资产的配置，也可以通过互联网选购自己喜欢的商品。

一般对于经济学而言，最关心的问题是市场机制是如何实现的。因此，一般给市场下的定义是：买者和卖者相互作用并共同决定商品和劳务的价格和交易数量的机制。在产品市场上，企业将自己生产出来的产品拿到市场上销售，家庭到市场上购买自己需要的产品；在生产要素市场上，家庭提供企业生产所需要的土地、资本、劳动等生产要素，企业则为所需的生产要素支付地租、利息、工资等。

经济学主要是研究资源配置和利用的科学，因此，在对市场含义做出基本分析的基础上，根据厂商的数量以及所提供的产品特点，将市场划分成完全竞争市场、垄断竞争市场、寡头市场和垄断市场4种类型，每种市场的特点如表2-1所示。

表2-1 市场的4种类型

特征 类型	厂商的数量	产品差别程度	对价格控制程度	进入/退出的难易程度	市场信息	广告	代表行业
完全竞争	很多	完全无差别	没有	很容易	完全信息	很少有价值	一些农产品
垄断竞争	很多	有真正的差别或感觉有差别	有一些	比较容易	条件优越的卖者掌握信息	普遍使用	香烟、糖果
寡头	几个	没有差别或相似	相当程度	比较困难	卖者信息不足	普遍使用	钢铁、成品油市场
垄断	一个	没有相近的替代品	完全或很大程度	很困难，几乎不可能	企业控制	不经常使用	公用事业，如水、电、有线电视

在后续的章节中，我们将逐一介绍处于每种市场结构的厂商如何进行决策以及产品的产量及价格如何确定。

2.2 需求理论

2.2.1 需求的含义

需求(Demand)是指在一定的时期，消费者在各种可能的价格下愿意并且能够购买的商品数量。从需求的定义中可知，要形成消费者对某种商品的需求，必须同时具备两个条件：购买意愿和购买能力。即，需求是购买意愿和购买能力的统一，二者缺一不可。例如，某公司的白领王小丽由于继承了大笔遗产，生活非常富裕，如果她愿意，可以买下周大福专柜的所有钻石饰品，但她从小就不喜欢这种商品；在保洁公司工作的张阿姨一直在辛辛苦苦地工作攒钱，她毕生最大的心愿就是可以买得起一套钻石饰品。对于王小丽和张阿姨来说，钻石饰品的需求均为零。王小丽虽然能够买得起钻石饰品，但缺乏购买愿望；张阿姨非常渴望拥有钻石饰品，但缺钱买不起，因此，此二人均没有钻石饰品的需求。

案例2-1 **睡帽与汽车**

鸦片战争以后，英国商人为打开了中国这个广阔的市场而欣喜若狂。当时英国棉纺织业中心曼彻斯特的商人估计，中国有4亿人，假如有1亿人晚上戴睡帽，每人每年仅用两顶，那么整个曼彻斯特的棉纺厂日夜加班也会供不应求，何况还要做衣服呢！于是他们把大量洋布运到中国。结果与他们的梦想相反，中国人没有戴睡帽的习惯，衣服也用自产的丝绸或土布，洋布根本卖不出去。

新中国成立后一个相当长的时期里，自行车是每个人最渴望拥有的交通工具。就是在十几年前，哪个普通市民敢想象自己能拥有一辆私人汽车呢？只有国家经济实力日益增强，人民生活水平提高，私人汽车这类现代“奢侈品”才能进入寻常百姓家。进入新世纪后私人汽车拥有量得到快速提升。

1999年6月的上海车展是在上海少有的漫长雨季中进行的，参观者人头攒动，但看得多，买得少。在私有汽车最大的市场——北京，作为晴雨表的北方汽车交易市场，该年上半年的销售量只相当于上一年同期的1/3。尽管当年全国轿车产量可达75万辆，但一季度销售量不过11.7万辆。面对这种局面，汽车厂商一片哀鸣。但是到2008年末，全市已拥有私人汽车56.52万辆，增长16.8倍，十年间年均增长33.4%。每百户家庭拥有私人汽车达到26辆，人民生活品质的提升由此可见一斑。

今天，汽车已经进入了普通百姓的家庭。对于一个普通家庭来说，拥有一辆汽车已经是很正常的事情。

资料来源：http://wenku.baidu.com/link?url=ZKS9mz_8PhaIauHWu0FLZA2WNMw1711n4WSs63jKSLSZTYZJgzII2FVixqTxO2oW3Yp7KCMOabOlXooi0ziZPgU0hoS76rKowmLdYnhM_XC

2.2.2　需求表和需求曲线

当其他条件既定时，消费者在每一种价格下的需求可以以不同的形式表示出来，表示某种商品需求量与价格之间关系的表格称为需求表，利用曲线表示的则称为需求曲线。下面，用一个例子来表述需求的概念。例如，2012年某月大连某个鸡蛋市场上，当鸡蛋的价格为每公斤4元时，鸡蛋的需求量为200公斤；当价格为每公斤5元时，需求量为150公斤；当价格为每公斤6元时，需求量为100公斤；当价格为7元时，需求量为80公斤；当价格为8元时，需求量为50公斤，等等。根据这些数据，可以做出表2-2。

表2-2　需求表

价格/元/公斤	需求量/公斤
4	200
5	150
6	100
7	80
8	50

基于表2-2，我们可以做出图2-1的需求曲线。

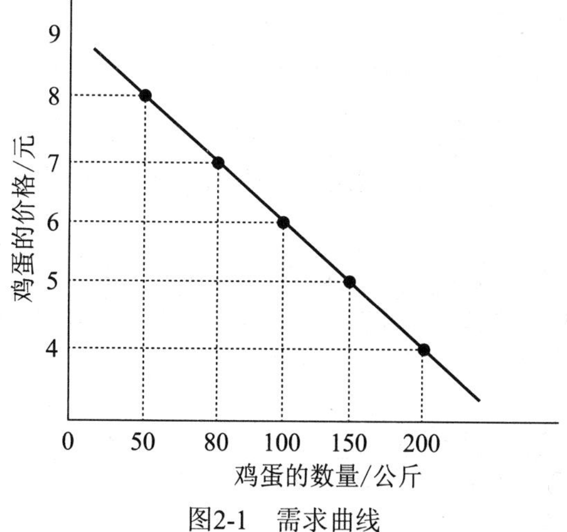

图2-1　需求曲线

由图2-1可见，需求曲线是一条向右下方倾斜的曲线，经济学上用需求定理来描述需求量与商品自身价格之间的关系。

2.2.3 需求定理

由需求表和需求曲线可知，消费者对某种商品的需求量与商品自身价格之间成负相关(或反方向)的关系，经济学上用需求定理来描述这种关系。即：在其他条件不变的情况下，一种商品的价格越高，需求量越少；一种商品的价格越低，则需求量越多。

需求定理的成因主要来自于两个方面：一方面是由于替代效应的存在，即当一种物品价格上升时，消费者会选择替代品从而减少对该商品的购买；另一方面是由于收入效应的存在，即当商品的价格上升时，消费者相对来说变“穷”了，因此会减少对该商品的购买。

需求定理在多数情况下都是成立的，它反映的是一般商品的价格规律，但需求定理不是适用于任何商品的普遍规律。社会生活中，有些商品的价格规律不符合需求定理：一类是奢侈品，比如豪华轿车和高档首饰是用来显示拥有者身份和社会地位的炫耀性商品，当价格上升时，这类商品的需求量反而增加；另一类商品，例如吉芬商品类的低档生活必需品，是需求定理的另一个例外。另外，在某些市场，比如投机性的证券市场和期货市场，人们经常有“买涨不买落”的心理，这主要是与人们对未来的价格预期和投机需求有关。这些都是需求定理的例外。

2.2.4 个人需求和市场需求

个人需求表示单个消费者在某一时期，在各种可能的价格下愿意并且能够购买的产品数量。个人需求是单个消费者购买欲望与购买能力的统一。

市场需求表示在某一特定市场和某一特定时期内，所有消费者在各种可能的价格下愿意并且能够购买的产品数量的总和。我们可以很容易地通过将个人需求相加来得到市场需求。表2-3列出了市场上小张和小李的需求表，市场需求量是在每一种价格水平下这两人的个人需求量的总和。

表2-3 鸡蛋市场的个人需求和市场需求表

鸡蛋的价格/元/公斤	小张的需求量/公斤	小李的需求量/公斤	市场需求量/公斤
5	2	3	5
4	3	4	7
3	4	5	9
2	5	6	11
1	6	7	13

由以上的分析可知，个人需求和市场需求的关系可以简单地概括为：在数量上，市场需求是每一种价格水平下个人需求之和；在图形上，市场需求曲线是个人需求曲线的水平

叠加。个人需求与市场需求曲线如图2-2所示。

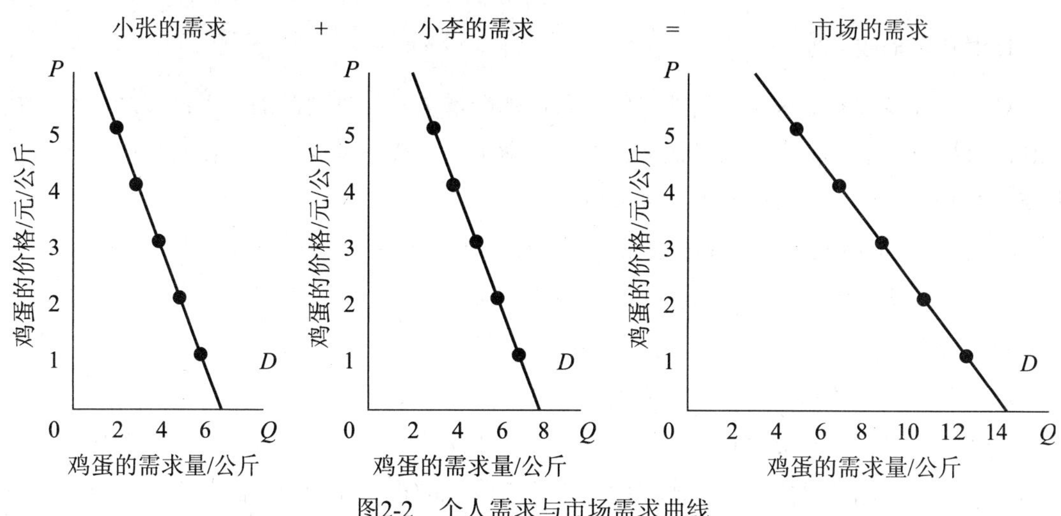

图2-2　个人需求与市场需求曲线

2.2.5　影响需求变动的因素

需求定理表明，需求量和商品自身价格之间呈负相关的关系，即价格的变化会引起需求量的变化。但在现实的经济社会中，除价格以外，还有很多因素影响着需求的变化，有经济因素，也有非经济因素。

在每一种价格水平下，使需求量增加的任何变动都会使需求曲线向右移动(D_2曲线移动到D_3曲线)，我们称之为需求增加。反之，在每一种价格水平下，使需求量减少的任何变动都会使需求曲线向左移动(D_2曲线移动到D_1曲线)，我们称之为需求减少。可以用图2-3来说明需求增加和需求减少所带来的需求曲线移动。

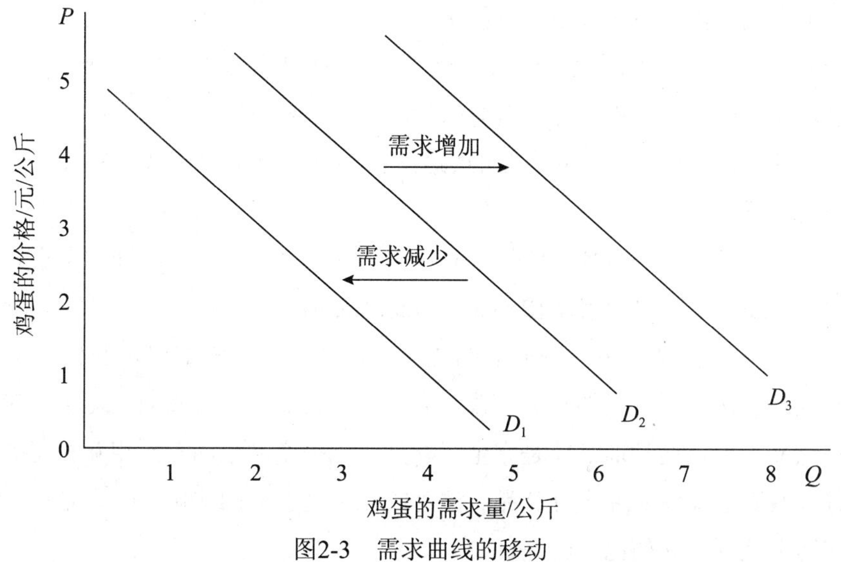

图2-3　需求曲线的移动

概括起来，影响需求的因素主要有以下几种。

1. 消费者的收入水平

对于绝大多数商品来说，消费者的收入增加会增加对该种商品的需求；反之，则会减少对该商品的需求。但有些商品例外。在经济学中，一般根据收入的变化与其所引起的需求变化的方向是否一致将商品大致划分成两类。

(1) 正常商品(Normal Commodities)。正常商品指需求量与消费者收入同方向发生变化的一类商品。即，对于正常品来说，需求量随着消费者收入的提高而增加，随着消费者收入的下降而减少。例如，收入的增加提高了对商场服装的需求，收入的下降则减少了这种需求，那么对于消费者来说，服装即为正常商品。

(2) 低档商品(Inferior Goods)。低档商品指需求量与消费者收入反方向发生变化的一类商品。即，对于低档品来说，需求量随着消费者收入的提高而减少，随着消费者收入的下降而增加。例如，对于很多消费者来说，当收入增加时会减少对地摊商品的需求，收入下降时则增加了这种需求，那么地摊商品即为低档商品。

2. 相关商品的价格

生活中的两种商品之间一般可以简单地划分成两类：相关商品和互相独立的商品。对于相关商品来说，当一种商品本身的价格保持不变，而和它相关的其他商品的价格发生变化时，会引起这种商品本身需求数量的变化。因此，一般根据这种关系将相关商品分为以下两种。

(1) 替代品。当一种物品价格上升引起对另一种物品的需求量增加时，这两种物品被称为替代品。当牛肉的价格上涨时，对羊肉的需求会有何影响呢？因为羊肉和牛肉能够满足相似的欲望，当牛肉变贵时，人们会多买羊肉来替代牛肉，因此，羊肉的需求将会增加，在图形上表现为需求曲线水平向右移动。

(2) 互补品。当一种物品的价格上升引起另外一种物品的需求减少时，这两种物品被称为互补品。如果电脑的价格上涨，会对软件的需求有何影响呢？因为电脑和软件是一起使用的，电脑涨价，人们会减少对电脑的购买，软件的需求将会减少，在图形上表现为需求曲线水平向左移动。

社会经济中的互补品和替代品的例子有很多，举不胜举，比较特殊的例子是完全替代品(Perfect Substitutes)和完全互补品(Perfect Complement)。

一般地，当一种商品对另一种商品的边际替代率是一个常数时，我们就说这两种商品是完全替代品，例如，一元钱与五角钱互为完全替代品。始终以固定比例一起消费的商品，从某种意义上说这两种商品就是完全互补品，此类商品之间起到相互补充的作用。例如左脚的鞋和右脚的鞋就是完全互补品。注意，完全互补品的比例不一定是1∶1。例如，一个镜架和两个镜片之间的比例就是1∶2。

3. 消费者对商品的价格预期

若消费者预期某种商品的价格会降低时，现在就会减少对该商品的需求；反之，则会增加对该商品的现期需求。

4. 政府的消费政策

政府实行的消费政策会影响消费者对某种商品的需求。例如，为了扩大内需，中国政府采取的家电下乡政策就增加了农村居民对很多家电产品的需求。

5. 买者的数量

由于市场需求等于个人需求之和。当买者的数量增加时，市场需求增加；当买者的数量减少时，市场需求减少。

除此之外，消费者的偏好、人口数量与结构的变化以及收入分配的平等程度等对需求均会产生影响。

简言之，社会经济中某一种商品的需求是由许多因素共同作用所决定的。

2.2.6　需求量的变动和需求的变动

在经济学中，需求量的变动和需求的变动都是需求数量的变动。但引起这两种变动的因素以及这两种变动在几何图形中的表示是完全不同的，我们应该加以区分。需求量的变动与需求的变动如图2-4所示。

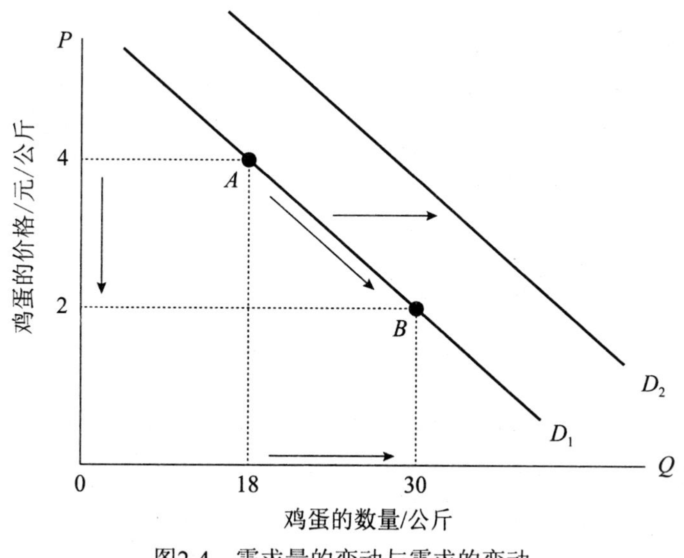

图2-4　需求量的变动与需求的变动

1. 需求量的变动

需求量的变动主要是由于商品本身的价格变化引起的，在几何图形中的表现是沿着同一条需求曲线的点的移动。例如，在图2-4中，当鸡蛋的价格从每公斤4元降到每公斤2元时，鸡蛋的需求量从18公斤增加到30公斤，这种变化可以看作在同一条需求曲线D_1上的点的移动，即从A点移动到B点。

2. 需求的变动

需求的变动主要是由除了商品本身价格以外的其他因素(收入、相关品价格等)变化引起的，在几何图形中的表现是需求曲线位置的变化。例如，在图2-4中，假设鸡蛋是正常品，在商品本身价格不变的情况下，当消费者收入增加时，会增加对鸡蛋的需求，则需求曲线由原来的位置(D_1曲线)水平向右移动到新的位置(D_2曲线)，即需求的变动。显然，需求的变化所引起的需求曲线的位移，表示整个需求状况的变动。

2.3 供给理论

在分析了市场上的买方行为之后，我们开始分析市场上的卖方行为，即供给。

2.3.1 供给的含义

供给(Supply)是指在一定的时期内，生产者(厂商)在各种不同的价格下愿意并且能够提供的商品数量。从供给的定义中可知，要形成生产者对某种商品的供给，必须同时具备两个条件：供给欲望和供给能力。供给是供给能力与供给欲望的统一，二者缺一不可。例如，当苹果市场上苹果的价格突然大涨时，果农非常期望能迅速增加苹果的供给量(有供给欲望)，但由于受苹果生产周期的影响却无法立即增加供给量(缺乏供给能力)，这就不能形成供给。

2.3.2 供给表和供给曲线

当其他条件既定时，厂商在每一种价格下的供给可以以不同的形式表示出来，表示某种商品供给量与价格之间关系的表格称之为供给表，利用曲线表示的则称为供给曲线。下面，以鸡蛋市场的例子来表述供给的概念。假设，2012年某月大连某个鸡蛋市场上，当鸡蛋的价格为每公斤4元时，鸡蛋的供给量为50公斤；当价格为每公斤5元时，供给量为80公斤；当价格为每公斤6元时，供给量为100公斤；价格为7元时，供给量为150公斤；价格为8元时，供给量为200公斤，等等。根据这些数据，可以做出表2-4。

表2-4　供给表

鸡蛋的价格/元/公斤	供给量/公斤
4	50
5	80
6	100
7	150
8	200

基于表2-4，我们可以做出图2-5的供给曲线。

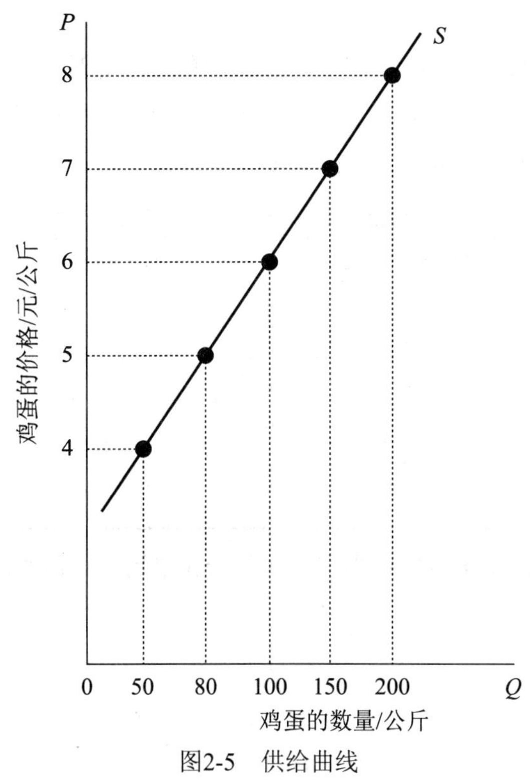

图2-5　供给曲线

由供给表和供给曲线可知，供给曲线是一条向右上方倾斜的曲线，经济学上用供给定理来描述这种关系。

2.3.3　供给定理

供给定理是指在其他条件不变的情况下，厂商对某种商品的供给量与商品自身价格之间成正相关(同方向)的关系。在其他条件不变的情况下，一种商品的价格越高，供给量越多；一种商品的价格越低，则供给量越少。

和需求定理一样，供给定理也是以其他条件不变作为前提条件的，离开这一假设前提，供给定理也就不能成立了。

供给定理反映的是一般的正常品的规律，但供给定理也有例外。某些珍贵商品，比如古董、名画、古玩等，由于受到客观条件的限制，无论价格怎么变化，供给量都是固定的。另外，劳动力的供给也是供给定理的一种例外，当劳动力的价格——工资上涨时，最初，劳动力的供给会随着工资的上涨而增加，但当工资升高到某一高度之后，工资再升高时，劳动力的供给不但不会增加反而会减少。

2.3.4 个人供给和市场供给

供给分为个人供给与市场供给。个人供给是指单个厂商对某种商品的供给。市场供给则是某商品市场上所有个别供给的总和，即与每一种价格水平相对应的每个厂商供给数量的总和。鸡蛋市场的个人供给和市场供给表如表2-5所示。

表2-5 鸡蛋市场的个人供给和市场供给表

鸡蛋的价格/元/公斤	小张的供给量/公斤	小王的供给量/公斤	市场供给量/公斤
1	2	3	5
2	3	4	7
3	4	5	9
4	5	6	11
5	6	7	13

基于个人供给和市场供给表，可做出个人供给和市场供给曲线，如图2-6所示。

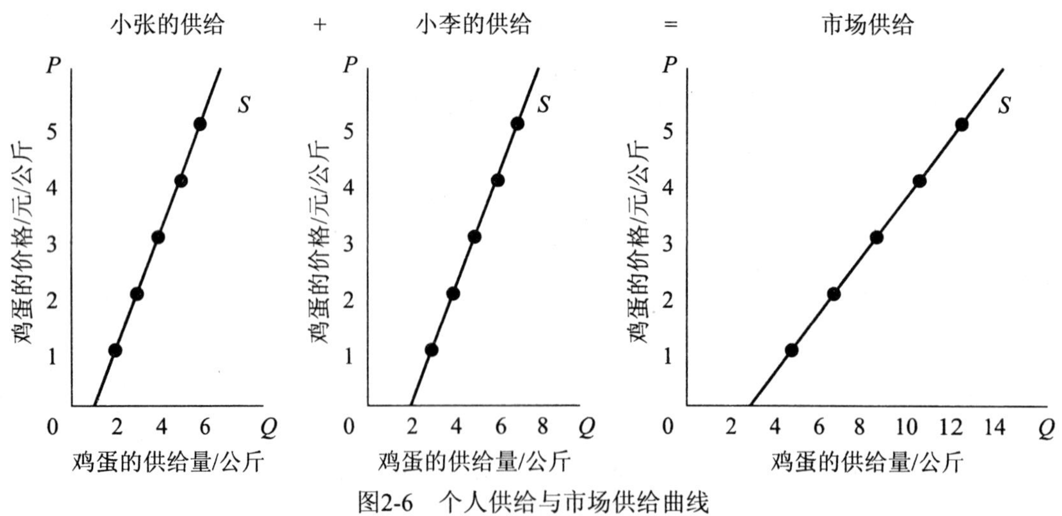

图2-6 个人供给与市场供给曲线

由以上的分析可知，个人供给和市场供给的关系可以简单地概括为：在数量上，市场供给是每一种价格水平下个人供给之和；在图形上，市场供给曲线是个人供给曲线的水平叠加。

2.3.5　影响供给变动的因素

供给定理表明，供给量和商品自身价格之间成正相关的关系，即价格的变化会引起供给量的变化。但在社会经济中，除价格以外，还有很多因素影响着供给的变化，有经济因素，也有非经济因素。

在每一种价格水平下，使供给量增加的任何变动都会使供给曲线向右移动(S_1曲线移动到S_2曲线)，我们称之为供给增加。反之，在每一种价格水平下，使供给量减少的任何变动都会使供给曲线向左移动(S_1曲线移动到S_3曲线)，我们称之为供给减少。可以用图2-7来说明供给增加和供给减少所带来的供给曲线的移动。

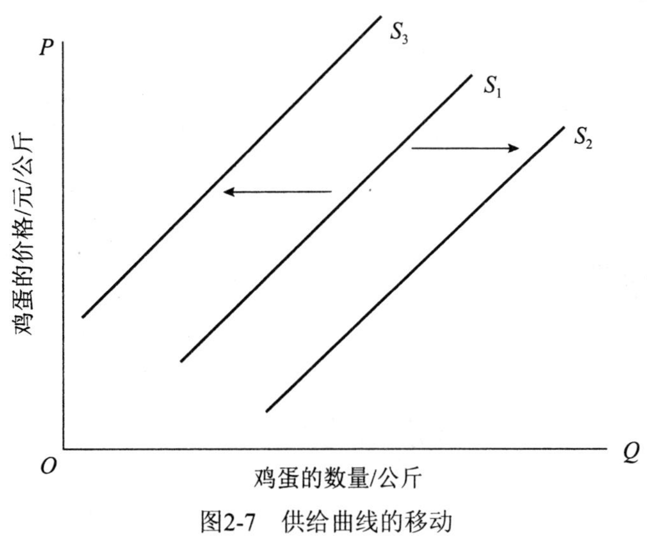

图2-7　供给曲线的移动

概括起来，影响供给的因素主要有以下几种。

1. 生产要素的价格与数量

一个社会的商品是由土地、劳动、资本、技术等主要生产要素有机组合而生产出来的。因此，生产要素的价格与数量是影响供给的主要因素。生产要素的价格越低，即生产成本越低，则厂商越会增加供给；反之，则会减少供给。另外，生产要素的数量越多，厂商越容易增加供给。

2. 相关商品的价格

一种商品的价格不变，其他相关商品的价格发生变化时，也会影响厂商供给的变化。相关商品主要是指替代品和互补品。当某种商品的替代品价格大幅度上涨时，该商品的生产者很有可能转向去生产替代品，从而减少该商品的生产。当某种商品的互补品价格上涨时，该商品随之涨价，厂商会增加该商品的供给量。

3. 技术水平

技术是将生产要素转化为商品的方法。在商品自身价格和生产要素数量不发生变化时，技术越先进，资源利用效率越高，厂商所能供给的商品就越多。因此，一个经济体中有许许多多企业都很注重技术的研发和利用。

4. 厂商的价格预期

厂商的价格预期主要是指厂商对自己所生产的商品未来价格水平的判断。当厂商预期未来价格会上涨时，则会减少对现期产品的供给，对于已经生产出来的产品可能也会囤积居奇，待价而沽。反之，如果生产者预期自己所生产的产品以后价格会下降，则会增加现期产品的供给。

5. 厂商的数量

厂商的数量即卖者的数量。在一个市场上，生产商品的厂商越多，则市场的供给越多。反之则相反。

除了上述因素以外，厂商对商品的供给还与很多因素有关，例如，自然条件和政府的政策等因素也对供给有极为重要的影响。总之，一种商品的供给实际上是经济中众多因素共同作用的结果。

2.3.6　供给量的变动和供给的变动

供给量的变动和供给的变动都是供给数量的变动，但引起这两种变动的因素以及这两种变动在几何图形中的表示是完全不同的，我们应该加以区分。

1. 供给量的变动

供给量的变动主要是由于商品本身的价格变化引起的，在几何图形中的表现是沿着同一条供给曲线的点的移动。例如，在图2-8中，当鸡蛋的价格从每公斤4元提高到5元时，鸡蛋的供给量从50公斤增加到80公斤，这种变化反映的是供给量的变化，沿着同一条供给曲线S_1上的点移动，即从A点移动到B点。

2. 供给的变动

供给的变动主要是由于除了商品本身价格以外的其他因素(生产成本、技术进步等)变化引起的，在几何图形中的表现是供给曲线位置的变化。例如，在图2-8中，假设鸡蛋是正常品，在商品本身价格不变的情况下，当饲养鸡的成本降低时，厂商会增加对鸡蛋的供给，则供给曲线由原来的位置(S_1曲线)水平向右移动到新的位置(S_2曲线)，即供给的变动。显然，供给的变化所引起的供给曲线的位移，表示整个供给状况的变动。

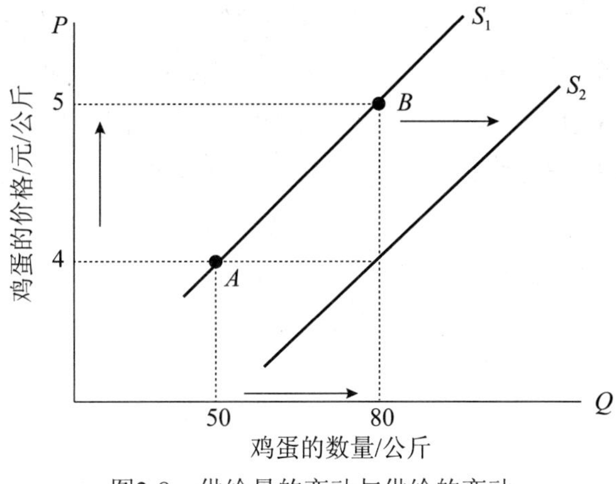

图2-8　供给量的变动与供给的变动

2.4 均衡价格理论——价格决定模型

需求定理表明，消费者的需求量与商品自身价格之间呈负相关的关系，价格越高需求量越少；供给定理表明，生产者的需求量与商品自身价格之间呈现正相关的关系，对于生产者来说，价格越高则供给量越多。事实上，在产品市场上，市场的价格是由需求和供给共同决定的。

2.4.1　市场均衡及其形成

买卖双方的相互作用，会达成市场上的交易价格和交易数量。需求和供给是市场上两种相反的力量，价格是由需求和供给这两种力量共同作用的结果。我们将市场供给曲线和市场需求曲线放到同一个图中，如图2-9所示。这个图描绘了买卖双方的相互作用。

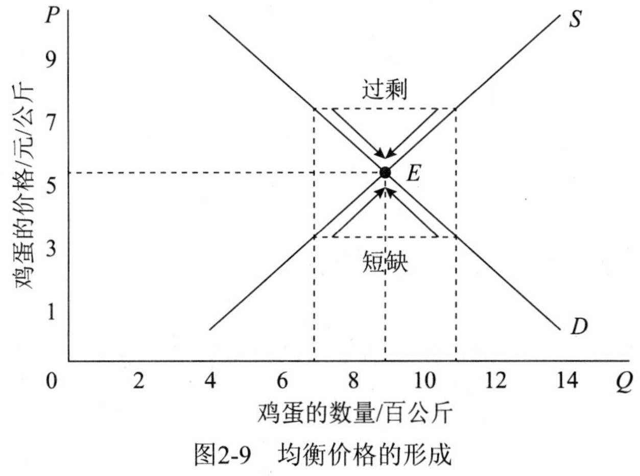

图2-9　均衡价格的形成

市场均衡的形成是市场上买卖双方共同作用的结果，是市场自发调节的结果，换句话说，均衡价格是在完全竞争市场上由供求双方在竞争中自发形成的。这种价格形成的过程就是市场上的价格决定过程。这个过程可以从两方面来进行分析。

(1) 当市场价格高于均衡价格时(见图2-9)，即当鸡蛋的价格为每公斤7元时，则厂商的供给量为1100公斤，而消费者对鸡蛋的需求量为700公斤，这样鸡蛋市场上供大于求，鸡蛋出现400公斤的过剩(也叫超额供给)，部分鸡蛋找不到买主，这种超额供给会在市场上形成一种迫使市场降价的压力。市场价格开始下降，逐渐接近均衡价格，从而使厂商将产量减少到均衡点的水平。

(2) 当市场价格低于均衡价格时(见图2-9)，即当鸡蛋的价格为每公斤3元时，则消费者的需求量为1100公斤，而厂商对鸡蛋的供给量为700公斤，这样鸡蛋市场上出现需求过旺，鸡蛋出现400公斤的短缺(也叫超额需求)，部分买主买不到鸡蛋，这种超额需求会在市场上形成一种向上的推力。市场价格开始上涨并逐渐接近均衡价格，从而使厂商扩大生产规模，将产量增加到均衡点的水平。

总之，只要市场价格偏离均衡价格，市场上就会自发形成一股力量，迫使价格下降或推动价格上升，经过无数次调整，市场价格相对稳定在均衡点上。当市场处于均衡点时，既没有产品过剩，也不存在产品短缺，即市场处于出清状态。因此，我们得出结论：完全竞争市场上实现的资源配置是有效率的。因为，完全竞争市场依靠价格机制自发形成的均衡状态，能使所有对商品有需求的人都能购买到商品，所有的供给者也能将产品卖出去。

一般情况下，市场均衡是由需求和供给共同决定的，但有时，也会有特殊的情况，如图2-10所示，需求或供给单独决定了市场的均衡价格。

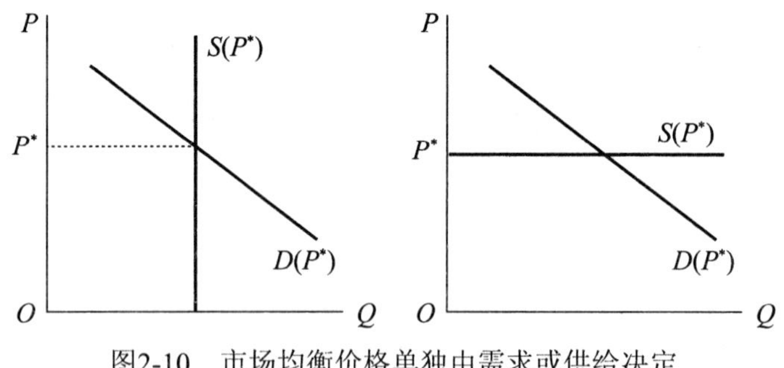

图2-10 市场均衡价格单独由需求或供给决定

2.4.2 微观经济学市场均衡的度量

在微观经济学领域，竞争市场的均衡状态可以以公式、表格以及图形等形式来进行阐释和描述。

1. 数学公式表述的市场均衡

由上述分析可知，影响需求或供给的现实因素比较繁杂，但需求和供给定理成立的前提条件是其他条件不发生变化，只讨论在商品自身价格发生变化时需求量或供给量的变化情况。因此，如果令Q_D代表需求函数，Q_S代表供给函数，则需求函数和供给函数可以简化成以下形式

$$Q_D=f(P)=a-bP \tag{2-1}$$

$$Q_S=f(P)=c+dP \tag{2-2}$$

其中，a、b、c、d均为常数。

则均衡的决定条件为$Q_D=Q_S$。

使需求函数和供给函数相等，就可以求出均衡价格P，再将P带入需求或供给函数中，就可以得出市场均衡数量。

2. 供求表描述的市场均衡

根据市场均衡的定义，当我们能够根据市场调查信息整理出某鸡蛋市场上在每一种价格水平下鸡蛋的需求量和供给量时，我们便可以得出鸡蛋市场的均衡价格和均衡数量。如表2-6所示。

表2-6　某鸡蛋市场的需求表和供给表

鸡蛋的价格/元/公斤	鸡蛋的需求量/公斤	鸡蛋的供给量/公斤
6	600	200
7	500	300
8	400	400
9	300	500
10	200	600

根据某鸡蛋市场的需求表和供给表信息可知，该鸡蛋市场的均衡价格为每公斤8元，市场均衡数量为400公斤。

3. 供求曲线描述的市场均衡

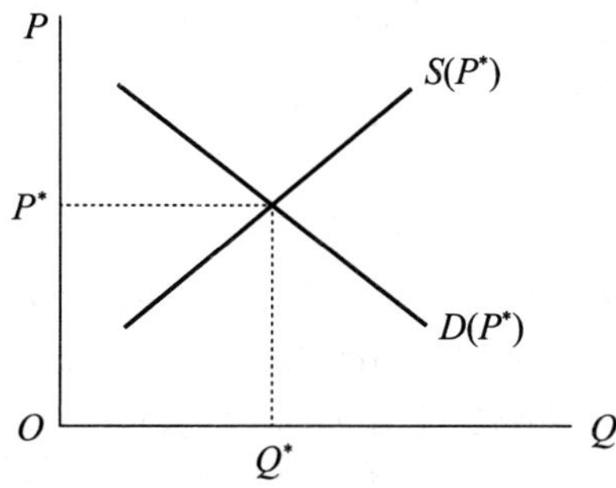

图2-11　供给与需求决定的市场均衡

如图2-11所示，D与S相交之点即为市场均衡点，所对应的价格P^*和Q^*分别为均衡价格和均衡数量。

2.4.3 市场均衡变动分析

供求定理描述的市场均衡价格和均衡数量由需求和供给共同决定。因此，当影响需求或供给的因素发生变化导致需求或供给发生变动时，必然会打破市场已经形成的均衡状态，市场将重新经过供求的自发调节，形成新的均衡状态。

1. 市场均衡变动的步骤

一般来说，分析市场均衡变化大致经历以下三个过程和步骤。

(1) 判断该事件的发生是属于影响需求的因素还是影响供给的因素，进而判断需求或供给是否受到影响，并确定是影响需求的变化还是影响供给的变化；

(2) 判断需求或供给曲线是否发生移动，判断需求或供给会增加还是减少，并确定需求或供给曲线移动的方向；

(3) 比较新旧均衡点，进而判断均衡价格和均衡数量的变化。

2. 需求或供给变动对均衡的影响分析

(1) 当供给不变时，需求变动对均衡的影响。供给不发生变化，由于非商品自身价格的一个或几个因素的作用，使得需求曲线水平向右或水平向左移动。例如，假设最初的鸡蛋市场处于均衡状态，早间新闻报道：营养学家经过研究发现，如果人们每天早晨都能坚持吃一个鸡蛋，人的平均寿命会延长10岁，这条新闻会对鸡蛋的销售价格和销售量产生怎样的影响？如图2-12所示。

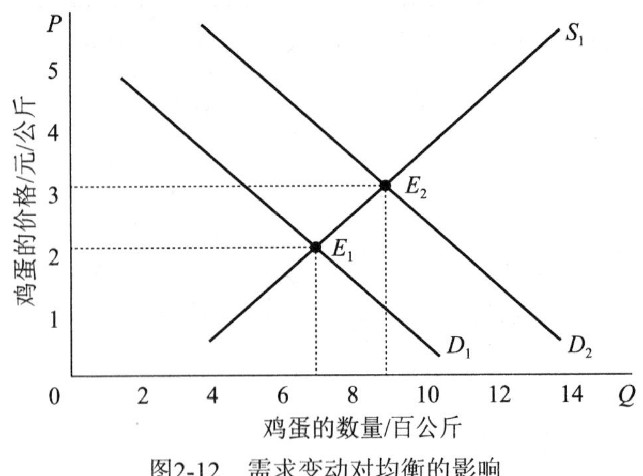

图2-12 需求变动对均衡的影响

图2-12中，原来的D_1曲线和供给曲线S_1的均衡点为E_1，均衡价格为每公斤2元，均衡数量为700公斤。当营养学家建议大家每天都吃鸡蛋时，市场上鸡蛋的需求增加，需求曲线

水平向右移动，即D_1曲线移动到D_2曲线的位置，新的均衡点为E_2，鸡蛋的销售价格每公斤2元上涨到3元，销售量从700公斤增加至900公斤。

同理，如果医生说鸡蛋中胆固醇含量过高，多吃对人体不益，建议人们少吃鸡蛋，则鸡蛋市场上鸡蛋的需求会减少，需求曲线水平向左移动，与上述情形正好相反。即鸡蛋的销售价格下降，销售量减少。

简言之，当供给不变而需求发生变化时，均衡价格和均衡数量与需求发生同方向变动。

(2) 需求不变，供给发生变动对均衡的影响。需求不发生变化，由于非商品自身价格的一个或几个因素的作用，使得供给变化，供给曲线水平向右或水平向左移动。例如，假设最初的鸡蛋市场处于均衡状态，研发出更先进的鸡饲料喂养鸡可以使鸡蛋的产量大幅度增加，则会对鸡蛋的销售价格和销售量产生怎样的影响呢？分析如图2-13所示。

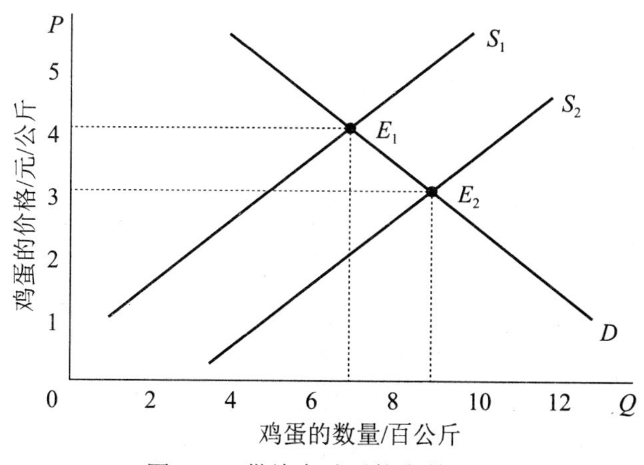

图2-13　供给变动对均衡的影响

原来的供给曲线S_1和D曲线的均衡点为E_1，均衡价格为每公斤4元。当更先进的鸡饲料使市场上的供给增加，供给曲线水平向右移动，即S_1曲线移动到S_2曲线的位置，新的均衡点为E_2，鸡蛋的销售价格从每公斤4元下降到3元，销售量从700公斤增加至900公斤。

同理，如果突然爆发了禽流感，则鸡蛋市场上鸡蛋的供给会减少，供给曲线水平向左移动，与上述情形正好相反。即鸡蛋的销售价格上升，销售量减少。

总之，当需求不变而供给发生变化时，均衡数量与供给发生同方向变动，均衡价格与供给发生反方向变动。

(3) 需求和供给同时变动对均衡的影响。当需求或供给同时发生变化时，则可能发生几种不同的情况，但我们可以简单地将这些情况概括为两类来进行分析。

一类是需求和供给同时增加或同时减少，即需求与供给同方向变动的情况。这时，均衡数量会随着需求和供给发生同方向变动，如图2-14所示，但均衡价格的变动则取决于需求和供给增加或减少的幅度。

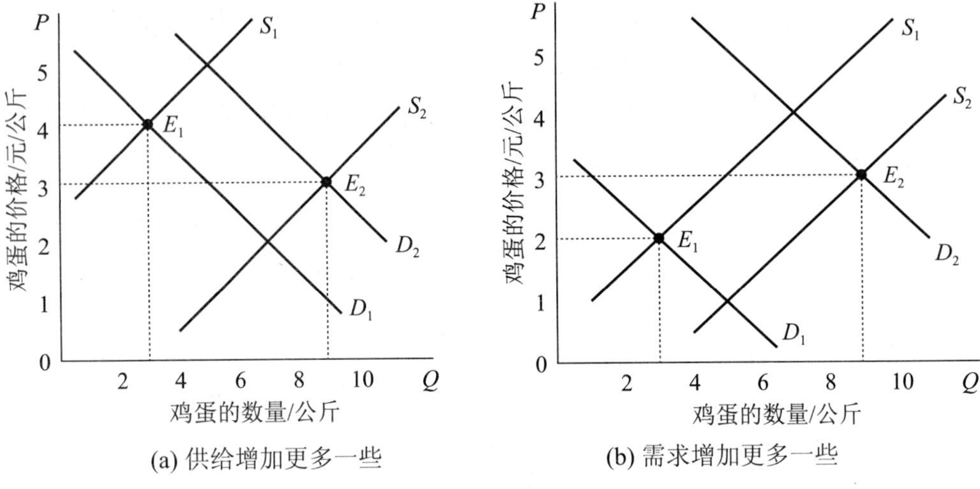

图2-14　需求和供给同方向变动对均衡的影响

如图2-14(a)所示，当供给增加的幅度大于需求增加的幅度时，均衡数量增加，而均衡价格则下降。如图2-14(b)所示，当需求增加的幅度大于供给增加的幅度时，均衡数量增加，均衡价格会上升。

另一类情况是需求和供给反方向变化，即一方增加的同时另一方减少，或一方减少而另一方增加。在这种情况下，市场上均衡数量和均衡价格的变化取决于需求和供给变动的方向以及变动幅度的大小。

当需求增加，供给减少时，如果需求的增幅小于供给的减幅时，则均衡价格上升，均衡数量减少；如果需求的增幅大于供给的减幅时，则均衡价格上升，均衡数量增加。

当需求减少，供给增加时，如果需求的减幅小于供给的增幅时，则均衡价格下降，均衡数量增加；如果需求的减幅大于供给的增幅时，则均衡价格下降，均衡数量减少。

我们可以动手画出每一种供给或需求发生变动时的供求图形，从而能更清晰地得出相关的结论。现将供给和需求变动对价格和数量的影响总结为表2-7。

表2-7　需求或供给变动对均衡价格和均衡数量的影响

供给或需求的变动	曲线的移动	均衡价格P_e的变化	均衡数量Q_e的变化
供给不变；需求增加	*D*曲线右移	↑	↑
供给不变；需求减少	*D*曲线左移	↓	↓
需求不变；供给增加	*S*曲线右移	↓	↑
需求不变；供给减少	*S*曲线左移	↑	↓
需求增加；供给增加	*D*曲线右移；*S*曲线右移	不确定	↑
需求增加；供给减少	*D*曲线右移；*S*曲线左移	↑	不确定
需求减少；供给增加	*D*曲线左移；*S*曲线右移	↓	不确定
需求减少；供给减少	*D*曲线左移；*S*曲线左移	不确定	↓

案例2-2　**家电市场价格的变化**

我国在改革开放初期，生产力水平落后，生产厂家少，家电产品的总需求量远远高于其总供给量，出现了1989年凭票排队抢购冰箱的场面，当时最普通的一款冰箱卖到2800元左右，还要凭票供应。虽然不排除通货膨胀的影响，但就当时国内各家电生产厂家的技术水平和产品质量而言，连续几年的高价倾销，家电市场长期供小于求，厂商的利润可观，因此有越来越多的厂家投身于家电产品的生产，由原来的几个增加到几十个。

随着改革开放的不断深入，国外先进技术的不断引进以及国外家电产品的不断涌入，如索尼、东芝、三星、菲利浦等也都看准了中国家电市场这块蛋糕，竞争越发激烈，供求平衡随之改变，由原来的供小于求，逐步转变为供大于求。同时，由于竞争的需要，产品的质量优化了，品种式样不断增加，由低端产品到高端数字化产品一应俱全，产品的价格更加市场化，厂家的服务也更加优质化，带给消费者的实惠也越来越多。再加上消费者的收入影响着商品的需求，收入越高消费的档次越高，对劣等产品的需求呈反方向变动。

如今的家电市场竞争已进入白热化，各厂家为了争夺市场不断用降价、促销等手段来赢得顾客，甚至推出了大批低于成本价的特价机来争得一时的高市场份额，而这样做往往是饮鸩止渴，不少品牌由于厂家的收不抵支而逐渐退出家电市场。我们可以看到，价格调节供求，市场竞争使得家电市场更加规范化、品牌化，逐渐趋于供求平衡。

根据供求规律，当需求量大于供给量时，价格上升；当需求量小于供给量时，价格下降，这是市场价格变化的客观规律。影响需求的因素除价格外主要是收入，收入越高消费者的消费水平就越高。供求规律在我们现实生活中随处可见。价值规律告诉我们商品的价格是围绕着商品的价值上下波动的，但同时也受市场供求的影响，有时甚至出现价格背离价值的现象。家电市场价格的变化正是价值规律和供求规律共同作用的结果。

资料来源：方华. 冷观家电市场价格热战[J]. 电子质量，2000(10).

2.5 弹性理论

供给定理和均衡价格理论使我们了解到，当商品价格发生变化时会引起需求量或供给量发生变化，我们也学习了需求量、供给量与商品自身价格之间的变化关系。但是，需求和供给定理并没有进一步说明需求量和供给量对价格变化的敏感程度，没有指出哪一种商品的需求量或供给量对价格的变化反应更为敏感。

从企业经营管理的角度来讲，企业需要了解消费者对价格变化的敏感程度，分析价格变化对企业总收益的影响，从而确定产品的价格并进行产品质量、服务品质等宣传。除此以外，其他因素，例如，收入水平、竞争者产品价格等因素的变化对企业销售量的影响是企业自身力量所不能控制的。尽管如此，企业还是应该对需求变化尽可能做出有效的预测。因此，经济学中引入弹性的概念来分析此类问题。

目前，弹性分析在企业经营管理领域已经得到广泛应用，作为一种基本的经济分析方法，弹性用来说明一个经济变量对另一个经济变量变化的反应程度。在经济学中，弹性(Elasticity)是指当经济变量间存在函数关系时，因变量对自变量的反应程度，即因变量对自变量变化的敏感程度，通常用两个变量变化的百分比的比率来表示。一般，弹性的计算公式是

$$\text{弹性}=\frac{\text{因变量变动的百分比}}{\text{自变量变化的百分比}} \tag{2-1}$$

弹性一般又可以分为需求弹性(Elasticity of Demand)和供给弹性(Elasticity of Supply)两大类。

2.5.1 需求弹性

需求弹性主要包括需求价格弹性、需求收入弹性和需求交叉弹性等，而需求价格弹性是最重要的。

1. 需求价格弹性

一般而言，产品价格是企业销售策略、竞争目标和利润成果的基础，而商品价格与产品销售量之间的关系又非常密切。企业在生产经营中应该考虑这样的问题：如果公司将产品价格提高，销售量是大跌还是稍减？如果将产品的价格下调一个百分点，那么销售量会增加几个百分点？是增加1%、5%还是10%呢？为了能对产品价格和销售量之间的关系有个比较清楚的了解，企业必须能测算出商品的需求价格弹性。

需求价格弹性(Price Elasticity of Demand)是用需求量变动的百分比与价格变动的百分比的比率来衡量的，它是衡量消费者对商品价格变化的敏感程度的指标，即需求价格弹性是指在一定时期内一种商品需求量变动对价格变动的反应程度。需求价格弹性是价格变化所引起的需求量变化的比率的比率。

(1) 需求价格弹性的计算。根据定义，需求价格弹性的计算公式为

$$E_{\text{dp}}=\frac{\text{需求量变动的百分比}}{\text{价格变动的百分比}}=-\frac{\Delta Q/Q}{\Delta P/P} \tag{2-2}$$

式(2-2)中，E_{dp}为需求价格弹性系数，Q为需求量，因为价格和需求量负相关，所以，价格变动的百分比与数量变动的百分比的方向总是相反的。为方便起见，我们去掉负号，让需求价格弹性表现为正值。ΔQ为需求量的变动量，P为价格，ΔP为价格的变动量。因为需求量与商品价格之间呈反方向变动，计算出的需求价格弹性为负值，结果中的负号没有实际意义，因此，一般将需求价格弹性系数取绝对值，式(2-2)中的负号为取绝对值。

从需求价格弹性的含义及计算公式可知，需求价格弹性E_{dp}测度的是当价格变动1个百分点会引起需求量变动几个百分点。

例如，假设在奶茶市场上，当奶茶的价格从每杯2元上升到2.4元时，张帅每月喝的奶茶从10杯减少到6杯。则他对奶茶的需求价格弹性为

$$E_{dp}=-(-40\%/20\%)=2$$

需求价格弹性系数E_{dp}为2表示奶茶价格每变动1个百分点，则需求量相应变动2个百分点；这表明张帅对奶茶的价格变化比较敏感，如果奶茶价格上涨10%，他对奶茶的需求量会减少20%。

需求价格弹性的计算需要特别注意两点：一是需求价格弹性是需求量变动的比率与价格变动的比率，绝不是两者变动的绝对量的比率；二是为了方便说明实际问题，一般需求价格弹性需要取绝对值。

一般而言，可以将需求价格弹性的计算细分为需求点弹性和需求弧弹性的计算，如图2-15所示。

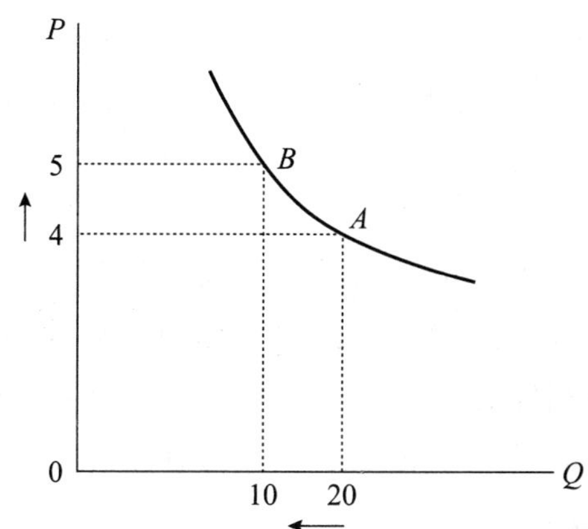

图2-15　需求点弹性和需求弧弹性

① 点弹性的计算公式。需求点弹性表示的是需求曲线上某一点的弹性大小，衡量的是需求量无穷小变动对价格变动无穷小的反应程度。所引起的当价格的变动非常小时(图2-15中，当A点与B点无限接近时的情况)，即在需求曲线上两点之间的变动量趋于零求出的弹性值称为点弹性(Point Elasticity)，它可以精确地反映出需求曲线上每一点的弹性值。点弹性的计算公式为

$$E_d=\frac{\Delta Q/Q}{\Delta P/P}=-\frac{\Delta Q}{\Delta P}\cdot\frac{P}{Q} \tag{2-3}$$

例如，假设鸡蛋的需求函数为Q=800−40P，则

当价格P=10时，鸡蛋在这一点的需求点弹性为

$$E_d=\frac{dQ}{dP}\cdot\frac{P}{Q}=-(-40)\times\frac{10}{400}=1$$

当价格P=8时，鸡蛋在这一点的需求点弹性为

$$E_d=-\frac{dQ}{dP}\cdot\frac{P}{Q}=-(-40)\times\frac{8}{480}=0.67$$

可见，在同一条需求曲线上的不同点，需求弹性的大小一般是不相同的，如图2-16所示。

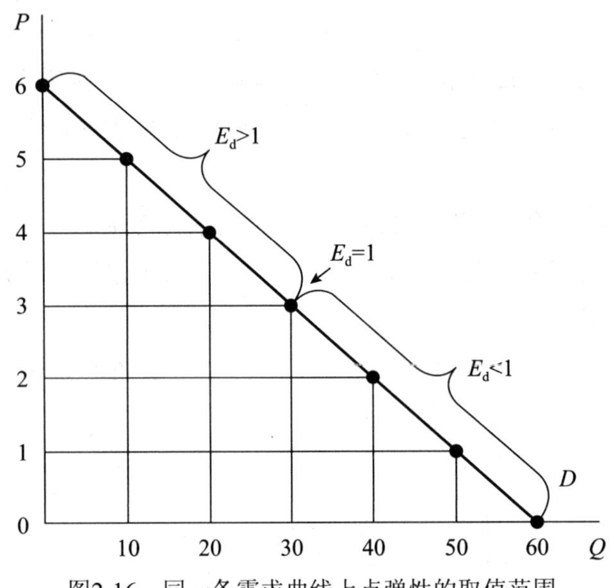

图2-16　同一条需求曲线上点弹性的取值范围

② 弧弹性的计算。在现实生活中，我们不可能也没有必要掌握需求曲线上每点弹性大小的全部数值，一般而言，只要掌握需求曲线上两个点弹性的数据就可以粗略地估算需求弹性的大小。因此，弧弹性(Arc Elasticity)的计算比较重要。例如根据图2-15中A点到B点的变化的一段弧求出的弹性值就被称为弧弹性。弧弹性表示需求曲线上两点之间的弹性大小。因此，弧弹性的计算公式为

$$E_d=\frac{\Delta Q/Q}{\Delta P/P}=-\frac{\Delta Q}{\Delta P}\cdot\frac{P}{Q} \tag{2-4}$$

例如，某鸡蛋的需求曲线为Q=120−4P，价格由每公斤10元下降到每公斤8元时需求弧弹性的大小应该这样计算：

当P=10，即P_1=10时，Q_1=80；

当P=8，即P_2=8时，Q_2=88。

因此，需求弧弹性为

$$E_d=\frac{\Delta Q/Q}{\Delta P/P}=-\frac{\Delta Q}{\Delta P}\cdot\frac{P}{Q}=-\frac{88-80}{8-10}\cdot\frac{10}{80}=0.5$$

而当鸡蛋价格由每公斤8元上升到每公斤10元时的需求弧弹性的计算为

当P=8，即P_1=8时，Q_1=88；

当$P=10$，即$P_2=10$时，$Q_2=80$。

需求弧弹性为

$$E_d=\frac{\Delta Q/Q}{\Delta P/P}=-\frac{\Delta Q}{\Delta P}\cdot\frac{P}{Q}=-\frac{80-88}{10-8}\cdot\frac{8}{88}=0.36$$

可见，即使是在同一条需求曲线上的同一段弧上，降价和涨价所产生的需求弧弹性值并不相同。为了解决这一问题，弧弹性的计算经常采用中点法来进行。中点计算法就是对变动前的价格和需求量取变化前和变化后两个量的算数平均值来进行计算，这样，无论是针对涨价还是降价计算出来的需求价格弧弹性值就是一样的。需求价格弧弹性的中点法计算公式为

$$E_d=-\frac{\dfrac{\Delta Q}{(Q_1+Q_2)/2}}{\dfrac{\Delta P}{(P_1+P_2)/2}}=-\frac{Q_2-Q_1}{P_2-P_1}\cdot\frac{P_1+P_2}{Q_1+Q_2} \tag{2-5}$$

例如，上例中，利用中点法计算的价格在8到10之间变化的需求弧弹性为

$$E_d=-\frac{Q_2-Q_1}{P_2-P_1}\cdot\frac{P_1+P_2}{Q_1+Q_2}=\frac{88-80}{10-8}\cdot\frac{8+10}{80+88}=0.43$$

总之，需求价格的点弹性与弧弹性在本质上是相同的，区别是点弹性衡量的是价格变动量无限小时需求曲线上某一点的弹性，而弧弹性计算的是价格变动量较大时需求曲线上两点之间的弹性。

(2) 需求价格弹性的分类。通过对需求价格弹性的计算我们知道，各种商品的需求价格弹性并不相同。有些商品，例如食盐，需求价格弹性非常小；而有的商品，例如豪华游艇，需求价格弹性则很大。因此，我们可以根据需求价格弹性的大小将其分为五大类。

① 需求无限弹性(Infinite Elasticity)，即$E_d\to\infty$。此种情况是即使价格既定不变时，需求量的变化是无限的。需求量可以任意变动，不受数量限制。如图2-17(a)所示，此时的需求曲线是一条与横轴平行的直线。例如，中国银行宣布将以某一既定价格收购黄金，无论数量是多少都按这一价格收购，则此时，中国银行对黄金的需求是无限的，即需求价格弹性无限大。

② 需求完全无弹性(Zero Elasticity)，即$E_d=0$。如图2-17(b)所示，在此种情况下，无论价格如何变化，需求量都保持固定不变，此种情况称为完全无弹性的需求，即$E_d=0$。也就是说，不管P的数值如何，Q都是一个常数，这时的需求曲线是一条与横轴垂直的直线。一般来说，需求完全无弹性属于一些特殊商品所特有的性质，例如，糖尿病人所使用的胰岛素。

③ 需求单位弹性(Unit Elasticity)，即$E_d=1$。如图2-17(c)所示，在此情况下，需求量变动的比率与价格变动的比率正好相等，此时，需求曲线是一条正双曲线。生活必需品，尤其是季节性很强的蔬菜水果有时接近这一类商品。

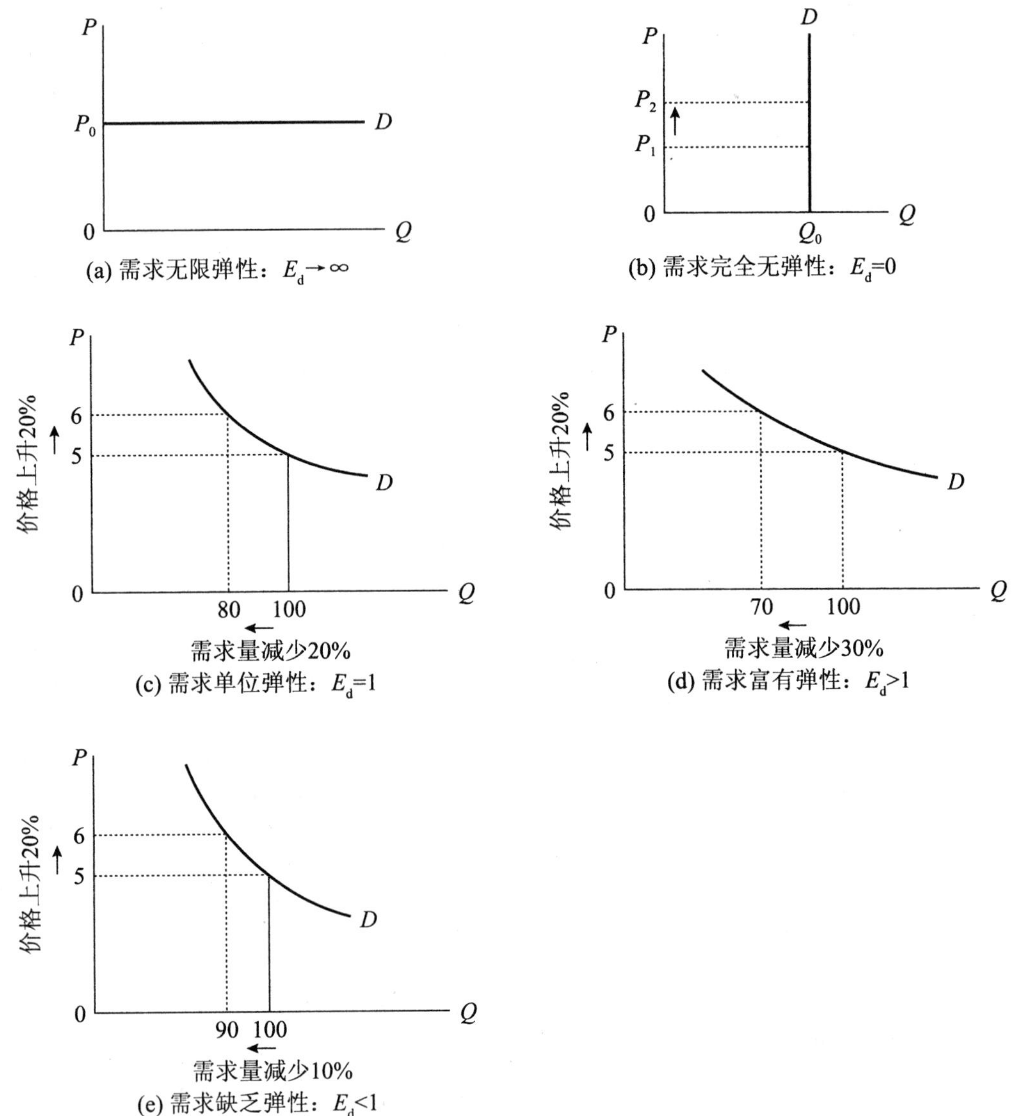

图2-17　需求弹性的五种类型

④ 需求富有弹性，(Elastic)，即$1<E_d<\infty$。如图2-17(d)所示，在此情况下，需求量变动的比率要比价格变动的比率大，即使价格有很小的变化，需求量的变动也比较大，此时的需求曲线比较平坦。一般来说，生活中的奢侈品属于这类商品，例如游艇、豪华轿车等。

⑤ 需求缺乏弹性(Inelastic)，即$0<E_d<1$。如图2-17(e)所示，在此情况下，需求量变动的比率要比价格变动的比率小，此时的需求曲线比较陡峭。一般来说，生活必需品属于这类商品，例如，食盐、面粉、大米等。

(3) 需求价格弹性的影响因素。

① 替代品的数量。即商品的可替代程度。一般来说，一种商品的替代品数量越多，则它的需求就越富有弹性。因为，当该种商品价格上涨时，消费者会转向去购买它的替代品，从而造成此种商品的需求量大幅度减少；反之，当该种商品价格下降时，消费者会增

加对此种商品的购买来替代其他的替代品。

② 消费者对某种商品的需求和依赖程度。一般而言，越是生活所必需的商品，需求价格弹性就越小，这是由消费者对生活必需品的需求强度决定的。例如，米、面、食盐等生活必需品的需求价格弹性非常小，而奢侈品、高档消费品的需求价格弹性就较大。

③ 商品用途的广泛性。一般来说，商品的用途越广泛，则消费者的需求量在这些用途之间调整的余地就越大，即需求反应的程度越大，则需求弹性就越大；反之，商品的用途越少，则需求弹性就越小。

④ 商品在家庭支出中所占的比例。一般而言，在家庭支出中所占比例越大的商品，需求量对价格变动的反应越大，则需求价格弹性越大；反之，如果一种商品在家庭支出中所占比例越小，则消费者对价格变动的反应程度就越小，需求价格弹性就越小。

⑤ 商品的耐用程度。通常情况下，使用时间越长的耐用消费品需求弹性越大，而使用时间短的非耐用消费品需求弹性则越小。

⑥ 时间的长短。对于消费者来说，对商品的需求长期比短期的价格弹性更大。例如，当汽油的价格上涨时，对于汽车拥有者来说，短期内需求量对价格变动的反应不大，但随着时间的推移，消费者可以改乘公共交通工具或者改换更为省油的汽车，因此需求价格弹性在长期会比短期大。

2. 需求收入弹性

需求收入弹性衡量的是需求量变动对收入变动的反应程度，是指收入变动的比率所引起的需求量变动的比率。对于不同的商品来说，其需求收入弹性的大小也不尽相同。一般用需求收入弹性系数来表示和比较需求收入弹性的大小，即需求收入弹性系数是需求量变动的比率与收入变动的比率的比值。即需求收入弹性系数的计算公式为

$$E_{\mathrm{m}}=\frac{\Delta Q/Q}{\Delta Y/Y} \tag{2-6}$$

式(2-6)中，Q为需求量，ΔQ为需求量的变动量，Y为收入，ΔY为收入的变动量。

根据需求量变动与收入变动的方向是否相同，即根据E_{m}的正负值可以将需求收入弹性分为两类，进而可以将商品划分成两大类。

(1) 正常品，即$E_{\mathrm{m}}>0$。一般情况下，消费者的收入与其对正常品的需求量是同方向变动的，即收入提高，需求量增加；收入下降，需求量减少。但各种商品的需求收入弹性大小并不相同，可以参考需求价格弹性的分类将正常品的需求收入弹性分成四大类：需求无收入弹性、需求富有收入弹性、需求缺乏收入弹性与收入单位弹性。不同的商品因其需求收入弹性大小不同，需求曲线(横轴表示需求量，纵轴表示收入)的陡峭或平坦程度是不同的。即需求收入弹性越大，需求曲线越平坦；反之，需求收入弹性越小，需求曲线越陡峭。

(2) 劣等品，即 $E_{\mathrm{m}}<0$。一般而言，劣等品的需求收入弹性系数为负值，即需求量的变动与收入变动反方向变化，此时的收入-需求曲线是一条向右下方倾斜的曲线。

一般来说，高档食品、耐用消费品的需求收入弹性较大，消费者收入增加会导致这些

商品的消费大幅度增加。而一般的生活必需品的收入弹性则较小，即消费者收入增加只会导致这些商品的消费较小幅度增加。而对于低档品来说，例如地摊货，当消费者收入增加时，反而会减少对这类商品的消费。

3. 需求交叉弹性

需求交叉弹性(Cross-price Elasticity of Demand)衡量一种物品的需求量对另一种物品价格变动的反应程度。需求交叉弹性的计算公式为

$$\text{需求交叉弹性}=\frac{\text{物品1需求量变动百分比}}{\text{物品2变动百分比}} \tag{2-7}$$

式(2-8)中，如果以E_{xy}表示商品的交叉弹性系数，P_y表示Y商品的价格，ΔP_y表示Y商品价格的变动量，Y商品价格变动会引起X商品需求量的变动，那么需求交叉弹性系数的计算公式为

$$E_{xy}=\frac{\Delta Q_x/Q_x}{\Delta P_y/P_y} \tag{2-8}$$

需求交叉弹性用于衡量两种商品之间的关系，可以根据交叉弹性系数的数值将两种商品之间的关系简单概括如下。

(1) 当$E_{xy}>0$时，商品X和Y为替代品。在此情况下，一种商品的需求与另一种商品的价格成同方向变化，例如牛肉和羊肉。牛肉的价格上涨，人们会多买羊肉来替代牛肉，牛肉的价格和羊肉的需求量同方向变动。所以，替代品的需求交叉弹性为正数。

(2) $E_{xy}<0$时，商品X和Y为互补品。在此情况下，一种商品的需求与另一种商品的价格成反方向变化，例如电脑和软件。电脑价格下降，人们会多买电脑从而增加对软件的需求，电脑的价格和软件的需求量反方向变动。所以，互补品的需求交叉弹性为负数。

(3) $E_{xy}=0$时，商品X和Y为独立品。此时，不管Y商品的价格如何变化，对X商品的需求都不会产生影响，即商品X和Y之间既不存在替代的关系，也不存在互补的关系。例如，粉笔和牛肉，无论粉笔如何变化，都不会影响人们对牛肉的购买。

一般来说，需求交叉弹性系数的绝对值越大，说明两种商品之间的替代性或互补性就越大。

案例2-3 轻轨列车的票价

2002年，大连至金石滩的轻型轨道列车一期工程通车。过去，人们乘小客车从大连到开发区需要1小时，现在乘轻轨只需不到30分钟。而且轻轨内部环境好，运行过程也安全。但是轻轨运行一段时间之后，却陷入了一种非常尴尬的境地，每节可以容纳100余人的车厢，一般只有十几个乘客。

为什么呢？因为价格。小客车从大连到开发区的票价是5元，轻轨却要10元。而且，小客车随叫随停，而轻轨只在车站才能停车，而车站多数设在距离市中心比较远的地方，乘客下车后还要自己打车或坐公交走很远才能到市中心。由于票价高、不方便，人们一直

都不认可轻轨。

运行了一段时间之后，轻轨的票价由10元调整到3元。这样，虽然下车后还要搭一段公交车或出租车才能达到市中心，但毕竟和小客车相比轻轨也有许多优势，而且价格也便宜了。所以很快，轻轨的车厢里由过去的十几个人变成了座无虚席，每节车厢人数基本都在100人以上。

后来，轻轨列车由过去的香炉礁车站又延伸到了市中心的大连火车站，票价涨到5元，和小客车票价相同。但是它变得更方便，已经可以直达大连市中心，所以虽然票价上涨，但是它的乘客却猛增，每列车都座无虚席。

这个案例可以用我们所学的需求弹性理论加以解释。

资料来源：http://wenku.baidu.com/link?url=TWrkyBY5HaNaAdBVabCmtFYyXLo90EXbcncW24DcC3_-dTSNdAr6fiSb651UM343scf3I3uqzI20soqVGGpPUyGCwlN8FPtSYFNq6LF0v53

2.5.2　供给弹性

供给定理使我们知道，生产者对商品的供给量与商品自身价格是正相关的关系，但通过供给定理我们只是了解了生产者会对商品的价格变化做出同方向的反应，但是具体反应程度有多大还不能衡量。如果说供给价格弹性衡量的是消费者对价格变化的反应程度，那么，我们就可以用供给价格弹性来衡量生产者对价格变化的反应程度。

(1) 供给弹性的含义。供给弹性通常是指供给价格弹性(Price Elasticity of Supply)，是用供给量变动的百分比与价格变动的百分比的比率来衡量的，它是衡量生产者对商品价格变化的敏感程度的指标，即供给价格弹性是指在一定的时期内一种商品供给量变动对价格变动的反应程度。供给价格弹性是价格变化所引起的供给量变化的比率的比率。

(2) 供给弹性的计算。根据定义，供给价格弹性的计算公式为

$$E_{sp}\text{或}E_s=\frac{\Delta Q_s/Q_s}{\Delta P/P} \tag{2-9}$$

与需求价格弹性一样，供给弹性的计算也可以划分为点弹性和弧弹性，所采用的计算公式与需求价格弹性一样，只是Q_s指的是供给量而非需求量。由于前面对需求点弹性和弧弹性的计算已经详细介绍过，因此这里对供给点弹性和弧弹性的计算不再赘述。

(3) 供给弹性的分类。由供给价格弹性的计算可知，各种商品的需求价格弹性并不相同。有些商品，例如土地，供给价格弹性非常小；而有的商品供给价格弹性则很大。因此，可以根据供给价格弹性的大小将其分为五大类。

① 供给无弹性(Zero Elasticity)，即E_s=0。如图2-18(a)所示，在此种情况下，无论价格如何变化，供给量都保持固定不变，此种情况称为供给无弹性，即E_d=0。也就是说，不管P的数值如何，Q都是一个常数，这时的供给曲线是一条与横轴垂直的直线。一般来说，供给完全无弹性属于一些稀缺商品所特有的性质，例如，土地、古董和文物以及一些其他

的无法复制的商品。

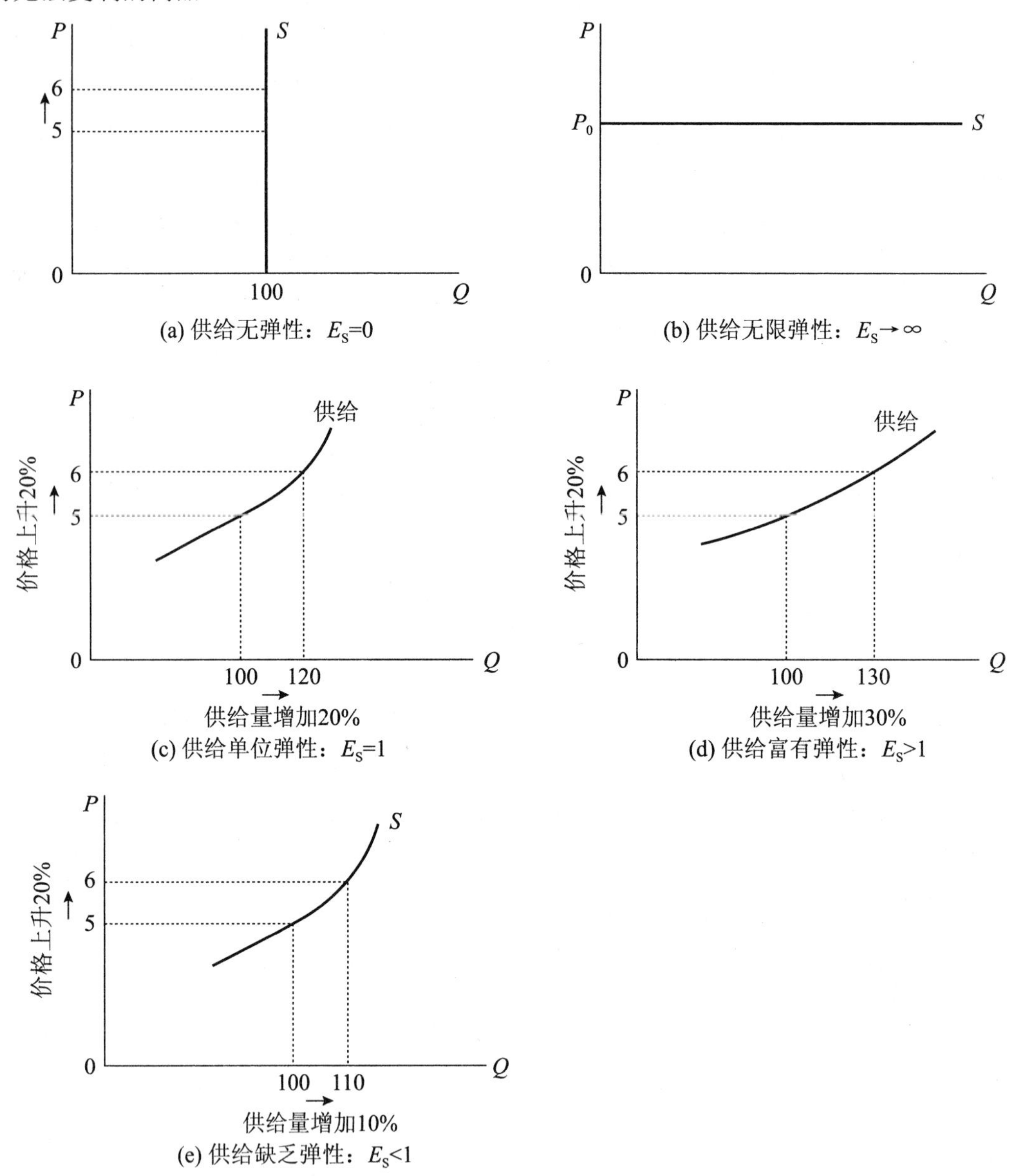

图2-18　供给弹性的五种类型

② 供给无限弹性(Infinite Elasticity)，即E_s→∞。此种情况是即使价格既定不变时，供给量的变化也是无限的。供给量可以任意变动，不受数量限制。如图2-18(b)所示，此时的供给曲线是一条与横轴平行的直线。生活中，如果生产者能够完全垄断某种生产资源或生产要素，则在某种价格下他对此种产品的供给可能是无限的，即供给具有无限弹性。此外，有时过剩的劳动力以及过剩的产品也属于此例。

③ 供给单位弹性(Unit Elasticity)，即E_s=1。如图2-18(c)所示，在此情况下，供给量变动的比率与价格变动的比率正好相等，此时，供给曲线是一条正双曲线。生活中这样的例

子属于比较特殊的情况，例如某些机械设备类产品属于此种情况。

④ 供给富有弹性，(Elastic)，即$E_s>1$。如图2-18(d)所示，在此情况下，供给量变动的比率要比价格变动的比率大，即使价格有很小的变化，供给量的变动也比较大，此时的供给曲线比较平坦。一般来说，易于调整产量的商品属于这类商品。一般而言劳动密集型产品多属于此例。

⑤ 供给缺乏弹性(Inelastic)，即$0<E_s<1$。如图2-18(e)所示，在此情况下，供给量变动的比率要比价格变动的比率小，此时的供给曲线比较陡峭。一般而言，越是不容易调整产量的商品越是缺乏供给弹性。一般来说，资本密集型产品多属于此例。

简言之，供给弹性的大小主要取决于供给的难易程度。

(4) 供给价格弹性的影响因素。在现实经济生活中，影响供给难易程度的因素比较复杂，主要有以下几个方面。

① 生产成本的变化。生产成本是影响供给量的重要因素，如果产量增加会导致成本减少，则供给弹性就大；反之，如果产量增加会导致成本增加，供给弹性则小。

② 供给时间的长短。一般来说，决定供给的时间越长，即生产者越想长时间致力于某行业产品的提供与生产，则一种物品的供给价格弹性就会越大。这是因为，调整产量需要时间。当价格上升时，短期内企业也许无法通过改变要素投入来扩大其生产规模，因此供给可能缺乏弹性。然而，随着时间的推移，所有的投入要素都可以改变。因此，供给的时间越长，则供给弹性就会越大。

③ 调整产量的难易程度。一般来说，商品的产量越容易调整，则生产者的供给量调整的余地就越大，即供给反应的程度越大，则供给弹性就越大；反之，商品的产量越是难以调整，则供给弹性就越小。

④ 生产周期的长短。一般而言，生产周期长的商品，例如小麦和玉米，生产者无法根据价格的变动及时调整产量，因而供给弹性小；反之，生产周期短的商品，例如一些轻工业品，当价格上升时，生产者可以迅速调整产量，因此，这类产品的供给弹性较大。

本章小结

1. 价格机制：配置资源的有效方式

供给和需求共同决定商品的价格，因此供给和需求是微观经济学中的重要理论工具。

2. 供求图：分析市场经济问题的有效工具

学会运用供求工具分析经济问题是这一章的中心任务。在分析某个事件如何影响一个市场的价格和数量时，大致要采取以下的步骤。

首先，要判断相关经济活动能使供给曲线发生移动还是使需求曲线发生移动，或者两者都移动。判断的准确性依赖于你是否清楚地知道需求的决定因素和供给的决定因素，并对一些物品的特性有一定程度的了解，如哪些物品是它的替代品，哪些是它的互补品，哪些是它的投入品等。你还要能够很好地区分需求的变动和需求量的变动，供给的变动和供给量的变动，否则你可能会感到迷惑。

然后你就可以通过画供求图的办法来得出供给或需求的移动会使价格和数量发生的变化。

3. 弹性：消费者和生产者对价格变化的敏感程度的衡量

在学习了弹性的概念之后，我们不仅能够预测变动的方向，还能够预测变动的幅度。需求价格弹性和供给价格弹性分别衡量的是消费者和生产者对价格变化的敏感程度，这种敏感度的大小我们一般用弹性系数来衡量，弹性系数的绝对值越大，说明需求或供给的弹性越大，即消费者或生产者对价格变化的反应越大，说明消费者或生产者对价格的变化越敏感。

思考与练习

1. 什么是需求？什么因素决定买者对一种物品的需求量？

2. 什么是供给？什么因素决定卖者对一种物品的供给量？

3. 某种商品的价格下降，将导致其替代品的需求曲线向左移动还是向右移动？

4. 什么是市场均衡？什么力量使市场向均衡方向变动？

5. “苹果的需求增加引起了苹果需求量的增加，但没有增加苹果的供给量。”这句话对不对？请解释。

6. 什么是需求的变动？需求的变动与需求量的变动有什么区别与联系？

7. 什么是需求价格弹性？影响需求价格弹性大小的因素有哪些？

8. 什么是供给价格弹性？影响供给价格弹性大小的因素有哪些？

9. 画出供求均衡图，确定以下几件事涉及的是需求曲线的移动还是需求量的改变。

(1) 汽车销售量随消费者收入的增加而上升；

(2) 征收汽车油税减少了汽油的消费；

(3) 在一场灾难性的小麦病虫害之后，面包销售量下降；

(4) 小麦病虫害之后，花生酱和果子冻的销售量下降。

10. 运用供求图分析下列事件对家用轿车市场的影响。你要先说明是哪一种决定供给或需求的因素将受到影响，同时指出供给是增加了还是减少了。然后用供求图说明该事件对家用轿车市场价格和交易量的影响。

(1) 汽油价格下降；

(2) 生产轮胎用的橡胶价格上涨；

(3) 股市高涨使得人们收入增加；

(4) 工程师发明了一种更为先进的汽车装配方法。

11. 技术进步降低了电脑芯片的成本。请运用供求图说明该事件对以下市场均衡价格和均衡数量的影响。

(1) 电脑市场；

(2) 电脑软件市场。

12. 在举行了一次成功的保健品推销活动后，行业经理们在为保健品的价格上涨而兴奋，但他们又担心价格的急剧上涨会引起需求的减少，需求减少又会导致价格下降，这些经理们的分析有什么不对？请用供求图加以分析。

13. 已知某市鸡蛋市场供求方程为

$$Q_D=77-7P$$

$$Q_S=-14+6P$$

(1) 计算鸡蛋市场的均衡价格和均衡数量；

(2) 由于禽流感的发生使得鸡蛋的供给大幅度减少，供给方程变为$Q_S=-6+6P$。计算此时鸡蛋市场的均衡价格和数量。

14. 表2-8为需求函数$Q=500-100P$在一定价格范围内的需求表。

表2-8　需求表

价格P	需求量Q
1	400
2	300
3	200
4	100
5	0

(1) 求出价格在2元和4元之间的需求价格弧弹性；

(2) 根据给出的需求函数，求P=2元时的需求价格点弹性。

15. 在某商品市场上，有10 000个相同的个人，每个人的需求函数均为$D=12-2P$；同时又有1000个相同的生产者，每个生产者的供给函数均为$S=20P$。

(1) 推导该商品的市场需求函数和市场供给函数；

(2) 在同一坐标系中画出该商品的市场需求曲线和市场供给曲线，并标示出均衡点；

(3) 求均衡价格和均衡产量。

16. 假设自行车的需求价格弹性为1.8，最初的需求量为每天2000辆，现在自行车价格上涨10%。根据定义法计算。

(1) 自行车的需求量会变为多少？

(2) 对自行车厂商的销售收入有什么影响？为什么？

17. 某种商品的需求弹性系数为1.5，当它降价8%时，需求量会增加多少？

18. 某种商品原先的价格为10元，后降至8元。原先的需求量为150件，降价后的需求量为180件，该商品的需求弹性系数为多少？属于哪一种需求弹性？

19. 某种化妆品的需求弹性系数为3。

(1) 当其价格由2元降为1.5元时，需求量会增加百分之多少？

(2) 假设当价格为2元时，需求量为2000瓶，当其价格降到1.5元后需求量应该为多少？

20. 某公司是服装生产厂家，2013年每件衣服价格为200元，每月销售量为10 000件。2013年11月其竞争者乙公司把服装价格从每件220元降到180元，甲公司12月份销售量跌到8000件。

(1) 甲、乙两公司服装的交叉弹性是多少(甲公司价格不变)？

(2) 如果甲公司服装的价格弧弹性是2.0，乙公司把服装价格保持在180元，甲公司想把销售量恢复到每月10 000件的水平，则每件要降价到多少？

21. 某消费者消费商品X的数量与其收入的函数关系是：$M=800Q^2$，计算当收入$M=3300$时的点收入弹性。

22. 小张和小王去买苹果。在知道价格之前，小张说："我决定买10斤苹果。"小王说："我买10元钱的苹果。"这两人对苹果的需求价格弹性分别是多少？

23. 苹果的供给缺乏弹性，冰淇淋的供给富有弹性。假设收入的增加使这两种产品的需求都增加了一倍(也就是说，在每种价格水平下，需求量是以前的两倍)。

(1) 两种商品的均衡价格和均衡数量分别会发生什么变动？

(2) 哪一种产品的价格变动更大？

(3) 哪一种产品的数量变动更大？

(4) 消费者对每种产品的总支出会发生什么变动？

24. 啤酒销售商将每箱啤酒的价格由50元提高到60元，啤酒的销售量从每周1000箱减少为900箱，计算这个价格范围内啤酒的需求价格弹性(用中点法计算)。

25. 假设某运动型自行车的需求表如表 2-9所示。

表2-9 需求表

价格/元/辆	需求量/辆/年
1000	3000
1500	2500
2000	2000
2500	1500

(1) 如果自行车的价格从每辆1000元上升到2000元，总收益会发生什么变动？

(2) 如果自行车的价格从每辆1500元上升到2500元，总收益会发生什么变动？

(3) 哪一种价格将使总收益最大？

(4) 用总收益的变动来回答：在价格为每辆1500元时，自行车的需求是富有弹性还是缺乏弹性？

第3章　供求理论的现实应用

本章导入

本章将在需求和供给理论的基础上，介绍现实市场中供求理论的应用问题，主要探讨政府对市场的干预手段与影响。包括经济剩余与经济效率；政府对市场价格的控制；税收的归宿问题。通过对本章的学习，将会使读者理解现实中需求和供给不是唯一能决定市场价格的因素，政府的干预也将产生极为重要的影响；掌握经济效率与经济剩余的含义；学会运用供求图来分析支持价格与限制价格的经济影响；理解税收的含义并会运用供求图来分析税收的经济影响以及税收的归宿问题；理解需求弹性与总收益的关系。

开篇案例　三亚春节酒店限价了

2013年12月2日，三亚市物价局再出“通知”，明令2014年春节旅游饭店价格实行政府指导价，原则上标准客房最高限价为5000元/间/天。该项举措将会带来怎样的影响？是否能够限制三亚市酒店定价？执行压力如何？这有待未来一段时间的观察。

自从三亚春节屡次出现“天价酒店”后，从2011年开始，三亚历年春节都会执行“限价令”，目标屡次对准了“标准间”。据悉，三亚有近4万间星级酒店，标准间只占总量的一成多，而动辄上万元的套房、别墅仍游离于监管之外。此外，每年春节，一些炒家甚至包下整间酒店“豪赌”春节市场，“天价酒店”“万元房”从未断过。今年“限价令”是否可以奏效，仍是一个未知数。

三亚市物价局2013年12月下发的《关于加强2014年春节期间旅游饭店客房及自助餐价格监管工作有关问题的通知》(以下简称《通知》)，对2014年春节期间旅游饭店客房及自助餐价格进行监管。《通知》规定，政府指导价管理时段为2014年1月30日至2014年2月5日，到假期结束，政府指导价格管理自行终止，且2014年春节期间套房和别墅客房销售价格原则上不得高于2013年同期水平。

记者对此采访了三亚市物价局政策法规科，对此有关人员解释，每年初二至初五是三亚旅游旺季，这时房价最高，标准间如果是5000元以下，只需要报市物价部门审查备案就行，如果酒店根据旺季和往年春节价格，超过5000元的标准，则需上报给主管部门，由市价格主管部门、市旅游主管部门从严审核，经市政府同意后报省政府审批。“目前全市只有15家酒店通过市级主管部门审核，至于能批下来多少难讲。”该工作人员介绍，如果不按该通知执行，将会按照相关法律法规予以处罚。

据该工作人员解释："这个限价令主要是针对酒店大部分的标准间，对于套房和别墅并没有列入其中。一栋别墅有10多个房间，春节期间，一晚上几万元的费用是很正常的事情。对于这样的房间，要求酒店提出价格备案就可以了。"

即使是限价，标准间也是一房难求，记者采访了多家酒店，他们明确要求只有连续住满三天以上才可以订标准间，三天以下，不推出标准间订房服务。一位本打算春节去三亚度假的公司中层负责人不得不放弃这个计划，"这不是明摆着让人不订标准间吗，限价有意义吗？"

据业内人士透露，每年春节，炒家或当地旅行社会囤积一批客房，甚至包下整座酒店，然后再抬高价钱批发给"下家"，"去年即使有限价令，二、三星酒店的房价都炒到了1万元左右。"如果没有严厉措施打击抬价行为，限价也难以奏效。

资料来源：http://money.163.com/09/0921/18/5JOLE82300253JQ4.html

根据均衡价格理论，在纯粹的竞争性市场中，生产与消费由市场供求关系所决定的价格来进行调节，这种价格调节机制使资源得到最优的配置。但在现实经济生活中，由于价格机制的调节是在市场上自发进行的，这就不可避免具有一定的盲目性，因此，有时由供求机制决定的价格对经济的发展不一定是最有利的，不一定符合经济发展的长远利益。

一种情况是在产品过剩时。从短期来看，供求决定的均衡价格也许是合理的，但从长期来看，会对生产产生不利的影响。例如，当农业丰收时，农产品的价格会大幅度下降，这种下降会抑制农业生产。从短期看，这种抑制作用有利于供求均衡。但农产品的生产周期较长，这种农产品的低价格对农业产生抑制作用后，将会对农业生产的长期发展产生不利的影响，当社会对农产品的需求增加后，农产品产量并不能迅速增加，这就会对经济的稳定发展产生不利的影响。

另一种情况是在产品短缺时。此时，由供求所决定的均衡价格会产生不利的社会影响。例如，某些生活必需品严重短缺时，价格会很高。在这种价格之下，低收入群体的人将无法维持最低生活水平，必然会对社会的稳定产生严重的影响。

对于上述问题，政府可以通过必要的经济手段进行调节，从而影响供求关系的调整与均衡价格的形成。

3.1 经济剩余与经济效率

根据经济学相关理论，经济剩余是用来衡量经济福利的，竞争市场里，经济剩余主要是由消费者剩余和生产者剩余组成的。首先，我们来了解消费者剩余和生产者剩余的产生与决定。

3.1.1　消费者剩余

在其他条件不变的情况下，消费者在各种可能价格下愿意并且能够购买的产品数量就形成了需求，例如，如果每瓶水的价格是1.5元，小张会买4瓶；如果每瓶水的价格上涨为2元，小张就会买3瓶；如果每瓶水的价格涨到3元，则小张就会买1瓶。因此，我们可以认为需求曲线表示的是消费者在每一种价格下对产品的购买意愿，即消费者对于某种商品或服务所愿意支付的最高价格，或者可以看成他能从每瓶水的购买中所额外获得的收益。

我们知道，商场里所卖的水一般都是统一售价的，在这种情况下，消费者剩余就产生了。消费者剩余(Consumer Surplus)又称为消费者的净收益，是指消费者在购买一定数量的某种商品时所愿意支付的最高总价格和实际支付的总价格之间的差额。消费者剩余衡量了买者自己感觉到所获得的额外利益。可以用需求曲线来衡量消费者剩余的大小。如图3-1所示。

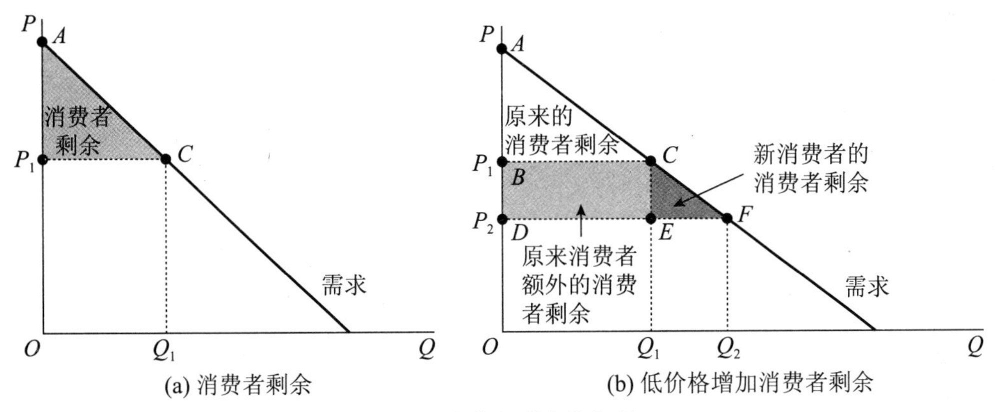

(a) 消费者剩余　　(b) 低价格增加消费者剩余

图3-1　消费者剩余的衡量

在图3-1(a)中，当市场上价格为P_1时，消费者对该商品的购买量为Q_1，这个市场上所有消费者几乎都从购买中获得了一些消费者剩余，因为绝大多数人的支付意愿都高于该商品的实际价格。唯一没有获得消费者剩余的消费者，是那些如果价格超过了P_1他们就不会购买的人。把从购买的每单位上获得的消费者剩余加起来，就可以计算市场上总的消费者剩余量。因此，可以得出的结论是：市场上消费者剩余的总量等于需求曲线以下和市场价格以上的区域面积。即图3-1(a)中消费者剩余可以用P_1AC的面积来表示。

当价格降低时，消费者剩余会增加，如图3-1(b)所示。当价格由P_1降低到P_2时，需求量从Q_1增加到Q_2，消费者剩余可以用图中阴影面积$DBCF$来表示，显而易见，消费者剩余增加了。增加的消费者剩余主要由两部分组成，一部分是原来消费者由于价格降低而额外增加的消费者剩余，用图中阴影$DBCE$的面积表示，另一部分来自于购买量增加产生的新的消费者剩余，用图中阴影面积CEF来表示。显而易见，低价格可以增加消费者剩余。

总之，消费者剩余衡量的是消费者在参与市场的过程中所获得的利益，换句话说，衡量的是消费者在参与市场活动中所获得的经济福利。

3.1.2 生产者剩余

在其他条件不变的条件下，生产者在各种可能价格下愿意并且能够提供的产品数量就形成了供给。例如，如果每瓶矿泉水的价格是2元，矿泉水公司会供给200瓶；如果每瓶水的价格上涨为2.5元，该公司的供给量为300瓶；如果每瓶水的价格涨到3元，则该公司的供给量为500瓶。因此，我们可以认为供给曲线表示的是生产者在每一种价格下对产品的供给意愿，即生产者对于某种商品或服务所愿意接受的最低价格，或者可以看成他在每瓶水的销售中所承担的成本。

同样，商场里所销售的水一般都是统一售价的，在这种情况下，生产者剩余就产生了。生产者剩余(Producer Surplus)又称为生产者的净收益，是指生产者在提供一定数量的某种商品时所愿意接受的最低价格和实际得到的价格之间的差额。消费者剩余衡量了卖者参与市场所获得的利益。可以用供给曲线来表示生产者剩余的大小。如图3-2所示。

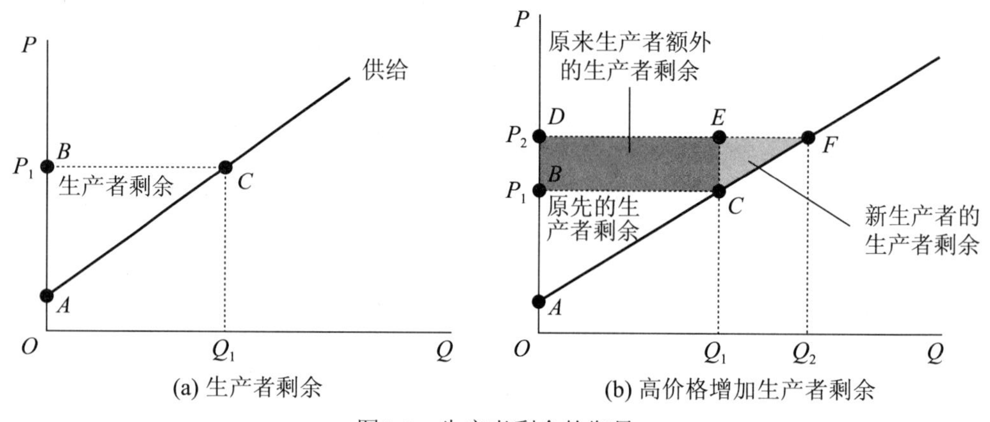

图3-2　生产者剩余的衡量

在图3-2(a)上，当市场上价格为P_1时，消费者对该商品的购买量为Q_1，这个市场上所有生产者几乎都从该产品的销售中获得了一些生产者剩余，因为绝大多数生产者实际得到的价格都高于他们愿意接受的最低价格。唯一没有获得生产者剩余的生产者，是那些如果价格低于P_1他们就不会提供产品的人。把从销售的每单位上获得的生产者剩余加起来，就可以计算市场上总的生产者剩余量。因此，可以得出的结论是：市场上生产者剩余的总量等于市场价格以下和供给曲线以上的区域面积。即图3-2(a)中的生产者剩余可以用面积*ABC*来表示。

当价格上升时，生产者剩余会增加，如图3-2(b)所示。当价格由P_1提高到P_2时，销售量从Q_1增加到Q_2，生产者剩余可以用图中阴影面积*BDFC*来表示，显而易见，生产者剩余增加了。增加的生产者剩余主要由两部分组成，一部分是原来生产者因为价格上升而额外增加的生产者剩余，用图中阴影*BDCE*的面积表示，另一部分来自于销售量增加产生的新的生产者剩余，可以用图中阴影面积*CEF*来表示。因此，提高价格可以增加生产者剩余。

总之，消费者剩余衡量的是消费者在参与市场的过程中所获得的利益，换句话说，衡量的是消费者在参与市场活动中所获得的经济福利。

3.1.3　经济剩余

我们已经看到，消费者剩余衡量的是消费者参与市场所获得的收益，而生产者剩余衡量的则是生产者参与市场所获得的收益。更为确切地说，消费者剩余和生产者剩余衡量的是消费者和生产者参与市场活动时所获得的净收益，而不是总收益。以消费者剩余为例，如果市场上产品的价格为零，则消费者剩余就是需求曲线以下的所有面积；当价格高于零时，消费者剩余就是市场价格以上和需求曲线以下所围成的面积。因此，消费者剩余是消费者所愿意支付的总额与实际支付的总金额之间的差额。同理，生产者剩余的衡量也与消费者剩余类似，生产者剩余是企业从消费者那里所获得的总收益与生产这些产品的总成本的差额。

1. 经济剩余

由上面分析可知，竞争市场上的经济剩余(Economic Surplus)是消费者剩余和生产者剩余之和，如图3-3所示。

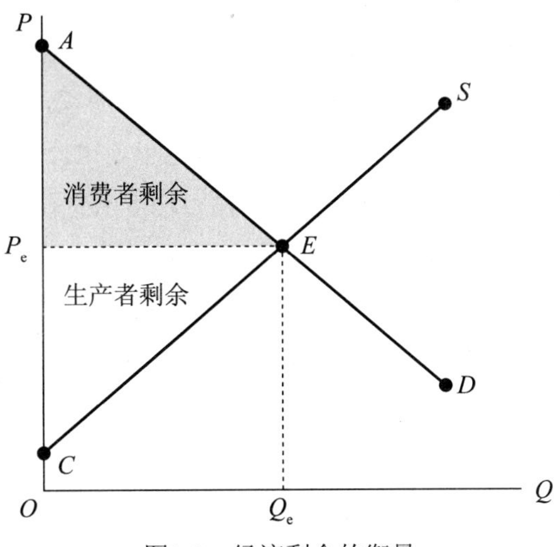

图3-3　经济剩余的衡量

在图3-3中，市场上的消费者剩余是需求曲线以下价格以上所形成的三角形区域，如图中阴影面积P_eAE所示，生产者剩余则是供给曲线以上价格以下所形成的三角形区域，如图中阴影面积P_eEC所示。两者之和为经济剩余，即经济剩余可以用图中三角形面积*AEC*来表示。经济剩余是我们对某种特定产品或服务给社会所带来收益的一种最好的度量。

2. 无谓损失

通过上述内容可知，在竞争市场上，经济剩余在市场均衡处达到最大，下面以苹果市场为例来说明。假设在苹果市场上，均衡价格为每公斤3元，均衡时的销售量是2000公斤。如图3-4所示，在均衡的状态下，消费者剩余为*A*、*B*、*C*三块区域面积之和。生产者剩余为*D*和*E*区域面积之和，经济剩余为*A*、*B*、*C*、*D*、*E*区域面积的总和。

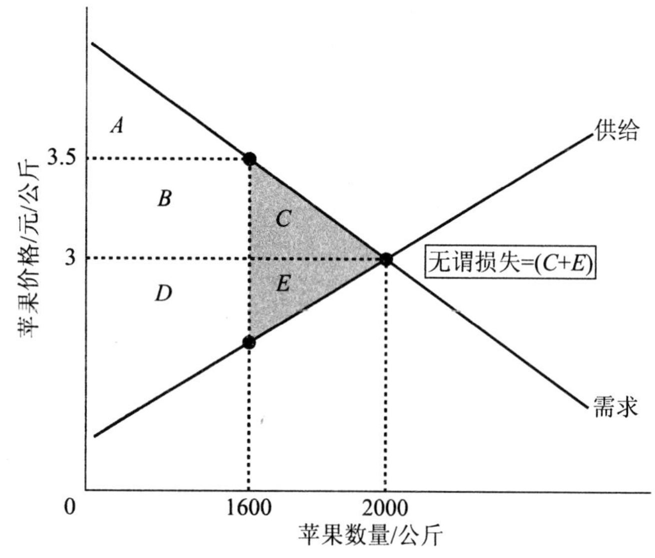

图3-4　苹果市场上无谓损失的衡量

如果苹果价格超过均衡价格，假设每公斤苹果的价格为3.5元，较高的价格导致销售量减少到1600公斤。在每公斤3.5元的价格下，消费者剩余变为*A*和*B*两部分的面积之和，比原来少了*C*区域的面积，而生产者剩余则变为*D*区域的面积，比原来减少了*E*区域的面积，经济剩余现在减少到*A*、*B*、*D*三块区域的面积之和，比原来减少了*C*和*E*两块区域的面积。经济剩余之所以会减少，主要是因为在每公斤3.5元的较高价格下，销售量减少了400公斤，而这400公斤在竞争性均衡中原本可以销售掉，但现在却成为过剩量的一部分。在经济学上，将由于市场不处于竞争性均衡状态而导致的经济剩余的减少称为无谓损失(Deadweight Loss)，此例中等于*C*和*E*两块区域面积之和。

3.1.4　经济效率

通过以上分析可知，竞争性市场上的均衡能给社会带来最大化的净收益，即竞争市场的均衡能导致生产某种产品或提供某些服务所产生的经济剩余实现最大化。导致产品或服务市场不处于竞争性均衡状态的任何事物，都会减少生产这些产品或提供这些服务给社会带来的经济剩余。

由此可见，经济效率的标准含义是指资源配置实现了最大的价值。竞争性市场均衡时可以实现经济剩余的最大化，即社会净收益的最大化，因此，我们说竞争性市场均衡时是有效率的。

3.2 价格控制

在世界上的绝大多数国家里，市场几乎都不能免受政府的干预。政府通常会采取各种各样的方法来干预和调节市场。接下来，我们将运用求和供给曲线对政府干预的常见形式——价格控制进行分析。

3.2.1 支持价格

支持价格(Support Price)也称为扶持价格或最低价格，是政府为了扶持某一行业的发展，对该行业产品规定的高于市场均衡价格的最低价格，有时也称为最低限价。如各国为了扶持农业的发展，常常对农产品实行支持价格。以玉米市场为例，政府实行支持价格所产生的结果可以用图3-5来表示。

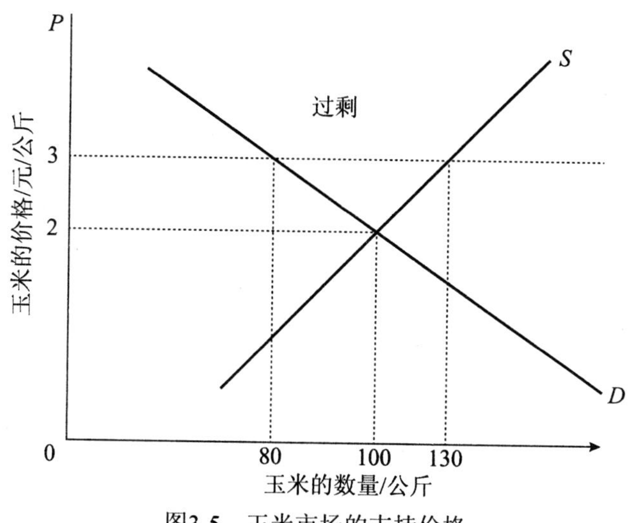

图3-5　玉米市场的支持价格

从图3-5可以看出，玉米的均衡价格是每公斤2元，均衡产量为100公斤。实行每公斤3元的支持价格后，市场价格上升，此时，与这一价格相对应的供给量是130公斤，而需求量则是80公斤。由于供给量大于需求量，该玉米市场将出现50(130−80)公斤的玉米过剩量。

为了维持玉米市场的支持价格，这些过剩的玉米将不能在市场上卖掉。此时，政府可以采取的措施主要有以下两种。

一是政府收购过剩的玉米，或用于储备，或用于出口，或政府高价收购低价出售。在出口受阻的情况下，收购过剩的玉米必然会增加政府的开支，这是政府为了扶持农业发展所付出的代价。

另一个是政府对玉米的生产实行产量限制，规定将生产数量控制在80公斤，使供求平衡。但是，在实施时需要较强的指令性并且具有一定的风险性。

案例3-1 **2015年辽宁省每月最低工资标准将达1800元**

2013年辽宁省最低工资标准上调15%以上，到2015年最低工资标准将年均上调13%。

最低工资标准上调，同时带来连锁反应，公益性岗位人员工资、大学生见习工资标准也都随之上调，一些低收入群体也受到影响，工资“水涨船高”。

2013年7月1日起，辽宁省第八次上调最低工资标准。本次调整后，月最低工资标准为：一类地区由1100元调整为1300元，二类地区由900元调整为1050元，三类地区由780元调整为900元。小时最低工资标准：一类地区由11元调整为13元，二类地区由8.5元调整为9.8元，三类地区由7.5元调整为8.6元。

此次调整幅度比较大，上调幅度达到15%以上。以沈阳市为例，沈阳市城区的最低工资标准由原来的每月1100元调为1300元，上调幅度超过18%。新民市、辽中县、法库县、康平县最低工资标准由每月900元调整为1050元。

通常情况下，辽宁省最低工资标准至少每两年调整一次。

目前，沈阳市有公益性岗位人员2万多人，公益性岗位包括社区保洁、社会治安协勤、社区服务、居家养老等。随着最低工资标准的调整，公益性岗位人员，包括困难家庭大学生公共就业服务岗位的岗位补贴标准也已上调。和平区、沈河区、铁西区、皇姑区、大东区、东陵区(浑南新区)、于洪区、沈北新区、苏家屯区、沈阳经济技术开发区、棋盘山国际风景旅游开发区、沈阳综合保税区公益性岗位的岗位补贴为每人每月1300元，比原来提高200元。新民市、辽中县、法库县、康平县公益性岗位的岗位补贴为每人每月1050元，提高150元。全市困难家庭大学生公共就业服务岗位的岗位补贴由1200元上调至1500元。沈阳市见习大学生的见习补贴也随之调整，按规定见习补贴不低于沈阳市最低工资标准，为此见习大学生月工资也将达到1300元以上。

辽宁省人社厅相关负责人表示，到2015年之前，辽宁省还将继续提高辽宁地区职工的工资水平，逐步缩小工资收入差距，辽宁地区最低工资标准年均增长13%左右，届时最低工资标准约达1800元。

资料来源：http://finance.nen.com.cn 2013年12月16日 东北新闻网

3.2.2 限制价格

限制价格(Ceiling Price)也称最高价格，是指政府为了限制某些商品的价格而对它们所规定的低于市场均衡价格的最高价格。政府推行此政策的目的是为了稳定经济生活。例如，稳定生活必需品的价格，保护消费者的利益，有利于安定民心。限制价格一般在战争或自然灾害等特殊时期使用。例如，在突发的自然灾害期间，商品供给不足，需求扩大，极易导致物价上涨，政府往往会对商品价格实行控制。在一般情况下，政府为了保证人们正常的生产和生活，也会对诸如水电、煤气、房租、利息等实行限价。以大米市场为例，政府实行限制价格所产生的结果如图3-6所示。

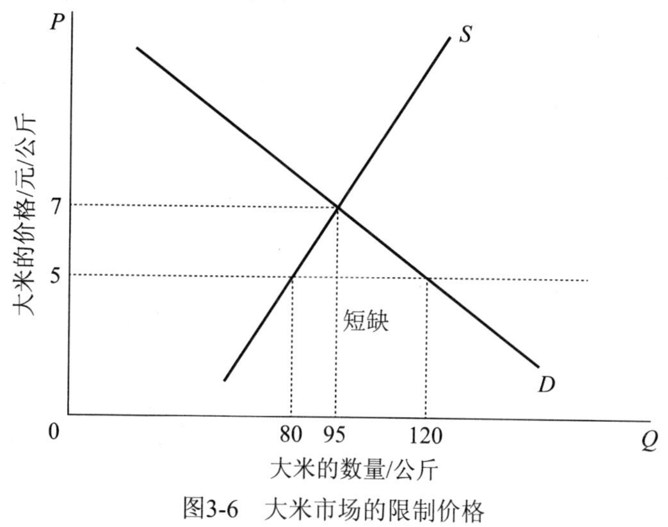

图3-6　大米市场的限制价格

从图3-6可以看出，大米由市场自发形成的均衡价格是每公斤7元，均衡产量为95公斤。政府为了限制大米的价格水平，强制实行每公斤5元的限制价格后，市场价格下降，此时，与这一价格相对应的供给量是80公斤，而需求量则是120公斤。由于需求量大于供给量，该大米市场将出现40(120−80)公斤的大米短缺量。可见，限制价格造成超额需求。

为了维持大米市场的限制价格并解决市场上大米短缺的问题，政府经常会采取配给制或发放购物券，实行凭证、凭票购买等措施以限制需求量的增加。

但配给制只适用于短时期内出现的特殊情况，长时期实行配给制将会引起严重的不良后果。这主要表现在以下4个方面。

第一，较低的价格水平不利于抑制消费，反而会导致在资源缺乏的同时又存在严重的浪费现象；

第二，配给制会产生黑市交易，从而产生社会风气败坏等一系列问题；

第三，较低的价格水平不利于刺激生产，从而会造成产品长期短缺的现象；

第四，一旦放松价格管制，价格上涨会变得更加严重。

除此以外，限制价格会使产品质量下降。若实行限制价格，造成商品短缺，就会出现粗制滥造、质量下降和缺斤短两等现象，这对于消费者来说，意味着商品价格在变相地上涨。正是因为上述种种原因，一般情况下，经济学家都反对长期实行价格限制。

案例3-2　租金控制的短期和长期效应分析

租金控制是最高限价的一个典型例子，在很多国家和城市都曾经对房东收取房客的租金金额实行限制，因为政府认为，在市场均衡的租金水平下，很多低收入者租不起房子，于是规定一个最高的租金限制价格。该政策出台的目的是为了帮助穷人，从而能使低收入者也能租得起房子，不至于露宿街头。但有一位经济学家称租金控制是“除了轰炸之外，毁灭一个城市的最好方法”。下面，我们用供求图对租金控制的短期和长期效应进行分析。

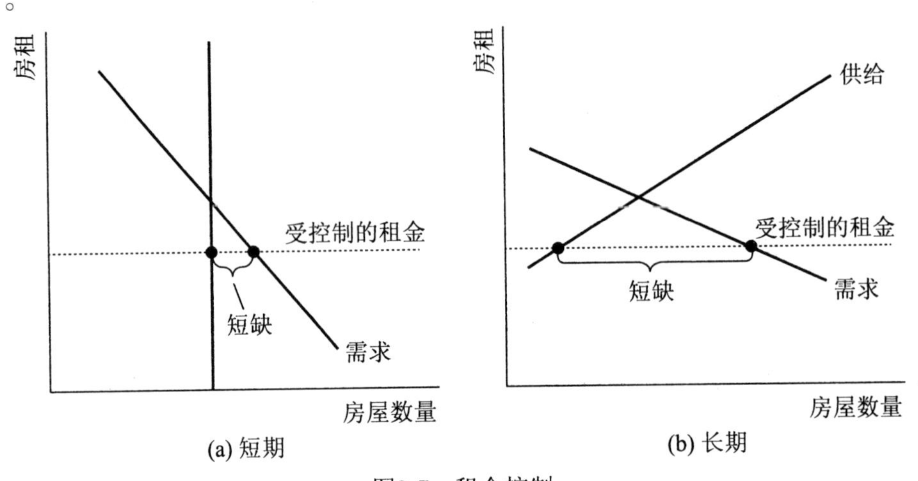

图3-7　租金控制

从图3-7中我们可以看出，在短期内，房子的数量不会有太大的变化，也就是说，房子的供给在短期内是缺乏弹性的。在图3-7(a)中，租金控制水平上所产生的房屋短缺量是比较少的。但是，在长期内，房子的供给数量可能由于多种原因而下降，例如，房屋可能被出售而不是被出租。最高限价将导致房屋的长期短缺大于短期短缺，供给量远远小于需求量。图3-7(b)说明了这种后果。

总之，租金控制在短期内使得所有的租房者过得更好，因为他们支付的房租较少，无论他们是穷人还是富人。然而，在长期内，用于出租的房屋数量将会减少，以致很多想要租房的人难以在市场上租到房子。因为租房者一般比买得起房子的人要穷，所以，长期内可出租房屋的减少对穷人或者低收入者的影响更大。

由此可见，租金控制在长期内往往会伤害一些政府本意想保护的低收入者。

资料来源：范家骧. 微观经济学[M]. 南京：江西人民出版社，1997.

3.3 税收

西方曾有一句谚语：“只有死亡和税收无法避免”。美国最高法院的一位法官曾经对税收进行这样的描述：“税收是我们对文明社会的付出。”这充分说明了在现代社会中税收的不可避免性和重要性。但是，当政府对产品征税时，它会影响到产品市场所自发形成的均衡，进而对市场价格和成交量产生影响。当政府决定对某个市场开始征税时，是应该向消费者征税还是向生产者征税？向消费者和生产者征税的效果是否相同呢？大多数人相信消费者承受了消费(销售)税的负担。他们认为生产者通过更高的价格轻易地将税负转移到了消费者身上。然而，每当一种新的消费税被提出时，生产者都会反对。如果消费税能够被转移到消费者身上，那么企业就没有理由花费如此高的成本来反对它。事实上，消费税确实会伤害生产者。

下面，我们来分别对政府向消费者和向生产者征税时所产生的经济影响与效果进行分析。

3.3.1　消费税的经济影响

现在，我们将运用供求工具来分析政府向矿泉水买者征税的经济影响。

向消费者征税影响矿泉水的需求曲线而不影响供给曲线。因为在任何一种既定的矿泉水价格下，市场对生产者的激励是相同的；对消费者来说，征税使矿泉水对消费者的吸引力变小，在每一种价格下消费者需要的矿泉水量也就减少了，结果税收使矿泉水的需求曲线向下移动，供给曲线不变。更准确地说由于向消费者每瓶征收1元的税，相当于矿泉水对消费者的价格比原来市场价格高1元，所以需求曲线向下移动1元。如图3-8所示。

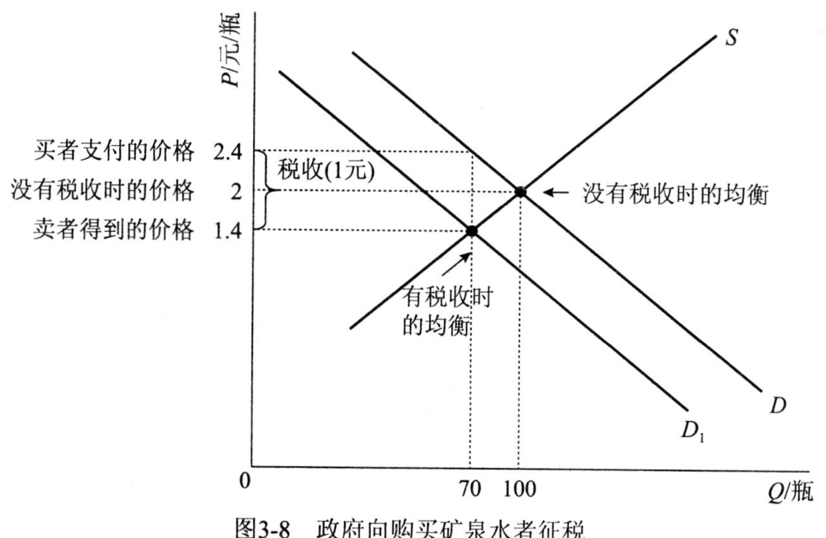

图3-8　政府向购买矿泉水者征税

向消费者征税，需求曲线向下移动1元，由D移动到D_1，矿泉水的均衡价格从2元下降到1.4元，也就是生产者得到1.4元/瓶，消费者由于再加1元的税收而需要支付2.4元/瓶；均衡数量从100瓶减少为70瓶。由此可以看出，尽管是向消费者征税，但实际上税收是在生产者和消费者之间分摊。在新的均衡时，生产者卖得少了，而消费者买得也少了，所以对矿泉水消费者征税缩小了矿泉水市场的规模。

虽然消费者向政府支付了全部税收，实际上消费者与生产者分摊了税收负担。当政府对消费者征税时，市场价格从2元下降为1.4元，生产者每瓶矿泉水比没有税收时少收入0.6元。因此，税收使生产者的状况变坏了。消费者付给生产者较低的价格1.4元，但包括税收在内的实际价格从征税前的2元上升为征税后的2.4元(1.4元+1元=2.4元)，消费者每瓶矿泉水比没有税收时多支付0.4元。因此，税收也使消费者的状况变坏了。

3.3.2 生产税的经济影响

如果政府不向消费者征税，转向生产者征税，情况又会有何不同呢？我们仍然以矿泉水市场为例，继续运用供求图来分析政府向生产者征税即销售税的经济影响。

假设政府通过法律对矿泉水的生产者每卖一瓶矿泉水征税1元。在这种情况下，税收影响矿泉水的供给。由于并不向消费者征税，在任何一种既定价格时，矿泉水的需求量是相同的，所以，需求曲线不变。对生产者征税增加了销售矿泉水的成本，这就使生产者在每一价格水平时供给的数量少了，供给曲线向上移动。这时，我们仍然可以准确地知道供给曲线移动的幅度，由于在任何一种矿泉水的市场价格时，生产者的价格在纳税之后要降低1元。无论市场价格是多少，生产者仿佛在比市场价格低1元的价格时来供给矿泉水数量。换个说法，为了诱使生产者供给任何一种既定矿泉水数量，现在市场价格必须高出1元，以便弥补税收的影响，如图3-9所示。

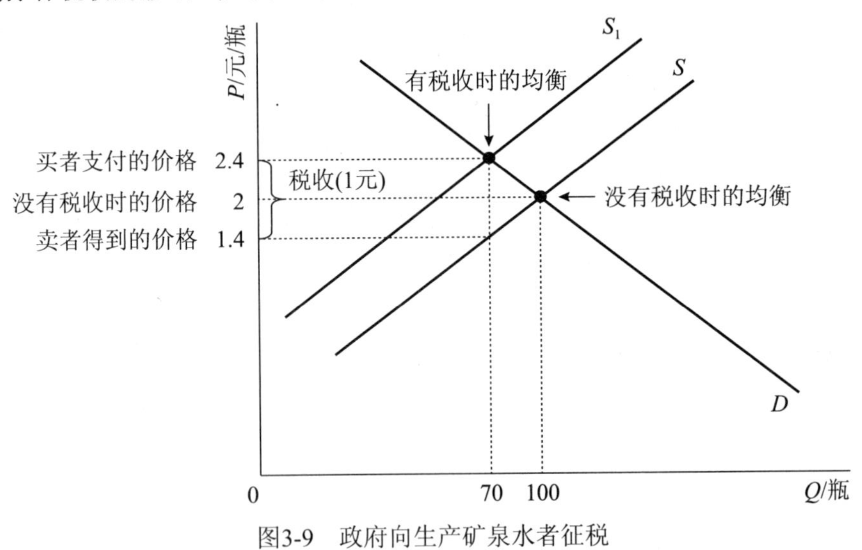

图3-9 政府向生产矿泉水者征税

供给曲线从S向上移动到S_1，移动幅度正好是税收量1元。当市场从原来的均衡点向新均衡移动时，矿泉水的均衡价格从2元上升到2.4元，而均衡数量从100瓶减少为70瓶，税收使矿泉水市场的规模缩小了。而且，消费者与生产者又一次共同分摊了税收负担。由于市场价格上升，消费者为每瓶矿泉水多支付了0.4元。生产者得到的名义价格是2.4元，但实际价格(在纳税1元之后)下降为1.4元，每瓶矿泉水得到的实际价格比没有税收时的2元，少了0.6元。因此，税收使消费者和生产者的状况都变坏了。

3.3.3　税收的负担与归宿

比较图3-8和图3-9，我们会得出一个令人惊讶的结论：对消费者征税与对生产者征税的情况是相同的。在这两种情况下，税收是在消费者支付的价格和生产者得到的价格之间打入的一个楔子。无论税收是向消费者征收还是向生产者征收，消费者价格与生产者价格之间的楔子是相同的。在这两种情况下，这个楔子会使供给曲线和需求曲线的相对位置发生移动。在新均衡时，消费者和生产者分摊税收负担。对消费者征税和对生产者征税的唯一差别是谁把钱交给政府。如果我们把图3-8和图3-9总结一下，则会得到图3-10所表示的税收归宿图。

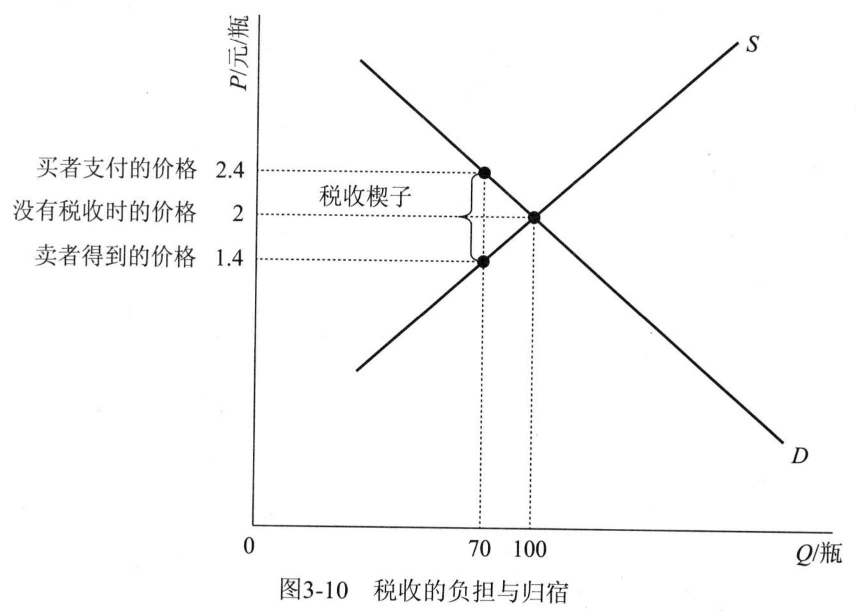

图3-10　税收的负担与归宿

由以上的分析可知，不管是向生产者征税，还是向消费者征税，最终，税收都是由消费者和生产者共同分摊的。

总之，这种分析得出了如下两个一般性结论。

(1) 消费者和生产者共同分摊税收负担。在新的均衡时，消费者为该物品支付的多了，而生产者得到的少了。

(2) 税收抑制了市场活动，缩小了市场规模。对一种物品征税时，该物品在新的均衡时销售量减少了。

3.3.4 税收对经济效率的影响

市场的均衡价格是一个社会的重要财富，因为它能保证资源的有效配置。在市场均衡时，产品既不存在过剩也不会产生短缺，在这一均衡价格下，所有的需求都能获得满足，所有的产品也都能销售出去，即市场处于出清的状态，此时，市场实现了对资源的最优配置，即市场对资源的配置是有效率的。但是，当政府向某个市场征税时，它产生的一个比较严重的后果是经济效率的降低。运用供求模型可以分析税收对经济效率的影响。

政府对产品或服务征税，这种产品或服务的供给量就会减少。例如，对白酒征税会提高喝酒的成本并减少饮酒的数量。我们可以用供求图来揭示这种影响。图3-11描述的是一个白酒市场的情况。

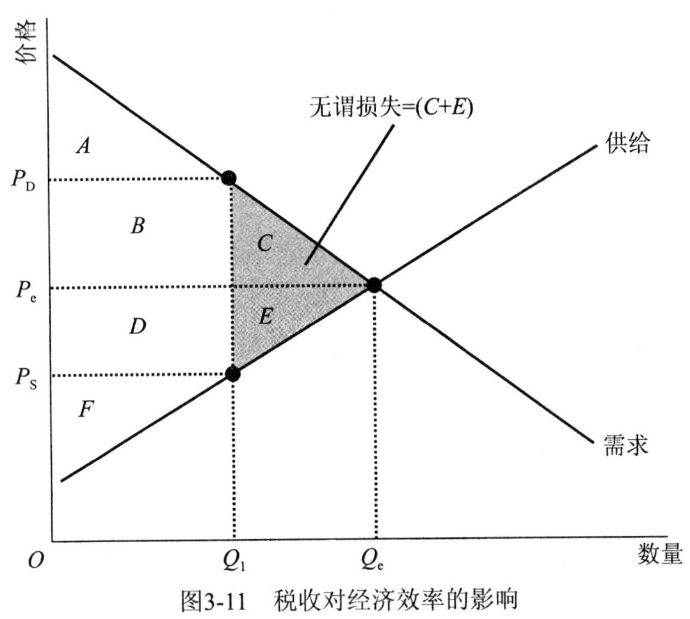

图3-11 税收对经济效率的影响

当政府没有干预白酒市场时，白酒的均衡价格是P_e，均衡数量是Q_e，经济剩余为A、B、C、D、E、F区域面积。政府开始对白酒征税时，买者支付的价格为P_D，卖者得到的价格为P_S，白酒的销售量为Q_1，政府的税后收入为B和D两块区域面积。可见，税收减少了消费者剩余 ($B+C$)和生产者剩余 ($D+E$)，并产生了无谓损失($C+E$)。

因此，我们可以得出这样的结论：税收的真正负担不仅仅是消费者和生产者支付给政府的金额，它还包括税收产生的额外负担——无谓损失。如果一项税收所造成的超额税赋相对于它带来的税收收入而言较小，那么就可以说这项税收是有效率的。这是经济学家对政府税收进行研究所得出的一个突出贡献，根据这一结论，经济学家可以针对哪些税收最有效率向政策制定者提出建议。

3.4 弹性理论的应用

3.4.1 需求弹性与总收益

需求弹性是一个非常重要的概念，它衡量消费者对价格变化的反应是否敏感。需求价格弹性可以从另一个角度来进行阐释：计算价格变化对消费者总支出(等于生产者收入)的影响。经济学家将企业的销售收入称为总收益(Total Revenue，TR)，总收益是买者支付从而卖者得到的量，它等于销售价格乘以销售数量，即$TR=P\times Q$。

根据需求定理，某种产品的价格上涨将会导致消费者的购买量减少。而消费者的总支出(等于企业总收入)是上升、下降还是保持不变，取决于消费者对于价格变化的反应程度。现实生活中，许多人都想当然地认为如果一个企业想要最大化地赚取利润，就应该尽可能将价格定高，但其实高价格策略并不一定是最好的策略。例如，某企业将产品的价格定为每件1元钱时可以售出5万件产品，企业获得该产品的总收入(等于消费者总支出)等于5万(1元×5万件)。如果价格上涨到每件1.5元，则消费者的购买量将减少到4万件，企业的总收入将上涨到6万元(1.5元×4万件)。然而，如果消费者对这种产品价格变化的反应敏感，上涨的0.5元会使得购买量下降到3万件，在这种情况下，消费者的总支出将会下降到4.5万元(1.5元×3万件)。

同样，降低价格也未必会使企业的总收入减少。如果企业最初的定价是每件1.5元，然后将价格下降到每件1元，销售量增加的幅度有可能远远超过价格下降的幅度，从而使得总收入增加。当然，总收入能否增加，主要取决于消费者对价格调整的反应程度。换言之，消费者的反应程度决定了企业的价格调整策略。

我们可以用消费者总支出变化的分析说明一个关于需求弹性的经验法则：

(1) 当需求富有弹性即$E_d>1$时，消费者的总支出与商品价格之间呈反方向变动。即，当价格下降时，消费者的总支出(即生产者的总收益)增加；当价格上涨时，消费者的总支出则减少。

(2) 当需求缺乏弹性即$E_d<1$时，消费者的总支出与商品价格之间呈同方向变动。即，当价格下降时，消费者的总支出减少；当价格上涨时，消费者的总支出则会增加。

(3) 当需求为单位弹性即$E_d=1$时，无论价格如何变化，消费者的总支出都不变。

3.4.2 丰收悖论

谷贱伤农是我国流传甚广的一句俗语，它描述的是农产品市场经常会出现的一种现象：如果依据市场的自发调节，在丰收的年份，农民的收入反而会减少。换句话说，农业的好消息对于农民来说也会是好消息吗？如果让粮食的价格和产量由自发的供求关系来决定，则存在谷贱伤农——丰收悖论的情况。

下面我们以农民李小田的生产耕种为例来进行阐述。

李小田是一个以种田为生的农民，由于他全部的经济收入来源于耕种和销售玉米所得，因此，他每年的春天都会很早就开始备耕备种。他会亲自到农贸市场去精选种子、化肥和农药，希望可以通过自己的精耕细作使产量提高。由于今年的气候条件好，耕种玉米的农民都获得了丰收。当然，李小田的辛苦努力也迎来了大丰收，玉米的产量比上一年增加了将近20%。但等他欣喜若狂地来到农贸市场上销售玉米时，突然发现今年玉米的价钱很不好，卖完玉米后仔细一算，发现今年玉米虽然比去年丰收了，可是收入却减少了。李小田苦苦思索："为什么玉米丰收了，我的收入反而减少了呢？"他郁闷良久也找不到答案。

我们知道，农产品(尤其是粮食)往往属于需求缺乏弹性的产品，尤其在某一个生产周期内，玉米的供给曲线可以看作一条垂线，如图3-12所示，玉米市场的初始均衡点位于需求曲线D和供给曲线S_1相交的E_1点，价格为P_1，市场均衡的成交量为Q_1。玉米的丰收使得玉米的供给曲线S_1水平向右移动到S_2位置，玉米市场新的均衡点为E_2，均衡价格为P_2，均衡数量为Q_2。即由于玉米缺乏弹性，导致玉米市场上价格下降的幅度远远超过了产量增加的幅度。如图中分析所示，丰收前李小田耕种玉米的总收益$\text{TR}_1=P_1 \cdot Q_1$，即图中矩形面积$OP_1E_1Q_1$所示，丰收后总收益则变为$\text{TR}_2=P_2 \cdot Q_2$，即图中矩形面积$OP_2E_2Q_2$所示，我们可以明显地看出，丰收后李小田的总收益明显减少了。

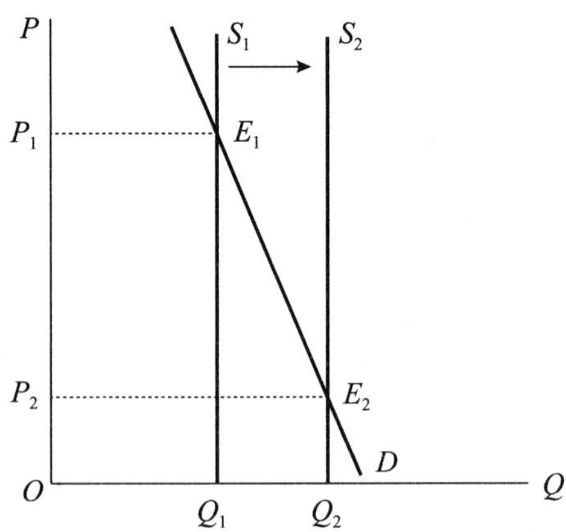

图3-12　玉米市场上谷贱伤农的经济模型

通过上例分析可见，当粮食大幅增产后，农民为了卖掉手中的粮食，只能竞相降价。但是由于粮食需求缺少弹性，只有在农民大幅降低粮价后才能将手中的粮食卖出，这就意味着，在粮食丰收时往往粮价要大幅下跌。如果粮价下跌的百分比超过粮食增产的百分比，就会出现增产不增收甚至减收的状况，这就是经济学上著名的"谷贱伤农"现象，即丰收悖论。

可见，农业的好消息对于农民来说未必是好消息，而粮食却是最基本的生活资料。正因如此，绝大多数国家都重视本国粮食生产，尤其是具有一定人口规模的国家，都会采取各种为保证粮食安全、保护农民利益的干预粮食市场的支农政策。

3.4.3　弹性与税收分摊

由前面学习的知识点我们知道，一般情况下，税收是由买卖双方共同分担的。但是，买者和卖者哪一方会承担更多的税收呢？这主要取决于双方各自对产品或服务市场的依赖程度，即取决于需求弹性和供给弹性的大小。

1. 需求富有弹性，供给缺乏弹性

图3-13表示供给较为缺乏弹性而需求非常富有弹性的市场上税收分摊的情况。在这种情况下，生产者对价格不十分敏感，而消费者非常敏感，当征收税收时，消费者支付的价格上升并不多，而生产者得到的价格大幅度下降。因此，生产者承担了大部分税收负担。

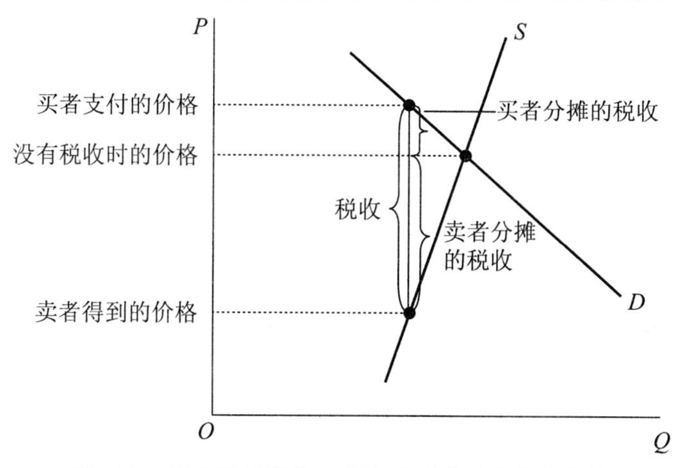

图3-13　需求富有弹性、供给缺乏弹性的税收分摊

2. 供给富有弹性，需求缺乏弹性

图3-14表示了供给富有弹性而需求较为缺乏弹性的市场上税收分摊的情况。在这种情况下，消费者对价格不十分敏感，而生产者非常敏感，当对供给较为富有弹性的市场征税时，生产者得到的价格并没有下降多少，因此生产者只负担了小部分税收，与此相比，消费者支付的价格大幅度上升，表示消费者承担了大部分税收负担。

通过上述分析可以得出关于税收负担划分的一般性结论：税收负担更多落在市场上缺乏弹性的一方身上。需求弹性小意味着消费者缺乏离开市场的灵活性，也就是消费者更不容易离开市场，更缺少离开市场的机会，不能轻而易举地离开市场，所以税收负担更多地落在消费者身上。供给弹性小意味着生产者缺乏离开市场的灵活性，也就是生产者更不容易离开市场，更缺少离开市场的机会，不能轻而易举地离开市场，所以税收负担更多地落在生产者身上。

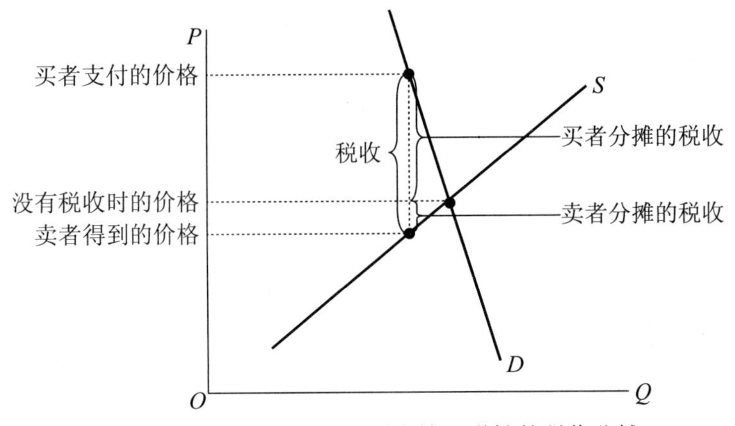

图3-14 供给富有弹性、需求缺乏弹性的税收分摊

3. 买者或卖者可能会承担税收的全部

通过分析我们了解到，税收在买者和卖者之间的分摊主要取决于需求和供给弹性的大小，并且会更多地落在缺乏弹性的市场一方身上。现实生活中，会有两种极端的情形出现，在这种情况下，买者或卖者会承担全部的税收，即税收会完全落在市场的某一方身上，而对方完全不承担税收。下面将分别对两种极端的情况进行分析和说明。

(1) 当供给弹性一定时，需求完全富有弹性和完全无弹性。需求完全无弹性的市场，例如胰岛素市场，市场中交易的是糖尿病人每日必需的药品。无论价格如何，每天对胰岛素的需求量为10 000片。也就是说，糖尿病人为了维持生命，对胰岛素价格的变化毫无敏感性可言，每天必须服用定量的胰岛素，对胰岛素的需求是完全无弹性的。需求曲线*D*为一条垂线，如图3-15(a)所示，假设政府决定对每片胰岛素征收0.2元的销售税，我们分析得出新的供给曲线向上移动。当新的均衡实现时，价格为每片2.2元，销售量没有发生变化。买者支付了全部税收，即每片胰岛素比原来多支付了0.2元。这说明，买者愿意出任何价格来购买既定数量的胰岛素。

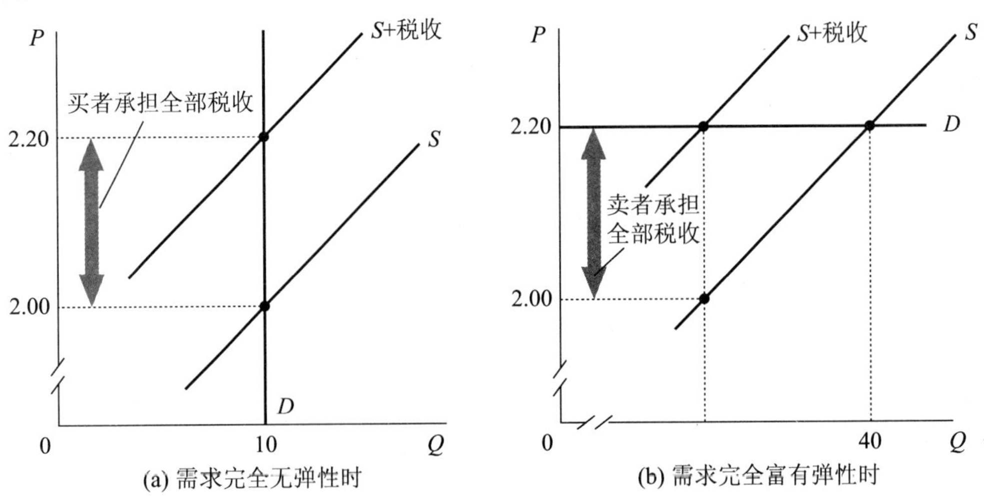

图3-15 需求完全无弹性和完全富有弹性时的税收转嫁

相反，如图3-15(b)所示，当需求具有完全弹性时，即需求曲线为水平时，则说明买者对价格变动极为敏感，只要价格略高于2元，就没有人购买该产品。

因此，正如以上分析所示，当需求完全无弹性时，买者承担全部的税收；而当需求具有完全弹性时，卖者承担全部的税收。当然，如上节内容所讲的，在正常情况下，买者既不是完全无弹性，也不具有完全弹性，销售税就要由买者和卖者共同分摊，分摊的比例取决于买卖双方弹性的大小。

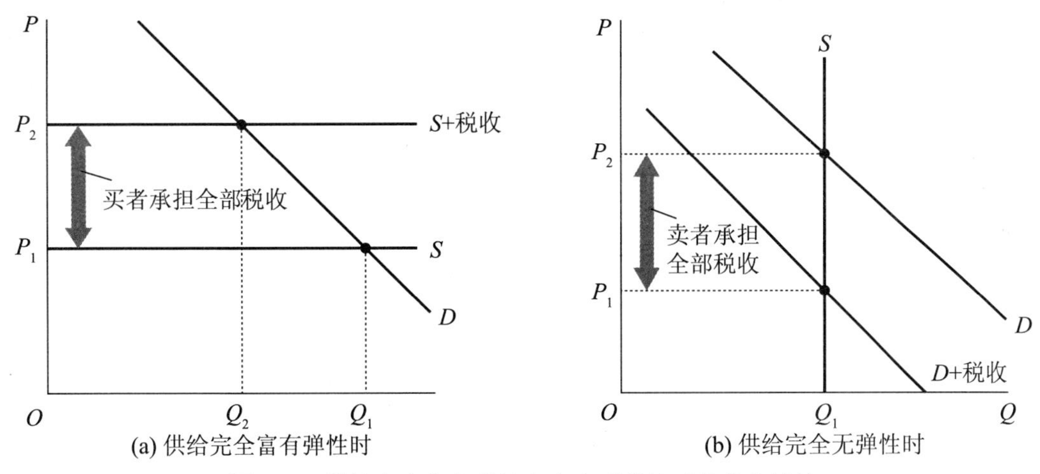

(a) 供给完全富有弹性时　　(b) 供给完全无弹性时

图3-16　供给完全富有弹性和完全无弹性时的税收转嫁

(2) 当需求弹性一定时，供给完全富有弹性和完全无弹性。如图3-16(a)和图3-16(b)所示，当供给具有完全弹性时，买者承担全部的税收；当供给完全无弹性时，卖者承担全部的税收。当然，现实中多数情况下是买者和卖者共同分担税收。

总之，如果需求完全无弹性或供给具有完全弹性时，则消费者会承担全部的税收；如果需求具有完全弹性或供给完全无弹性时，则税收会由生产者独自来承担。

案例3-3　消费税让奢侈品更“奢侈”

财政部、国家税务总局2006年3月21日联合下发通知，从4月1日起，对我国现行消费税的税目、税率及相关政策进行调整，调整部分奢侈品的消费税。法国路易·威登集团总裁伊夫·卡尔塞尔则说：“对于奢侈品市场而言，中国几乎是一片新大陆，没有什么可以让我们停止脚步，包括消费税。唯一的问题是，消费成本提高了，谁还在奢侈。”卡尔塞尔的担心似乎有些多余。同样在4月，“2006超级品牌中国巡回展”的世界顶级品牌奢侈品展会将在南京举行，从超级游艇到海景豪宅，这场南京历史上“最奢侈”的展会似乎冲淡了消费税对奢侈品的“劫富济贫”。而参加展会的50多个全球顶级品牌纷纷表示，新消费税的开征不会对国内富人的消费习惯产生影响，只是提高了他们购物的成本。很多人可能并不知道，4月1日之前自己在超市里买一块肥皂或者一瓶洗发水，都是要缴税的。相反，豪华游艇、高档服装、珠宝之类的奢侈消费品，却不用缴税。不过，这一现状已经有所改观。从4月1日起，国家对现行消费税的税目、税率及相关政策进行调整的具体内容为：调整小汽车、摩托车等税目的税率；新增高尔夫球、高档手表、游艇、木制一次性筷子、实木地板等税目；取消“护肤护发品”税目。可以看出，此次对消费税进行调整的目的之一，是要对奢侈品进行征税。有统计数据表明，占中国人口20%的富人，上缴的个人所得税还不到国家个人所得税收入的10%。对奢侈品征税，意味着富人将要为自己的奢侈性消费支付更多税收，从而更好地进行财富的二次分配，即通常人们所说的“劫富济贫”。但是，事情有这么简单吗？记者对涉及此次消费税调整的高档商场及进口汽车经销商进行采访发现，消费税不但没有抵挡住奢侈品的销售，反而是让一部分人更加“奢侈”。

此次消费税调整，首先“动”起来的是被中国人视为奢侈品代表的宝马。4月3日，记者收到宝马中国代表处的消息，自4月1日起受到影响的国产及进口宝马将上调价格，其中宝马760Li个性版涨幅最大，达28.96万元。与此同时，全国各地的奥迪经销商也根据要求执行新的售价，除2.0L以下和4.2L之外的所有国产奥迪车型均出现涨价。其中A6L3.0 quattro领先尊享型涨价最高，达到3.15万元，新价为73.24万元。

征收奢侈品税的前提是，有人消费这些产品。而且，必须考虑到税收归宿，即由谁最终承受税收负担的问题。

资料来源：2006年4月7日　南京报业网

本章小结

通过本章学习，我们知道了由价格调节经济活动是市场经济的核心。但是，我们也不能把价格的这种作用绝对化。市场经济仍然离不开政府，在有些情况下，也需要政府对价格进行干预。

1. 经济剩余：经济效率的衡量

竞争市场中的经济剩余主要由消费者剩余和生产者剩余组成。其中，消费者剩余衡量的是买者参与市场所获得的利益，衡量的是买者自己感觉到的福利。生产者剩余衡量的是卖者参与市场的利益。竞争市场能实现经济剩余最大化，即经济效率。政府无论是对价格实施控制，还是通过税收干预市场，都会对市场均衡、对买者和卖者的福利产生影响，从而导致经济剩余的减少，即产生无谓损失。

2. 价格控制：极为必要的政府干预手段

供给和需求共同决定商品的价格，市场经济的基本原则是，能够交给市场调节的尽量要放开价格，让价格自发调节。但是，有些情况下，政府对价格实行干预是非常必要的。政府出于不同目的会制定支持价格或限制价格来保护生产者或消费者。

3. 供求图：分析税收对经济影响的重要工具

在本章中，我们学会了用供求图来对政府征税的经济影响进行分析。通过学习我们了解到，当政府要针对某种产品或服务征税时，无论是向生产者征税还是向消费者征税，对市场的影响都是一样的，都会使买者支付的价格提高而卖者得到的价格降低，并减少市场的成交量。

4. 无谓损失：价格控制和税收的代价

价格控制和税收会影响经济效率，主要体现在价格控制和税收会导致某种产品或服务的生产偏离竞争性均衡点，因此会导致经济剩余的减少，即导致无谓损失的产生。

5. 弹性：消费者和生产者对税收分摊的决定因素

需求价格弹性和供给价格弹性分别衡量的是消费者和生产者对价格变化的敏感程度，弹性系数反映了这种敏感程度。说明需求或供给的弹性越大，消费者或生产者对产品价格的变化越敏感，即对市场的依赖程度越小，因此，税收更多地落在了市场上缺乏弹性的一方身上。如果生产者或消费者对某种产品或服务具有完全弹性，则税收就完全由对方承担。极端的情况下(当需求或供给具有完全弹性或完全没有弹性时)，税收也可能单独由买者或卖者全部承担。

农民的收入会因为供给的变化而变化，由于多数农产品都是缺乏弹性的，当供给增加时会导致价格降低和农民收入的减少，而供给减少则会提高价格并增加农民的收入。

思考与练习

1. 什么是消费者剩余？市场价格提高会如何影响消费者剩余？

2. 什么是生产者剩余？市场价格降低会如何影响生产者剩余？

3. 假设在面包市场上，消费者对面包的需求增加。用图形说明。

(1) 生产者剩余会发生什么变动？

(2) 在面粉市场上，生产者剩余会发生什么变动？

4. 什么是支持价格？政府实施支持价格的目的是什么？会产生什么后果与代价？

5. 什么是限制价格？政府实施限制价格的目的是什么？会产生什么后果与代价？

6. 有人说，气候不好对农民不利，因为农民要歉收；但有人说，气候不好对农民有利，因为农业歉收以后粮食要涨价，收入会增加。对这两种议论你有何评价？

7. 如果政府对某种商品的所有生产者给予单位现金补贴，会对该商品的供给曲线产生什么影响？如果政府对该商品的所有生产者征收单位销售税，将会对该商品的供给曲线产生怎样的影响？

8. 为什么在市场均衡时，买者和卖者都能获得最大的满足，同时社会福利能实现最大化？

9. 分析下列情况是供给变化还是供给量变化。

(1) 气候不好使水稻歉收，大米的供给量大幅减少；

(2) 面粉涨价使面包价格提高；

(3) 手机价格提高后生产者增加了产量；

(4) 猪肉价格每下降0.5元，生产者提供更少的猪肉。

10. 某小家电的需求曲线表达式为Q_D=10−2P，供给曲线为Q_S=0.5P(单位：万台；千元)，试求：

(1) 该家电的均衡价格和均衡销售量；

(2) 若该家电行业主管部门规定每台价格不能高于3千元，则该家电的销售价格和销售量是多少？

11. 已知某商品的需求曲线为Q_D=30−3P，供给曲线为Q_s=10+2P(单位：元；个)，试求：

(1) 求该商品市场的均衡价格和数量。

(2) 若政府对该商品设定3元的价格上限，求新的市场成交价格和数量。

(3) 假定政府对每单位产品征收1元的税，求新的价格和数量是多少？买卖双方各承担多少税收？

12. 假设政府要求消费者每购买一瓶啤酒就必须向政府缴纳1元的税。

(1) 画出没有税收时啤酒市场的供求图。说明买者支付的价格、卖者得到的价格以及啤酒销售量。买者支付的价格和卖者得到的价格之间的差额是多少？

(2) 画出有税收时啤酒市场的供求图。说明买者支付的价格、卖者得到的价格以及啤酒销售量。买者支付的价格和卖者得到的价格之间的差额是多少？啤酒的销售量是增加了还是减少了？

13. 我国一度对食糖实行支持价格，在这种支持价格下糖的供给超过了需求，结果食糖的库存大量增加。

(1) 有人认为，只有大大降低食糖的价格，才能消除过剩，这意味着他对食糖的需求价格弹性是怎样估计的呢？

(2) 如果撤销支持价格，预计对其他商品会有什么影响？

14. 某国的粮食市场处于供给大于需求的状况，由此造成均衡价格下降。政府决定保护粮食生产，维护农民的利益，拟采取两种政策措施：一种是以原来的价格(供求均衡时的价格)收购市场上过剩的粮食；另一种是放任现行的价格，然后政府以原来价格与市场价格的差价对农民给予补偿。你认为哪一种方法更好？为什么？

15. 已知香烟的供求函数为：D=120−2P，S=60+2P。如果对每盒香烟征2元的销售税，求征税前后的均衡价格和均衡数量。

16. 案例分析：农民需要面对自然环境和完全竞争市场的双重风险，灾年有可能导致他们减产；即使是丰年，他们也可能不会获得更好的收入，俗话说“谷贱伤农”。因此，自20世纪30年代以来，美国政府一直致力于稳定谷物、棉花、大麦等农产品价格。政府制定了农场法案，其中包括为上述农产品建立一定的价格下限，使农民最后可以享受的平均价格实际上稍高于市场平均价格。正如经济学家所预计的，这引起了供给和政府农作物储备过剩。为了避免太大的过剩，1941年政府允许最大限量为1600万英亩的土地用于花生种植。然而从那时起，每英亩的产量增加了3倍，并且分配的限量也并未降下来。更为甚者，大量的“非法”花生——根据最初的分配计划不被官方所许可的土地上所种植的花生，已经在过去几年中种了下去。既然可以在支持价格的价位上出售花生，并以此方式获得每吨165美元的毛利，那么某些农民以“非法”方式种植花生便不足为奇了。1990年，总统签署了一个新农作物法案，其目标之一就是降低价格下限，逐步减少储备，使价格向市场均衡价格移动。

问题：

(1) 自由竞争市场上农产品的价格是如何决定的？

(2) 在丰收之年，为何会出现谷贱伤农现象？

(3) 政府制定最低价格的原因是什么？

(4) 结合图形说明最低价格政策如何导致产品过剩。

(5) 简要评价美国政府制定并修订农产品法案的利弊。

第4章　消费者选择理论

本章导入

本章将介绍消费者选择理论，包括基数效用论、序数效用论、生活成本指数。通过本章的学习，将会使读者理解如何用边际效用分析消费者均衡；掌握总效用、平均效用与边际效用及其关系；掌握预算约束线和无差异曲线的含义；学会运用相关效用理论分析消费者在收入和偏好既定约束下如何实现效用最大化；理解收入效应和替代效应；学会分析生活成本指数的变化对经济生活的影响。

开篇案例　春晚的怪圈

大约从20世纪80年代初期开始，我国老百姓在春节吃年夜饭时增添了一套诱人的内容，那就是春节联欢晚会。1982年第一届春晚的出台，在当时娱乐事业尚不发达的我国引起了极大的轰动。晚会的节目成为全国老百姓在街头巷尾和茶余饭后津津乐道的话题，每年都为劳碌一年的观众带来无限的欢乐和享受。

晚会年复一年地办下来了，投入的人力和物力越来越大，技术效果越来越先进，场面设计越来越宏大，节目种类也越来越丰富。但不知从哪一年开始，人们对春晚的评价却越来越差了。原来街头巷尾和茶余饭后的赞美之词变成了一片骂声，春晚成了一道众口难调的大菜，晚会陷入了“年年办，年年骂；年年骂，年年办”的怪圈。这个有关春晚的话题越来越让人感觉沉重。

那么，为什么春晚会陷入这样的怪圈呢?

用文化学者朱大可的话来说，对于中国人，春晚是一根典型的鸡肋，“食之无味，弃之可惜”。但从另一个角度，32年来，央视春晚从未遇到过真正的危机。虽然年年被批，但除夕晚上，任你翻遍遥控器都看不到春晚以外的节目，仅凭这份影响力，央视春晚就是绝对的老大哥。

春晚伴随着电视观众走过了32个春秋，她早已成为中国人的一种仪式、一种情节。从最初的期待到后来的失望再到后来的围观，春晚逐步把电视观众的审美标准定得越来越高。看惯了大红大绿，看惯了明星大腕，人们逐渐产生了审美疲劳。如今的春晚进入了一个瓶颈期，过去一些参加春晚的艺术家不再接受春晚的邀请。与此同时，各地电视台及网络春晚的亮相，成为“春晚变脸”的一个醒目信号。

资料来源：高鸿业. 西方经济学(宏观部分)[M]. 北京：中国人民大学出版社，2011.

在前面的章节中我们介绍了需求和供给的含义以及需求曲线和供给曲线的基本特征，但并未对这些特征的形成原因进行说明。在经济学里，需求和供给曲线是以对消费者行为和生产者行为的分析作为依据的。本章将对需求曲线背后的消费者选择理论进行分析，并重点分析消费者在某些条件的约束下如何实现自身效用的最大化，进而依据这种分析对需求曲线的形成进行推导。

资源的稀缺性问题始终存在于每个经济领域，在一个家庭中或者一个消费者那里也不例外。每个家庭或者每个消费者的收入是有限的，要满足的欲望却是无限的，那么对于消费者来说就必须合理安排和使用这些有限的收入。西方学者在对消费者行为理论进行分析时，采用了不同的方法分别进行研究，其中，基数效用论和序数效用论是两种最为主要的理论方法。

基数效用论盛行的时期是19世纪末20世纪初，当时的经济学界主要使用的是基数效用的概念，分析方法主要是边际效用分析法。从20世纪30年代至今，经济学界主要使用序数效用的概念，该理论采用的是无差异曲线分析法。

4.1 基数效用论

对于消费者来说，从一种商品的消费中所能获得的好处最终取决于消费者的品味或偏好，俗语所说的“萝卜白菜，各有所爱”就是这个道理。当你口渴时，走进超市中你选择购买矿泉水而不是其他饮料，说明对于你来说从喝矿泉水中所获得的满足或乐趣肯定大于其他饮品。经济学家用“效用”一词来描述消费者从某种商品的消费中所获得的满足感。

4.1.1 效用与基数效用

1. 效用

效用(Utility)是指消费者从消费某种商品或服务中所获得的满足程度，即效用是对消费者从一组物品的消费中所获得的满足程度和幸福程度的抽象衡量。消费者从一种商品的消费中所得到的满足感越大，则效用就越大；反之，效用则越小。

从效用的含义中我们可以看出，效用具有如下特征：

(1) 主观性。效用衡量的是人们的满足程度，因此效用的大小主要取决于人们的主观感受，同样的商品，对于不同的消费者来说效用是不同的。

(2) 相对性。即效用因人、因时、因地而异，具有时间性与空间性。即使是同一个消费者使用同样的物品，在不同的时间或不同的地点所能获得的满足程度也很可能大不相同。古代故事中所描述的皇帝落难时吃到的普通农家菜却觉得是美味佳肴，等他回到皇宫中再邀请当时赠送饭菜与他的人制作同样的食物时却食之无味，这就充分说明了效用具有时间性与空间性的特征。

案例4-1 **世界上什么东西最好吃?**

兔子和猫争论，世界上什么东西最好吃。兔子说："世界上萝卜最好吃。萝卜又甜又脆又解渴，我一想起萝卜就要流口水。"

猫不同意，说："世界上最好吃的东西是老鼠。老鼠的肉非常嫩，嚼起来又酥又松，味道美极了！"

兔子和猫争论不休、相持不下，跑去请猴子评理。

猴子听了，不由得大笑起来："瞧你们这两个傻瓜蛋，连这点儿常识都不懂！世界上最好吃的东西是什么？是桃子！桃子不但美味可口，而且长得漂亮。我每天做梦都梦见吃桃子。"

兔子和猫听了，全都直摇头。那么，世界上到底什么东西最好吃?

这个故事说明了效用完全是个人的心理感觉。不同的偏好决定了人们对同一种商品效用大小的评价是不同的。

资料来源：http://wenku.baidu.com/link?url=9SfSnzPKW8MnekM_6Gm6KyTiPlnk54jbWsCrApriAM9KHVfNUPihkC_cb1FFgQjFNDky3JAZw9Q4jJ-lsUGGL20RznWxGNwytcNvkKQjQKm

2. 基数效用

基数效用(Cardinal Utility)是指按1、2、3等具体数量来衡量的效用。这是一种按绝对数来对效用进行衡量的方法，绝对数越大，说明效用越大，且效用可以相加求和。例如，某个学生在饥饿时到学校食堂中消费了两个包子，他从这两个包子的消费中所获得的效用分别用10和6来表示。这就意味着该学生从两个包子的消费中所得到的总的满足程度是16。

4.1.2 总效用、平均效用与边际效用

基数效用论认为，效用的大小是可以用具体的数量来衡量的。因此，效用的衡量可以采用总效用、平均效用以及边际效用的概念。

1. 总效用

总效用(Total Utility，TU)是指消费者在一定时间内从一定数量的商品或服务的消费中所获得的效用量的总和。总效用的大小取决于消费者在一定时间内所消费的商品或服务的数量，因此，总效用TU是消费量Q的函数。总效用曲线如图4-1所示。

2. 平均效用

平均效用(Average Utility，AU)是指消费者在消费一定数量的商品或服务时，平均每单位商品或服务所带来的效用。因此，平均效用等于总效用除以商品或服务数量。即，平均效用的计算公式为

$$\text{AU}=\frac{\text{TU}}{Q}$$

3. 边际效用

边际效用(Marginal Utility，MU)是指消费者在一定时间内多消费一单位商品或服务所得到的效用量的增量。边际效用的计算公式为

$$\text{MU}=\frac{\Delta\text{TU}}{\Delta Q}$$

边际效用的公式表明，边际效用是总效用曲线相应点的斜率。从总效用曲线的走势中可以看出，边际效用值的大小可正可负。并且，总效用曲线的斜率是递减的，即边际效用是递减的。

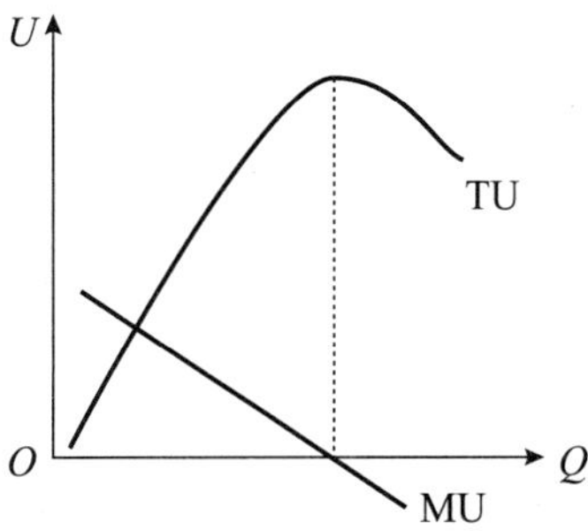

图4-1　总效用与边际效用曲线

(1) 边际效用递减规律的含义。边际效用递减规律(Law of Diminishing Marginal Utility)是指在一定的时间内，在其他条件不变的情况下，随着消费者对某种商品或服务消费量的增加，消费者从每一单位该商品的消费中所得到的效用增量，即边际效用是递减的。例如，你去参加一个聚会，该聚会提供食物，而且你非常饿。你可能会从第一个面包中得到很大的享受和乐趣。假设这种享受是可以度量的，效用值是18，在吃了第一个面包之后，因为你不再那么饿了，所以再吃第二个面包仅仅能使你的效用增加10，这样，面包能给你带来的总效用是28，如果继续吃面包，每多消费一个面包给你额外带来的满足感将会越来越小。

在图4-1中，边际效用(MU)曲线的形状反映了边际效用递减规律；总效用(TU)曲线是以递减的速率先上升后下降。当边际效用MU为负时，总效用曲线呈下降趋势。

(2) 边际效用递减规律成立的原因。一般来说，经济学家认为边际效用递减规律主要来源于两个方面：第一，人的生理和心理特点决定了边际效用是递减的。从心理学和生理学的角度看，效用是消费者的一种主观感受，这种感受实际上就是商品或服务提供给消费

者的一种刺激。消费者在不断重复使用同样商品或服务的过程中所产生的心理上和生理上的兴奋程度或满足程度必然递减；第二，商品的多用途性决定了边际效用递减。当商品本身具有多种用途时，消费者总是将第一单位的消费品用在最重要的用途上，然后逐次地用在次要用途上，这就导致了商品的边际效用随着商品用途重要性的减弱而递减。例如，在非常缺水的情况下，人们会选择首先用水来维持人的生命，此时水的边际效用非常巨大。随着水量的逐渐增加，水还可以用来洗脸、洗衣服和洗澡，随着水的重要性的相对降低，水给人们带来的边际效用也在相应地减小。

案例4-2　垃圾中的边际效用

美国是世界上经济最强大的国家，人均消费商品数量居世界第一，人均垃圾量也没有一个国家能与之相比。美国的垃圾不但包括各种废弃物，也包括各种用旧了的家具、地毯、鞋子、炊具，乃至电视机和冰箱。美国是一个消费型社会，它的生产力巨大，产品积压常常成为主要的经济问题。如果每个人将自己生产出来的产品(更精确地讲，是生产出来的价值)全部消费掉，经济则正常运转。如果生产旺盛，消费不足，或者说，居民由于富裕而增加了储蓄，产品就会积压。所以对于美国来说，医治经济萧条的主要措施是鼓励消费。

在美国旧东西有几条出路：或举办“后院拍卖”，或捐赠给教堂，或捐赠给旧货商店，或当垃圾扔掉。旧东西在美国很不值钱，你可以在后院拍卖中买到1美元一个的电熨斗，在教堂拍卖中买到10美元一套的百科全书(20本)和5美元一套的西装。相反，旧东西在中国就值钱多了。在大城市，经常看到有人在收购各种旧的生活用品，然后运到贫穷、偏僻的农村地区以几倍的价格卖出。

表面上看，这是一个矛盾的现象：相对穷的中国人，却愿意花几倍于相对富的美国人愿意出的价钱去买这些旧东西。但这个现象可以用经济学中的效用理论来解释。即商品价格的高低与商品所提供的边际效用的大小成正比。

富人用一块钱要比穷人用一块钱轻率，或者说，富人的钱的边际效用低。人们越富裕，就越有钱来购买奢侈品。举例说，在美国最便宜的剃须刀是10美分一把，最豪华的剃须刀大约要100美元，二者相差达千倍。豪华剃须刀虽然更美观，更安全，更经用，但它的基本功能也只限于剃胡子，它提供的附加效用非常有限。廉价手表和豪华手表的价钱也可相差千倍。过去我国比较穷，奢侈品没有市场，现在人们钱多起来，情况正在变化。

由于中美两国富裕程度的差别而形成的效用评价的差别，提供了巨大的贸易机会。即中国可以用极低的价格进口某些旧用品，其代价主要是收集、分类及运输的成本。如旧汽车是值得进口的。在美国由于人力昂贵，修理费用高，所以报废的标准比较高。

资料来源：张云峰等《微观经济学典型题解析及自测试题》第57-58页

4.1.3 消费者均衡

消费者行为的最基本目的就是实现自身效用的最大化，即消费者要获得最大程度的满足。那么，消费者在什么条件下能获得最大化的满足呢？

1. 消费者均衡的含义

消费者均衡(Consumer Equilibrium)是研究单个消费者在收入水平和价格水平既定的条件下实现效用最大化的均衡购买行为。这里的均衡指的是消费者在效用最大化时，即不想再增加、也不想再减少任何商品购买数量的一种相对静止的状态。

2. 消费者均衡的条件

为了使消费者能够在有限的货币和既定的价格水平下实现效用的最大化，我们做出如下假定：

(1) 消费者偏好既定，即消费者对各种商品的喜好程度是既定的，并且，消费者对每种商品能给自己带来的效用和边际效用是已知的和既定的；

(2) 消费者收入既定，用M表示，并且消费者的全部收入都用来买这n种商品，其中n种商品的数量分别用Q_1，Q_2，Q_3，…，Q_n来表示；

(3) 商品的价格既定，即消费者所购买的n种商品中每种商品的价格都是既定不变的，用P_1，P_2，P_3，…，P_n表示。

由于收入是既定的，消费者若增加一种商品的购买，就必须减少其他商品的购买。而随着一种商品的购买数量逐渐增加，该商品的边际效用是递减的，与此同时，另外一种商品的边际效用在递增。为了使有限的收入M能使消费者实现效用最大化，消费者将调整各种商品的购买量，将所购买的边际效用较低商品的那一部分货币用来购买边际效用较高的商品，直到买进的各种商品边际效用的比值等于他们购买的商品价格的比值，即消费者每一单位货币所购买的各种商品的边际效用都相等。这时消费者均衡得以实现。简言之，消费者均衡的条件可以用如下公式表示

$$\frac{\mathrm{MU}_1}{P_1}=\frac{\mathrm{MU}_2}{P_2}=\cdots=\frac{\mathrm{MU}_n}{P_n}=\lambda$$

此时，消费者花费既定量的收入用于购买n种消费品所得到的效用总和达到最大值。在此过程中，消费者购买商品的限制条件可以用以下公式表达

$$P_1Q_1+P_2Q_2+\cdots+P_nQ_n=M$$

需要说明的是，在均衡条件下，要求消费者每一元钱所得到的边际效用相等，而不是每一种商品的边际效用相等。由于各种商品的价格是不同的，因此，每种商品的边际效用相等并不能保证消费者获得最大化的效用。还应该注意，上述均衡条件也不是指消费者在每种商品上花费相同数额的钱，而是指消费者购买商品时应使商品的边际效用与价格成比

例。并且，消费者实现效用最大化并非是指消费者的欲望完全获得了满足，而是指在消费者收入既定和价格既定的条件下能够获得的最大效用。

根据消费者实现效用最大化的均衡条件，当消费者只够买两种商品时能够实现效用最大化的均衡条件就变为

$$\frac{MU_1}{P_1}=\frac{MU_2}{P_2}=\lambda$$

并且同时，如果$\frac{MU_1}{P_1}<\frac{MU_2}{P_2}$，就意味着$\frac{MU_1}{P_1}$增加，$\frac{MU_2}{P_2}$减少，当两者相等时，即用1元钱购买两种商品的边际效用相等时，$\frac{MU_1}{P_1}=\frac{MU_2}{P_2}$，消费者获得最大的效用。

同理可说明，当$\frac{MU_1}{P_1}>\frac{MU_2}{P_2}$，必然使$\frac{MU_1}{P_1}$不断增加，$\frac{MU_2}{P_2}$不断减少，最终使$\frac{MU_1}{P_1}=\frac{MU_2}{P_2}$，消费者效用实现最大。

4.1.4 基数效用理论与需求定理

消费者均衡的条件$\frac{MU}{P}=\lambda$表示，消费者对任何一种商品的最优购买量应该是使得最后一元钱购买该商品所获得的边际效用和所付出的这一元钱的边际效用相等。对于消费者来说，随着需求量的不断增加，边际效用是递减的，在货币的边际效用不变的前提下，商品的价格必然是同比例于边际效用的递减而递减，这样才能实现消费者均衡。这就说明了前面我们介绍过的需求定理，即对于某种商品而言，需求量与商品自身价格呈反方向变动。

基数效用论认为，商品的价格高低主要取决于商品的边际效用。基数效用论者利用边际效用递减规律和消费者均衡条件推导出了需求曲线，并解释了需求曲线向右下方倾斜的原因。从消费者的角度看，他所愿意支付的价格与商品所能带给他的效用大小是正相关的，即效用越小，所愿意支付的价格就越低，反之则越高。

4.2 序数效用论

序数效用论者在分析消费者行为与消费者均衡时，主要是利用无差异曲线分析方法，并在此基础上证明了消费者均衡的条件，推导出消费者的需求曲线，从深层次阐述了需求曲线的经济意义。

序数效用(Ordinal Utility)是指按照第一、第二、第三、……这样的序数来反映效用的顺序或等级，是一种按照消费者的偏好程度进行排序的方法。序数效用论的观点是，效用作为一种心理现象是无法衡量的，也就不能相加求和，因此，只能对消费者的这种满足程

度区分出高低或进行排序。

4.2.1　消费者偏好

基数效用论关于效用的大小可以用“效用单位”表示的观点被序数效用论用消费者偏好的概念所取代。序数效用论认为消费者对于不同商品组合的偏好程度是有差异的，而这种偏好程度的差异，反映的是消费者对这些不同商品组合的效用水平的评价大小。序数效用论学者关于消费者偏好的研究是建立在一些假设基础之上的，主要有以下三个基本假设。

(1) 偏好的完整性假设。即消费者总是可以比较和排列所给出的商品的不同组合。换言之，对于任意两个商品的组合A和B，消费者总是可以做出，而且也只能做出下列三种判断的一种：对A的偏好大于B；或者对A的偏好小于B；或者对A和B的偏好相同。比如说，面临着两组食品，其中甲组里有2个面包1瓶水，乙组里有1个面包2瓶水，消费者应该能够判断：或者甲组比乙组好，或者乙组比甲组好，或者两者不相上下。

(2) 偏好的传递性假设。偏好的传递性是指，如果消费者对A的偏好大于B，对B的偏好大于C，那么对A的偏好大于C。它保证了消费者的偏好是一致的。传递性也是理性选择必不可少的基本性质，而且，传递性假定比我们想象的要强。一般来讲，人们对微小的差别不会介意。

(3) 偏好的非饱和性假设。偏好的非饱和性，又称非对称性，是指如果两个商品组合的区别仅在于其中一种商品的数量不同，则消费者总是偏好于含有这种商品数量较多的那个商品组合。或者说，消费者对越多的商品其偏好越大，即消费数量越多，所获满足越大。

4.2.2　预算线

1. 预算线的含义

预算线(Budget Line)又称为消费可能线、预算约束线或价格线，表示消费者在自身收入水平和商品价格既定的条件下，所能购买的两种商品数量的最大组合。预算线表明了消费者购买行为的约束条件，反映消费者能够买什么，这种限制就是购买物品所花费的钱既不能大于也不能小于收入。大于收入的商品组合是消费者在既定收入约束下无法实现的消费组合，小于收入则不能实现消费者效用最大化。

假定消费者全部收入为M，购买两种商品X和Y，其价格分别为P_X和P_Y，购买数量分别为Q_X和Q_Y，则消费者预算约束线方程可以表示为

$$P_X Q_X + P_Y Q_Y = M \tag{4-1}$$

由式(4-1)可知，预算线的斜率为$-P_X/P_Y$，纵轴上的截距为M/P_Y，横轴截距为M/P_X。预算约束线也可以用坐标图表示，如图4-2所示。

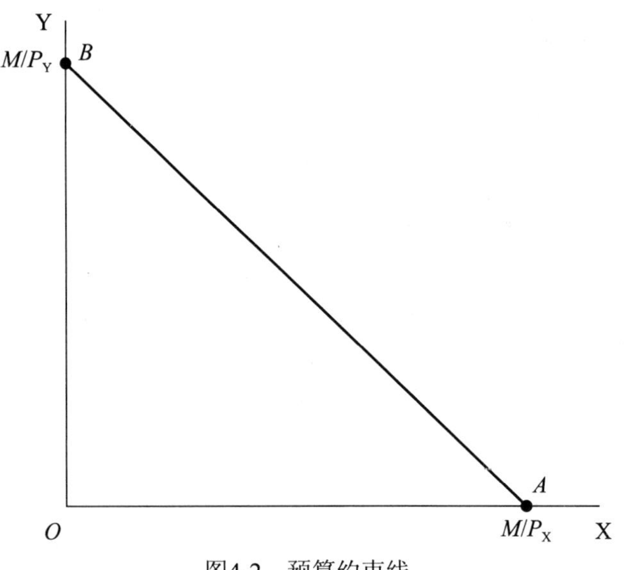

图4-2　预算约束线

在图4-2中，连接横轴和纵轴截距两端点的直线就是预算约束线。在预算约束线上的任何一点都表示消费者在收入和商品价格既定的条件下所能购买到的X商品和Y商品的最大数量组合。预算线以内的点说明消费者的收入尚未用完，资源尚未充分利用，没能实现消费者效用最大化的消费组合。预算线以外的点是消费者在既定的条件下无法购买的商品数量组合。

2. 预算线的移动

预算线是在消费者收入和商品价格既定的条件下得出的，如果消费者收入或商品价格发生变化，预算线就可能发生变动。下面我们分几种情况来进行分析。

(1) 当商品价格不变，收入M变化时，预算线会平行移动。因为商品价格不变，所以预算线的斜率保持不变。此时，当收入增加时，预算线就会水平向右移动；当收入减少时，预算线则会水平向左移动。如图4-3所示。

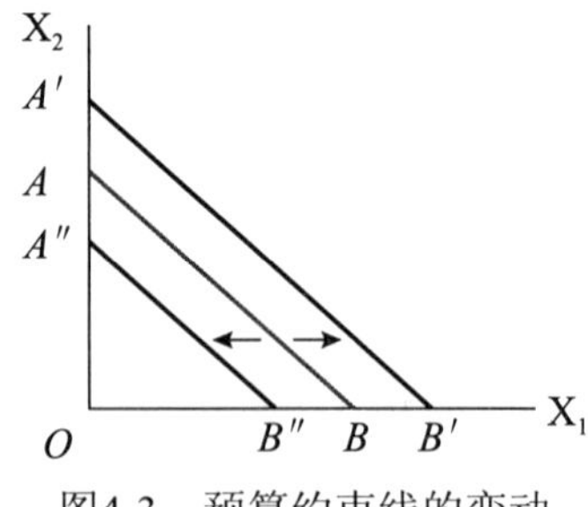

图4-3　预算约束线的变动

(2) 当收入M不变，商品价格P_{X1}和P_{X2}同比例增加或减少时，预算线会平行移动。因为商品价格是同比例增加或减少，预算线的斜率就保持不变，此时，如果商品价格P_{X1}和P_{X2}同比增加，预算线就会水平向左移动；反之则水平向右移动。此时的情形仍如图4-3所示。

(3) 当收入不变，一种商品价格变化而另一种商品价格不变，或者两种商品价格变化比例不同时，会改变预算线的斜率，使预算线旋转。例如，当商品X_1价格不变，而X_2价格下降时，如图4-4所示，预算线会以横轴截距点为轴心，顺时针旋转至纵轴上的新截距点；而当商品X_1价格不变，X_2价格上升时，预算线则以横轴截距点为轴心，逆时针旋转至纵轴上的新截距点。

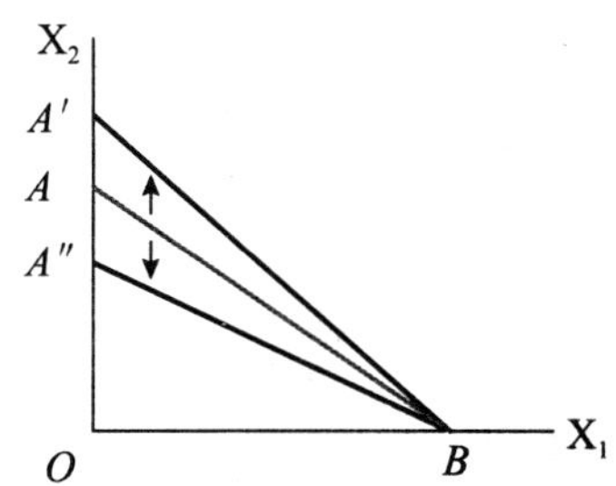

图4-4 商品X_1价格不变时预算线的旋转

同理，当商品X_2价格不变而X_1价格变化时，预算线则会以纵轴截距点为轴心发生顺时针或逆时针旋转，如图4-5所示。

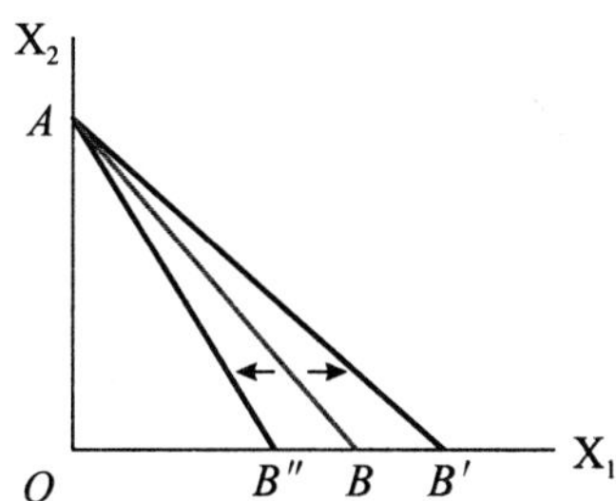

图4-5 商品X_2价格不变时预算线的旋转

(4) 当消费者收入和两种商品的价格都同比例同方向变化时，预算线不会发生变化。主要是因为，此时的预算线斜率不变，并且横轴和纵轴上的截距也不发生变化，这也说明消费者全部的收入用来购买其中任何一种商品的数量都是不变的。

4.2.3 无差异曲线

序数效用论采用无差异曲线作为分析工具，对消费者行为进行了深入细致的分析，该理论的分析是建立在消费者偏好相关假定的基础之上的。无差异曲线和偏好这两个概念是紧密联系在一起的。

1. 无差异曲线的含义

无差异曲线(Indifference Curve，IC)，也叫等效用曲线，是指用来表示消费者偏好相同的两种商品的不同数量的各种组合的一条曲线。也就是说，无差异曲线是用来表示能给消费者带来相同满足程度或效用水平的两种商品的各种组合的曲线。

例如，小李按照既定价格购买X和Y两种商品，这两种商品的各种组合能给消费者带来相同的效用水平，即各种组合能为消费者带来的满足程度是无差异的。如表4-1所示。

表4-1　小李的无差异表

商品组合	X的数量	Y的数量
A	2	12
B	4	9
C	6	7
D	8	6

表4-1表示的是能给小李带来相同效用水平或满足程度的X和Y的不同数量组合，对于小李来说，消费每一种商品组合都能获得相同的效用水平。也就是说，小李对于表中的*A*、*B*、*C*、*D*四种消费组合的偏好程度是无差异的。

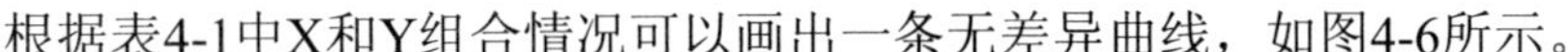

根据表4-1中X和Y组合情况可以画出一条无差异曲线，如图4-6所示。

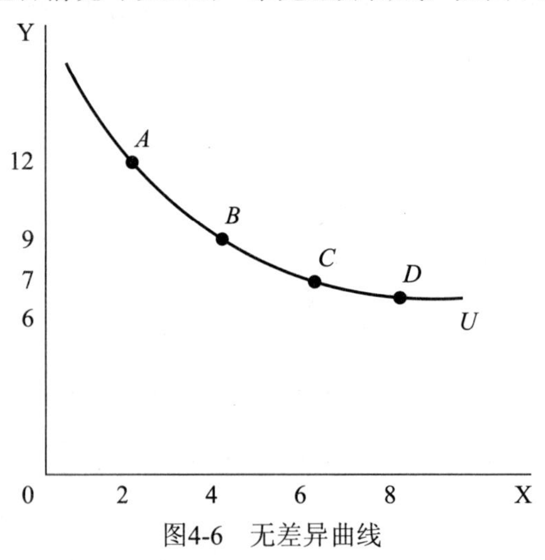

图4-6　无差异曲线

图4-6中的横轴表示商品X的数量，纵轴表示商品Y的数量，*U*是无差异曲线。无差异曲线上的*A*、*B*、*C*、*D*点所代表的不同的商品数量组合能给消费者带来相同的效用水平。显然，无差异曲线是消费者偏好相同的两种商品各种不同数量组合的轨迹。

2. 无差异曲线的特点

无差异曲线具有如下特点。

(1) 一般的无差异曲线斜率为负值，且凸向原点。在收入和价格水平既定的前提下，消费者要获得相同的效用水平，在增加一种商品的购买时，必须减少另一种商品的购买，两种商品不能同时增加或同时减少。

无差异曲线凸向原点是由商品的边际替代率递减规律决定的。商品边际替代率(Marginal Rate of Substitution，MRS)是指消费者为了维持相同的效用水平，增加某种商品的消费数量时所必须放弃的另一种商品的消费数量。假设ΔX为商品X的增加量，ΔY为商品Y的减少量，MRS_{XY}为X对Y的边际替代率，则MRS_{XY}的计算公式可以表示如下：

$$MRS_{XY}=-\frac{\Delta Y}{\Delta X} \tag{4-2}$$

商品的边际替代率递减规律是指：在维持效用水平不变的前提下，随着一种商品消费量的连续增加，消费者为得到每一单位的这种商品所需要放弃的另一种商品的消费数量是递减的。例如，在图4-6中，小李的消费组合由*A*点逐渐运动到*B*、*C*、*D*点的过程中，随着小李对X商品消费量的连续等量的增加，小李为得到每2单位的X商品所愿意放弃的Y商品的消费量是越来越少的。也就是说，对于连续的等量的商品X的变化量ΔX而言，商品Y的变化量ΔY是递减的。

商品的边际替代率递减的原因在于：当人们对某一种商品的拥有量不断增加后，人们就越来越不愿意减少其他商品来进一步增加该种商品的消费量。例如，当你极度口渴时，你愿意拿两个面包来换一瓶水，随着水的消费量逐渐增加，你已经越来越不口渴了，这时，你愿意为了一瓶水而放弃的面包就越来越少了。

边际替代率之所以呈递减趋势，是因为无差异曲线存在的前提是总效用不变，因此，消费者增加X商品的消费所增加的效用必须等于Y商品减少所减少的效用，即

$$\Delta X \cdot MU_X=-\Delta Y \cdot MU_Y$$

或

$$-\frac{\Delta Y}{\Delta X}=\frac{MU_X}{MU_Y} \tag{4-3}$$

否则，总效用就会改变。与边际替代率MRS_{XY}的计算公式结合起来，可知两种商品之间的边际替代率等于这两种商品的边际效用之比，即

$$MRS_{XY}=\frac{MU_X}{MU_Y} \tag{4-4}$$

(2) 在同一张无差异曲线平面图上有无数条无差异曲线，且距离原点越远的无差异曲线所代表的效用水平越高。因为通常假定效用函数具有连续性，于是，可以有无数条无差异曲线覆盖整个无差异曲线平面图，即同一张无差异曲线平面图上会有无数条无差异曲线。并且，距离原点越远的无差异曲线上的商品组合点由于所代表的商品数量越多，因此效用水平越高。

(3) 在同一无差异曲线平面图上的任意两条无差异曲线不能相交。因为每一条无差异曲线代表一种效用水平，如果可以相交，其交点就具有同等效用水平，就是说两条无差异曲线可以有相同的效用水平，显然，这和前提条件是相矛盾的。

3. 无差异曲线的特殊形状

一般情况下的无差异曲线是凸向原点的，但也存在着以下特殊情况。

(1) 完全替代品(Perfect Substitution)的情况。如果对于消费者来说，两种商品互为完全替代品，假设橙子汁和苹果汁是完全替代品，则其边际替代率MRS_{XY}为一常数，相应的无差异曲线则是一条斜率为常数的直线。如图4-7(a)所示。

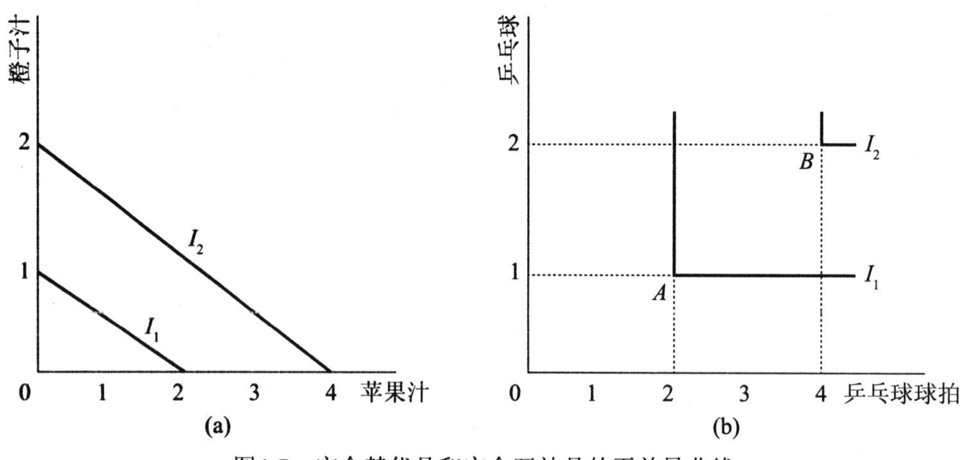

图4-7　完全替代品和完全互补品的无差异曲线

(2) 完全互补品(Perfect Complement)的情况。如果对于消费者来说，两种商品是互为完全互补品时，则无差异曲线呈直角形状。例如，乒乓球单打运动比赛中必须按照两个球拍和一个乒乓球的比例配合在一起使用。只有在直角形的顶点，眼镜片和眼镜架的比例固定不变，为2∶1，对消费者才产生效用，如图4-7(b)所示。

4.2.4　消费者均衡

预算线表示消费者客观的支付能力，而无差异曲线表示的是消费者对不同商品组合的主观评价。序数效用论把预算线和无差异曲线结合在一起来对消费者均衡进行说明。

1. 消费者均衡的条件

序数效用论者认为，消费者的偏好决定了消费者的无差异曲线，每个消费者关于任何两种商品的无差异曲线有无数条，而一个消费者在既定的价格下关于两种商品的预算线只有一条。因此，只有在既定的预算线与无差异曲线相切的点，才是消费者最大的效用水平或满足程度均衡点。如图4-8所示。

在图4-8中，*AB*线段表示消费者的预算线，曲线U_1、U_2、U_3表示该消费者的有代表性的三条无差异曲线。在预算线的约束下，消费者只能在*OAB*围成的区域里进行消费性选择。如果消费者要将全部收入都花光，就只能在预算线*AB*上寻找效用最大化的点。另一方面，消费者为了追求个人利益的最大化，总是会试图尽可能地达到最大的效用水平。从

图4-8中可以看到，无差异曲线U_2和既定的预算线AB相切于E点，E点就是在既定收入约束下消费者所能够获得的最大效用水平的均衡点。这是因为，虽然无差异曲线U_3代表更高的效用水平，但是U_3上的任何一点的消费组合都超出了消费者能够选择的客观条件(即收入水平)的限制。无差异曲线U_1和预算线相交于C和D两点。虽然C点和D点都是消费者可以承受的消费组合，但这两点的消费组合也没有使消费者实现效用最大化。因为，相对于C点和D点而言，消费者购买沿着预算线AB上C点右边和D点左边的任何一点的商品组合，都能获得比C点和D点更大的效用水平。这样，消费者沿着预算线AB进行的选择，结果必定是在E点达到均衡。即，只有在E点，才是消费者效用最大化的均衡点。在均衡点E上，消费者实现了在预算约束下的效用最大化，此时，商品X和商品Y的最优购买数量的组合为(X_e，Y_e)。

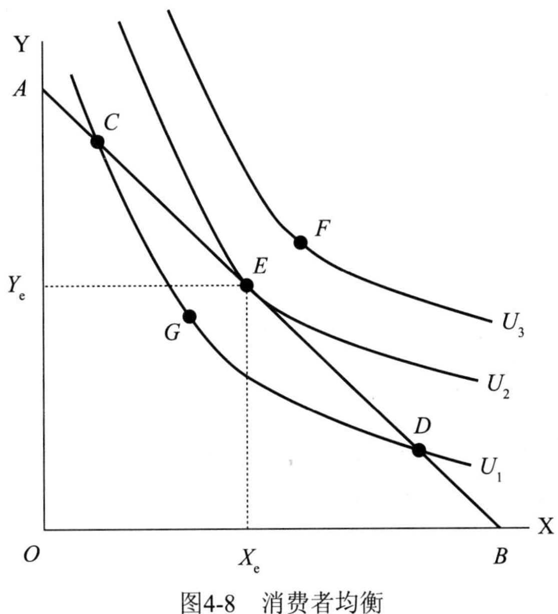

图4-8　消费者均衡

如图4-8所示，在切点处，无差异曲线的斜率与预算线的斜率相等，由前面的讨论可知，无差异曲线斜率的绝对值可以用商品的边际替代率来表示，而预算线斜率的绝对值可以用两商品的价格之比来表示，因此，在切点处，商品的边际替代率等于两商品的价格之比。即

$$\mathrm{MRS_{XY}}=\frac{\mathrm{MU_X}}{\mathrm{MU_Y}}=\frac{P_\mathrm{X}}{P_\mathrm{Y}} \tag{4-5}$$

这就是序数效用论者关于消费者均衡的条件，它表示，在一定的收入和价格的约束条件下，为了获得消费的最大满足程度，消费者应该选择最优的商品数量的购买组合，使得两种商品的边际替代率等于这两种商品的价格之比。这一均衡条件也可以改写成以下公式

$$\frac{\mathrm{MU_X}}{P_\mathrm{X}}=\frac{\mathrm{MU_Y}}{P_\mathrm{Y}} \tag{4-6}$$

由此可以看出，基数效用论和序数效用论关于消费者均衡的条件所得出的结论是相同的。

2. 价格与收入变动对消费者均衡的影响

前面讨论的消费者均衡是在假定消费者偏好不变、收入既定和商品价格不变的条件下达到的。下面我们将进一步分析当消费者的收入或市场上商品价格发生变化时，消费者均衡的变化情况。

(1) 消费者收入变化对消费者均衡的影响。对于消费者来说，在其他条件不变而仅有消费者的收入发生变化时，也会改变消费者效用最大化的均衡点的位置，如图4-9所示。

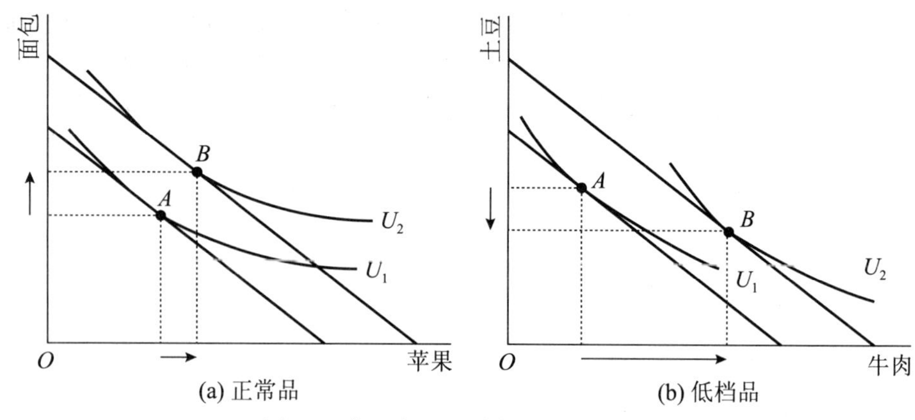

图4-9　收入变动对消费者均衡的影响

一般而言，当收入提高时，消费者对该商品的均衡购买量增加，预算线向外平行移动，与代表更高满足程度的无差异曲线相切。当收入减少时，消费者对该商品的均衡购买量减少，预算线向内平行移动，与代表更低满足程度的无差异曲线相切。

因此，对于正常品来说，消费者收入变动对消费者均衡的影响如图4-9(a)所示。在图3-9(a)中，预算约束线的移动和无差异曲线代表的消费者偏好为既定，消费者的最优点从*A*移动到*B*，消费者选择消费更多的苹果和面包。我们知道，如果消费者的收入增加，他就更多地购买一种物品，这种物品就是正常物品。因此，苹果和面包对该消费者来说是正常物品。

但对于低档品而言，当消费者收入增加时反而会减少对该商品的购买，当收入减少时则会增加对该商品的购买量。因此，对于低档品来说，消费者收入变化对消费者均衡的影响如图4-9(b)所示。在图中，随着收入的增加，预算线的移动，消费者的最优点从*A*移动到*B*。消费者选择消费更少的土豆和更多的牛肉。我们知道，如果消费者的收入增加，他却更少地购买一种物品，这种物品就是低档物品。因此，土豆对该消费者来说是低档物品。

(2) 商品价格变化对消费者均衡的影响。在其他条件不变时，一种商品价格的变化会使消费者效用最大化的均衡点的位置发生移动。假设消费者花费在苹果和面包上的收入既定，并且面包的价格不变。如果苹果的价格由每公斤5元下降到每公斤3元(如图4-10(a)所示)，则消费者的预算线就会向外旋转，消费者购买的苹果数量就会从10公斤增加到18公斤。

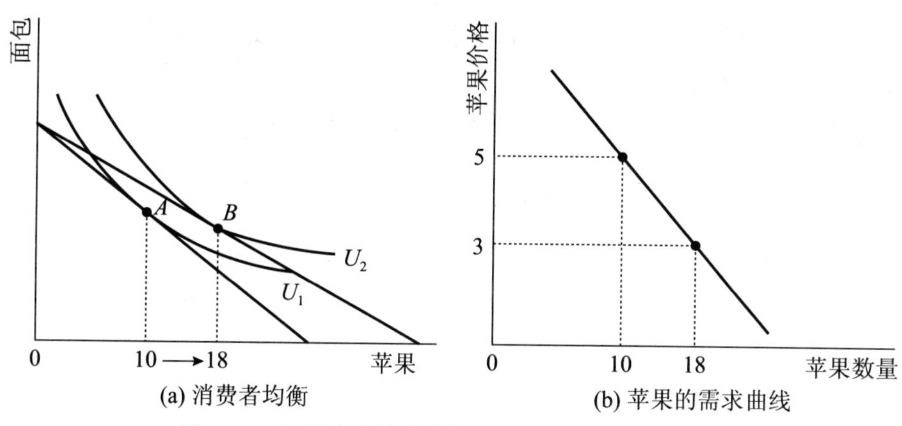

图4-10　从预算线的移动推导出消费者的需求曲线

序数效用论者所推导的需求曲线是向右下方倾斜的，如图4-10(b)所示，它表示商品的价格和需求量成反方向变化。尤其是，需求曲线上与每一价格水平相对应的商品需求量都是可以给消费者带来最大效用的均衡数量。

4.2.5　替代效应与收入效应

商品价格的变化对消费者均衡产生影响的总效应可以划分成收入效应和替代效应两个部分，即总效应=收入效应+替代效应。下面以消费者对苹果和面包的购买选择为例来分析收入效应和替代效应，图4-11可以很清晰地表示如何把价格降低所导致的需求量的增加分解为替代效应和收入效应。

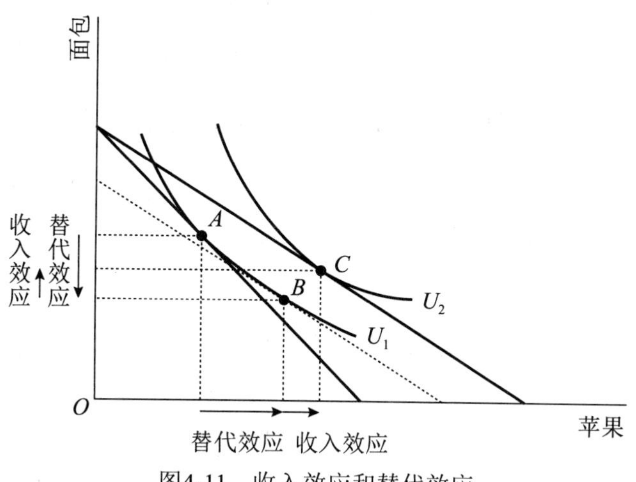

图4-11　收入效应和替代效应

在图4-11中，当苹果的价格下降时，消费者从原来的最优点A点移动到新的最优点C点，苹果的需求量增加。为了分析的需要，我们做一条辅助线，这条辅助线与新预算线平行并与最初的无差异曲线U_1相切，切点为B点。注意，这条辅助线的斜率为新的相对价格。虽然消费者实际上绝不会选择B点，但这个假设的点在理解消费者选择的两种效应时是有帮助的。我们用消费者所能获得的满足水平来代表实际收入，消费者获得的满足水平没变，就意味着消费者的实际收入未变。

我们可以认为消费者均衡由A到C的变动是分两步发生的。

1. 替代效应

消费者沿着最初的无差异曲线U_1从A点变动到B点。在这两点消费者获得同样的满足。B点的边际替代率反映了新的相对价格。A点消费的苹果数量小于B点，A点消费的面包数量大于B点。这反映了当苹果的价格下降后，消费者用便宜的苹果替代面包来获得同样的满足程度。注意，从A点变动到B点消费者的实际收入没变。苹果的消费量从A点到B点的变动被称为替代效应。

总之，替代效应是指当物品价格变动使消费者沿着一条既定的无差异曲线变动到有新边际替代率的一点时所引起的消费量的变动。即替代效应是指消费者在维持原来的效用水平下，当一种商品相对于另一种商品价格变动时，消费者对该商品购买量的变动。

2. 收入效应

消费者由B点变动到C点，从而移动到更高的无差异曲线U_2。苹果价格的下降，导致消费者能够购买更多数量的苹果，从而提高自己的满足程度，这就意味着消费者的实际收入上升。注意，尽管B点和C点在不同的无差异曲线上，但它们有相同的边际替代率。苹果的消费量从B点到C点的变动被称为收入效应。

简言之，收入效应是指当物品价格变动使消费者移动到更高或更低无差异曲线时所引起的消费量的变动。商品价格的变动，意味着消费者的实际收入变动，这种消费者收入的变动会导致消费者对商品购买量的变动，从而使消费者的满足程度改变，这被称为收入效应。

案例4-3 朱元璋与“珍珠翡翠白玉汤”

明太祖朱元璋，在做皇帝之前有过这样一段凄凉的经历。他很小的时候就因家里贫穷而不得不给人家放牛，过着食不果腹，衣不蔽体的悲惨生活。到了十几岁的时候，朱元璋的家乡又发生了可怕的瘟疫，瘟疫夺走了亲人，让他无家可归，这下使得他的生活更加窘迫。万般无奈之下，朱元璋选择了当和尚，以图能够吃口饭，不至于饿死。

他跑到皇觉寺受戒当了小和尚，尽管日子过得很苦，但毕竟还能吃上一口饭。可惜好景不长，这和尚还没当上一会儿，就遇到了荒年，庙中的香火渐渐稀少，直接导致寺庙难以为继。为此寺庙的住持不得不打发一些和尚出去化斋，以减轻寺庙的压力。可怜的朱元璋也被列在其中，就这样朱元璋又开始了他的化缘生活，遇到这样的荒年，普通百姓自己吃饭都成了问题，哪里还顾得上这些化缘的和尚啊！饥肠辘辘已经是朱元璋的家常便饭了，有一次连续好几天都没有吃上一口饭，这下把他饿晕了。幸好被一位路过的好心老婆婆看见了，不然他可能早就被饿死了。老婆婆可怜朱元璋，但是自己又没有啥好吃的，只能将仅有的一小块豆腐和一些有点不太好的菠菜，稍微加点米粒和些许盐巴，煮好了让朱元璋吃下去了。朱元璋吃完后，自然也就清醒了，但心里一想："刚才吃的这个是什么东西啊，这么好吃！"于是除了感谢婆婆之外，还顺便问了一下自己吃的是什么东西。婆婆随口答了一下："珍珠翡翠白玉汤。"朱元璋再三拜谢之后，便走了。

后来朱元璋参加了反元起义，投奔了红巾军，由于他的英勇作战，受到郭子兴的赏识，此后他一路升迁。在郭子兴死后，他不仅广罗天下人才，还采取了"高筑墙、广积粮、缓称王"的策略，先后击败了陈友谅、张士诚等，最后当上了明朝的开国皇帝。皇帝当然少不了山珍海味、美酒佳肴了。开始的时候感觉还可以，可惜时间长了，朱元璋就感觉无味了，甚至是腻烦了。于是便想起当年老婆婆给他做的"珍珠翡翠白玉汤"。于是下令让御厨给他做，可是无论御厨们怎么去做这道菜，尽管味道再好，也没有使朱元璋满意。

资料来源：http://wenku.baidu.com/view/51f3b425453610661ed9f4d8.html

4.3 生活成本指数

生活成本指数是指商品和服务的典型消费组合在当期的成本与基期的成本之比，目前生活成本指数主要有4种，即理想生活成本指数、帕氏指数、拉氏指数以及连锁加权指数。

4.3.1 理想生活成本指数

理想生活成本指数是指以当前价格达到一个与基期相同的消费者效用水平所花的成本与基期的比值。该指数是以1990年作为基期，指数定为100。下面以一个实例来说明理想生活成本指数的计算。

假设小丽和小英是姐妹两个，并且这姐妹俩有相同的偏好。小丽在2008年开始上大学时，父母每月给她800元的预算生活费，她可以将这些预算用于购买学校食堂饭菜和书籍，2008年学校食堂套餐价格为每份6元钱，书本为每本20元。小丽每月要买100份套餐(花费600元)和10本书(花200元)。5年后的2013年，妹妹小英也要上大学了，父母答应给她一笔在购买力上和她姐姐一样的预算。但是，2013年的物价已经上涨，食堂饭菜每份为8元钱，书籍每本为35元，那么父母要给小英的预算生活费为多少才能让她在2013年与她姐姐在2008年时过得一样好呢？

根据数据，小丽效用最大化的食物与书籍的组合是(100份，20本)，要达到这一效用所需的生活费是800元。

小英在更高的价格下，要达到和小丽一样的效用水平，考虑到书籍相对套餐来说价格更贵，她会选择多买点套餐以替代书籍，因此，她购买的套餐和书籍的组合是120份套餐和15本书。那么，小英就需要一笔能让她购买到这样组合的预算生活费，才能达到和姐姐当年一样的效用水平。

小英为了达到和小丽一样的效用水平所花的生活成本为1485元(8×120+35×15)。因此，父母给小英的生活费用预算要比小丽当年的预算多685元，理想的生活成本指数为

$$\frac{1485}{800}\times 100=185.625$$

如果以2008年作为基年，指数定为100，那么2013年的指数值为185.625，意味着生活成本上升了85.625%。

4.3.2 帕氏指数

帕氏指数是指消费者当期购买一商品服务组合所花成本与基期购买同样产品所花成本的比值。帕氏指数比理想生活指数更小，因此它相对缩小了理想生活成本指数，因为在基期人们可以以更少的成本达到同当期相同的效用水平。

4.3.3 拉氏指数

拉氏指数是指购买与基期相同的产品组合所花成本与基期的比值。拉氏指数总是比理想生活成本指数更大，因为拉氏指数假定消费者在价格改变的时候不改变自身的消费习惯。然而事实上，当消费者面临价格改变时往往会通过改变消费商品组合——少买那些变得相对昂贵的东西，多买那些变得相对便宜的东西，从而维持和以前一样的效用水平。

拉氏指数同帕氏指数都是固定权重指数，即各种商品与服务数量保持不变的生活成本指数。它们的根本不同之处在于，帕氏指数注重当期选定的商品服务组合，而拉氏指数则注重基期选定的商品服务组合。

4.3.4 连锁加权指数

由于拉氏指数与帕氏指数都不能提供一个完美的生活成本指数，而理想生活成本指数所需的信息量又过大，那么最好的办法就是通过链式加权的方法，即考虑到商品与服务消费数量的变化，所以就出现了连锁加权指数。美国已经将其应用到了计算消费价格指数的方法中去了。

案例4-4　2014年全球生活成本调查：上海亚洲第3贵 台北第26

2014年6月11日中国新闻网消息称，根据台湾“中央社”报道，一份针对外派专业人

士的生活成本调查显示，东京生活成本依然高居亚洲榜首，台北在亚洲排名第26、全球第89，上海和北京分居亚洲第3和第4。

人力资源顾问公司ECA International 10日发布针对外派专业人士的城市生活成本调查，日本东京从两年前的全球第6名掉出10名外，下降到第11名，但依旧高居亚洲城市第1名。

ECA International 亚洲区总监关礼廉指出，东京物价比去年更贵，尽管日元贬值，但仍然抵不过物价上涨，领取非日币的驻日人员会发现薪水相对变少了，消费力可能受到负面影响。亚洲生活成本第2高的城市是韩国首尔，排全球第16。亚洲第3和第4分别是上海和北京，全球排名第18和20，亚洲第5则是日本的名古屋(全球第23)。台北今年在亚洲排名第26、全球第89，比起去年的亚洲第14以及全球第69还要再往下降。高雄今年的亚洲排名第37、全球第129。香港和新加坡排在亚洲第8和第9，排名全球第29和第31。

据报道，全球第一贵的城市是委内瑞拉的加拉加斯，第2是挪威奥斯陆，第3是安哥拉的罗安达。全球最贵前10名城市有7个是欧洲城市，3个非欧洲城市就是加拉加斯、罗安达，以及南苏丹的朱巴。

调查发现，中国大陆的城市近年来急起直追，5年前上海和北京都在全球50名之外，今年已到了第18和第20名，在亚洲超越了东京以外所有的日本城市；全球排名34和47的广州和深圳，上升超过15名，直追香港。

资料来源：中国新闻网，2014.6.11

本章小结

1. 边际效用分析法：基数效用论分析消费者均衡的工具

基数效用论采用边际效用分析法，对消费者实现效用最大化的前提条件进行了分析，并得出为了实现效用最大化，消费者必须遵循边际法则，即用于每种物品的最后1元钱的边际效用相等的结论。

2. 无差异曲线分析法：序数效用论分析消费者均衡的工具

序数效用论采用无差异曲线分析方法，对消费者均衡进行了深入分析。无差异曲线代表了消费者的偏好。无差异曲线的斜率称为边际替代率，即消费者愿意用一种物品交换另一种物品的比率。边际替代率等于两种物品的边际效用之比。消费者通过选择既在预算线上又在最高无差异曲线上的一点来实现最优化。在这一点上，无差异曲线的斜率(边际效用之比)等于预算线的斜率(价格之比)。

3. 消费者均衡：消费者在既定约束下实现效用最大化

消费者均衡是指消费者在收入既定和商品价格既定的条件下实现效用最大化的均衡购买行为。基数效用论和序数效用论采用不同方法，但最终得出的关于消费者均衡的结论是一致的。

4. 生活成本指数：消费者生活水平变化的衡量指标

生活成本指数是指商品和服务的典型消费组合在当期的成本与基期的成本之比，目前生活成本指数主要有4种，即理想生活成本指数、帕氏指数、拉氏指数以及连锁加权指数。拉氏指数夸大了理想生活成本指数，帕氏指数则缩小了理想生活成本指数，现在比较实用的是连锁加权指数。

思考与练习

1. 什么是效用？总效用和边际效用之间有什么区别和联系？

2. 什么是边际效用递减规律？

3. 什么是预算约束线？当收入增加时，预算线会发生什么变动？当横轴所表示的产品价格降低时，预算线会发生什么变动？

4. 什么是无差异曲线？为什么较高的无差异曲线代表了较高的效用水平？

5. 什么是收入效应？什么是替代效应？

6. 试解释并比较基数效用论和序数效用论。

7. 小张正在购买汽水和面包，他购买了2个面包和3瓶汽水。第2个面包的边际效用是20，第3瓶汽水的边际效用也是20。小张是否实现了效用最大化？解释你的答案。

8. 一个消费者每月用200元购买两类食品：肉制品X和豆制品Y，肉制品的平均价格为每公斤8元，豆制品的平均价格为每公斤4元。

(1) 画出他的预算约束线；

(2) 如果他的效用函数为$U(X, Y)=X^2+2Y$，为使效用最大化，他所消费的商品X和Y的数量各为多少？

9. 已知小李每年用于购买商品X和商品Y的支出为540元，两商品的价格分别为$P_X=20$元，$P_Y=30$元。若小李的效用函数为$U=3XY^2$，则：

(1) 小李每年购买这两种商品的数量各应为多少？

(2) 小李每年从两种商品的消费中获得的总效用是多少？

10. 小贝每月支出60元用于他最喜欢的两种活动，玩游戏和滑冰。表4-2表示他从两种活动中获得的效用。

表4-2 效用表

每月数量	玩游戏的效用	滑冰的效用
1	60	20
2	110	38
3	150	53
4	180	64
5	200	70
6	206	75

(1) 画出小贝从玩游戏中得到的总效用和边际效用图形；

(2) 画出小贝从滑冰中得到的总效用和边际效用图形；

(3) 如果玩游戏和滑冰的价格都是每次10元，为了获得最大化的满足，小贝应该玩的游戏和滑冰的数量分别是多少？

11. 小丽只买食物和化妆品。

(1) 在2011年，小丽每月的收入是1000元，每单位食物的价格为20元，每单位化妆品的价格为40元。画出小丽的预算约束线。

(2) 假设2012年所有食物和化妆品的价格都上升了10%，而小丽每月的收入也增加了10%。画出小丽的新预算约束线。与2011年的最优组合相比，2012年食物和化妆品的最优组合会如何？

12. 在炎热的夏天，小吴对冰淇淋的评价如表4-3所示。

表4-3　评价表

冰淇淋	评价
第1个	9
第2个	7
第3个	5
第4个	3

(1) 根据上表的信息做出小吴的需求表，画出小吴对冰淇淋的需求曲线；

(2) 如果一个冰淇淋的价格是4元，小吴会买多少个冰淇淋？小吴从他的购买中得到了多少消费者剩余？用你的图形说明小吴的消费者剩余；

(3) 如果价格上涨到6元，小吴会买多少个冰淇淋？小吴的消费者剩余如何变动？用你的图形说明这些变动。

13. 朵朵将其全部收入用于购买苹果和橙子并实现了消费者均衡。表4-4中表明了朵朵购买的每种物品的边际效用。朵朵的收入为16美元，他以每个2美元的价格购买了2个苹果，他所购买的最后1个橙子的边际效用为36。

表4-4　效用表

数量	边际效用	
	苹果	橙子
1	20	50
2	18	44
3	14	36
4	8	26

(1) 用两种方法计算每个橙子的价格；

(2) 朵朵得到的总效用是多少？

(3) 朵朵可以买4个橙子。如果他买了4个橙子，并在其给定的收入内尽可能多地购买苹果，那么，他得到的总效用是多少？

(4) 即使第4个橙子的边际效用超过第1个苹果的边际效用，朵朵在实现其效用最大化时依然购买苹果。解释一下在这种情况下朵朵为什么依然会购买苹果。

14. 小美正在两种商品X和Y之间进行选择，她能从每种商品中获得的边际效用如表4-5所示。

表4-5 效用表

X的单位数	MUX	Y的单位数	MUY
1	100	1	80
2	80	2	70
3	60	3	60
4	40	4	50
5	30	5	40
6	20	6	30

(1) 如果小美的收入为90元，而X和Y的价格分别为20元和10元，那么为了最大化效用，小美将购买多少数量的两种商品？小美实现的总效用将是多少？

(2) 假定其他条件保持不变，X的价格下跌到1元，小美又将购买多少数量的X和Y呢？

(3) 利用X的两种价格和需求量，推导出X的需求表。

15. 在人们生活中，作为必需品的水无疑比作为高档品的钻石重要得多，但为什么钻石的价格比水高得多呢？

16. 请根据图4-12回答问题。

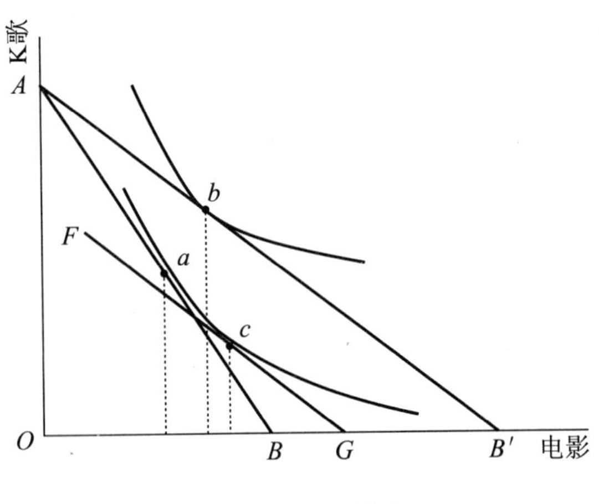

图4-12 需求曲线

(1) 假设小莉每个月的零花钱200元只用于K歌和看电影两项支出，K歌和看电影的价格均为20元，则a、b、c三种组合中哪个代表小莉的最优选择？

(2) 假设电影票价下降为10元，a、b、c三种组合中哪个代表小莉的最优选择？

(3) 电影价格下降后，由于替代效应，小莉对电影的消费量如何变化？变化了多少？

(4) 收入效应使小莉对电影的消费量变化了多少？电影对小莉而言属于正常物品还是低档物品？

17. 我国许多大城市，由于水源不足，自来水供应紧张，请根据边际效用递减规律，设计一种方案来缓解或消除这个问题。并请回答这种措施：

(1) 对消费者剩余有什么影响？

(2) 对生产资源的配置有何不利或有利的效应？

18. 请解释帕氏指数与拉氏指数的区别与联系。

第5章 企业行为与生产决策

本章导入

供给的基础是生产，而生产又主要是由企业进行的。因此在本章中，我们首先概括性地介绍什么是企业以及企业的目标和组织形式；其次，在对企业有了一个总体性的认识之后，研究企业生产经营活动的目标及生产函数的性质；最后讨论一种可变要素和两种可变要素的生产函数，揭示支配这些生产函数的一些规律，即从长期和短期两个角度深入地考察企业的生产活动。

开篇案例 吉利——中国第一家民企造车企业

李书福的“草根创业史”

19岁时的李书福还只是个刚成年不久的“小青年”，但在江浙浓郁的商业氛围中长大的李书福，这年开始了自己的第一次创业——从收购来的废旧显像管中提炼金银，依靠这种当时看来具有相当技术含量的方式赚得了自己的第一桶金……

1984年，年仅21岁的李书福与人合伙开了一家作坊式的小厂，专替一些大冰箱厂加工小配件。当时冰箱市场的供不应求带动了制冷元件产业的发展。这个小厂从小配件一直做到一些核心部件，李书福看准了这一商机，请上海专家攻克了冰箱蒸发器的技术难关，逐渐成为浙江省首屈一指的制冷元件供应商，连上海、山东几家冰箱大厂都请他做配件。1986年，李书福逐渐向下游产业渗透，成立了北极花电冰箱厂，开始制造成品冰箱。当时由于刚经过长期计划经济体制的制约，冰箱市场正呈饥渴状态。北极花冰箱在很多市场纷纷脱销，品牌逐渐得以建立，李书福也完成了最初的原始资本积累。

十足的“汽车疯子”

似乎在李书福的眼里，汽车就是个“简单物件”的组合。

当然，一般人理解这只不过是种调侃的说法罢了。但在李书福眼里还真是这样看。据说1989年的时候，李书福花6万块钱买了一辆深圳产的中华轿车，“我看了一下，并没有多少东西嘛！”李书福这样说。这也许就是李书福最原始的“造车梦”的开始。

1998年，第一辆两厢“吉利豪情”车下线。李书福把“吉利豪情”的市场价定在4.79万元，成为当时中国最便宜的“电喷车”。这是吉利造出的第一辆中国自有品牌汽车，也是中国第一辆民营企业制造的汽车。

最可贵的是，吉利汽车凭借其弱小的肩膀，承担起了冲击由三大汽车厂商和当时10万元以上车价构筑的中国汽车产业传统格局的重任。不仅完成了“造中国老百姓用得起的好车”的使命，更是为中国汽车产业的发展和战略格局的形成做出了巨大贡献。

截至2010年，吉利已经拥有了远景、金刚、金鹰、自由舰、优利欧、美人豹、熊猫、帝豪等一系列车型。2010年3月28日21点，在瑞典首都斯德哥尔摩，吉利汽车以18亿美元的价格收购瑞典汽车沃尔沃100%的股权，吉利创始人李书福由此成为全球的焦点，《华尔街日报》更是把他类比为亨利·福特。

资料来源：http://money.163.com/09/0921/18/5JOLE82300253JQ4.html

5.1 企业的本质与目标

5.1.1 企业的含义与类型

1. 企业的含义

任何企业的生产都离不开对生产要素的使用，因此要想了解企业的含义，就不得不先来研究一下生产要素的概念。在经济学中，生产要素一般包括土地、劳动、资本、技术和企业家才能等。

(1) 土地。土地不仅指土地本身，还包括地上、地下的一切自然资源，如森林、江河、湖泊、海洋、渔业资源和矿藏等。

(2) 劳动。劳动是指人们在生产过程中提供的体力和脑力的总和。

(3) 资本。资本是用于再生产的财富，可表现为实物形态或货币形态。资本的实物形态被称为资本品或投资品，如厂房、设备、原材料等，资本的货币形态被称为货币资本。

(4) 技术。技术是指人们在生产物品或提供劳务中所使用的操作方法，包括相关的理论知识、操作经验及技巧。技术可以表现为一项发明创造、一种实用新型的改进，也可以表现为一项外形设计或对传统操作方法的使用。

(5) 企业家才能。企业家才能是指企业家组织建立和经营管理企业的才能。对于企业家才能的全面叙述，内容繁多而复杂，这里只简单介绍一下企业家才能的若干组合。若想成为一名企业家，至少应具备以下这些才能：富有创业精神、具有高度的风险意识、具备经营灵活性和应变能力、善于指挥企业团队等。这些才能并不是每个人都有的，也就是说，并非人人都能够成为企业家。

综上所述，我们可以高度概括地将企业定义为：

企业是购买生产要素并通过组织这些生产要素生产和销售产品的组织。现实中的企业又被称为厂商或生产者，因此不仅汽车制造商、电信运营商、连锁超市、房地产开发商、商业银行、航空公司，甚至单个的农业生产者都是企业。企业存在的原因在于大规模生产的经济性，筹集巨额资金以及对正在进行的活动实施细致的管理与监督的需要。

2. 企业的类型

按照企业组织形式的不同，可以分为个人独资企业、合伙企业、公司企业；按照企业法律属性的不同，可以分为法人企业、非法人企业；按照企业所有制属性划分，可以分为国有企业和非国有企业；按照企业所属行业的不同，可以分为工业企业、农业企业、建筑企业、交通运输企业、邮电企业、商业企业、外贸企业等。下面就第一种分类标准加以说明。

个人独资企业是指个人出资兴办，完全归个人所有和控制的企业。这种企业在法律上称为自然人企业。个人独资企业是最早产生也是最简单的企业形式，这种企业在企业的数量上占多数，但它们生产的产品只占所有企业生产的产品的一小部分。如街道两旁的小餐厅、小服装店、杂货店等都是个人独资企业。

在通常的情况下，个人企业主既是企业的所有者又是企业的经营者，因此个人独资企业的经营灵活，决策快捷，技术和财务等信息也易于保密。通常个人独资企业的规模都较小，也易于管理。

在法律上，个人企业对企业的全部债务负无限责任。所谓无限责任，是指当企业的资产不足以清偿企业的债务时，法律强制企业主以个人财产来清偿企业的债务。从这个意义上看，企业主的所有财产都是有风险的，一旦失败则可能倾家荡产。

合伙企业是指由两个或两个以上的人共同出资，共同经营，共同所有的企业。合伙企业通常会签订合伙经营合同，在合同中每一个合伙人都同意提供一份资本，从而分享一定比例的利润，当然也包括分摊有可能出现的亏损或债务。

相对于个人业主制企业而言，由于合伙企业能够综合合伙人的才智与资金，合伙企业的资金较多，规模较大，企业分工和专业化程度得到加强。

在法律上，每个合伙人要对合伙企业的债务承担无限连带责任。所谓无限连带责任，就是要求有清偿债务能力的合伙人，对没有清偿能力的合伙人的债务负有清偿的责任。也就是说，假设甲在合伙制企业中的出资份额仅为10%，当企业资不抵债时，甲除了要承担亏损部分的10%，还要连带承担无力偿还的其他合伙人应承担的那部分亏损。

公司企业是指按照公司法的规定建立起来的具有法人资格的企业。法人企业能够以企业自己的名义独立享有法定权利和承担法定义务。也就是说，法定权利直接归企业享有而非企业业主或投资者，企业可以根据自己的利益购买、出售、借贷、签订各种合同。同理，法定义务也直接由企业承担而非企业业主或投资者。

举个简单的例子，如果法人企业涉及法律诉讼的，由企业作为诉讼当事人，也就是原告、被告等，而非法人企业在涉及法律诉讼时，不是由企业而是由企业的业主或者投资者作为诉讼当事人。

公司企业是一种重要的现代企业组织形式。它可以通过发行股票和债券的形式筹集大量资金，实现大规模生产。公司制企业内部的组织机构有股东大会、董事会、经理和监事会，各部门之间可以相互监督，相互制约。

公司的所有者对公司的债务承担有限责任。所谓有限责任，是指公司的股东在法律上的责任以他们最初投资的价值为限制。这种有限责任意味着若公司破产，并不要求其所有者用自己的个人财产来支付公司的债务。

企业的每一种组织形式都各有利弊。小企业具有灵活性，能够迅速满足市场的需要，也能够迅速从市场退出。但是，他们的生产规模小，由于要承担无限责任，他们的经营风险大。大公司能够筹集到大量的资金从事大规模的生产活动，国家通过法律确保他们承担有限的责任，降低了经营企业的风险。但是，大公司很难管理，和小企业相比也僵化得多。

5.1.2　企业的目标

企业是干什么的？它可能是生产衬衣或汽车的，也可能是生产面粉或软件的。为什么有的企业生产这个，有的企业生产那个？为什么十多年前，商店里站着营业员卖香皂，而现在我们一般都去超市买东西？要回答这些问题，首先要了解企业进行生产的目标是什么。

1. 企业的目标——利润最大化

我们为了理解企业的行为，首先要回答的问题就是：企业为什么要从事产品的生产活动呢？也就是企业生产物品与服务的目标是什么呢？

我们或许会想，如果企业不进行生产，那么人们就没有用来消费的产品，因此企业的目的就是生产产品来供人们消费，这个答案是一厢情愿的。如果你去问一些企业家他们办企业的目的，你可能得到很多不同的答案。一些企业家会说企业用高品质的产品来提升人们的生活；另一些企业家会说企业带动了社区的就业；还有一些会说为了企业的发展壮大；而另一些企业家会谈到企业给自己带来的成就感。所有的这些目标可能都会被追求，但他们并不是基本的目标。要达到这些目标，有一个基本的目标必须首先达到，这个基本的目标就是——利润。这是因为，只有盈利的企业才能够长期持续地存活下去，一个持续亏损的企业是不可能长期存在的。只有首先解决了生存问题的企业才能够奢谈其他目标，连生存都成问题的企业是很难达到其他目标的。

与假定消费者要追求效用最大化的目标相似，经济学家常常假定企业生产的目标是追求利润最大化。通常人们对经济学的这个假定有以下两个误解。

第一，企业追求的并不只是利润的最大化。很多人，特别是管理学者和企业自己往往会说企业的目标是多元的，包括企业价值、市场份额、员工福利、企业声誉等。但是，如果仔细考虑的话，就会发现，这些其他目标或多或少与利润有关。企业价值所体现的是企业长期的获利能力，而市场份额、员工福利、企业声誉这些目标则与利润有着严格的相关性，他们既是建立在利润的基础上的，同时，又是服务于企业的利润目标的。

第二，企业追求的并不一定是利润的“最大化”。有人说，企业可能只是追求令人满意的利润水平。这可能是事实，但是，在经济学看来，如果你说企业在追求一个令人满意的利润水平，而不是最大的利润水平，你的隐含的意思实际上可能是企业在追求更大的利润的时候遇到了某种外在的约束，这种约束可能来自于资本和劳动力这些要素，也可能来自于企业家可利用的时间和健康水平，还可能来自于外部的商业环境和制度条件。也就是说，“一个令人满意的利润水平”只不过是在追求利润最大化的过程中的一种“有约束的最大化”。

总之，一个不以利润最大化为生产目标的企业是难以长期在市场上立足的，因此利润最大化是一个合理和可行的假设，它有助于经济学分析得到一些明确的结论。

2. 非利润最大化的企业行为

最近这些年来，有关企业的社会责任的讨论非常多。以前，经济学家曾经将社会责任看成与企业无关的事，但近来越来越多的经济学家认为，企业的社会责任也可以和企业的利润目标统一起来。过分地关注股东的利益而不讲社会责任，短期来讲有利于利润提升，却不利于长期发展。而讲求社会责任，企业短期内会增加经营成本，却有利于长远发展。哈佛商学院的教授迈克尔·波特指出：“在一个社会和环境意识都较强的世界里，企业在这些领域承担责任，本身就是竞争优势的一个源泉。”

另外，我们在分析问题的时候，假定企业的目标是追求利润最大化的，这并不排除的确存在一些企业并不以利润为目标。比如说，在发达国家存在着一些“社会型企业”(如美国马萨诸塞州的Taza巧克力工厂)，这些企业的目标主要不是利润，而是增加社区的就业，缓解居民的贫困。这些企业在社会上是非常重要的，但我们在经济学里主要研究的是更为普遍存在的有代表性的企业。

刚才我们所说的企业目标都是在市场经济体制下的，但如果换到计划经济体制就不一样了。在改革开放之前，中国实施了所谓“赶超型”的发展战略，也就是说，中国想通过快速的资本积累和工业化来缩小与发达国家的差距。于是，发展重工业就成了首要的目标。而发展重工业又需要大量的资本积累，为了实现这一目标，政府采取的手段就是“计划加国有”。在资本相对稀缺的经济里要发展资本密集型的工业，就要扭曲价格体系，这是自由市场经济所做不到的，于是政府就对经济实施了全面的国有化，并硬性规定企业需要完成的产量。然后由政府对劳动工资、资本利率和外汇价格(汇率)等要素价格加以控制，这样就给工业品留下了利润空间，国家再将利润转化为资本积累。但是，由于资本密集型的工业所能创造的就业岗位是非常有限的，因此，为了实现城市的“充分就业”，国家就通过计划分配的方式给劳动力安排工作，同时，通过严格限制农村劳动力向城市的流动来控制城市的劳动力供给数量。另外，由于劳动力的工资是被压低的，因此，作为一种补偿，政府为就业的劳动力提供了包括医疗、养老、住房、子女教育等一系列福利。总地来说，在计划体制下，企业的目标就是完成上级主管部门交给的任务，第一是产量任务，第二是就业任务，第三是社会福利任务。

但是，这样的计划体制造成了一系列问题，其中最大的问题就是企业的管理者没有动力提高企业的生产效率，甚至没有动力超额完成生产任务，因为本年的生产任务超额完成，就可能造成下一年的任务被提高，这就是所谓的“棘轮效应”。同时，由于企业职工每个人都是铁饭碗，也无绩效激励，干多干少一个样，造成大部分国有企业员工缺乏工作积极性。而从成本来说，企业又面临着人员过多，福利负担过重等问题。

在市场化改革过程中，原来的国有企业通过各种形式改革后，其目标越来越向利润最大化靠近，特别是，原来的企业社会化福利负担已经基本上被“社会化”了，企业的商品价格也基本上是由企业自由决定了。但是，如果用利润最大化的假定来看中国的国有企业，还是有些距离的。国有企业的管理者并不完全像市场经济体制下的企业家那样只在意自己的收入，有些国有企业管理者还以做好国家干部为自己的目标，因此，他就要在一定程度上受限于政府的目标，甚至是一些特定的政府官员的目标。更为根本的问题是，国有企业的所有者只是法律意义上的“全体人民”，但“全体人民”是没有办法作为股东或者董事对企业的经营发表意见的。于是，经过了很多年的各种改革试验之后，最终，很多中小型的企业被以各种“非国有化”方式(包括拍卖、实行股份制)进行了转制，并且获得了企业绩效的改进，真正意义上转变成了在自由、公平的市场环境下追求“利润最大化”的企业。

案例5-1　共赢的企业社会责任

在短短30年时间里，中国就从甩掉企业的社会包袱转变到开始讨论企业的社会责任了。曾几何时，中国的公有制企业承担了许多不应有的社会责任，使企业变成了负担沉重的小社会。而在卸下包袱、轻装上阵之后，企业制售伪劣产品、拖欠债款、忽视劳动者权益、破坏环境等缺乏社会责任的问题却令人困惑。

当谈到企业社会责任的时候，人们的第一反应往往是，这与企业的目标是相违背的。传统的经济学观点也认为，企业是追求利润最大化的营利性机构，其首要责任就是尽可能多地赚钱，为股东利益服务，除此以外没有其他社会责任。诺贝尔经济学奖得主米尔顿·弗里德曼在1970年给《纽约时报》写的一篇文章中认为，个人的自由和权力神圣不可侵犯，它是市场经济的基础。当然，社会公共产品也可以由企业以“社会责任”的形式来提供，但相比之下，还不如由个人自由捐赠来承担“社会责任”。因此，弗里德曼有一句名言被广泛引用："企业有且只有一个社会责任——利用资源并在游戏规则许可的范围内提高盈利能力，也就是说，在一个开放与自由竞争的条件下诚实无欺地从事交易活动。"

近些年来，经济学家对企业社会责任的看法发生了很大的变化。企业是由各个利益相关者构成的"契约联合体"。从狭义上讲，利益相关者包括对企业的生存和成功有决定意义的群体。从广义上讲，利益相关者还包括那些能够影响企业并受企业影响的个人和群体。有学者认为，如果企业社会责任有利于促进企业跟各利益相关者的信任合作关系，就会增进企业的市场价值和绩效水平。还有一种企业社会责任是直接可以增进企业市场价值的，被经济学家称为"策略性的社会责任"。企业为了吸引那些有社会责任感的消费者，可以把企业用于承担社会责任的贡献跟销售量挂起钩来。例如，著名的冰淇淋公司Ben & Jerry's承诺把他们税前利润的7.5%拿出来用于公益事业，2001年农夫山泉矿泉水企业在商品标签上写明每瓶水的价格中有一分钱用于捐赠给希望工程。

相对于经济学家而言，企业界对社会责任的关注似乎要来得晚一些。在20世纪70年代之前，企业很少关注社会责任，而到了70年代以后，"企业的社会责任就是使利润最大化"这一观点日益失去了统治地位。人们越来越关注环境保护和社会可持续发展，企业讲求社会责任被置于战略发展的高度来认真对待，而且其内涵也得到了不断拓展。企业承担社会责任最初不过是面临社会环境改变而采取的一种被动选择，之后才慢慢成为企业追求长远发展的一种内在要求。过分地关注股东的利益而不讲社会责任，短期来讲有利于利润提升，却不利于长期发展。而承担社会责任，企业短期内会增加经营成本，却有利于长期发展。英国《经济学家》杂志撰文指出："对企业的三个底线——经济、环境、社会可持续发展进行关注的企业，其业绩往往要好于那些两只眼睛只盯着股市的企业。"另外也有证据显示，人们更乐意在一家他们看来是讲道德的企业工作。在新经济条件下，人力资源成为最具竞争力的因素，这也使得人们对企业的社会责任给予了更多关注。越来越多的事实表明，企业的成功与公众对企业的信心直接相关，在现代社会，保持并加强公众信心的方法是企业合乎道德地从事经营活动，并对投资者、顾客及其他利益相关者显示出合理且必要的关注。

资料来源：http://lumingfudan.blog.sohu.com/16146568.html

5.2 企业的生产函数

5.2.1 生产函数

在生产过程中，企业将生产要素(有时也称投入)变为产出(或产品)。例如生产衬衫所需的投入包括厂房(或租金)、工人的劳动、布料等原料，以及投资在缝纫机和其他一些设备上的支出等。

生产过程中的投入与最终产出之间的关系可用生产函数来描述。生产函数描述的是在一定技术水平下，生产要素的某种组合和数量与所能生产出来的最大产量之间的相互关系。为简便起见，我们假定有两种投入品：劳动(L)和资本(K)，每一特定的投入品组合下企业的产出为Q，生产函数可以表达为

$$Q = f(K, L) \tag{5-1}$$

这一函数式表明，在一定技术水平下，生产Q产量需要一定数量劳动与资本的组合。而在劳动与资本的数量和组合为已知时，也就可以计算出最大的产量，生产函数是企业的生产活动的抽象和简化。需要注意的是，任何生产函数都以一定时期内的生产技术水平为前提条件，一旦生产技术水平发生变化，就会形成新的生产函数。例如，电子化、网络化技术的引入，改变了各行业的生产函数，相同的劳动和资本的投入，所能实现的产量大大提高。

20世纪30年代初，美国经济学家P. 道格拉斯和C. 柯布根据美国1899—1922年的工业统计资料，得出了这一时期美国的生产函数为

$$Q=AL^{\alpha}K^{1-\alpha} \tag{5-2}$$

这就是经济学中著名的柯布-道格拉斯生产函数。其中，A与α为常数，$0<\alpha<1$。

柯布与道格拉斯计算出A为1.01，α为0.75，所以，柯布-道格拉斯生产函数可以具体化为

$$Q=1.01L^{0.75}K^{0.25} \tag{5-3}$$

这说明在生产过程中，劳动所作出的贡献为全部产量的3/4，资本为1/4。这个估计是符合实际情况的。

5.2.2　短期与长期

生产是个过程，不仅是因为从投入生产要素到生产出产成品需要一定的时间，而且在生产中生产要素的投入组合也需要时间不断地进行调整来改变产出。考虑到时间在生产过程中所起的作用，我们区分了两种时间框架——短期和长期。

有些投入如劳动力，它们能够迅速调整以改变产出，被称为可变投入或可变要素(Variable Resources)；而某些投入如企业的厂房，在较短的时期内无法调整，被称为固定投入或固定要素(Fixed Resources)。

因此，短期(Short Run)是指企业至少有一种生产要素无法改变的时间周期。在短期里，企业能够通过改变可变要素(如原料和劳动力)来调整产出，但没有足够的时间改变固定要素(如厂房和设备)来调整产出。长期(Long Run)是指充分长的，使企业的所有生产要

素都可以改变的时间周期。在长期里，企业可以通过调整各种生产要素来实现产出的改变。

假设一家新的麦当劳店在你所在的社区开张并且生意非常好。面对如此的高需求，经理的反应是短期内迅速雇佣更多的员工(可变要素)以增加产出，但是想在短期内通过兼并旁边的商家来扩大店面是不太可能的，这可能至少需要半年以上才能做到。在这里对麦当劳来说，半年以内都是短期，半年以上才能进入长期。

我们要注意，短期与长期的区分是相对的。麦当劳连锁店的规模可以比汽车制造厂的规模调整得更快。因此，麦当劳的“长期”比汽车制造商的“长期”要短，而对于一个煎饼摊来说，“长期”可能就几天时间。

5.2.3 短期生产函数

我们已经知道，在短期内，由于受到物质条件或法律合同的限制，企业有一些生产要素不能改变(固定要素)，企业只能通过改变可变要素来调整产量。接下来我们就深入分析企业的短期生产。

为了分析的简便，我们假定乐迁搬家公司仅仅通过投入一种劳动力(搬运工)和一种资本(货车)来生产一种服务：搬家。表5-1表示乐迁搬家公司每天的搬运量如何取决于搬运工的人数和货车的数量。

表5-1 短期中搬运工数量和搬运家具重量的关系

搬运工/人	货车/辆	每月搬运家具量/吨
0	2	0
1	2	20
2	2	50
3	2	90
4	2	120
5	2	140
6	2	150

在表5-1中，我们可以看到，短期内，乐迁搬家公司只有2辆货车，且固定不变，货车(K)就是该公司的固定要素；而公司想要增加搬运的家具量，只能靠增加搬运工的数量来实现，搬运工(L)就是可变要素。

该例子清晰地描述了一种可变投入(L)与产出之间的关系。接下来，我们可以进一步将式(5-1) 中的生产函数简化成只有一种可变投入的生产函数，形式为

$$Q=f(L) \tag{5-4}$$

对于企业的短期生产，我们接下来要关心的问题是，当把可变的劳动力投入不变的资本中时，产量是否会一直增加？如果是的，增加的幅度是越来越大还是越来越小？

1. 总产量、平均产量和边际产量

从式(5-4) 中的生产函数出发，我们能够得出三个重要的产量概念：劳动的总产量、劳动的平均产量和劳动的边际产量。

总产量(Total Product，TP)是指一定量的投入所生产出来的全部产量。劳动的总产量就可以理解为在其他投入不变的前提下，一定量的劳动所能生产出来的总产量，表示为TP_L。当乐迁搬家公司投入2辆货车，雇佣1个搬运工时，总产量(搬运量)是20吨家具；雇佣2个搬运工时，总产量是50吨家具，等等。你可以从总产量的这一栏看出，在货车数量固定的前提下，随着雇佣的搬运工数量的增加，总产量增加。

劳动的平均产量(Average Product，AP_L)是指分摊到每单位劳动上的产量，等于总产量与所使用的劳动投入量之比。如表5-2所示，雇佣4个搬运工的平均产量是平均每个搬运工30吨家具，它等于120吨家具除以4个工人。

劳动的边际产量(Marginal Product，MP_L)是指在其他投入不变的前提下，额外增加1单位劳动带来的产量的增量。边际产量告诉我们，当可变要素增加1单位时，总产量会增加多少。如表5-2所示，当搬运工的数量由1个增加到2个时，第2个搬运工带来的新增产量是30吨家具，第2个搬运工的边际产量就是30吨家具，因此总产量也由20吨家具上升到50吨家具。

表5-2　短期中搬运工数量和各种产量之间的关系

投入L/人	劳动的总产量TP_L/吨	劳动的平均产量AP_L/吨	劳动的边际产量MP_L/吨
0	0	—	—
1	20	20	20
2	50	25	30
3	90	30	40
4	120	30	30
5	140	28	20
6	150	25	10
7	150	21.43	0
8	140	17.5	-10

这三种产量的公式表示如下

$$TP_L=Q=f(L) \tag{5-5}$$

$$AP_L=\frac{TP_L}{L} \tag{5-6}$$

$$MP_L=\frac{\Delta TP_L}{\Delta L} \tag{5-7}$$

当劳动的数量可以无限细分的时候，劳动的边际产量公式为

$$MP_L=\lim_{\Delta L\to 0}\frac{\Delta TP_L}{\Delta L}=\frac{d\Delta TP_L}{d\Delta L} \tag{5-8}$$

课堂练习5-1

已知生产函数$Q=f(K, L)=2KL-0.5L^2-0.5K^2$，假定厂商目前为短期生产，且$K=10$。试求：厂商的短期生产函数$TP_L$、劳动的平均产量函数$AP_L$和劳动的边际产量函数$MP_L$。

根据表5-1中的数字，我们可以画出劳动投入变动时所对应的总产量、平均产量、边际产量的曲线(见图5-1)。

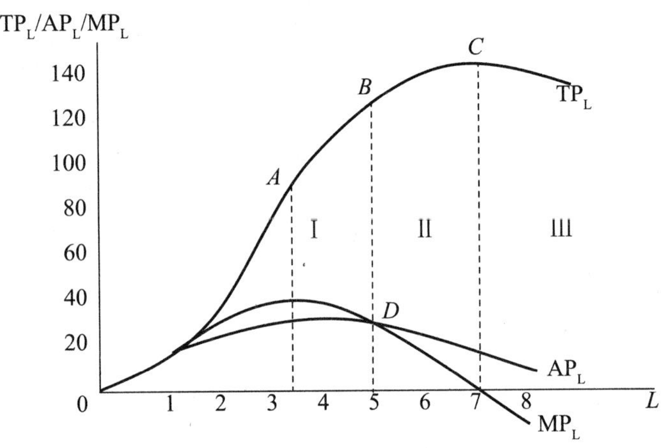

图5-1　一种可变要素投入的总产量、平均产量、边际产量

从图5-1中，我们可以看到，总产量曲线在C点以前，一直是递增的，过了C点以后开始下降。还有一个值得注意的地方是，在总产量曲线递增的区间内，A点以前，总产量增加得很快；A点以后，总产量增加得较慢。

总产量曲线之所以会表现出这种趋势，是因为边际产量曲线经历了先递增后递减的情况，且在劳动投入超过7单位以后，边际产量降为负值，导致总产量不增反降。

边际产量曲线为什么会表现出这种先递增后递减的趋势呢？这源于劳动分工和协调困难。

1. 边际产量递增规律

以乐迁搬家公司为例。没有劳动力，就没有家具被转移，因而总产量为0。如果雇佣了一名工人，这名工人必须包揽包装、装车和转运等一系列工作。对于一些大的家居，如沙发、床和冰箱等，一名工人很难搬动。尽管如此，我们还是假设一名工人每月可以搬运20吨家具。当第2名工人被雇佣时，可以产生一定的劳动分工，而且两人协作搬运大型家具更容易，效率更高，总产出达到了50吨，即第2名工人的边际产出是30吨。第3名工人的加入导致更细致的分工。例如，一名工人可以包装易碎物品，另外两个工人则去搬运笨重物品，总产出达到90吨，第3名工人的边际产量为40吨。由于劳动分工、协调行事使得每增加一名工人总产量迅速提高，也就是说，雇佣前3名工人时该公司经历着边际产量递增，也称为边际收益递增。

2. 边际产量递减规律

是不是只要增加工人，就会一直存在边际产量递增呢？情况恰恰相反。从表5-2中我们可以看到，第4名工人的边际产出低于第3名工人的，再雇佣更多的工人会以越来越小的幅度增加产出。因而，从第4名工人开始，边际产量开始递减(也可称为边际收益递减)。这是因为随着雇佣工人数的增加，分工合作的优势已经不那么明显，甚至会出现工人之间互相干扰，协调困难的局面。结果，当雇佣到第8名工人时，太多的工人占据了厢式货车里有限的空间，结果导致了负的边际产出，总产出开始下降。

边际收益递减规律在经济学中意义重大。以农业为例，当我们增加劳动后，产出会大幅增加。但是，增加的劳动所带来的边际增加却越来越少。一天的第三次除草和第四次给机器上油只能增加很少的产出。最后，当大量劳动力涌向农场，产出几乎不会再增加。过多的耕作反而会毁坏农田。

边际收益递减规律是解释为什么亚洲许多国家如此贫穷的关键因素之一。在拥挤的中国和印度，生活水平之所以低，是因为在每一英亩的土地上有如此众多的劳工，而不是因为农民在经济激励面前无动于衷。

从图5-1中，我们还可以看到，平均产量曲线也是先递增后递减的，且边际产量曲线通过平均产量曲线的最高点D。

为了让我们更好地理解边际量和平均量之间的关系，我们来看思考一个我们更熟悉的事情——我们的学习成绩。我们用边际成绩和平均成绩来说明边际产量和平均产量之间的关系。如果你上学期期末考试的每门课的成绩也是先递增后递减的。比如说，第一门哲学考了70分，第二门英语90分，第三门经济学80分，第四门管理学70分，第五门高等数学60分。每门课的成绩就是你的边际成绩。当你刚考完第一门课哲学的时候，第一门的边际成绩是70分，因为只考了一门，所以你的平均成绩也是70分。等你考完第二门课英语时，第二门课的边际成绩是90分，此时你知道你的平均成绩会上升，你的平均成绩会变为80分，因为边际成绩大于平均成绩。当考完第三门经济学时，你知道你的平均成绩不会发生变动，因为第三门课的边际成绩和前两门课的平均成绩恰好相等，都是80分，这样前三门课的平均成绩还是80分。第四门管理学的边际成绩是70分，边际成绩小于平均成绩，平均成绩下降为77.5分。第五门高等数学的边际成绩是60分，平均成绩会进一步下降为72分。把以上的分析列在表5-3中，会让我们一目了然。

表5-3 边际成绩与平均成绩

科目	边际成绩MP	平均成绩AP
1.哲学	70	70
2.英语	90	80
3.经济学	80	80
4.管理学	70	77.5
5.高等数学	60	72

通过上面的对学习成绩的类比分析，我们能够得出这样几条结论：因为边际产量先递增后递减，所以平均产量先递增后递减；只要边际产量大于平均产量，平均产量就上升；只要边际产量小于平均产量，平均产量就递减；最终边际产量曲线通过平均产量曲线的最高点。

从图5-1中，我们看到，当*MP*曲线在*AP*曲线上方时，*AP*曲线上升；当*MP*曲线在*AP*曲线下方时，*AP*曲线下降；*MP*曲线和*AP*曲线相交的点，就是*AP*曲线的最高点。可简要表示如下：

MP＞AP时，*AP*上升；

MP＜AP时，*AP*下降；

MP＝AP时，*AP*最大。

案例5-2 分工与专业化

亚当·斯密在其名著《国民财富的性质和原因的研究》中根据他对一个扣针厂的参观描述了一个例子。斯密所看到的工人之间的专业化和引起的规模经济给他留下了深刻的印象。他写道：

"一个人抽铁丝，另一个人拉直，第三个人截断，第四个人削尖，第五个人磨光顶端以便安装圆头；做圆头要求有两三道不同的操作；装圆头是一项专门的业务，把针涂白是另一项；甚至将扣针装进纸盒中也是一门职业。"

斯密说，由于这种专业化，扣针厂每个工人每天生产几千枚针。他得出的结论是，如果工人选择分开工作，而不是作为一个专业工作者团队，"那他们肯定不能每人每天制造出20枚扣针，或许连一枚也造不出来"。换句话说，由于专业化，大扣针厂可以比小扣针厂实现更高人均产量和每枚扣针更低的平均成本。

斯密在扣针厂观察到的专业化在现在经济中普遍存在。例如，如果你想盖一个房子，你可以自己努力去做每一件事。但大多数人找建筑商，建筑商又雇佣木匠、瓦匠、电工、油漆工和许多其他类型工人。这些工人专门从事某种工作，而且，这使他们比作为通用型工人时做得更好。实际上，运用专业化实现规模经济是现代社会如此繁荣的一个原因。

资料来源：亚当·斯密. 国民财富的性质和原因的研究. 北京：商务印书馆，2009.

案例5-3 马尔萨斯的经济思想：人口增长+收益递减=饥饿

边际收益递减规律对生活在地球这个星球上的人们可能会有潜在的灾难性影响。

如果世界人口快速增长，那么粮食产量就跟不上。随着越来越多的人涌向数量有限的可利用土地，劳动的收益就会递减。

这已经成为世界上某些最穷国家的一个问题，尤其是撒哈拉沙漠以南非洲国家更是如此。土地仅仅够养活目前这么多的人口。如果有那么一两年收成不好，就会引发严重饥荒。例如近些年在埃塞俄比亚和苏丹发生的令人震惊的饥荒。

早在1789年，托马斯·罗伯特·马尔萨斯就对人口与粮食产量的关系进行了分析。在他的名为《论人口对未来社会进步影响的原理》(《人口原理》)的著作中，马尔萨斯提出了可能是历史上最耸人听闻的理论。

马尔萨斯从意识到“食物为人类生存所必需”以及“两性间的性欲是必然的，且几乎保持现状”开始。他这样论证说：

“我认为，人口的力量比土地向人类提供生活资料的力量不知大多少。如果人口不受控制，那么它就会以几何级数增长。而生活资料只是以算数级数增长。对这些数字稍有了解就可以看出前者的力量比后者的力量要大得多。”

马尔萨斯所说的意思是，如果人口增长不受控制，它是以几何级数的速度增长的，就像下面这么一组数字：1，2，4，8，16，32，64，等等。而粮食产量由于收益递减，却赶不上人口的增长速度。粮食产量至多以算数级数增长，就像下面这么一组数字：1，2，3，4，5，6，7，等等。显然，如果人口增长不加控制，它很快就会超过粮食供应。

什么因素能阻止人口增长？马尔萨斯认为，能阻止人口增长的是饥荒。随着人口增长，人均粮食产量就会下降，直到越来越多的人陷于饥饿，死亡率会上升为止。只有在此时，人口增长才能稳定下来，与粮食产量的增长率保持一致。

马尔萨斯的可怕预言是否会实现？有两个因素可以减轻马尔萨斯所描述的压力。

第一个因素是，随着各国越来越发达，人口增长的速度趋于放缓。虽然健康状况的改善延长了人的寿命，但是由于人们选择维持小家庭而使得人口出生率下降，完全抵消了寿命延长的影响。

第二个因素是，农业的技术进步也大大提高了每公顷农田的粮食产量。

因此，发达国家的粮食产量增长已超过人口增长。

发展中国家的情形虽然比发达国家糟多了，但农业也取得了一定的进步。“绿色革命”已经开发出许多新的高产农作物品种(特别是小麦和稻谷方面)，导致许多发展中国家的粮食产量增长超过人口的增长。例如，印度现在就已开始出口粮食。

可是，马尔萨斯的恐惧在某些最贫穷的国家却非常现实。这些国家甚至不能养活它的人民。正是这些世界上最穷的国家，人口增长率最高。许多非洲国家的人口增长率每年在3%左右。

资料来源：http://wenku.baidu.com/link?url=zaprnIIafflce3xfVg-ILevxCM2I6ukPb9EUD5TKffV8KLLfOOjle4UC_Nt61A9EYm-UNLwveKZ26LgjfF3Nb2j-ldmM8LK47A-tNtdOt3y

2. 生产阶段的划分

总产量、平均产量与边际产量之间的关系反映了生产要素与产量之间的关系。我们就依据这种关系把生产的阶段做一个划分(如图5-1 所示)。

在第Ⅰ阶段，产量曲线的特征为：劳动的平均产量始终是上升的，且达到最大值；劳动的边际产量上升且达到最大值，然后开始下降；劳动的边际产量始终大于劳动的平均产量；劳动的总产量始终是增加的。这说明，在这一阶段，生产者只要增加可变要素的投入量，就可以较大幅度地增加总产量。因此，任何理性的生产者都不会在这一阶段停止生产，而是连续增加可变要素的投入量以增加总产量，并将生产扩大到第Ⅱ阶段。

在第Ⅱ阶段，产量曲线的特征为：平均产量开始下降。边际产量递减，即增加劳动量仍可以使边际产量增加，但增加的速度是递减的。由于边际产量仍然大于零，总产量仍在增加，在劳动量增加到7时，总产量达到最大。

在第Ⅲ阶段，产量曲线的特征为：劳动的边际产量降为负值，劳动的总产量也呈现下降趋势。这说明，在这一阶段，可变要素的投入量相对过多，生产者减少可变要素的投入量是有利的。因此，这时即使劳动要素是免费的，理性的生产者也不会增加劳动要素的投入量，而是通过减少劳动投入量来增加总产量，以摆脱劳动的边际产量将为负值和总产量下降的局面，并退回到第Ⅱ阶段。

综上分析可知，劳动量的增加应在第Ⅱ阶段为宜。然而，应在这一区域的哪一点上才是最好呢？这就要考虑其他因素。如果企业的目标是使总产量达到最大，那么劳动量就可以增加到C点。如果企业以利润最大化为目标，那就要综合考虑成本和产品价格等因素了(这方面的内容要在下一章才能够学习到)。

5.2.4 长期生产函数

从长期来看，企业的所有生产要素都是可变的。企业可以通过调整所有生产要素的投入来改变产量。也就是说，企业可能通过变动自己的生产规模来实现经营目标。对于所有生产要素(我们以劳动和资本两种要素来代表)都可变的情况，我们所面临的生产函数为

$$Q=f(K,\ L)$$

我们要解决的问题是：

(1) 劳动和资本的支出给定时，能生产的总产量的最大值是多少；

(2) 给定产量目标，投入多少资本和劳动对企业来说是最优的。实际上，这是同一个问题的两种不同表述而已，都是约束条件下的最优化问题，其结果不论从经济学角度还是数学角度分析都是一样的。

1. 等产量线

生产同样产量的产品，既可以少用资本多用劳动，也可以少用劳动多用资本，也就是说，一个给定的产量Q可以用很多不同的(L，K)组合来完成。例如，既可以通过投入大量的机器设备如播种机、拖拉机、收割机等资本和少量的劳动力生产出1万吨粮食；也可以通过投入少量资本，而投入大量劳动力生产出1万吨粮食。这两种生产粮食的方式目前在我国都广泛地存在着。据此，我们给出等产量线的定义：等产量线(Isoquant Curve)是一条生产某一数量的产品的所有可能的投入组合的曲线。

表5-4给出了资本和劳动的4种组合方式，无论是8单位的资本和1单位的劳动投入组合，还是2单位的资本和4单位的劳动投入组合，每种组合方式都能带来30单位的总产出。

表5-4　等产量的不同要素组合

组合方式	资本K	劳动L	总产量
A	8	1	30
B	5	2	30
C	3	3	30
D	2	4	30

根据表5-4，可作出图5-2。

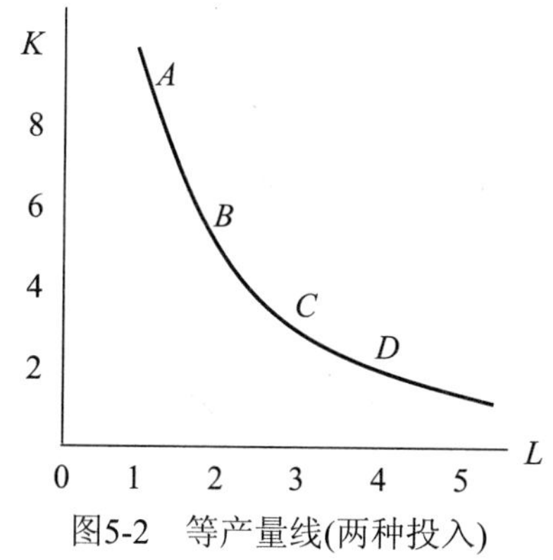

图5-2　等产量线(两种投入)

可能你已经注意到，等产量曲线类似于我们第4章所描述的消费者无差异曲线，等产量曲线和无差异曲线具有如下相似的特征。

第一，在同一平面上，可以有无数条等产量线，离原点越远的等产量线代表产量的水平越高，离原点越近的等产量线代表产量的水平越低。

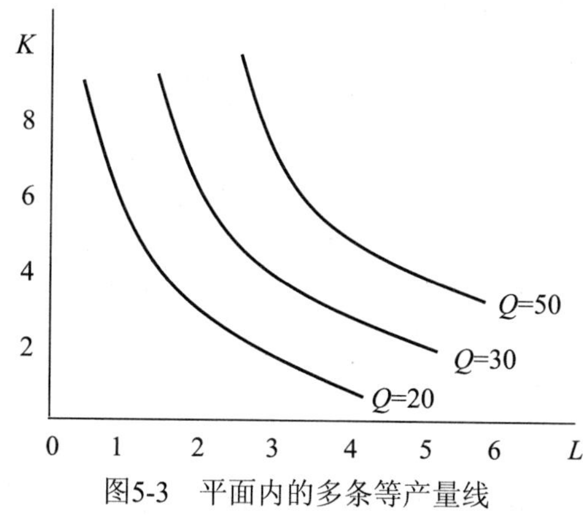

图5-3　平面内的多条等产量线

第二，在同一平面图上，任意两条等产量线不相交。如图5-4所示，假设两条不同的等产量线IC_1与等产量线IC_2相交于A点，此时A点既在IC_1上，又在IC_2上。按照等产量线的定义，同一条等产量线上的任意一点都代表着该组合能生产出相同产量的产品，也就是说

IC_1上任何一点与A点所代表的产量相等，IC_2的产量也与A点的产量相等，进而可以推导出IC_1与IC_2的产量一致，这显然与假设相矛盾。之所以出现这种矛盾是因为我们假设两条等产量线可以相交。综上所述，同一平面内，任意两条无差异曲线都不可能相交。

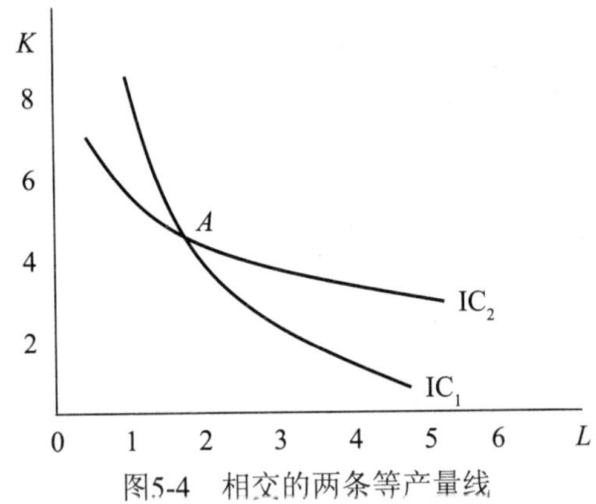

图5-4 相交的两条等产量线

第三，等产量线通常向右下方倾斜，也就是说，其斜率为负。这是因为等产量线上的每一个点通常都代表着能生产同一产量的两种投入的有效组合，要保持产量水平不变，当减少资本的投入量时，就必须增加劳动的投入量。在保持产量水平不变的条件下，增加1单位要素L的投入而必须减少的另一种要素K的数量，被称为边际技术替代率(Marginal Rate of Technical Substitution，MRTS)。用数学公式来表示就是

$$MRTS_{LK}=-\frac{\Delta K}{\Delta L} \tag{5-9}$$

$MRTS_{LK}$表示要素L对要素K的边际技术替代率，ΔK和ΔL分别表示要素K的减少量和要素L的增加量，标上负号是为了让$MRTS_{LK}$取正值。

我们可根据表5-4的数字说明边际技术替代率的变化，见表5-5。

表5-5 边际技术替代率

变动情况	ΔK	ΔL	$MRTS_{LK}$
A—B	−3	1	3
B—C	−2	1	2
C—D	−1	1	1

第四，等产量线通常凸向原点，其斜率是递减的。即随着劳动投入的增加，等产量线的斜率越来越小，这是由边际技术替代率递减规律所决定的。

为什么边际技术替代率会递减呢？这是因为：生产某种产品，技术上要求要素进行适当的配合，这就意味着替代不可能是无限的。当劳动的量越来越多时，资本就显得越来越重要了，因而被等量增加的劳动替代掉的资本量越来越少。试想，多用挖沟工人少用工具是可以的，但随着工人数量的增加，工具的重要性会越来越强。劳动的边际产量在下降，资本的边际产量在上升，所以，被劳动替代掉的资本的数量越来越少，这也就决定了边际

技术替代率是递减的。

同时，当我们沿着等产量曲线向下移动时，意味着我们用劳动替代资本来生产相同产量的产品。只有当新增的劳动带来的产量和减少的资本失去的产量相等时，产量水平才能维持不变。可以用简单的数学公式表示为

$$\Delta L\times MP_L=-\Delta K\times MP_K$$

或

$$-\frac{\Delta K}{\Delta L}=\frac{MP_L}{MP_K}$$

又因为，边际技术替代率可写成

$$MRTS_{LK}=-\frac{\Delta K}{\Delta L}$$

所以

$$MRTS_{LK}=-\frac{\Delta K}{\Delta L}=\frac{MP_L}{MP_K} \tag{5-10}$$

对这个公式，你很容易看出，随着L的数量增加和K的数量减少，MP_L下降，而MP_K上升，因此边际技术替代率递减。

2. 等成本线

我们仍然假设有两种投入品：劳动L和资本K，它们的价格分别是P_L和P_K。可供企业花费的总成本为C。如果将C全部用于购买K和L，那么有

$$C=P_KK+P_LL \tag{5-11}$$

公式(5-11)代表了在既定成本和要素价格条件下生产者可以购买到的两种生产要素的各种不同数量的组合。将符合条件的要素组合描点连线，我们可以得到一条等成本线。等成本线是指在要素价格一定时，花费一定的总成本能购买的两种生产要素的不同数量组合。值得注意的是，等成本线类似于我们在第4章中介绍的消费者预算线。

假定某企业每单位资本的价格为100元，每单位劳动的价格为50元，企业可供花费的总成本为2000元，且全部用于购买这两种生产要素。则有

$$2000=100\times K+50\times L$$

根据上面的式子可以得到如图5-5所示的等成本线。

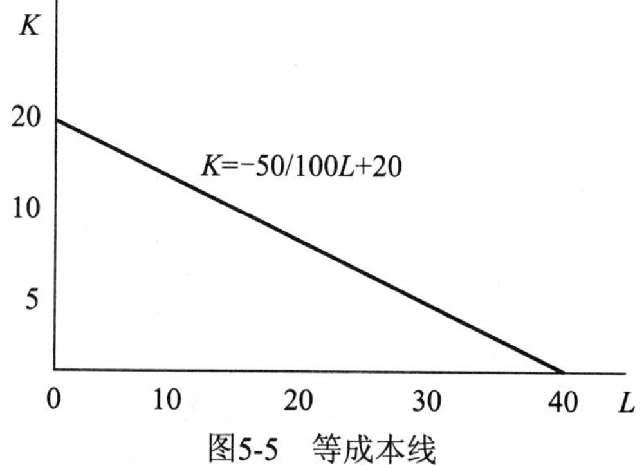

图5-5 等成本线

通过方程，我们知道这条等成本线的斜率为-50/100，也就是说，任何一条等成本线的斜率就等于两种生产要素的价格之比$-P_L/P_K$。

在公式(5-11)的等成本线中，如果C、P_L和P_K中的任何一个量发生变化，等成本线都可能会发生变化：要素的相对价格不发生变化而总成本变化时，等成本线平行移动；要素的相对价格发生变化，等成本线的斜率会发生变化；如果三个变量同时变化相同的倍数，等成本线将不会发生任何变化。

3. 最优投入组合

企业的等成本线从本质上表征了企业所面临的财务约束，而企业的等产量线则表征了企业所面临的技术水平。任何一个理性的生产者进行生产从而谋求利润最大化不外乎从两个角度来考虑：要么实现既定成本条件下的产量最大化，要么实现既定产量条件下的成本最小化。

(1) 既定成本条件下的产量最大化。我们将等产量曲线和等成本线放到同一个坐标图中，就可以确定成本给定时产量最大化的要素组合，找到生产的均衡条件，见图5-6。

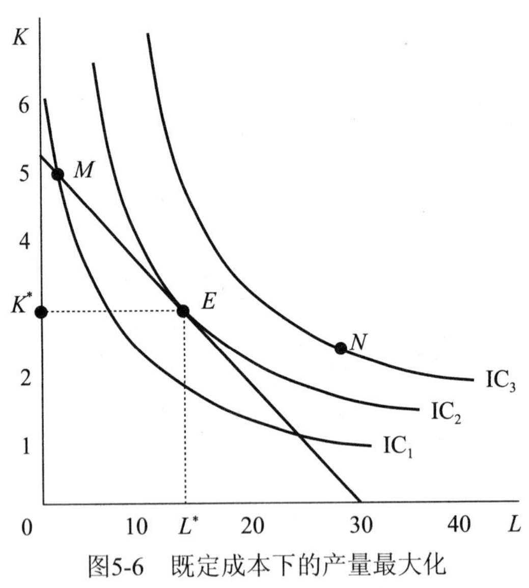

图5-6　既定成本下的产量最大化

在图5-6中，有一条给定的等成本线和三条等产量线IC_1、IC_2、IC_3。理论上，有无数条等产量线在该坐标系里，而且必然有一条与给定的等成本线相切，图中为E点。该点就是既定成本下产量最大化时的要素投入组合。这是因为，在成本预算约束下，较高等产量线IC_3上的N点是无法实现的，而M和E点然都位于这条等成本线上，但E点却位于更高的等产量线IC_2上，也就是说，在有限的花费下，只有E点所代表的劳动与资本组合带来的产量最大。因此，等成本线与等产量线的切点就是生产的最优组合点。

在最优的要素组合点E，等产量曲线和等成本线相切，这就意味着在该点等产量曲线的斜率恰好等于等成本线的斜率。等产量曲线的斜率被称为边际技术替代率，它等于两种

要素的边际产量之比；等成本线的斜率等于两种要素的价格之比。这样我们就得到了企业达到生产成本最低的条件，为

$$\frac{P_L}{P_K}=\frac{\mathrm{MP}_L}{\mathrm{MP}_K} \tag{5-12}$$

即两种要素的边际产量之比等于它们的价格之比。将上面的公式稍加整理会更有助于我们对企业的生产的理解。将它整理为

$$\frac{\mathrm{MP}_L}{P_L}=\frac{\mathrm{MP}_K}{P_K} \tag{5-13}$$

式(5-13)告诉我们，企业为了在既定的成本条件下实现产量最大化，会使它的每1元钱的成本支出所购买到的边际产量相等。也就是说，当最后一单位的成本支出不论用于购买哪种生产要素所获得的边际产量都相等时，就实现了给定成本条件下的产量最大化。

(2) 既定产量条件下的成本最小化。如同生产者在既定的成本条件下会力求实现最大的产量，生产者在既定的产量条件下也会力求使用最小的成本。如图5-7所示。

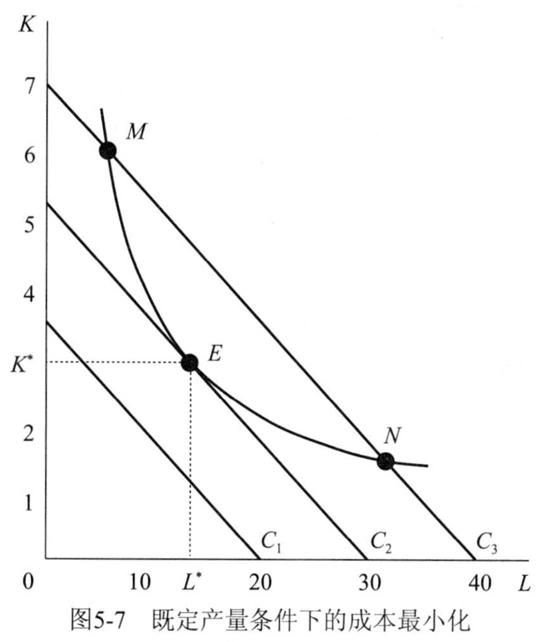

图5-7　既定产量条件下的成本最小化

图5-7中，有一条等产量线与三条等成本线C_1、C_2、C_3。该等产量线是企业力求实现的产量，三条等成本线具有相同的斜率，即两要素的价格是既定的，但代表三个不同的成本量。其中等成本线C_3成本最大，且与等产量线交于M、N两点，表示其成本在既定的产量水平下最大；C_1成本最小，但与等产量线无交点，说明在这个成本下，产量不可能达到等产量线所要求的水平；只有C_2这条等成本线与等产量线相切于一点，它表示：在既定的产量水平下，生产者应该选择E点的要素组合(L^*单位的劳动，K^*单位的资本)才能实现最小的成本。

在均衡点E有

$$\text{MRTS}_{LK}=-\frac{P_L}{P_K}=-\frac{\Delta K}{\Delta L}=\frac{\text{MP}_L}{\text{MP}_K}$$

整理之后，仍然为

$$\frac{\text{MP}_L}{P_L}=-\frac{\text{MP}_K}{P_K}$$

因此，企业为了在既定的产量条件下实现成本最小化，它仍然要遵循当最后一单位的成本支出不论用于购买哪种生产要素所获得的边际产量都要相等这个条件。

本章小结

在本章中我们提出了经济学家用来理解企业行为的最重要的一个基本假定——企业的目标是追求利润最大化，且这与企业的其他行为并不矛盾；企业最常见的三种组织形式是个人企业、合伙企业和公司企业。

在短期，有一些生产要素的数量无法改变，企业只能通过改变可变要素的数量来增加或者减少生产。随着可变要素投入量的增加，企业的边际产量和平均产量一般都要经历先递增再递减的规律。

在长期，所有的生产要素都是可变的。对长期生产的分析类似于第4章用无差异曲线和预算线对消费者选择的分析。企业面临着如何以最低的成本生产出既定的产量水平或在既定的产量条件下实现成本最小化的问题。我们通过等产量曲线和等成本线来找出企业的最低成本要素投入组合。成本最低的要素组合点就是等产量曲线和等成本线的切点。在切点上，等产量曲线的斜率和等成本线的斜率相等。这就意味着企业成本最低的条件是：要素的边际产量之比恰好等于要素的价格之比，也就是说企业花费每1元钱的成本所购买到的边际产量相等。

思考与练习

1. 什么是企业？企业的目标是什么？企业的目标与企业的社会责任相矛盾吗？企业通常有哪些组织形式？列出你所熟悉的几家企业。

2. 短期和长期之间的区别是什么？对于不同企业来讲，划分长期和短期的时间段长短一样吗？

3. 解释生产函数的概念。描述柯布-道格拉斯生产函数。

4. 为什么边际技术替代率具有递减规律？

5. 下列哪些说法是正确的，对错误的加以改正。

(1) 经济学中短期与长期的划分取决于时间的长短；

(2) 如果边际产量一直是递减的，那么平均产量始终高于边际产量；

(3) 假定生产某产品要用两种要素，如果这两种要素价格相等，则该生产者最好用同等数量的这两种要素来进行生产。

6. 下列情况哪些属于短期调整，哪些属于长期调整。

(1) 订单突然增加，大洋服装厂新雇了200名夜班工人；

(2) 麦当劳新开了一家餐厅；

(3) 大豆价格上涨，农民在其种大豆的土地上增加了肥料的用量。

(4) 鞍钢集团关闭了一家高耗能低效率的小炼钢厂。

7. 试用边际收益递减规律分析企业为何不能无限制地增加某一种生产要素？

8. 企业生产要素的最优组合的均衡条件是什么？如果$\frac{MP_L}{P_L}=-\frac{MP_K}{P_K}$，企业应该如何调整劳动和资本的投入量以达到最优组合？

9. 根据表格5-6中已有的数据完成以下问题。

表5-6　产量表

投入L/人	劳动的总产量TP_L/吨	劳动的平均产量AP_L/吨	劳动的边际产量MP_L/吨
0	0		
10	40		
20	90		
30	150		
40	190		
50	220		
60	240		
70	230		

(1) 填充表5-6中的平均产量和边际产量数据；

(2) 使用表5-6中的数据做出三条产量线(类似于图5-1)，分别表示总产量、平均产量和边际产量是如何随着雇佣的劳动力数量的变动而变动的；

(3) 边际产量曲线与平均产量曲线相交于何处？为什么？

10. 在手套的生产过程中，劳动的边际产量为每小时20幅手套，此时劳动资本的边际技术替代率为1/5。资本的边际产量是多少？

11. 假设老孙有两种投入品：劳动和土地，用来生产大白菜。如果劳动成本50元/天，土地成本100元/亩。

(1) 画出总支出为10 000元时老孙的预算线；

(2) 在(1)画出的图中，再画一条表明老孙用这些支出能够生产出最多20吨白菜的等产量曲线；

(3) 假设劳动成本上升为60元/天，土地成本上升为110元/亩。老孙最优投入比例可能会怎样变化？用文字和图形说明你的答案。

第6章 成本理论

本章导入

通过对上一章的学习，我们知道，为了生产物品或提供服务，企业必须投入各种生产要素。在企业的经济分析中，我们将投入的生产要素的价值称为成本。我们应该清楚，生产的背后是与其形影不离的成本，这是因为对成本的精确衡量是企业生产和定价决策的基础。在本章中，我们的任务就是理解经济学家用来衡量企业成本的一些变量，并考察这些变量之间的关系，最终掌握生产成本理论及其应用。

开篇案例 吴敬琏谈降低企业交易成本的五项举措

中国著名经济学家吴敬琏在“中国流通现代化高级论坛”上说，如果中国企业不能解决过高的交易成本而失去总成本的优势，就不可避免地在竞争中败北。

吴敬琏说，目前中国经济中的转型成本即物质变换成本很低，但是，交易成本却很高。于是境外企业就尽量把它们的加工厂设立在中国，以至于中国本土企业的产品总成本却往往并不低，因而使它们与境外企业比缺乏足够的竞争力。

吴敬琏认为，交易成本高有多种原因，如制度不健全、规则不透明、诚信状况不好等，都会增大交易成本。而中介组织发展不足(包括银行和非银行金融机构、批发零售业等)，不能为生产和流通企业提供高素质的中介服务则是一个重要原因。

中国内地经济交易成本高的一个突出表现，是商业部门的薄弱和成本居高不下。吴敬琏说，面对这种形势，中国必须加快市场化改革的步伐，以便把过高的交易成本降下来。

为此，这位经济学家提出五项举措:

一、按照国家有关规定，逐步放宽对非国有经济的准入限制，允许民营经济进入对外贸易、金融、保险等行业。

二、为商业组织营造透明的法治环境。

三、商业界也要根据不同行业的要求进行制度建设，提高自身的素质。

四、要有符合现代市场经济要求的政府监管框架。

五、社会各界，包括大众传媒要支持流通业勤勉执业，并对其进行监督。

资料来源：http://www.eyeworld.cn/trade/articles/article5322.html

6.1 成本及成本函数

无论是像中国石油这样的大公司，还是街边的小商小贩，都会或多或少地对它们的生产成本进行精细的记录和分析。人们通常把成本看作商品生产活动中所使用的生产要素的价值。那么，经济学中使用的成本概念与通常意义上所讲的成本概念是否一致呢？

6.1.1　成本

1. 会计成本与经济成本

任何一个企业经营者要想知道企业经营状况的好坏，他必须清楚地了解自己企业的总收益、总成本状况。经济学中所讨论的成本与人们日常生活中经常使用的会计成本是不同的。经济学中所说的成本是指机会成本(也称作经济成本)，我们在第1章中介绍过机会成本，机会成本是指为了得到某种东西所必须放弃的东西的价值。

假设乐迁搬家公司的店主放弃了一份年薪为10万元的工作，用自有资金40万创办并经营该搬家公司。店主一年中购买包装箱、胶带、绳子、记号笔等搬家工具的花费为3万元，租用货车和大型吊车的租金为25万元，支付给工人的工资为20万元，除此之外，再无其他货币支出。年终，店主账面上的总收益为58万元，总成本为48万元(搬家工具花费的3万元加上车辆租金25万元和工资20万元)。

这种计算成本的方法就是通常的会计方法，会计成本是指企业在生产过程中支付的一切费用，是一种显性成本。

乐迁搬家公司的店主为了经营搬家公司放弃了年薪10万元的工作。在企业会计中，由于搬家公司没有这笔货币支出，这10万元并不会被计算为企业的成本。但在经济分析中，虽然公司并没有10万元的货币支出，但这10万元也应该是企业的成本，因为这也是为了经营公司所放弃的价值。这种并不需要企业支出货币的投入成本，被称为隐性成本。

乐迁搬家公司的店主用自有的40万元来经营他的搬家公司，如果他把这笔钱存入年利率为5%的储蓄账户，那么他每年将有2万元的利息收入。因此，为了经营搬家公司，他放弃了2万元的利息收入，这放弃的2万元也是企业的隐性成本。

在经济分析中，我们通常衡量企业的经济成本，也被称为机会成本。企业的经济成本是显性成本和隐性成本之和。

这样，乐迁搬家公司的经济成本为

经济成本(机会成本)=显性成本+隐性成本=48万元+(10+2) 万元=60万元

2. 会计利润与经济利润

当成本分为会计成本与经济成本时，利润就分为会计利润和经济利润。我们知道，企业出售其产品所得到的货币量称为总收益。企业的总收益减去总成本就是利润。如果按照会计成本计算，总收益减去会计成本就是会计利润。如果考虑经济成本(机会成本)，总收益减去机会成本就是经济利润。我们可以用图6-1来表示会计利润与经济利润之间的关系。

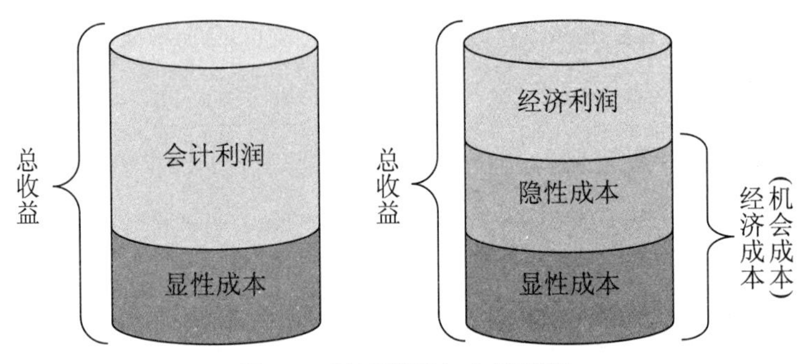

图6-1　经济利润与会计利润

根据图6-1，我们可以计算出乐迁搬家公司的会计利润和经济利润分别为

会计利润=总收益−会计成本(显性成本)=58万元−48万元=10万元

经济利润=总收益−经济成本(机会成本)=58万元−60万元=−2万元

我们看到，从会计核算的角度，乐迁搬家公司盈利10万元，即会计利润为10万元。但从经济分析的角度，乐迁搬家公司却亏损2万元，即经济利润为−2万元。这是因为，公司的总收益不足以弥补店主放弃的所有价值，更进一步说就是会计利润不足以弥补店主放弃原来工作损失的薪水和损失的利息收入。这就意味着店主创办搬家公司之后的状况变坏了，也就是说经营搬家公司并不是店主最好的选择。如果经济利润持续为负，店主可能放弃搬家公司并回到原来的工作岗位。

如果经济利润为正数，就意味着搬家公司能够弥补所有的机会成本，既弥补了看得见的货币支出的显性成本，也弥补了放弃收入的隐性成本，并有一些剩余作为店主的额外的报酬(经济利润在经济学中常被称为超额利润)。经济利润为正，说明经营搬家公司是店主最好的选择，此时因没选择其他机会所放弃的收入已经得到弥补，并且还有额外的剩余。

如果经济利润为零，就意味着所有的机会成本都已经被弥补，店主也没有比经营搬家公司更好的选择了。

需要注意的是，由于会计师忽略了隐性成本，所以，会计利润通常大于经济利润。从经济学家的角度看，要使企业有盈利，总收益必须弥补经济成本(机会成本)，包括显性成本和隐性成本。在本书中，如果没有特殊的说明，当我们说成本时，指的就是经济成本，即机会成本；当我们说利润时，指的就是经济利润。经济利润是理解企业行为的一个重要的概念，因为它是企业供给物品与服务的基本动机，只有机会成本小于总收益，某项决策从经济学角度看才是合理的。

案例6-1 没有“成本”的烧鸡

2014年的一个星期天，北京某大学经济管理学院一名大学生去附近自由贸易市场，看到一个用蛇皮袋卖烧鸡的保定地区个体户，便攀谈起来。

大学生：这烧鸡怎么卖?

个体户：一斤3元。

大学生：你跑这一趟能赚多少?

个体户：两大蛇皮袋烧鸡将近200斤，赚得不多，也就600元左右。

大学生：我问的不是卖多少钱，而是赚多少钱，得刨去成本。

个体户：我没有本儿(没有成本)。

大学生：不可能！这些鸡总不会是偷来的吧?

个体户：这哪能呀。听说我要做烧鸡到北京卖，孩子他叔、姑、舅、姨把能杀的鸡都送过来了，没要钱。

大学生：烧鸡总得烧，你买煤或买柴花了多少钱?

个体户：柴是我自己从后山上砍的，也没花钱。

大学生：坐车到北京，总得花钱吧?

个体户：我自己骑自行车驮来的，也没花钱。

大学生：那总得有地方住呀?

个体户(指指摊位)：就一两夜，在铺板底下凑合凑合行了，也没花钱。

大学生：那你总得吃呀?

个体户(拍拍口袋)：自己做的馍，也没花钱。

大学生(大讲机会成本)：你虽然没有会计成本，但有经济成本！

个体户(似懂非懂)：反正我没花钱，卖多少就赚多少。

资料来源：http://wenku.baidu.com/link?url=JFjNzvpr8u0BzPau7KMzpSb3iBYXG_2u0_SyEhACNwcupFHF1-N0-jn9KV22UI-T38eQpCylZpEpugBGPG_lN4VNnX8yteXmVPrFKdJdje3

6.1.2 成本函数

在第5章中，我们分析了企业的生产活动。我们知道，产出一定量产品Q的时候，需要投入一定数量的生产要素(主要包括资本K和劳动L)，即生产函数$Q=f(K，L)$。而投入的这些生产要素是企业从市场中用一定的货币量买回来的，这就是成本，表示为$C=P_K\times K+P_L\times L$。在价格一定的情况下，购买的劳动和资本量越大，企业的产量越大；产量越大，也就意味着成本越高。因此，企业的成本与产量之间也存在一定的函数关系，这个函数关系可记为

$$C=f(Q) \tag{6-1}$$

它表示一定数量的产品与相应的成本之间的函数关系，即成本函数。

由于生产分为短期与长期，因此，在成本分析中也按考察期限分为短期成本和长期成本，划分的标准仍然是厂商能否调整全部生产要素的投入量。

6.2 企业短期成本分析

6.2.1 固定成本、可变成本和总成本

我们已经知道，在短期内，企业有一些生产要素是固定不变的，企业只能通过改变可变要素来调整产量。由于企业在短期内有两种不同的投入：固定要素和可变要素，所以企业也相应有两种不同类型的成本：固定成本和可变成本。

1. 固定成本

固定成本(Fixed Cost，FC)是企业所有固定要素的成本，即短期内不随产量的变化而变化的成本。不论企业的产量如何，固定成本是企业必须支付的成本。它通常包括厂房或设备的租金或折旧，地租，借贷资金的利息，管理人员的薪水，等等。在短期内，即使企业的产量为零，企业也必须支付这些开支；如果产量发生变化，这些开支也不会改变。从表6-1可以看出，该企业每月的固定成本为4000元。

表6-1　某企业每月的短期成本表　元

劳动*L*	总产量*Q*	固定成本FC	可变成本VC	总成本TC	平均固定成本AFC	平均可变成本AVC	平均总成本ATC	边际成本MC
0	0	4000	0	4000	—	—	—	—
1	20	4000	2000	6000	200	100	300	100
2	50	4000	4000	8000	80	80	160	66.67
3	90	4000	6000	10 000	44.44	66.67	111.11	50
4	110	4000	8000	12 000	36.36	72.73	109.09	100
5	125	4000	10 000	14 000	32	80	112	133.33
6	135	4000	12 000	16 000	29.63	88.89	118.52	200
7	140	4000	14 000	18 000	28.57	100	128.57	400

在坐标轴上，固定成本是一条在纵轴上有一定截距的、与横轴平行的直线。

2. 可变成本

可变成本(Variable Cost，VC)是企业所有可变要素的成本，又称变动成本。通常包括

原材料费、动力燃料费及计件或计时工人的工资等。短期内，企业为了增加产量必须增加可变要素的投入，如雇佣更多的工人，使用更多的电力，购买更多的原材料，所有这些都使可变成本随着产量的提高而增加，所以，可变要素是产量的增函数。

然而，可变成本的增加并不随产量的增加而同比例增长。正如在第5章所提到的，随着劳动投入量的增加，由于劳动分工和协调困难的先后作用，使得边际产量先递增后递减，也就是说等量变动成本的投入得到的产量的增量先大后小，反过来说，就是随着产量的增加，变动成本开始增加得较慢，后来增加得较快，可变成本曲线是一条反S曲线。

3. 总成本

企业的总成本(Total Cost，TC)是指企业使用的所有生产要素的成本，是固定成本和可变成本之和，即TC=FC+VC。

由于固定成本固定不变，而可变成本是随着产量的增加而增加的，所以总成本也是随着产量的增加而增加，是产量的增函数，变动规律与可变成本相同。但由于固定成本不等于零，因此，总成本总是大于零的。

可用图6-2来说明这三种成本的变动规律与关系。

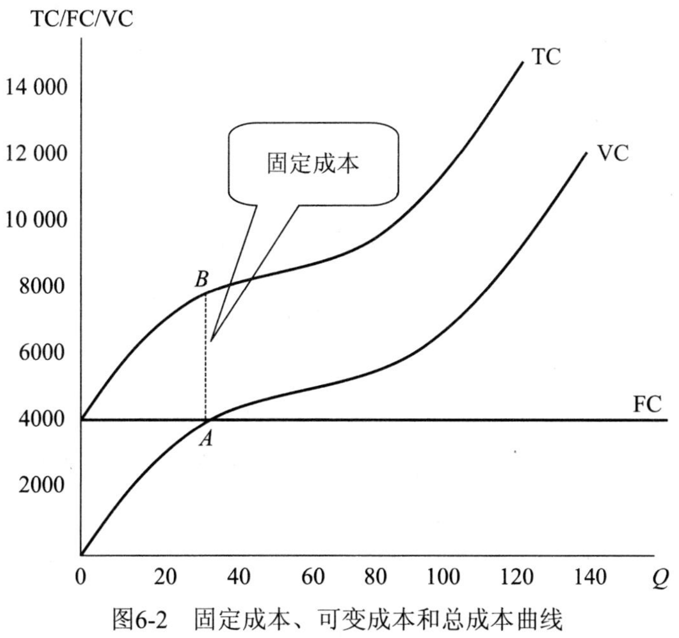

图6-2　固定成本、可变成本和总成本曲线

在图6-2中，横轴代表产量Q，纵轴代表三种成本。FC为固定成本曲线，它与横轴平行，表示不随产量的变动而变动，是一个固定数。VC为可变成本曲线，它从原点出发，表示没有产量就没有可变成本。该曲线向右上方倾斜，表示随着产量的变动而同方向变动。同时，它又呈反S型，在A点以前曲线比较平坦，表示随着产量的增加，VC增加得较慢；过了A点以后，VC开始变得陡峭，随着产量的增加，VC增加得越来越快。TC为总成本曲线，其形状与VC曲线相同，二者之间的距离表示固定成本。

6.2.2 平均成本和边际成本

1. 三种平均成本

在研究了总的成本之后，我们来研究一下平均成本。平均成本告诉我们，平均而言，生产1单位产量的成本是多少。有三种平均成本：平均固定成本、平均可变成本和平均总成本。

平均固定成本(Average Fixed Cost，AFC)是平摊到每单位产量上的固定成本。平均固定成本等于固定成本除以产量。公式为

$$\mathrm{AFC}=\mathrm{FC}/Q \tag{6-2}$$

因为固定成本是不变的，所以产量越大，每单位产量的平均固定成本就越低。如表6-1所示，当产量为20时，平均固定成本为200，当产量为140时，平均固定成本下降为28.57。

平均可变成本(Average Variable Cost，AVC)是平摊到每单位产量上的可变成本。平均可变成本等于可变成本除以产量。公式为

$$\mathrm{AVC}=\mathrm{VC}/Q \tag{6-3}$$

平均总成本(Average Total Cost，ATC)是平摊到每单位产量的总成本，等于总成本除以产量。或者说，平均总成本等于平均固定成本与平均可变成本之和。公式为

$$\mathrm{ATC}=\mathrm{TC}/Q \tag{6-4}$$

又因为

$$\mathrm{TC}=\mathrm{FC}+\mathrm{VC}$$

等号两边同时除以产量，得到

$$\mathrm{ATC}=\mathrm{TC}/Q=\mathrm{FC}/Q+\mathrm{VC}/Q$$

最终可得

$$\mathrm{ATC}=\mathrm{AFC}+\mathrm{AVC} \tag{6-5}$$

根据表6-1中的前五列数据及公式(6-2)、(6-3)、(6-4)，我们可以计算出乐迁搬家公司的平均固定成本、平均可变成本和平均总成本。根据这三列数据，我们可以描点得到三条平均成本曲线AFC、AVC和ATC，如图6-3所示。

从图6-3中我们可以看到：平均固定成本曲线AFC随着产量的增加而减少。这是因为固定成本不变，随着产量的增加，分摊到每一单位上的固定成本就减少。它的变动规律是起初减少幅度很大，以后减少幅度越来越小。

平均总成本曲线ATC和平均可变成本曲线AVC都呈先下降后上升的U型。这是由可变成本与总成本曲线的反*S*型决定的：起初随着产量的增加，可变成本并非同比例增加，而是相对增加得较慢，因此平均到每一单位产量上的可变成本越来越小；但当产量增加到一定程度后，平均可变成本由于可变成本的迅速增加而增加。平均总成本曲线亦然。需要我

们注意的是，平均总成本是在平均可变成本之后达到其最低点的。这是因为，平均可变成本的增加在一定阶段内尚不能抵消平均固定成本的下降，所以，在这一阶段，虽然平均可变成本已经开始上升，但其上升的幅度不如平均固定成本下降的幅度大，所以，平均总成本仍处于下降阶段。

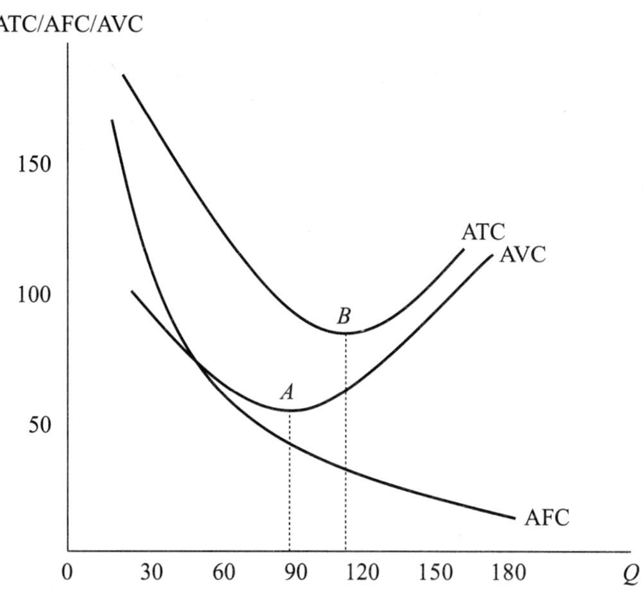

图6-3　平均固定成本、平均可变成本和平均总成本曲线

平均总成本的最低点所对应的产量水平被称为企业的有效规模。在有效规模的产量水平上，企业每单位产量的成本耗费最低，说明这个产量水平是企业有效率的产量水平。

2. 边际成本

边际成本(Marginal Cost，MC)是产量增加1单位引起的总成本的增量。边际成本告诉我们，当产量增加1单位时，总成本会增加多少。公式为

$$\text{MC}=\frac{\Delta \text{TC}}{\Delta Q} \tag{6-6}$$

其中，ΔTC代表总成本的增量，ΔQ代表产量的增量。例如，一家企业生产200双鞋的总成本是1000元，生产201双鞋的总成本是1080元，那么，生产第201双鞋的边际成本就是80元。也就是说，为了多生产出第201双鞋企业花费的成本是80元。

在短期，由于TC=FC+VC，而FC固定不变，因此ΔTC=ΔVC，因此，公式(6-6)等价于

$$\text{MC}=\frac{\Delta \text{VC}}{\Delta Q} \tag{6-7}$$

当产量可以无限细分的时候，在每一个产量水平上的边际成本MC值就是相应的总成本TC的斜率，它的公式也可相应写成

$$MC=\lim_{\Delta Q\to 0}\frac{\Delta TC}{\Delta Q}=\frac{d\Delta TC}{d\Delta Q} \tag{6-8}$$

或

$$MC=\lim_{\Delta Q\to 0}\frac{\Delta VC}{\Delta Q}=\frac{d\Delta VC}{d\Delta Q} \tag{6-9}$$

从图6-4我们可以看到，边际成本也是一条先下降后上升的U型曲线。这就意味着随着产量的增加，企业的边际成本先下降后上升。也就是说企业增加1单位产量所需要花费的成本先递减后递增。那么，为什么企业的边际成本会有先递减后递增这样的规律呢？我们已经知道，几乎每一个生产过程都有一个特点：投入的边际收益起初递增，但最终会递减。当企业的生产活动经历边际收益递增时，就意味着每增加1单位劳动投入所增加的产量越来越多，反过来说就是为了多得到1单位产量就要求越来越少的投入，所以，增加1单位产量所增加的成本必定越来越小。也就是说，当企业生产经历边际收益递增时，企业的边际成本必然会递减。同理，当企业生产经历边际收益递减时，企业的边际成本必然会递增，边际成本曲线的形状就成为U型的曲线。

同时，边际成本曲线与平均成本曲线还存在着如下的位置关系(如图6-4所示)。

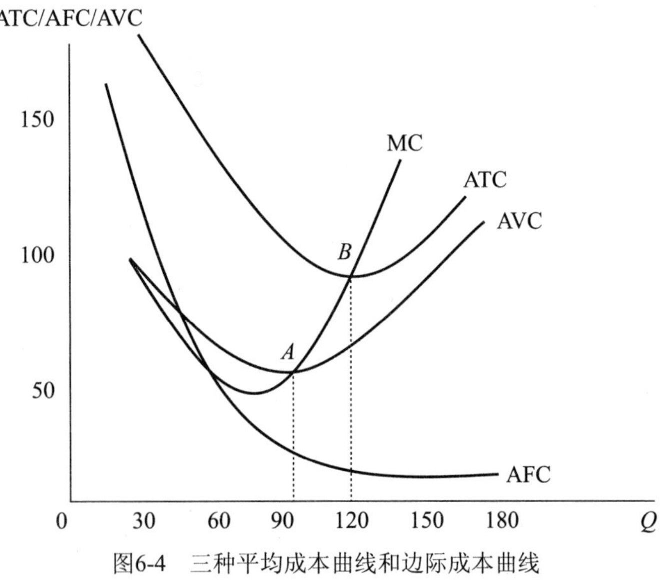

图6-4 三种平均成本曲线和边际成本曲线

第一，当边际成本位于平均成本之下时，平均成本下降。例如，目前的平均成本是100元，增加一单位产量的成本为50元(即边际成本等于50元)，那么，所有单位产量的平均成本将被拉下来。

第二，当边际成本位于平均成本之上时，平均成本上升。例如，目前的平均成本是100元，增加一单位产量的成本为150元(即边际成本等于150元)，那么，所有单位产量的平均成本将被拉上去。

第三，当边际成本等于平均成本时，平均成本最低。边际成本过平均成本的最低点，即有效规模。我们要牢记，边际成本曲线和平均总成本曲线相交于企业的有效规模，这在以后分析企业决策时是非常有用的。

通过上述描述，我们可以将边际成本曲线与平均成本曲线的关系简要表示如下：

MC＜ATC(AVC)时，ATC(AVC)下降；

MC＞ATC(AVC)时，ATC(AVC)上升；

MC = ATC(AVC)时，ATC(AVC)最小。

回忆第5章，我们还清楚地记得边际产量与平均产量也存在类似的关系，即：

MP ＞ AP时，AP上升；

MP ＜ AP时，AP下降；

MP = AP时，AP最大。

也就是说，第5章的生产函数与第6章的成本函数从某种意义上讲，具有严格的对偶性，如图6-5所示。

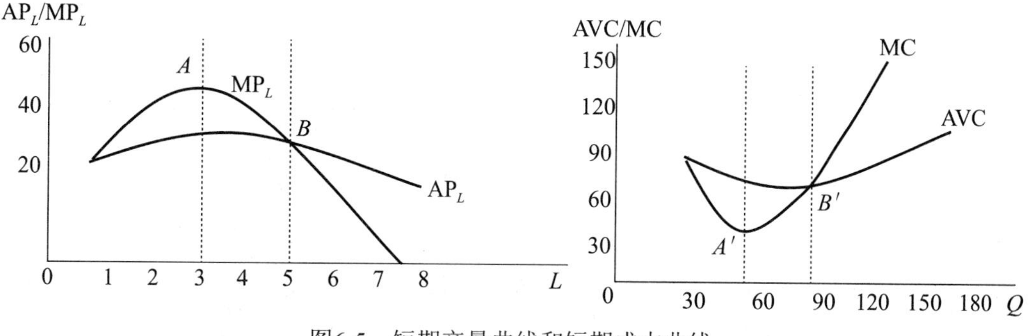

图6-5　短期产量曲线和短期成本曲线

图6-5强调了企业技术与成本之间的关系。当劳动开始增加时，边际产量和平均产量都增加，边际成本和平均可变成本都下降。然后，当边际产量达到最大时，边际成本降到最低。随着劳动的进一步增加，边际产量递减而边际成本增加，但平均产量继续增加而平均可变成本继续下降。在平均产量达到最高点时，平均可变成本最低。随着劳动再增加，平均产量递减而平均可变成本递增。

短期生产函数与短期成本函数的对偶性可用表6-2表示。

表6-2　短期生产函数与短期成本函数的对偶性

生产函数	成本函数
TP——总产量	VC——可变成本
AP——平均产量	AVC——平均可变成本
MP——边际产量	MC——边际成本
TP先以递增的比率增加，当MP达到最大之后，再以递减的比率增加	VC先以递减的比率增加，当MC达到最小值后，再以递增的比率增加
AP先递增到最大值(AP=MP)，然后递减	AVC先递减到最小值(AVC=MC)，然后递增
MP先递增，后递减，当等于AP后，以快于AP的速度递减	MC先递减，后递增，当等于AVC后，以快于AVC的速度递增

案例6-2 柯布-道格拉斯生产函数

柯布-道格拉斯生产函数最初是美国数学家柯布(C. W. Cobb)和经济学家保罗·道格拉斯(Paul H. Douglas)共同探讨投入和产出的关系时创造的生产函数，是以美国数学家C. W. 柯布和经济学家保罗 • H. 道格拉斯的名字命名的，是在生产函数的一般形式上作出的改进，引入了技术资源这一因素。用来预测国家和地区的工业系统或大企业的生产的一种经济数学模型，简称生产函数。是经济学中使用最广泛的一种生产函数形式，它在数理经济学与经济计量学的研究与应用中都具有重要的地位。

柯布和道格拉斯研究的是1899年至1922年美国制造业的生产函数。他们指出，制造业的投资分为，以机器和建筑物为主要形式的固定资本投资和以原料、半成品和仓库里的成品为主要形式的流动资本投资，同时还包括对土地的投资。在他们看来，在商品生产中起作用的资本，是不包括流动资本的。这是因为，他们认为，流动资本属于制造过程的结果，而非原因。同时，他们还排除了对土地的投资。这是因为，他们认为，这部分投资受土地价值的异常增值的影响较大。

柯布-道格拉斯生产函数的基本的形式为

$$Q=ALL^{\alpha}K^{\beta}\mu$$

式中Q是工业总产值，A是综合技术水平，L是投入的劳动力数(单位是万人或人)，K是投入的资本，一般指固定资产净值(单位是亿元或万元，但必须与劳动力数的单位相对应，如劳动力用万人作单位，固定资产净值就用亿元作单位)，α是劳动力产出的弹性系数，β是资本产出的弹性系数，μ表示随机干扰的影响，$\mu \leqslant 1$。

从这个模型看出，决定工业系统发展水平的主要因素是投入的劳动力数、固定资产和综合技术水平(包括经营管理水平、劳动力素质、引进先进技术等)。根据α和β的组合情况，它有三种类型：

(1) $\alpha+\beta>1$，称为递增报酬型，表明用扩大生产规模来增加产出是有利的。

(2) $\alpha+\beta<1$，称为递减报酬型，表明用扩大生产规模来增加产出是得不偿失的。

(3) $\alpha+\beta=1$，称为不变报酬型，表明生产效率并不会随着生产规模的扩大而提高，只有提高技术水平，才会提高经济效益。

柯布与道格拉斯计算出，在该时期美国的工业生产中，A为1.01，α为0.75，即，在总产量中，劳动的贡献份额约占75%，资本的贡献份额约占25%。

资料来源：何璋. 西方经济学[M]. 北京：中国财政经济出版社，2005.

6.3 企业长期成本分析

到目前为止，我们的分析集中在短期内一个给定规模的厂商的成本随产量扩张而变化的情况。在长期内，厂商使用的所有投入都是可变的，因而没有固定成本。理解短期和长期的关系对于我们分析长期成本非常关键。我们最好将长期看作一个计划期。在长期，所有生产要素的数量选择都是灵活的，但这种灵活性只有在还没有实施它的计划的企业中才能获得。只要企业选定了厂房和设备，这些要素在短期内就很难改变，厂商就有了固定成本，因而再次回到短期。厂商在长期内计划，但是在短期内生产。现在我们转入长期成本。

6.3.1 长期平均成本曲线

在长期内，企业可以根据所要生产的产量来调整全部的要素投入，从而使其在每一个产量水平时的成本都最低。我们可以通过短期成本曲线来推导长期成本曲线。假设一家企业有三种可能的工厂规模可供选择：小规模、中等规模、大规模。图6-6表示了这一简单的例子。三种规模的工厂的平均总成本曲线分别为ATC_S、ATC_M、ATC_L。

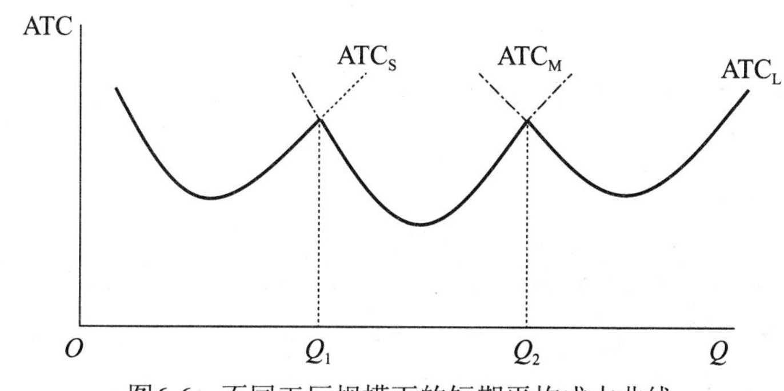

图6-6 不同工厂规模下的短期平均成本曲线

工厂的大小或规模取决于厂商想要实现多少产量。如果意愿产出$Q \leqslant Q_1$，采用小规模工厂来生产时平均总成本最低；如果意愿产出$Q_1<Q<Q_2$，采用中等规模工厂来生产时的平均总成本最低；如果意愿产出$Q \geqslant Q_2$，采用大规模工厂的平均总成本无疑是最低的。因此，企业的长期平均总成本曲线(Long-run Average Total Cost Curve，LATC)，是指企业在长期内能够建立它所希望的任何规模的工厂时，生产每一产量水平的最低平均成本。如图6-6的实线部分所示。需要注意的是，长期平均总成本曲线是计划曲线，它告诉企业在每一种产量时使成本最低所适用的短期规模，一旦选定了设备规模，企业在短期内就在代表该设备规模的短期平均总成本曲线上经营。

如果我们假定企业的生产规模可以无限细分，即有无数种可供选择的工厂规模，每一工厂规模都有其相应的短期平均成本曲线，其长期平均总成本曲线LATC与所有短期平均成本曲线相切，因此长期平均成本曲线有时也称作厂商的计划曲线或包络曲线。如图6-7所示。

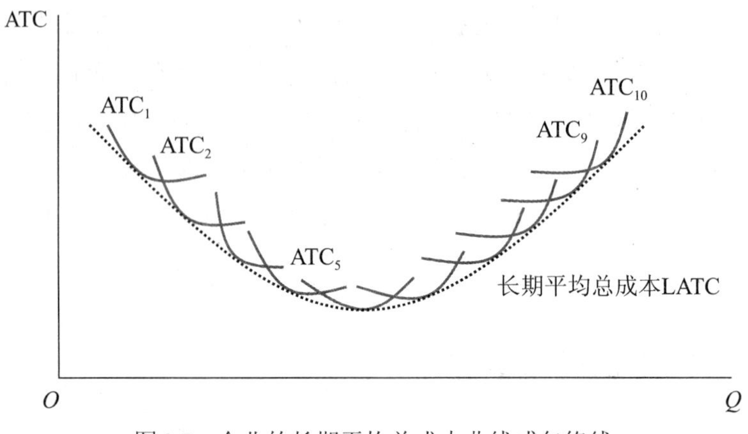

图6-7 企业的长期平均总成本曲线或包络线

需要注意的是，尽管切点代表任意具体产出的最低平均总成本，但切点并不代表该规模下最低平均总成本。只有在长期平均成本曲线的最低点上，长期平均成本曲线才相切于相应的短期平均成本曲线的最低点。

6.3.2 规模经济与规模不经济

1. 规模经济

一般来说，在企业生产扩张初期，由于扩大生产规模而使平均总成本随产量的增加而减少时，我们说企业的生产中存在着规模经济(Economics of Scale)，也称规模收益递增。当存在规模经济时，长期平均总成本曲线向右下方倾斜，如图6-7的前半段。例如，将一个小餐厅的厨房和麦当劳的烹饪间相比，在较低的产出下，小餐厅的平均成本将低于麦当劳的平均成本。但是当产量超过每天1000份时，小餐厅的平均成本将会远远高于麦当劳的平均成本。从另一个角度讲，规模经济还意味着产量增加的百分比大于所有投入增加的百分比。例如，如果企业把劳动和资本等的投入量都增加100%，产量的增加高于100%，它的平均总成本就会下降，这时就存在规模经济。

规模经济产生于大规模生产的优势：高度的分工和专业化、有效利用专用资本设备、自动化生产等。例如，如果汽车公司只生产少量汽车，每个工人就必须完成许多不同的工作，而且，资本也必定是通用性机器和工具。但是如果汽车公司生产大量汽车，每个工人都专业化并在少量工作上是精通的，也可以利用专业化的生产率高的专用设备，并引进自动化的生产线。

2. 规模不经济

随着企业规模的不断扩大，长期平均总成本将会出现随着产量的增加而增加的情形，这时我们就说，企业在生产中存在着规模不经济(Diseconomics of Scale)，也称规模收益递减。当存在规模不经济时，长期平均总成本曲线向右上方倾斜，如图6-7的后半段。规模不经济意味着产量增加的百分比小于所有投入增加的百分比。例如，如果企业把劳动和资本等的投入量都增加100%，产量的增加低于100%，它的平均总成本就会上升。这时就存在规模不经济。

规模不经济产生于一个大规模企业的管理困难。企业越大，组织管理就越困难。过多的管理层级会造成企业运营的僵化和低效率，最后引起企业平均成本上升。

既然规模收益通常都是先上升、后下降的，那么，长期平均总成本曲线通常呈先下降后上升的U形(如图6-7所示)。

3. 规模收益不变

尽管大多数长期平均总成本曲线都呈U形，但根据一些经济学家的研究，某些厂商的规模收益在递增到一定产量后，要经过一个相当长的不变阶段后才开始递减。当长期平均总成本不随产量变动而变动时，我们就说企业在生产中存在规模收益不变(Constant Returns to Scale)。当出现规模收益不变时，长期平均总成本曲线是水平的。因此，LATC曲线往往比短期平均总成本曲线要宽得多，像一个平底锅的形状。规模收益不变意味着产量增加的百分比等于收益增加的百分比。例如，如果企业把劳动和资本等的投入量都增加100%，产量的增加也等于100%，它的平均总成本就不变，这时就存在规模收益不变。如图6-8所示。

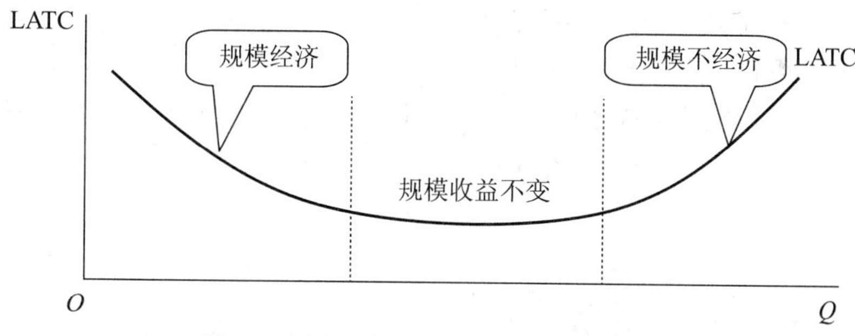

图6-8　长期平均总成本曲线与规模收益

案例6-3　福特汽车公司的规模不经济

在亨利·福特的福特汽车公司刚刚起步的时候，汽车公司都雇用技术高超的工人在规模很小的工厂里制造汽车。福特提出了两种新的想法，从而使企业充分利用了规模经济的好处。首先，福特使用完全标准化(也就是可以替代的)的机器零件，即使技术不是很好的工人也能够完成装配机器的工作。其次，他发明了自动传送带，将工人从一个地方到另一个地方的生产过程转变成工人呆在同一个地方，而用传送带将机器从一个地方传送到另外一个地方。福特在底特律外的丘陵地带建立了一个很大的工厂，在这里他将他的想法付诸实施，用比老式小工厂成本更低的生产方法，生产福特著名的T型车。

福特想如果沿着红河建立一个更大的工厂，那么他就可能会以更低的价格，生产更多的汽车。不幸的是，福特的红河计划过于庞大，从而进入了规模不经济的范围。福特的经理层发现管理如此庞大的一个车间十分困难。下面一段文字就是从艾伦·奈文思和弗兰克·希尔所撰写的福特传记中摘录的对于红河计划的描述：

"共有93座独立的建筑物耸立在红河边。工业园内铁路总长度达93英里，传送带也有27英里。有75 000名工人在这座大工厂里工作，其中有多达5000名工人专门打扫卫生，每个月打扫卫生就要用掉5000个拖布。擦洗地板、墙壁和玻璃每个月需要用86吨肥皂。红河畔本身就是一座巨大、集中的工业城……这座工厂如此巨大和复杂，以至于处于顶层的人们发现很难接触和理解底层工人的行为，而底层工人也只能感觉到无情的巨大和茫然。"

福特从1927年开始在该工厂制造A型车，这也是当时该工厂生产的唯一车型。福特并没有获得规模经济带来的好处，而且实际上它的四种A型车当时都在亏损。

福特也无法通过提高价格来获得利润，因为在高价区，这种车无法和竞争对手通用和克莱斯勒的同类车型相竞争，实际上，通过在全国范围内建立更小规模的A型车厂，他达到了降低成本的目的，这种规模更小的工厂的生产成本比在红河更低。

资料来源：保罗·萨缪尔森. 经济学[M]. 18版. 北京：人民邮电出版社，2008.

本章小结

在本章中，我们首先比较了经济学使用的经济成本(机会成本)和会计学使用的会计成本的定义。经济成本不仅包括企业购买生产要素的货币支出(显性成本)，还包括企业自有的生产要素应得的报酬(隐性成本)。而会计成本只衡量了企业的显性成本。相对于经济成本与会计成本，企业的经济利润与会计利润也有所不同，会计利润往往大于经济利润。

其次，与对企业的生产分析相对应，我们也从短期和长期的角度对企业成本进行了详细的考察。

在短期，我们用到了三组概念，总成本、边际成本和平均成本。边际成本的变动规律是本章最重要的规律，它决定了企业的成本变动状况。企业生产活动中的边际收益先递增后递减的规律决定了企业的边际成本先递减后递增。边际成本的这一变动规律决定了平均总成本和平均可变成本都是U形的，且边际成本曲线经过平均成本曲线的最低点。成本曲线的这些特征源于企业生产函数与成本函数是对偶的。

在长期，企业的一切成本都是可变的。可以将长期看成企业能够对各种短期的生产规模进行选择的时期。长期平均总成本曲线是短期平均总成本曲线的包络线。根据长期平均总成本的变动情况，我们可以确定企业的生产活动中是否存在规模经济、规模不经济或者规模收益不变。

思考与练习

1. 什么是经济成本？什么是会计成本？会计利润和经济利润的区别是什么？

2. 某老板每年从企业的总收入中取出一部分作为自己所提供的店铺的租金，这部分资金属于显性成本。该说法是否正确？

3. 如果劳动是唯一的可变投入，而且劳动的边际报酬递减，则总成本曲线斜率为负，而且越来越缓。该说法是否正确？

4. 在短期内，随着产量的增加，AFC会越变越小，于是AC曲线和AVC曲线之间的垂直距离会越来越小。该说法是否正确？

5. 如果平均可变成本一直是递增的，那么边际成本肯定也是一直递增的。该说法是否正确？

6. 当边际收益递减规律发生作用时，总成本曲线以递减的速率上升。该说法是否正确？

7. 长期平均成本线上的每一点都对应着某一条短期平均成本线的最低点。该说法是否正确？

8. 在任何产量上的LATC决不会大于该产量上由最优生产规模所决定的短期ATC。该说法是否正确？

9. 企业打算投资扩大生产，其可供选择的筹资方法有两种：一是利用利率为10%的贷款；二是利用企业利润。该企业的CEO认为选择后者不用付利息，因而比较便宜。如果你是企业的经济顾问，你该如何向CEO解释呢？

10. 请分析为什么平均成本的最低点一定在平均可变成本的最低点的右边？

11. 某公司的产品使用了他人的专利，因此必须向他人支付专利使用费。

(1) 如果该公司支付一笔固定数目的年度专利使用费，这笔费用将会如何影响公司的固定成本、边际成本和平均成本。

(2) 如果该公司每生产一件产品就需要支付2元的专利费。那么，该费用如何影响公司的固定成本、边际成本和平均成本？

12. 华星公司是一家生产服装的公司，假设企业一天的固定成本是100元，一个工人的成本为每天50元。相关信息如表6-3所示。

表6-3　产量与成本表

工人数/个	总产量/件	边际产量/件	总成本/元	平均总成本/元	边际成本/元
0	0	—	—	—	—
1	30				
2	80				
3	125				
4	140				
5	145				
6	140				

(1) 在表6-3空白处填写相关数据。

(2) 该厂商的有效规模是多少？

(3) 比较边际产量栏和边际成本栏，解释其关系。

(4) 比较平均总成本栏和边际成本栏，解释其关系。

13. 刘先生拥有一家矿泉水厂，其固定成本为每天1000元。可变成本如表6-4所示。

表6-4　可变成本表

矿泉水/瓶	100	200	300	400	500	600	700
可变成本/元	500	1000	2000	4000	8000	16 000	32 000

(1) 计算每单位产量的平均固定成本、平均可变成本以及平均总成本。

(2) 该矿泉水厂的有效规模是多少？

14. 分析表6-5中三个不同企业的长期总成本。

表6-5　成本表

产量/件	1	2	3	4	5	6	7
企业A/元	22	48	78	112	150	192	238
企业B/元	24	28	32	36	40	44	48
企业C/元	25	39	43	70	89	110	133

以上三个企业是处于规模经济，还是规模不经济？

15. 在“下海”的浪潮中，某服装公司处长王先生与夫人用自己的20万元资金办了一个服装厂。一年结束时，会计拿来了收支报表。当王先生正看报表时，他的一个经济学家朋友李先生来了。李先生看完报表后说，我的算法和你的会计算法不同。李先生也列出一份收支报表。这两份报表如表6-6所示。

表6-6　会计报表与经济报表　　万元

会计的报表(会计成本)		经济学家的报表(经济成本)	
销售收益	100	销售收益	100
设备折旧	3	设备折旧	3
厂房租金	3	厂房租金	3
原材料	60	原材料	60
电力	3	电力	3
工资	10	工资	10
贷款利息	15	贷款利息	15
		王先生和夫人应得的工资	6
		自有资金利息	2
总成本	94	总成本	102
利润	6	利润	−2

请用会计利润和经济利润来阐述李先生与王先生分析的不同之处，并说明谁分析的才是正确的。

16. 某公司的短期总成本函数为TC=200+55Q，其中TC代表总成本，Q代表产量。

(1) 该公司的固定成本是多少？

(2) 如果该公司生产了20单位产品，它的平均可变成本是多少？

(3) 第30单位产品的边际成本是多少？

(4) 如果产量是50单位，平均固定成本是多少？

17. 已知产量为8个单位时，总成本为80元，当产量增加到9个单位时，平均成本为11元，那么此时的边际成本为多少？

18. 假定某企业将生产一种售价为50元/件的产品。生产该产品的固定成本为50 000元，该产品的边际成本为常数，每件20元。试问生产多少件才能使企业盈亏平衡？

19. 某家厂商计划建造一个新的生产车间。现在有两个方案可供选择，方案A和方案B的短期生产成本函数分别为$TC_A=Q_A^2+50$和$TC_B=20Q_B+Q_B^2+80$。试问：

(1) 如果市场需求量为8单位产量，厂商应选哪个方案？

(2) 如果选择方案B，市场需求量应至少为多少？

20. 某农场一个季度雇佣2个工人，租15亩地，生产了20吨粮食。如果它使土地和劳动力都翻一番，会生产出45吨粮食。这个农场是规模收益递增还是递减呢？

第7章　完全竞争市场

本章导入

从本章开始，将学习和讨论不同市场结构下企业的行为特征，本章介绍完全竞争市场中的企业。在前面的章节中，我们学习了运用市场模型中的需求曲线和供给曲线来分析市场均衡的变化，通过消费者选择分析，我们了解到需求曲线背后是消费者追求自身效用最大化的选择行为。本章将通过考察竞争企业的行为说明供给曲线背后是企业追求利润最大化的生产决策。

通过本章的学习，需要做到：了解不同类型的市场结构；理解完全竞争市场的特征；掌握完全竞争市场中企业的利润最大化决策；掌握完全竞争市场中企业的短期和长期生产决策；理解完全竞争市场的短期供给曲线和长期供给曲线；掌握完全竞争市场的长期均衡；能够运用企业生产定价决策和市场模型分析市场条件变化对完全竞争市场和企业行为的影响；理解市场效率的衡量标准；能够运用经济剩余分析市场配置资源的效率性。

开篇案例　生姜价格暴跌至七八毛钱“姜你军”被“姜军”

45岁的于建柱站在姜地边，一眼望过去，翠绿的一片，他家的生姜长势良好，土地之下，就是嫩黄的生姜块茎。这位河北省唐山市丰润区新军屯镇塔侯村的姜农，2012年4月份播下10亩地的种姜，10月初，他将迎来丰收。可是，丰收好像并不是一个好消息，因为去年的生姜，还积压着。

2011年一度价格疯涨的“姜你军”，收购价曾超过4元/斤。今年，生姜价格出人意料地暴跌。据新军屯镇的姜农反映，目前，生姜的收购价一斤只有七八毛钱。

去年的老姜还没卖完，今年的新姜又快收获了，于建柱的心里，满是焦急。

生姜曾让整个村子致富。

20世纪90年代，新军屯镇开始试种生姜，一种“平面地膜种植法”获得成功，“南姜北栽”一时成为美谈。这里的农民开始大面积种植生姜，而新军屯也就此被封号“冀东生姜之乡”。

“第一年引进的时候，我没有种，但是第二年我就开始种生姜了”，于建柱说，“那时候，这周边种姜的人不多，咱新军屯的姜主要就近卖到京津市场，所以走得很快。”在整个镇子里，他也算是第一批种生姜的人。从20世纪90年代末开始，新军屯镇的生姜产量和种植面积都逐年增加。于建柱说，自己作为第一批种姜的人，赶上了好时候。

镇子上，像于建柱这样较早种姜的人，都致富了，有人盖了新房，有人购置了汽车。于建柱家，现在有两辆车，一辆客货两用的小面包车，一辆三轮小货车。

据《经济日报》2009年报道，新军屯镇通过不断引进新种植技术，让生姜亩产接近一万斤。种植生姜“每年能为农户创造纯效益1.5亿元”。按照丰润区农业技术推广总站公布的数据，2009年全镇生姜种植面积增加到1.5万亩，占全镇耕地的五分之二以上。

而2010年夏秋之交到2011年春季，全国生姜价格暴涨，“姜你军”屡见报端。

“我种姜已经有十三四年的时间了，2010年到2011年那段时间，是价格最高的。”于建柱说，他那个时候关注新闻发现，不仅是新军屯，全国各地的生姜都卖出了高价。当时，全国市场上的生姜批发价一度超过4元/斤。

根据监测的数据显示，2010年7月14日到8月15日，全国生姜价格连涨33天，上涨至6.57元/斤，累计涨幅达18.2%。而在零售市场上，生姜的价格更是高得离谱，深圳超市里的生姜卖到9元/斤，南京卖到8元/斤，浙江绍兴的新闻报道显示，生姜的价格快卖得跟猪肉差不多了。

那段时间，新军屯整个镇子都是一派欣欣向荣的景象。卡车装满了生姜，从新军屯各个村子往北京新发地等批发市场发货。

经过2010年到2011年的红火走势，新军屯镇的姜农们都自信满满。据于建柱介绍，他们塔侯村里一共170户，一共1000亩地，有80%的农户都种了生姜。“有的人家，2011年开春种了70亩姜，就等着当年秋天能有好收成，卖个好价钱。”

据中央电视台报道，“2010年唐山的生姜总产量约6.75万吨，而到了2011年，唐山的生姜种植面积增加了两倍，产量更是翻着番地往上涨，其中仅新军屯镇一个村的产量就达到了2000吨。有的农户甚至还到唐山周边的地市包地种植生姜，仅在距离唐山147公里的秦皇岛市抚宁县，2011年的种植面积就达到了2.3万亩，总产量超过了11万吨。”

谁也没有想到，从2011年下半年开始，生姜的价格一路走跌。“姜你军威风不再”“姜你军败走”成为各地新闻标题。2011年4月，新华社就发文称，“监测数据显示，2月5日以来，全国生姜价格整体呈现降势，截至4月3日的累计降幅为11.2%，目前已回落至去年4月初的水平。”

2011年夏天，生姜价格恢复到疯涨前的正常水平，稳定在2元/斤。而随着2011年秋天新姜上市开始，一直到现在，“姜你军”反“被姜军”，价格像坐了过山车一样，一路走低。生姜的价格从最高接近10元/斤，到现在还不到1元/斤。

“是不多，但窖里也有八万斤”，于建柱前几天拉了一车到北京的新发地市场卖，但是价格惨不忍睹，“七八毛钱一斤，我从村里收也就是这个价钱，真是赔钱啊！”

资料来源：http://finance.sina.com.cn/nongye/nygd/20120808/15411279 3751.shtml

7.1 市场结构

生活中各种类型的企业向市场中提供着形形色色的产品，这些企业对市场的影响程度却不尽相同。一些大企业(如苹果公司)只有很少的竞争者，他们的产品能够按照企业制定的一定价格向市场发售；而很多小企业或生产者(如开篇案例中提到的种植生姜的农民)由于面临为数众多的竞争者，很难按照自己的意愿制定商品的价格。为了考察不同行业企业的行为特征及其对市场的影响，我们按照一定的标准对行业市场结构加以划分，并以此为基础分析不同市场结构下企业的行为特征。

任何行业都具有以下三个关键特征：第一，行业中企业的数目；第二，行业中企业生产的产品或服务的相似程度；第三，新企业进入该行业的难易程度。根据这三个特征，可以将行业市场结构划分为4种类型，每种市场结构的特征如下。

(1) 完全竞争。

特征：存在大量的买者和卖者；同质(标准化)的产品；没有市场进入和退出壁垒。

举例：农产品，如小麦、苹果、鸡蛋。

(2) 垄断竞争。

特征：存在大量的买者和卖者；有差别的产品；市场进入和退出壁垒较低。

举例：品牌服装、品牌洗发水。

(3) 寡头垄断。

特征：企业数量较少；同质或有差异化的产品；市场进入壁垒较高。

举例：移动通信行业。

(4) 垄断。

特征：唯一的大企业；几乎没有相似替代品；市场进入壁垒很高。

举例：自来水、有线电视。

本章中，我们分析完全竞争市场结构下企业的行为，其他市场结构会在后面的章节中学习。我们将讨论完全竞争市场中的短期价格和产量，长期中企业的进入和退出行为对整个行业的影响，并利用完全竞争建立一个效率评价标准。

7.2 完全竞争市场的含义与特征

7.2.1 完全竞争市场

在利用“供给-需求”分析解释市场条件的变化、分析市场运行时，均衡价格和市场交易数量位于市场需求和供给曲线的交点处。隐含在这个市场模型背后的就是完全竞争市场。根据完全竞争市场的特征，完全竞争市场模型建立在以下几个基本假设的基础上。

(1) 完全竞争市场中存在大量的买者和卖者，他们每个的规模都很小，以至于没有任何一个企业能够影响市场价格。

(2) 企业生产的产品都是完全相同的，是同质的或标准化的产品。

(3) 买者和卖者完全了解价格。

(4) 长期中，企业可以自由进入或退出市场：如果存在正的利润，新企业可以很容易进入一个行业进行生产；如果行业中的企业面临亏损，他们也可以很容易退出，因为完全竞争市场没有进入和退出壁垒。

前面三个假设意味着，完全竞争市场中每个消费者和企业都是市场价格的接受者。对于消费者，单个消费者的购买量相对于整个市场而言太过微小，所以对市场均衡价格不会产生影响。对竞争市场中的每个企业而言，他能够按照市场均衡价格卖出他想出售的商品数量，但如果他想提高其产品的价格，由于产品是完全相同的，消费者必然会转而去购买其他竞争者的产品。所以，完全竞争市场中的单个企业无法影响市场价格。而且买者和卖者完全了解其他买者和卖者的交易价格，在完全竞争市场上只能有一个价格。市场的均衡价格是由所有生产者的供给和所有消费者的需求决定的。以小麦市场为例，单个消费者买或不买不会影响小麦价格，每个农民种植的小麦的产量只能占整个小麦市场十分微小的一部分，所以单个农民无法影响小麦价格，只能够按照小麦的市场价格卖出小麦。

第四个假设描述了完全竞争市场在长期中可能出现的变化。由于不存在进入和退出壁垒，面对盈利或亏损，企业的进入或退出决策不仅会影响行业中其他企业的利润或亏损，还会影响到行业中的企业数量，进而决定市场的长期供给。长期中，企业进入或退出的调整最终使企业获得利润，市场的长期供给反映企业生产的最低平均总成本。

本章开篇案例中的生姜市场就具有完全竞争市场的特征。姜农只能按照市场价格卖出生姜，由于生姜种植的进入壁垒较低，生姜价格高时会吸引农户种植，而种植生姜亏损又会使很多农户退出生姜的种植，这导致了生姜市场的价格波动，进而影响了姜农们的利润。

在绝大多数市场中，这四个假设不能完全成立，除了农产品市场以外。现实生活中鲜有完全竞争市场存在。但对完全竞争市场的分析仍然能够为考察现实生活中的市场运行提供有力参考，并通过其他市场类型与完全竞争市场的比较分析，深入理解不同市场结构下的企业行为特征。

7.2.2　完全竞争企业的需求曲线

完全竞争市场上的价格是由供给和需求决定的市场均衡价格，单一企业只能是价格接受者，这意味着企业只能够按照市场价格卖出商品。图7-1以小麦市场为例描述了完全竞争市场和市场中单一农户的情况。图7-1(a)是市场供求模型，反映了小麦市场上需求量、供给量和市场价格之间的关系。市场供给和需求曲线决定了小麦市场的均衡价格为5千元/吨，市场的均衡数量为Q_0，这是市场上无数消费者和企业的行为共同决定的结果，所有消费者和企业都是这个价格的接受者。

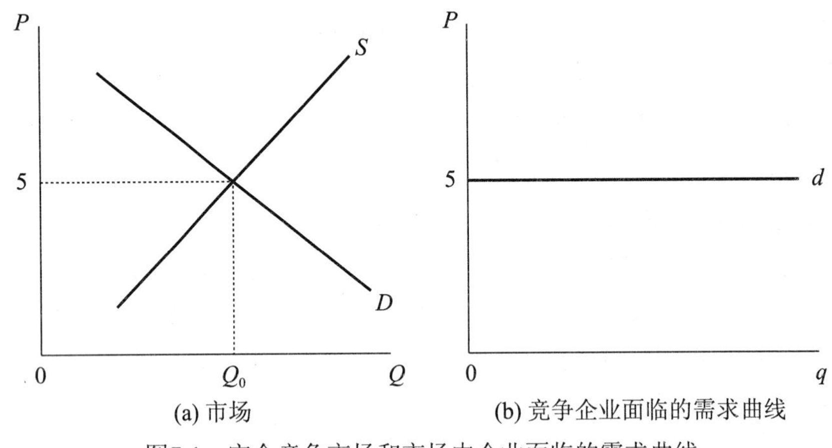

图7-1　完全竞争市场和市场中企业面临的需求曲线

图7-1(b)是反映完全竞争市场中的一个单一企业面对的需求曲线，横轴表示企业的销售量，纵轴是价格，这个价格就是市场价格。由于市场均衡价格是5千元，所以小麦种植农户可以按照5千元或低于5千元的价格销售他想销售的任何数量。当然，如果能够以5千元卖出产品，任何农户都不会把价格定在以5千元以下的。但是农户不能将价格定在5千元以上，因为在完全竞争市场产品完全相同的情况下，这会使他无法卖出任何产品。对任何一个小麦种植农户而言，只能在既定的市场价格下选择卖出小麦的数量，但无论他选择多卖或者少卖，都不会对市场价格产生影响，市场价格是由整个小麦市场的需求和供给决定的。

所以，在完全竞争市场中，单个企业面临的需求曲线是一条等于市场价格的水平线，表明企业面临的需求是完全有弹性的。企业可以根据自身的生产条件选择产量，但并不能影响市场价格。

7.2.3　完全竞争企业的收益

在完全竞争市场上，企业无法控制产品的价格，那么企业如何选择生产的产品数量呢？假设企业生产的目标为获得利润最大化，利润等于总收益(TR)减去总成本(TC)，总成本的构成我们已经学习过，接下来我们分析完全竞争企业收益的衡量。

我们仍以小麦市场为例来说明完全竞争企业的收益情况，表7-1表示了当小麦的市场价格为5千元/吨时，一个农户卖出不同数量的小麦获得的收入情况。表中第2列反映了该农户按照市场价格卖出小麦，可以看出这个价格并不随着这个农户卖出数量的变化而变化。

总收益(Total Revenue，TR)是企业按照一定价格卖出一定数量产品获得的总收入，即

$$TR=PQ$$

平均收益(Average Revenue，AR)是企业从销售的每一单位产品中获得的收益。平均收益等于总收益除以销售的产品数量，即

$$AR=TR/Q=PQ/Q=P \tag{7-1}$$

表7-1中第3列和第4列为农户卖出小麦获得的总收益和平均收益。可以看出，总收益随着卖出数量的增加而增加，但平均收益恰好等于市场价格5千元。实际上，从平均收益的含义可以看出，企业的平均收益就等于市场价格，这与企业的销售数量无关。

平均收益反映市场价格(AR=P)、总收益等于市场价格与销售数量之积(TR=PQ)，这两个结论对所有市场类型上的企业都是适用的。

边际收益(Marginal Revenue，MR)是企业多销售一单位产品所带来的总收益的增加，即边际收益等于总收益的变动量除以销售量的变化量

$$MR=\Delta TR/\Delta Q \tag{7-2}$$

表7-1中最后一列为边际收益，农户每多卖出1吨小麦带来的总收益的增加都是5千元，所以他卖出小麦的边际收益为5千元。由于在完全竞争市场上出售产品，所以不论他出售的产品数量为多少，都不会改变市场价格，所以可以得出这样一个结论：对于一家完全竞争市场中的企业而言，边际收益等于平均收益等于市场价格，即

MR=AR=P(仅适用于完全竞争市场上的企业)

表7-1　完全竞争市场企业的总收益、平均收益和边际收益

产量Q/吨	价格P/千元	总收益TR/千元 TR=PQ	平均收益AR/千元 AR=TR/Q=P	边际收益MR/千元 MR=ΔTR/ΔQ
0	5	0	—	—
1	5	5	5	5
2	5	10	5	5
3	5	15	5	5
4	5	20	5	5
5	5	25	5	5
6	5	30	5	5
7	5	35	5	5
8	5	40	5	5

根据表7-1，将完全竞争企业的收益曲线描述在企业模型中，如图7-2所示。

图7-2(a)中，完全竞争企业的总收益曲线是一条由原点出发向右上方倾斜的直线。这是因为TR=PQ，而对于竞争企业而言，P是一个既定的常数，所以竞争市场企业的总收益曲线是直线。在图7-2(b)中，由于完全竞争市场企业的边际收益、平均收益都等于市场价格(MR=AR=P)，因此，可以看到完全竞争市场企业的边际收益曲线、平均收益曲线和它

面临的需求曲线(d)这三条线是完全重合的，都反映市场价格。

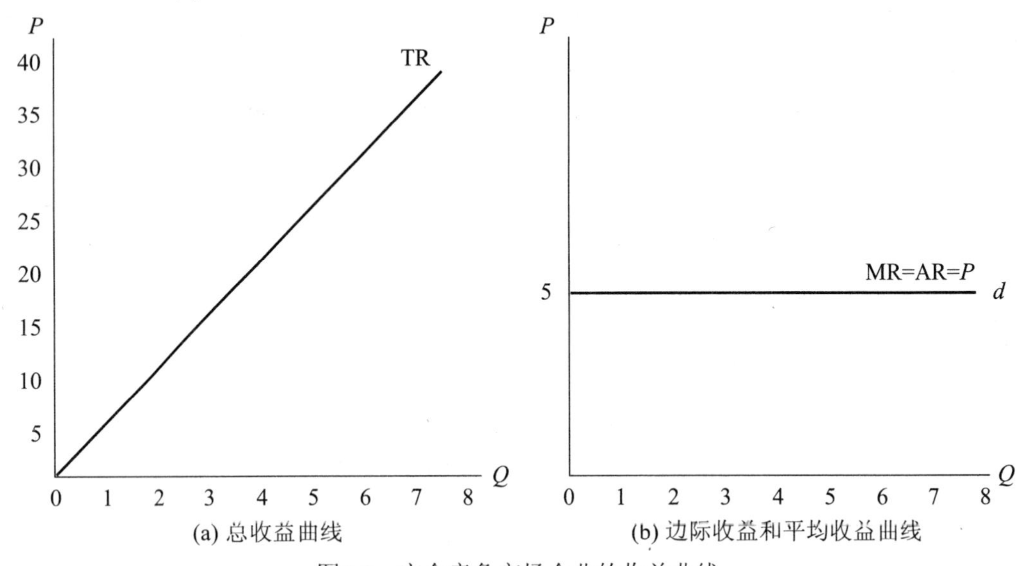

(a) 总收益曲线　　(b) 边际收益和平均收益曲线

图7-2　完全竞争市场企业的收益曲线

案例7-1　农村春联市场：完全竞争的缩影

去年临近春节，我有机会对某村农贸市场的春联销售进行了调查，该农贸市场主要供应周围7个村5000余农户的日用品需求。贴春联是中国民间的一大传统，春节临近，春联市场红红火火，而在农村，此种风味更浓。

在该春联市场中，需求者有5000多农户，供给者为70多家零售商，市场中存在许多买者和卖者；供应商的进货渠道大致相同，且产品的差异性很小，产品具有高度同质性(春联所用纸张、制作工艺相同，区别仅在于书写内容不同)；供给者进入退出没有限制；农民购买春联时的习惯是逐个询价，最终决定购买，信息充分；供应商的零售价格水平相近，如果提价很难销售出去，降价会引起利润损失。原来，我国有着丰富文化内涵的春联，其销售市场结构竟是一个高度近似的完全竞争市场。

供应商在销售产品的过程中，都不愿意单方面降价。春联是农村过年的必需品，购买春联的支出在购买年货的支出中只占很小的比例，因此其需求弹性较小。某些供应商为增加销售量、扩大利润而采取的低于同行价格的竞争方法，反而会使消费者认为其所经营的产品存在瑕疵(例如：上年库存，产品质量存在问题等)，反而不愿买。

该农村集贸市场条件简陋，春联商品习惯性席地摆放，大部分供应商都将春联放入透明的塑料袋中以保持产品质量。少部分供应商则更愿意将部分产品暴露于阳光下、寒风中，以此展示产品。因此就产生了产品之间的鲜明对照。暴露在阳光下的春联更鲜艳，更能吸引消费者目光、刺激购买欲望，在同等价格下，该供应商销量必定高于其他同行。由此可见，在价格竞争达到极限时，价格外的营销竞争对企业利润的贡献不可小视。

在商品种类上，例如“金鸡满架”一类小条幅，批发价为0.03元/副，零售价为0.3元/副；小号春联批发价为0.36元/副，零售价为0.50元/副。因小条幅在春联中最便宜且为春联中的必需品，价格保持五六年不变，因此消费者不对此讨价还价。小条幅春联共7类，消费者平均购买量为3到4类，总利润可达1.08元，并且人工成本较低。而小号春联相对价格较高，在春联支出中占比重较大，讨价还价较易发生。

春联市场是一个特殊的市场，时间性很强，仅在年前存在10天左右，供应商只有一次批发购进货物的机会。供应商对于该年购入货物的数量主要基于上年销售量和对新进入者的预期分析。如果供应商总体预期正确，则该春联市场总体商品供应量与需求量大致相同，价格相对稳定。一旦出现供应商总体预期偏差，价格机制就会发挥巨大的作用，将会出现暴利或者亏损。

综上可见，小小的农村春联市场竟是完全竞争市场的缩影与体现，横跨经济与管理两大学科。这也就不难明白经济学家为何总爱将问题简化研究，就像克鲁格曼在《萧条经济学的回归》一书中，总喜欢以简单的保姆公司为例得出解决经济问题的办法，这也许真的有效。

资料来源：杨晓东. 农村春联市场：完全竞争的缩影[J]. 经济学消息报，2004.

7.3 完全竞争企业的利润最大化决策

7.3.1 利润最大化的产量水平

接下来结合完全竞争企业的成本和收益来分析企业的利润最大化决策。我们将小麦种植农户的成本和收益放在表7-2中，观察产量变化对农户的影响。

表7-2　完全竞争企业的利润最大化的数字说明

产量Q/吨	总收益TR/千元	总成本TC/千元	利润(TR−TC)/千元	边际收益MR/千元	边际成本MC/千元	利润变动/千元
0	0	2	−2	—	—	—
1	5	5	0	5	3	2
2	10	7	3	5	2	3
3	15	8	7	5	1	4
4	20	11	9	5	3	2
5	25	16	9	5	5	0
6	30	23	7	5	7	−2
7	35	32	3	5	9	−4
8	40	43	−3	5	11	−6

表7-2中第1列为小麦的产量，第2列是农户的总收益，根据总收益TR=PQ，这一列为小麦的市场价格5千元乘以产量。第三列表示小麦种植农户的总成本，包括固定成本和可变成本，可以看出，该农户的固定成本为2千元，可变成本与产量相关。第四列为农户获得的利润，等于总收益减去总成本。如果不生产，由于要支付固定成本，此时农户亏损2千元，随着产量的增加，当生产1吨小麦时，农户的亏损消失，生产2吨小麦时利润变为3千元，随着产量的增加，当产量为4吨或5吨时，利润达到最大，此时农户可以获得9千元的利润。受到第六列边际成本递增的影响，当产量再进一步增加时，利润会逐渐减少，甚至亏损。

利用总收益和总成本的图形，我们能更容易看清楚利润最大化产量水平，见图7-3。图中给出了总收益和总成本曲线，在总收益和总成本的垂直差距最大时，企业利润是最大的。

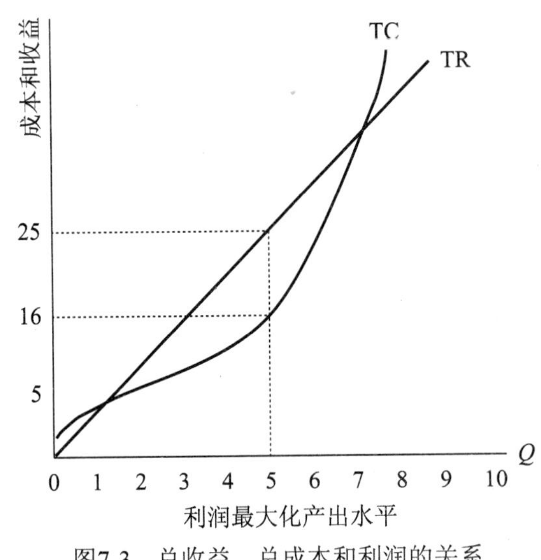

图7-3　总收益、总成本和利润的关系

对企业利润最大化生产决策还可以从边际分析的角度加以考察。表7-2的第5列和第6列列出了小麦农户从额外1吨小麦销售中获得的边际收益以及他增加1吨小麦生产所需的边际成本。最后一列表示每多生产并销售1吨小麦所引起的利润变动。农户生产第1吨小麦的边际收益为5千元，即这第1吨小麦使农户的总收益增加了5千元，生产第1吨小麦的边际成本为3千元，即这第1吨小麦使农户的总成本增加了3千元，因此生产这第1吨小麦使农户的利润增加2千元。生产第2吨小麦的边际收益为5千元，边际成本为2千元，因此第2吨小麦使农户的利润增加了3千元。只要边际收益大于边际成本，增加产量就会带来利润的增加，因此农户会持续增加生产。

当产量达到5吨时，情况发生了变化。此时如果农户再多生产1吨小麦，边际收益是5千元，但边际成本已经上升为7千元，如果继续增加生产，农户的利润会从9千元变化到7千元，减少2千元。继续增加生产利润减少得更多。可以看出，当边际收益小于边际成本时，增加生产会使利润减少，因此农户的小麦产量不会超过5吨。

这种利用边际收益和边际成本对利润最大化条件进行分析的方法，称为边际分析法。根据对小麦农户的分析，我们可以得出如下结论：

当边际收益大于边际成本(MR＞MC)时，多销售一单位产品得到的新增收益大于生产该单位产品发生的新增成本，因此，继续增加产量，利润会增加；

当边际收益小于边际成本(MR＜MC)时，多销售一单位产品得到的新增收益小于生产该单位产品发生的新增成本，因此，继续增加产量，利润会减少，相反，此时减少产量，利润会增加；

当边际收益等于边际成本(MR=MC)时，多销售一单位产品得到的新增收益等于生产该单位产品发生的新增成本，此时企业的利润达到最大。

在本例中，农户生产1吨、2吨或3吨产量时，就处在边际收益大于边际成本的生产阶段，农户在这个阶段增加生产会实现利润增加；而在产量为6吨、7吨或8吨时，边际收益小于边际成本，在这个阶段减少生产利润才会增加。在边际收益等于边际成本时，即产量为5吨时，农户实现了利润最大化。

为了更好地理解利用边际分析考察企业利润最大化的条件，我们用边际收益曲线和边际成本曲线来进一步解释。如图7-4。企业的边际成本曲线是先递减，最终一定递增的曲线，完全竞争企业的边际收益等于市场价格，是一条水平线。

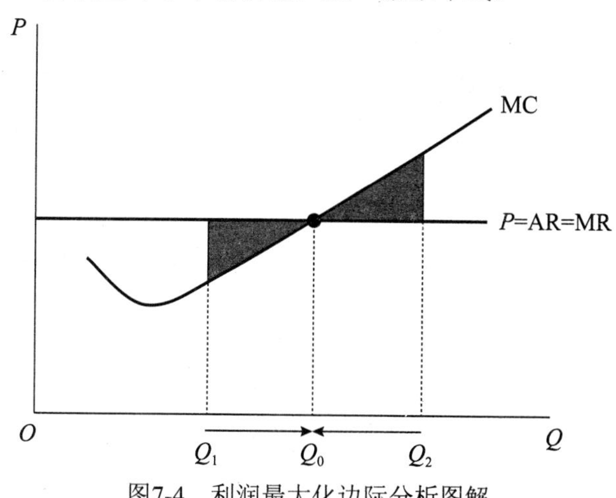

图7-4　利润最大化边际分析图解

如果企业选择低于边际收益与边际成本相等时的产量，即产量在MR曲线与MC曲线交点所对应的产量Q_0的左边，如图中Q_1。在这样的产量水平时，企业的边际收益大于边际成本，此时企业多销售1单位产品得到的新增收益大于生产它所引起的新增成本，在这个阶段增加产量，会实现利润增加。在图7-4中，当企业沿着箭头所示的方向增加产量时，边际收益保持不变，边际成本递增，边际成本与边际收益趋于相等，但只要边际收益大于边际成本，增加产量就可以得到更多的利润，企业增加的利润为图中左侧的阴影部分。

随着产量增加，边际成本不断增加，如果企业选择高于边际收益与边际成本相等时的产量，即产量在MR曲线与MC曲线交点所对应的产量Q_0的右边，如图中Q_2。在这样的产量水平时，边际成本已经超过边际收益，此时企业多销售1单位产品得到的新增收益小于生产它所引起的新增成本，每单位新增产量的利润是负的，如果继续生产利润会持续减少，减少产量利润反而会增加。在图7-4中，如果企业沿着箭头所示方向减少产量，边际收益不变，但边际成本递减，边际成本与边际收益趋于相等，只要边际收益小于边际成本，减少生产就能避免损失，使利润增加。企业减少的损失为图中右侧的阴影部分。

比较后可以发现，企业实现利润最大化的产量点，就是边际收益曲线与边际成本曲线的交点所对应的产量Q_0，也就是边际收益与边际成本相等时的产量。据此我们可以推导出企业实现利润最大化的条件：企业的边际收益与边际成本相等，即MR=MC。

虽然这个利润最大化是我们通过对完全竞争企业的分析得出的，但这个条件对其他市场结构中的企业也是适用的，因为所有企业都是通过比较收益和成本状况来得出利润最大化的产量的。也就是说，所有企业的利润最大化条件都是边际收益等于边际成本，即MR=MC。如果企业面临亏损，根据边际分析，当实现MR=MC时，此时企业的亏损处于最小化状态。

对于完全竞争企业而言，由于价格等于边际收益，即P=MR，因此，这个利润最大化条件可以改写为P=MC。注意，这个条件仅适用于完全竞争市场上的企业，对其他市场结构中的企业，仍需要通过MR=MC来得到其利润最大化。

另外需要注意的是，虽然MR=MC的产量水平同样有可能出现在边际成本递减的阶段，但显然在边际成本处于递减阶段时企业不会停止增加产量，所以，对企业生产有意义的分析通常处于边际成本递增的阶段。

案例7-2 大商场平时为什么不延长营业时间

每到节假日或者店庆期间，许多大型商场都会延长营业时间，甚至有些商场在平安夜时还会通宵营业，可是为什么这些商场平时不延长营业时间呢？

商场日常经营需要耗费水、电等成本，延长营业时间一小时，就要多支付这一小时所消耗的成本，还要支付因为延时发生的售货员的加班费，这些构成了商场延长营业时间的边际成本。平时，稍晚些时候商场的客流量就会变得很少，商场延长营业一小时里增加的销售额，也就是延长营业带来的边际收益，少于这期间发生的边际成本，商场自然不会延长营业时间。而节假日的情况则不同，假期人们喜欢外出活动，商场的客流量大大增加，在商场店庆活动时，也同样会吸引大量顾客，这个时候商场每延长营业时间一小时获得的边际收益，要大于发生的边际成本，任何一个精明的企业家都会延长营业时间，以获得更多的利润。

商场夏季的营业时间一般比冬季长也是这个道理。一般商场夏季的营业时间是到晚上

21：30，而冬季的营业时间只到20：30。这是因为冬季天气寒冷，人们会较早地结束户外活动，商场最后这一小时的边际成本会大于边际收益，所以对于商场来说还是早些打烊为好。

资料来源：http://wenku.baidu.com/link?url=zuMXtwfFG_KKgfDXfR4ltgT0_X_KrEQGPx9_-Te9WZqzYRz2nnLdII-rRPLCtpdbZEA1_XW5FK4thUtUfn1_aFa2Pkelzf-HEqSvKjr6a87

7.3.2　完全竞争企业的利润与亏损

理解了企业的利润最大化条件后，我们可以在图形中描述完全竞争企业的利润或亏损。

利润是总收益与总成本的差额，即：利润=TR−TC。

由于TR=$P\times Q$，TC=ATC$\times Q$，等式两边同时除以Q，得到如下等式：利润/Q=P−ATC，将等式变形后，就可以得到利润和企业平均总成本之间的关系

$$利润=(P-\text{ATC})\times Q \tag{7-3}$$

公式(7-3)表示，企业获得的利润总额等于产量乘以价格与平均总成本之差。

我们曾学习过企业的边际成本和平均总成本之间的关系。在两者的关系图中加入企业的边际收益曲线，就可以表示出企业得到的利润总额(见图7-5)。

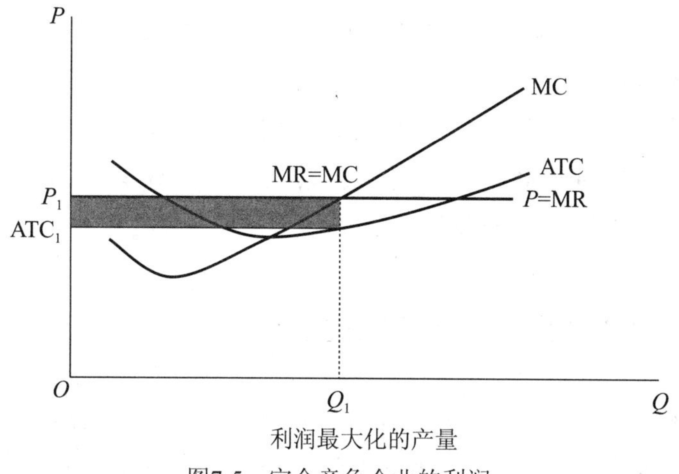

图7-5　完全竞争企业的利润

完全竞争市场上价格为P_1，企业根据MR=MC确定利润最大化的产量Q_1，在这个产量水平上，对应平均总成本曲线，可以得到此时企业生产每单位产品的成本是ATC_1，因此企业从每单位产品中得到的利润就是$(P_1-\text{ATC}_1)$，生产Q_1单位得到的利润总额是$(P_1-\text{ATC}_1)\times Q_1$，也就是图7-5中阴影部分的矩形面积。

为了获得利润最大化，企业生产的产品数量要使得最后一单位产品带来的边际收益和边际成本相等。但是在该产量水平下，企业并不一定是盈利的。企业的利润取决于价格和平均总成本之间的关系，二者之间存在三种可能：

$P>$ATC，此时企业有正的经济利润，即企业盈利。

P=ATC，此时企业的经济利润为零，即企业盈亏平衡。

$P<$ATC，此时企业的经济利润为负，即企业亏损。

图7-5表示了第一种情况，企业获得了正的经济利润。图7-6(a)和图7-6(b)分别表示了企业亏损或盈亏平衡的状态。

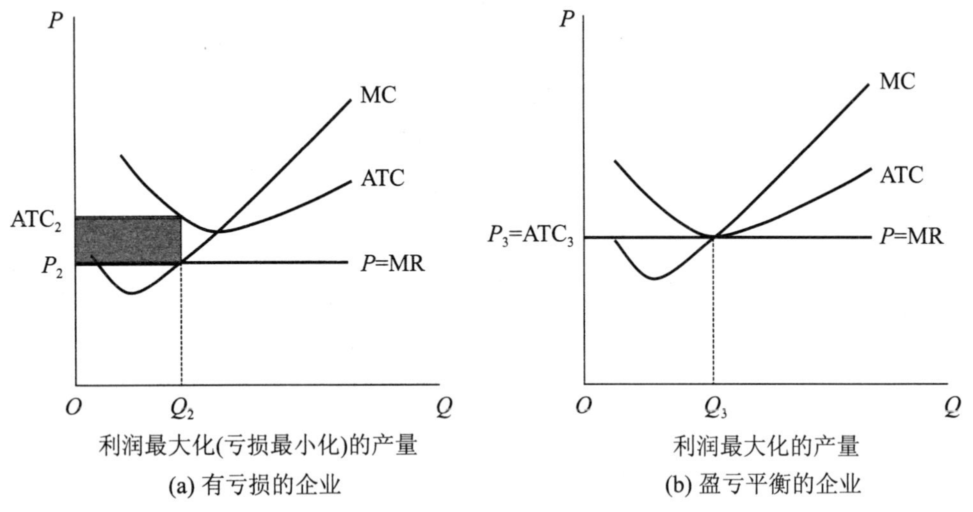

图7-6　完全竞争企业的亏损和盈亏平衡状态

在图7-6(a)中，在MR=MC产量水平，价格低于平均总成本，因此收益小于总成本，企业亏损，在这种情况下，企业的亏损是最小的，亏损的大小通过图中的阴影部分衡量，即亏损=(ATC_2-P_2) ×Q_2。如果一家企业持续处于亏损状态，它不可能在市场上长期经营下去。在图7-6(b)中，在MR=MC产量水平，价格等于平均总成本，因此，总收益等于总成本，企业盈亏平衡，获得零经济利润。

7.3.3　完全竞争企业的供给曲线

在介绍市场模型时，我们学习过市场供给曲线反映的是一种物品的价格与供给量之间的关系，而市场供给量是每种价格水平下所有企业的供给量之和。完全竞争企业的供给曲线描述的是每一个既定的价格水平下，企业愿意出售的产品数量。

根据利润最大化的选择条件，企业会选择边际收益和边际成本相等的产量水平进行生产，因为完全竞争企业的边际收益等于市场价格，所以完全竞争企业将在P=MC的产量水平生产。对于任意一个既定的市场价格，为实现利润最大化，完全竞争企业选择的产量水平，都处在市场价格水平线(也是完全竞争企业的边际收益曲线)与企业边际成本曲线交点所对应的产量水平上。

从图7-7中可以看出，当市场价格为P_1时，完全竞争企业根据P=MC，选择生产Q_1的数量，获得利润最大化。当市场价格上升为P_2时，企业如果继续在Q_1的产量上生产，此时的边际成本(等于P_1) 小于边际收益(等于P_2)，企业增加生产会实现利润增加，因此，在价格上升为P_2时，企业同样会根据P=MC选择生产Q_2的产量。同理，在任意一个价格水平下，完全竞争企业会根据市场价格选择价格线与边际成本曲线交点对应的产量进行生产，当市场条件变化带来市场价格上下调整时，竞争企业所选择的产量也会沿着企业的边际成本曲线对应的产量进行调整。由此可以推导出，完全竞争企业的边际成本曲线决定了企业在任意一个价格水平时愿意生产并提供的产品数量。因此，完全竞争企业的供给曲线可以由企业的边际成本曲线加以反映。这也说明了这样一个事实：竞争企业供给曲线反映了企业的生产成本，在其背后，是企业追求利润最大化的生产决策。

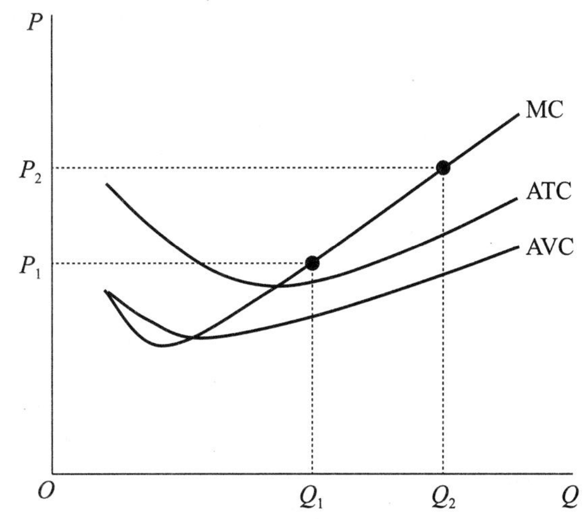

图7-7　完全竞争企业的供给曲线是边际成本曲线的一部分

事实上，完全竞争企业的供给曲线是企业边际成本曲线的一部分，具体是哪一部分，在了解企业的短期和长期决策之后就可以确定。

7.4 完全竞争企业的短期和长期决策

7.4.1　短期中的停止营业决策

前面我们讨论了企业选择产量的决策，但企业在不同情况下还要面临是否生产的决策，例如在图7-6中描述的这家面临亏损的企业。企业是否生产的决策可以区分为两种情况：短期的停止营业和长期的退出市场。

短期停止营业决策，是指由于市场条件变化，企业在某个特定的时期不生产任何东西的短期决策。例如，在学校附近经营的主要面向学生顾客的店铺，在学校放假时，很多店铺会停止营业，在学校开学后，又会恢复营业。在旅游区经营的店铺也是如此，到旅游淡季时，这些店铺大多会关门停业，等到旅游旺季来临时，这些店铺又会重新恢复营业。当企业处在短期的生产周期时，需要支付固定成本，固定成本与产量无关，即便企业不生产任何东西，也必须支付。也就是说，处在短期停止营业状态的企业，不支付可变成本，但仍然需要支付固定成本。例如，假期时学校附近停业的店铺必须支付店铺的租金。

长期退出市场决策是指企业离开一个行业的长期决策。与短期状态不同，长期中企业的全部成本都是可变的，当企业选择退出市场时，企业既能够避免可变成本，又能够避免固定成本。本节中分析完全竞争企业的短期停止营业决策，在后面分析完全竞争企业的长期退出决策。

在短期中，面临亏损的企业有两种选择：继续营业或者停止营业。由于短期中企业必须支付固定成本，所以选择继续营业或者停止营业，企业需要考虑是否要继续支付可变成本。继续营业，可变成本会随着产量的增加而增加，如果选择停止营业，企业的总收益会变为零，此时企业不再支付可变成本，但必须支付固定成本。因此，如果选择停止营业，企业必须承担等于其固定成本的损失。这一损失是企业能够接受的最大损失，如果继续生产企业的亏损额会大于其固定成本，也就是说如果企业生产的话，所得到的收益连支付的可变成本都弥补不了时，企业再生产发生的亏损就会比停业仅支付固定成本还要多，那么企业就会选择停止营业。相反，在必须支付固定成本的短期，如果企业生产获得的总收益大于企业支付的可变成本，那么企业就可以通过增加生产用大于可变成本的那部分收益弥补一部分固定成本，使其亏损减少到固定成本之下，这时企业会选择继续生产。也就是说，当总收益小于可变成本时，企业选择停止营业决策，即：企业选择短期停止营业的条件是

$$\mathrm{TR}<\mathrm{VC} \tag{7-4}$$

将式(7-4)两边同时除以产量Q，可以得到企业停止营业条件

$$\mathrm{TR}/Q<\mathrm{VC}/Q \tag{7-5}$$

式(7-5)左侧TR/Q是企业的平均收益，前面曾经分析过企业的平均收益就是价格P。VC/Q是企业的平均可变成本AVC。式(7-5)表示，即企业停止营业条件

$$P<\mathrm{AVC} \tag{7-6}$$

这样，推导出企业短期停止营业的条件是：当价格小于企业支付的平均可变成本时，企业就会选择停止营业。这个条件是很直观的：在选择是否生产时，企业会比较一单位产品的价格和生产这一单位产品所支付的平均可变成本。如果价格小于平均可变成本，说明此时企业每单位产品的收益都不足以弥补它的可变成本，更不要说固定成本了，企业生产越多，亏损就会越多，亏损的额度等于固定成本加上无法从总收益中弥补的可变成本。如果继续营业，损失就会更多。而此时如果停止营业，则只会亏损固定成本。

如果市场条件改变，价格达到或大于平均可变成本，企业会重新开张营业。据此，可以得出短期中企业继续营业的条件：短期中，如果价格大于平均可变成本，企业就会生产。生活中，我们会看到有些餐馆顾客寥寥无几但仍然在开门营业，很多时候这些餐馆就是处于这种短期继续营业的状态。虽然看起来来自几个顾客的收入不能弥补餐馆的经营成本，但在餐馆的租赁还没到期时，如果从这少量顾客里得到的收入能够弥补可变成本的话，继续营业还是能够回收一些租金成本的。只有在可变成本都无法回收时，企业才会停止营业。

关于企业短期生产决策的总结如下：

当P＞ATC＞AVC时，企业会选择继续生产，此时企业获得正的经济利润。

当ATC＞P＞AVC时，企业会选择继续生产，由于P＜ATC，此时企业亏损。但由于P＞AVC，每单位产品的收益在弥补可变成本之后还有剩余，剩余的这部分收益可以用来弥补部分平均固定成本(因为平均总成本与平均可变成本之间的差额即为平均固定成本，AFC=ATC−AVC)，企业继续生产能够通过回收一部分固定成本使亏损减少一些。

当P＜AVC时，企业会选择停止营业。此时，企业会亏损全部固定成本，但可以避免更多的损失。

在前面的分析中，我们介绍过完全竞争企业的供给曲线是企业边际成本的一部分，由于当市场价格低于平均可变成本时企业会选择停业，所以，完全竞争企业的短期供给曲线是边际成本曲线在平均可变成本曲线最低点之上的部分，见图7-8。当市场价格低于平均可变成本的最低点(P_{MIN})时，企业将会选择停止营业，此时竞争企业的供给量为零。在短期中，只有市场价格高于平均可变成本最低点，企业才会生产，因此这个点被视为企业停止营业的临界点。

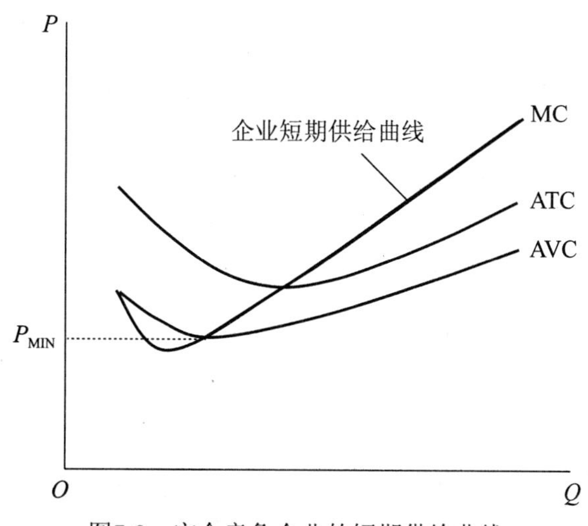

图7-8　完全竞争企业的短期供给曲线

案例7-3 旅游淡季到来 景区商铺“入冬”

天气渐渐转冷，人们旅游的热情也渐渐降下来。十一过后，日照海边景区步入了旅游淡季，景区商贩的生意也迎来了惨淡的时期。

近日，记者走访万平口景区各店铺商摊了解到，十一“黄金周”过后，商铺的生意非常冷清，摊位与景区签订的合同10月底就到期，景区管委会随后将对各摊点进行维修整顿，等来年4月份之后重新开张，而大部分店铺在10月份之后也会选择暂停营业。

近日，记者来到万平口景区内的商铺区看到，五六排出售纪念品的商摊都摆着满满的商品，但顾客少得可怜，记者观察的十几分钟内许多摊前竟然一个顾客都没有，而商摊旁边的纪念品商店情况也不理想，同样可以用门可罗雀来形容。“今天还算好的，出摊的人挺多，星期一的时候游客最少，好多小摊的老板根本就不来出摊。”一家纪念品商店的店员说。

据景区的店主和摊贩们介绍，每年从五一开始，游客会渐渐多起来，并一直持续到七八月份。“往年一般忙到8月20日，今年状况比较不好，8月7日、8日的时候受台风“梅花”的影响，游客少了很多，从那之后生意就一直比较不好。”“艺轩”工艺品店的一名店员表示。“今年的生意不好做从国庆节几天就能看出来，往年国庆还能忙几天，今年感觉冷清多了。”景区一家饭摊的老板卜丽丽说，往年的国庆7天假中，还能有5天比较忙，今年国庆则感觉生意一直没火起来。

据悉，万平口景区的店铺按年签承包合同，而摊位每年签合同的时间是4月份到10月份。记者采访了解到，虽然商铺10月份之后仍然可以经营，但是由于生意冷清，大部分商铺在10月份之后选择暂停营业。记者采访获悉，由于摊位多为冷饮摊，天气变冷之后就很难继续经营，所以跟摊位签订合同只签订7个月，而商铺由于不存在这种顾虑所以合同期限都为1年。

据万平口景区管委的负责人高先生介绍，每年从10月份起，景区就会对灯光、大理石地面、摊位、房屋等设施进行装修和维护。“像烧烤摊，经营的时候损耗较大，如果不进行整修，继续经营就会有很大危险。”高先生告诉记者，这些装修工作需要逐项进行，比较耗时。一般到明年开张之前都会持续进行。此外，记者也了解到，除了维修整顿，目前景区对待旅游淡季并未采取其他经营措施。日前万平口景区的摊位已到期，只有部分店铺还在继续经营中。

资料来源：http://rizhao.dzwww.com/mssh/2011/1103/38958.html

对企业短期停止营业决策的分析中，固定成本可以视为沉没成本。沉没成本是已经支付并且不能收回的成本。企业不论是否经营，都必须要支付固定成本，不能通过暂时停止营业来收回它的固定成本，短期中，固定成本就成为沉没成本。由于沉没成本无法收回，所以在做出决策时可以不考虑沉没成本。企业在做短期生产决策时就是这样一种情况，仅需考虑可变成本即可，固定成本的大小对企业短期决策无关紧要。

在生活中，对沉没成本的理解也具有现实意义。“覆水难收”“不要为打翻的牛奶而哭泣”“过去的事就让它过去吧”，是在生活中应对已发生问题的看法，这些问题就是“沉没成本”。沉没成本无法收回，已经发生的事情无法再改变，所以，在做出各种社会生活决策时，不要过度纠结无力挽回的“沉没成本”，要向前看，面对未来可能发生的成本和收益理性做出决策。

7.4.2　长期中的退出市场决策

企业长期退出市场决策是指企业离开一个行业，不在这个行业中继续生产。长期来看，企业的一切成本都是可变的，如果企业选择退出市场，总收益会变为零，但也由此避开了全部成本，总成本也变为零。长期中的企业不会承受亏损的状态，只要有亏损，企业就会离开这个行业。也就是说，如果一家企业的总收益无法补偿其总成本，长期中它就会选择退出市场。

当总收益小于总成本时，企业选择退出市场决策，即企业选择长期退出市场的条件是

$$\mathrm{TR} < \mathrm{TC} \tag{7-7}$$

将式(7-7)两边同时除以产量Q，可以得到企业长期退出市场条件，为

$$\mathrm{TR}/Q < \mathrm{TC}/Q \tag{7-8}$$

式(7-8)左侧TR/Q是企业的平均收益，等于市场价格P，TC/Q是企业的平均可变成本ATC。式(7-8)可以表示为

$$P < \mathrm{ATC} \tag{7-9}$$

这样，推导出的企业长期退出市场的条件就是：当价格低于企业的平均总成本时，企业会选择退出市场。

在价格低于平均总成本时，企业会面临亏损，在能够收回全部成本的长期，企业退出市场就能够避免亏损，所以此时企业就会选择退出市场。相应的分析同样可以适用于想要进入某一个市场的企业。如果某一个市场有利可图，即一个产品的价格大于其平均总成本，企业就能够从每单位的产品生产中获得利润，此时，企业就会进入这个市场，即企业进入市场条件为

$$P > \mathrm{ATC} \tag{7-10}$$

由于当价格低于平均总成本时，企业退出了市场，所以完全竞争企业的长期供给曲线，是边际成本曲线在平均总成本曲线最低点之上的部分。见图7-9。

当市场价格低于平均总成本的最低点(P_{MIN})时，企业将会选择退出市场，此时竞争企业的供给量为零。当市场价格高于平均总成本最低点，市场总存在正利润，会有外部企业企图进入这个市场，因此这个点被视为企业进出市场的临界点。

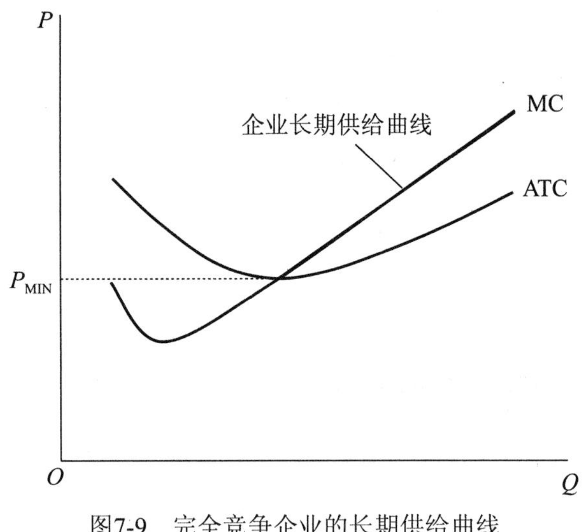

图7-9 完全竞争企业的长期供给曲线

7.5 完全竞争市场的供给分析

前面我们考察了完全竞争市场中一个单一企业的供给决策，接下来对完全竞争市场的供给状况进行分析。企业的生产决策有短期和长期之分，相应的，对完全竞争市场的供给分析也要分别从两种情况加以考察：短期中，企业不能调整固定要素，也就是不存在企业进入或退出市场，所以短期内完全竞争市场中企业的数量是固定的；长期中，企业全部生产要素均可调整，这意味完全竞争市场上企业的数量会因为原有企业退出和新企业进入而发生变化，长期中企业数量可以随着市场条件变动而调整。

7.5.1 完全竞争市场的短期供给曲线

在短期，竞争企业的供给曲线是边际成本曲线在平均可变成本最低点之上的部分。市场供给量是在每种价格水平下所有企业的供给量之和，可以通过单个企业供给曲线的水平相加推导出市场供给曲线。

假设在小麦市场上，有1万规模相同的农户在生产小麦，只要市场上小麦的价格高于平均可变成本，每个农户的供给曲线就是他的边际成本曲线，如图7-10(a)所示。当市场价格为5千元/吨时，每个农户选择利润最大化的供给量为5吨，那么，在这个价格水平，小麦的市场供给量就是这1万农户的供给量之和，如图7-10(b)。这样，在每一个价格水平，都可以通过将每家企业的供给量相加得到整个市场的供给量，得到整个市场的供给曲线。

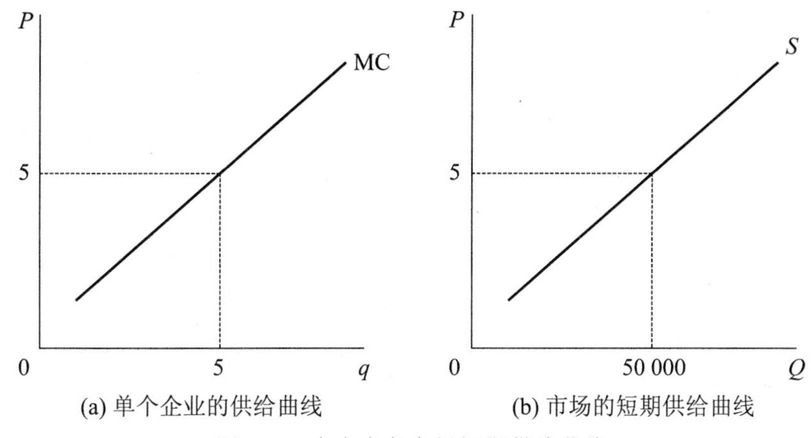

(a) 单个企业的供给曲线

(b) 市场的短期供给曲线

图7-10 完全竞争市场短期供给曲线

由于边际成本递增，单个企业的供给曲线向右上方倾斜，所以相加后的市场供给曲线也是向右上方倾斜，市场供给曲线的高度也相应反映了生产的成本。在现实生活中，并不是所有的企业都是完全相同的，在既定的市场价格下，有些企业可能会多生产一些，有些可能会少生产一些。但我们总是可以将每家企业在给定价格下愿意供给的产品数量相加，得到整个市场的供给曲线。

7.5.2 完全竞争市场的长期供给曲线

在长期中，企业可以选择进入或退出一个市场。假设每个企业都可以获得生产一种产品的相同技术，并以相同的价格购买同样的生产要素。因此，在一个完全竞争市场上正在经营的所有企业和潜在进入这个市场的企业都有相同的成本曲线。

完全竞争市场的特征之一，是企业可以自由进入或退出市场。企业选择进入或退出一个市场的决策取决于企业面临的激励，如果市场上的现有企业处在有经济利润的状态，潜在企业就有进入市场的激励。随着外部企业进入市场，市场上企业数量增加带来市场上供给增加，价格下降，企业经济利润减少。只要市场中的企业能赚到经济利润，潜在企业就会不断进入，直到企业不再有经济利润这种进入过程才会停止。相反，如果市场上的企业处于亏损状态，一些现有企业就会退出市场，随着企业退出市场供给减少，市场价格会上升，使企业的亏损减少。只要还存在亏损，就会有企业不断退出。这种企业退出市场的过程也要持续到企业不再有亏损为止。

在企业进入和退出市场的过程结束时，仍留在市场中的企业所获的经济利润一定为零。企业的利润可以表示为

$$\text{利润}=(P-\text{ATC})\times Q \tag{7-11}$$

式(7-11)表明，当且仅当产品的价格等于生产该产品的平均总成本时，一个正在经营的企业才有零利润。如果价格高于平均总成本，利润为正，会激励外部企业进入市场；如

果价格低于平均总成本，利润为负，会促使一些企业退出。只有当价格与平均总成本相等时，进入和退出的过程才会结束。此时，留在竞争市场中的企业获得的经济利润为零。当不再有企业进入或退出，企业达到零利润时，完全竞争市场达到长期均衡状态。

结合前面的介绍，为了实现利润最大化，竞争企业会选择价格等于边际成本的产量来进行生产，即竞争企业的利润最大化条件为

$$P=\text{MC} \tag{7-12}$$

自由进入和退出市场的过程最终使企业获得零利润，即

$$P=\text{ATC} \tag{7-13}$$

这就说明，最终留在竞争市场中的企业面临这样一种状态，价格既要等于竞争企业的边际成本，又要等于竞争企业的平均总成本，即

$$P=\text{MC}=\text{ATC} \tag{7-14}$$

只有企业在平均总成本最低点的产量上运营时，边际成本才等于平均总成本。平均总成本最低时的产量，称为企业的有效规模，这就说明，在可以自由进入或退出的竞争市场长期均衡中，完全竞争企业一定是在其有效规模运营。图7-11(a)描述了处于长期均衡中的企业。长期均衡时，企业的价格P等于边际成本MC，企业实现了利润最大化。此时价格P还等于平均总成本ATC，企业获得零利润。在这种状态时，外部企业没有进入市场的激励，现有企业也没有退出市场的激励，市场达到相对稳定的长期均衡状态。

根据企业的状态，可以进一步确定竞争市场的长期供给曲线。在企业可以自由进入或退出的市场上，只有一种价格满足零利润的条件，就是等于最低平均总成本的价格(P=MC=ATC)。也就是说，长期中，企业的自由进入和退出使市场价格只能保持在这个水平：任何高于这个水平的价格都会使企业有利润，导致企业进入，增加供给，任何低于这个水平的价格都会使企业面临亏损，导致企业退出，减少供给。市场中企业的数量的调整最终使价格维持在最低平均总成本的水平。因此，长期市场供给曲线是等于最低平均总成本的一条水平线，如图7-11(b)所示。长期市场供给曲线是一条完全有弹性的供给曲线，在等于最低平均总成本的价格，市场中有足够的企业提供满足市场需求的产品数量。

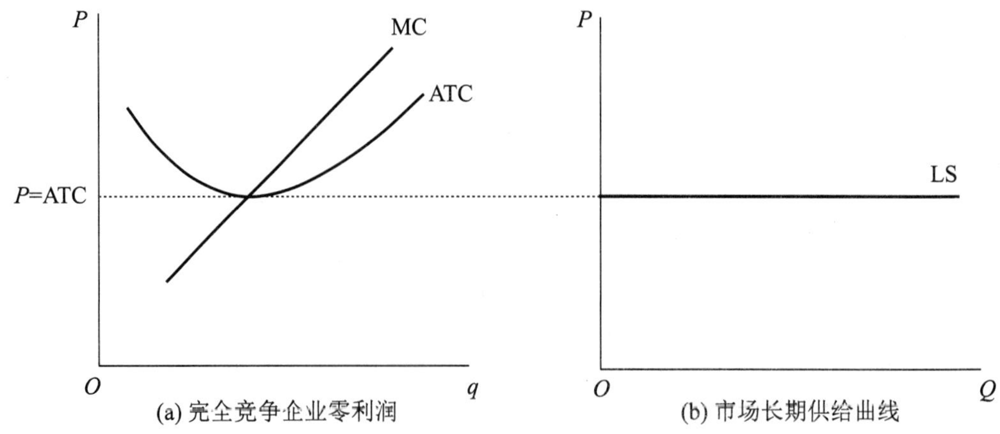

图7-11 完全竞争市场长期供给曲线

长期中竞争企业获得零利润，企业为什么还会留在市场上继续经营呢？这是因为我们所说的利润是指经济利润。经济利润等于总收益与总成本之差，总成本包括企业的所有机会成本，也就是既包括企业支付的显性成本也包括隐性成本。当经济利润为零时，企业的收益已经弥补了全部的机会成本，这说明竞争企业没有比在市场中继续经营更好的选择了，因此它会在市场中继续经营下去。

7.5.3　完全竞争市场的短期和长期均衡

在长期中，完全竞争市场中的企业可以自由进入或退出，但在短期中市场上企业的数量是固定的，所以，市场需求变化或企业成本变化对市场的影响取决于时间框架，也就是说对市场产生的短期影响和长期影响是不同的。对此，我们以需求变动为例，分别考察短期和长期中企业和市场变化情况。借此也可以进一步理解完全竞争市场的长期供给曲线。

假设苹果市场开始时处于长期均衡。此时市场上的需求曲线和短期供给曲线决定的短期均衡价格等于长期供给曲线对应的价格，需求曲线D_1、短期供给曲线S_1和长期供给曲线LS交于长期均衡点E_1点(图7-12(a))。市场价格为P_1，市场交易数量为Q_1。企业获得零利润，市场价格P_1反映企业的最低平均总成本，企业在有效规模运行，产量为q_1(图7-12(b))。

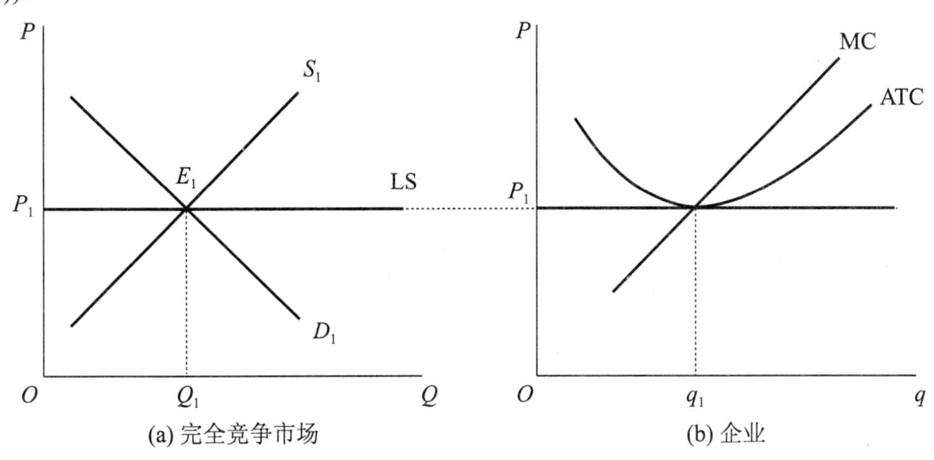

(a) 完全竞争市场　　(b) 企业

图7-12　完全竞争市场初始长期均衡

假设受到多吃苹果有益身体健康观点的影响，市场上对苹果的需求增加，需求曲线从D_1右移到D_2，短期均衡变化到E_2点，市场价格从P_1上升到P_2(图7-13(a))。面对高价格P_2，竞争市场中的企业追求利润最大化(P=MC)，会将产量提高到q_2(图7-13(b))。在新的短期均衡价格，苹果的价格高于企业的平均总成本，企业获得正利润，即图7-13(b)中阴影部分的面积。此时，企业的产量高于其有效规模，所以，虽然市场中企业数目不变，但由于每个企业的产量增加，市场供给量从Q_1增加到Q_2。

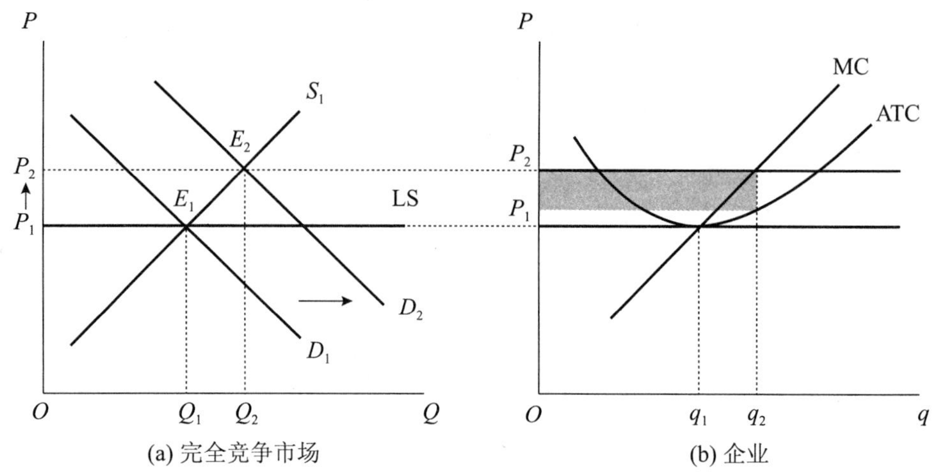

图7-13　完全竞争市场的短期均衡

如果苹果市场持续保持高需求，随着时间的推移，市场上存在的利润会激励新企业进入苹果市场。例如，有农户开始种植并销售苹果。随着企业数量的增加，市场短期供给增加，短期供给曲线由S_1右移到S_2，市场价格逐渐下降(图7-14(a))。当外部企业进入使价格回落到企业最低平均总成本时，企业利润减少为零，外部企业停止进入该市场。此时，市场达到新的长期均衡，即图7-14(a)中E_3点，苹果价格又重新回到反映企业最低总成本的价格P_1。企业也回到初始的长期均衡状态(图7-14(b))，此时企业仍然在其有效规模上生产，但由于市场中企业数量增加，所以市场供给量增加到Q_3。

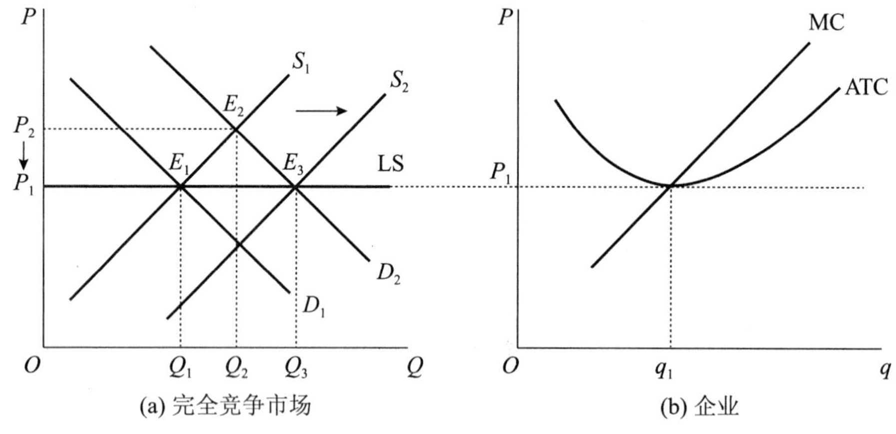

图7-14　完全竞争市场新的长期均衡

通过对需求增加引起的完全竞争市场长期均衡变化的分析，可以更好地理解市场长期供给曲线。图7-14(a)中，如果忽略E_2点的短期均衡状态，直接考察市场从原有长期均衡E_1点到新的长期均衡E_3点，可以看出，当价格为P_1时，市场供给量为Q_1，需求增加后，长期中市场价格仍然为P_1，市场供给量变化为Q_3，所以市场长期供给曲线为一条水平线，反映企业的最低平均总成本。

由于完全竞争市场长期供给曲线的位置是由竞争企业平均总成本的最低点决定的，所以，那些会导致竞争企业成本变动的因素会带来市场长期供给曲线的变动。

案例7-4 **政府办的大型养鸡场为什么失败**

20世纪80年代，一些城市为了保证居民的菜篮子供应，由政府出资办了大型养鸡场，但成功者少，许多养鸡场最后以破产告终。这其中的原因是多方面的，重要的一点在于鸡蛋市场是一个完全竞争市场。

鸡蛋市场上有许多买者和卖者，其中任何一个生产者，即使是大型养鸡场，在市场总供给量中的比例都是微不足道的，难以改变产量来影响价格，只能接受市场价格。鸡蛋市场没有任何进入限制，谁想进入都可以，而且投资小。鸡蛋是无差别产品，生产者无法以产品差别建立自己的垄断地位。所以鸡蛋市场是典型的完全竞争市场。

在这个市场上，短期中鸡蛋生产者可能有超额利润(如发生了鸡瘟，供小于求，价格高)，也可能亏损(如生产者进入太多，供给大于需求，价格低)。但在长期中一定是价格等于平均成本，生产者经济利润为零。生产者所赚的是由机会成本带来的会计利润，如生产者不向自己支付工资，会计利润中没有这一项，但这是机会成本。

在完全竞争市场上，长期均衡价格等于平均成本，但这个平均成本是整个行业的平均成本。如果某个生产者采用了先进的养鸡技术，平均成本低于行业平均成本，就可以获得利润。生产者为了获得这种利润，都努力采用先进技术，并降低成本。当所有生产者都这样做时，整个行业的平均成本也下降了，价格也下降了。这正是完全竞争市场上竞争的残酷性。如果哪个生产者平均成本高于行业平均成本，他就无法在这个行业中生存下来，只好退出或者破产。

政府建立的大型养鸡场在这种完全竞争的市场上没有什么优势，它的规模不足以控制市场，产品也没有特色。它要以平等的身份与那些分散的养鸡场竞争。但这种大型养鸡场的成本一般大于行业平均成本，因为这些养鸡场固定成本远远高于农民。他们建有大型鸡舍，采用机械化方式，而且有相当一批管理人员，工作人员也是有工资的工人。这些成本的增加远远大于机械化养鸡带来的好处，因为农民养鸡几乎没有什么固定成本，也不向自己支付工资，差别仅仅是种鸡支出和饲料支出。当鸡蛋行业的主力是农民时，行业平均成本也是由他们决定的。政府办的大型养鸡场的成本高于农民养鸡的成本，也就高于行业平均成本，当价格等于行业平均成本时，就必然低于大型养鸡场的平均成本。这些说明政府办的养鸡场在与农民竞争中并无优势，其破产是必然的。

案例来源：梁小民. 西方经济学[M]. 2版. 北京：中央广播电视大学出版社，2011年.

7.5.4 成本递增和成本递减的市场长期供给

到目前为止的分析是假设市场中存在大量潜在进入企业，且每个企业都面临相同的成本，在这种成本不变的行业，新进入企业与原有企业成本相同，因此市场长期供给曲线在等于企业最低平均总成本时为一条水平线。如前面的分析，当产品需求增加时，长期的变动结果是企业数量和市场供给量增加，而价格未发生变化。

但如果市场扩张，使企业需要的某些投入品价格上涨时，企业的平均总成本会上升。在这种情况下，完全竞争市场的供给量越多，企业的平均总成本就越高，相应提高了平均总成本的最低点。也就是说，由于企业成本提高，满足等于企业最低平均总成本这一条件的价格提高，所以，与原有的长期均衡相比，新的长期均衡要在产品价格更高时才能达到。此时随着企业进入市场、市场规模扩大，市场的长期供给曲线会向右上方倾斜，如图7-15(a)所示。

如果市场规模扩大，企业能够以较低的价格购买部分投入品，或者通过积累经验降低成本，这时竞争企业的平均总成本就会下降。在这种情况下市场供给量越多，企业的平均总成本越低，平均总成本的最低点也越低。在较低的平均总成本和较低的市场价格所形成的新的长期均衡中，企业数量更多、产量更高并且价格更低。此时的市场长期供给曲线就会向右下方倾斜，如图7-15(b)所示。

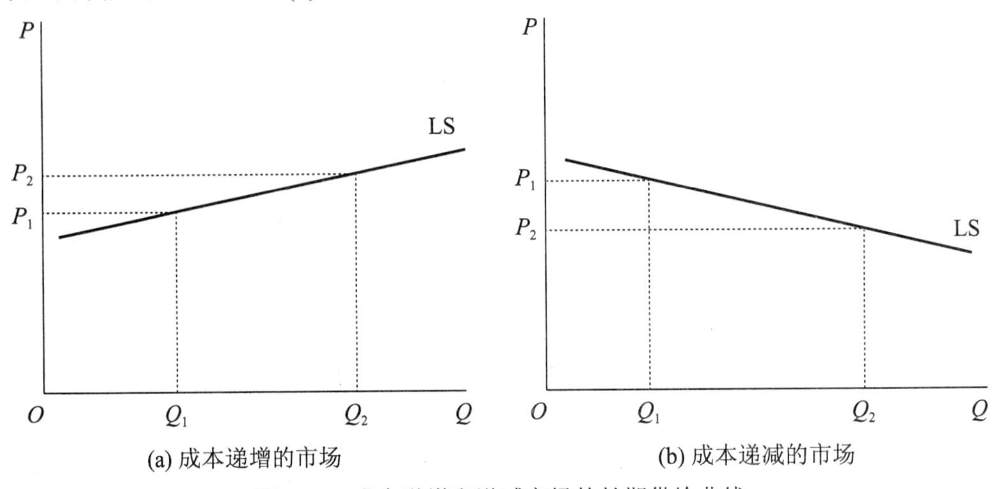

(a) 成本递增的市场　　(b) 成本递减的市场

图7-15　成本递增和递减市场的长期供给曲线

7.6 完全竞争与效率

在第2章中我们学习过，其他条件不变时，价格调节能够使市场达到均衡状态，供给量与需求量相等，实现市场出清。那么在完全竞争市场上，资源的配置是有效率的吗？如何衡量资源配置的效率性呢？

7.6.1　生产者剩余

通过本章对企业行为的分析，只有当产品的价格高于，至少等于生产产品的边际成本的时候，企业才会生产并销售这种产品。当企业在市场上按照一定价格卖出它的产品时，企业从中获得了它参与市场交易的好处。这个好处的大小通过生产者剩余来衡量。生产者剩余是指卖者卖出一种产品得到的量与其边际成本之间的差额。例如，某人生产一件衣服的边际成本是80元，当他以120元的价格将这件衣服卖出时，得到的生产者剩余就是40元。即

$$\text{生产者剩余=卖者得到的价格-卖者的成本(边际成本)} \tag{7-15}$$

通过企业的价格和边际成本，可以计算出企业所得到的生产者剩余。图7-16画出了某个企业的边际成本曲线，如果企业以P_1的价格卖出q_1单位产品，那么所得到的生产者剩余，就是价格线以下与企业边际成本曲线以上所围成部分的面积，即图中的阴影部分ABC的面积。

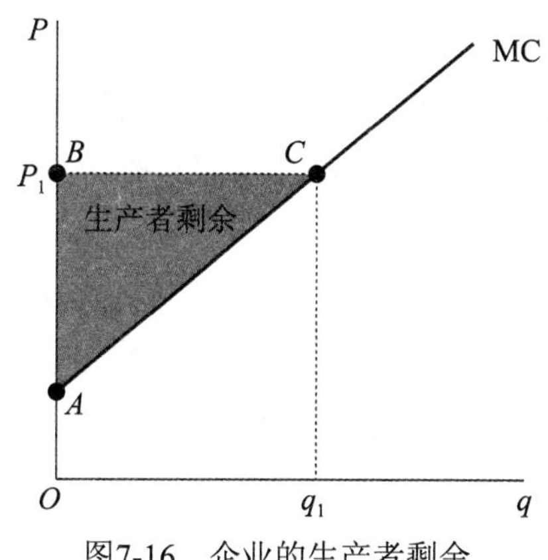

图7-16　企业的生产者剩余

生产者剩余衡量了生产者参与市场活动所得到的经济福利。生产者剩余与企业利润并不相同。由于固定成本不随产出的变化而变化，所以生产一定量产品的边际成本之和等于企业的可变成本。由此，生产者剩余也就等于总收益与可变成本之差。而利润等于总收益与总成本之差，所以，在短期内当固定成本为正时，生产者剩余大于利润。市场价格上升，或企业成本下降，均能使生产者剩余增加。

企业生产者剩余的大小取决于生产成本。生产成本高的企业，其生产者剩余较少，生产成本较低的企业，其生产者剩余较多。将市场中所有企业的生产者剩余相加，可以得到市场的生产者剩余。整个市场的生产者剩余表示为价格线以下与市场供给曲线以上围成的面积，如图7-17中的阴影部分ABC。市场价格变化或供给曲线移动能够带来市场中生产者剩余的变化。

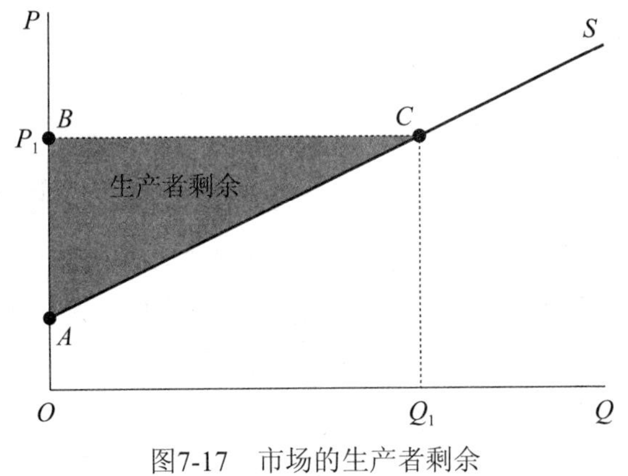

图7-17 市场的生产者剩余

由于市场供给曲线是由单个企业的边际成本曲线水平相加得到的，所以它代表了整个市场的边际成本状况。

7.6.2 消费者剩余

当消费者考虑是否购买某物品的时候，会比较物品的价格，和自己愿意为该物品支付的价格。消费者愿意为某一物品支付的最高价格，称为支付意愿。消费者剩余是消费者对一种物品的支付意愿与其实际支付价格之间的差额。例如，某人有一天在逛街时看到一件衣服，他愿意为这件衣服最高支付160元，也就是说他对这件衣服的支付意愿是160元，如果他以120元的价格购得这件衣服，那么他从这件衣服的购买中获得的消费者剩余是40元。消费者剩余衡量了买者参与市场活动得到的经济福利。即

$$消费者剩余=买者的支付意愿-买者支付的价格 \tag{7-16}$$

通过对消费者选择行为的分析我们知道，当消费者愿意为某物品进行支付时，说明他从该物品的消费中得到了一定好处，也就是这单位物品的消费使他获得了边际效用。他所获得的边际效用的大小，就是消费者愿意为物品支付的最高价格，即支付意愿。如上例中，此人愿意为这件衣服最高支付160元，说明这件衣服带给他的边际效用为160元。

接下来我们用市场需求曲线来衡量市场上总的消费者剩余。假设衣服的市场上有5个消费者：甲、乙、丙、丁、戊，由于这5个人的对衣服的审美不同，收入也不同，因此他们从衣服中得到的边际效用不同，支付意愿也不同，分别为160元、150元、140元、130元和120元。需求曲线表示的是消费者在任意价格上对一件物品的购买意愿。需求曲线的高度反映了消费者的支付意愿，即从这单位物品中得到的边际效用。这5个人构成的市场需求曲线如图7-18。如果市场价格为135元，此时市场中的需求量为3件，甲的支付意愿为160元，支付的价格为135元，甲得到的消费者剩余为160−135=25元。类似的，乙和丙的消费剩余分别为15元和5元。所以此时市场上的消费者剩余为25+15+5=45元。如果市场价格下降为120元，则市场需求量为5，消费者剩余为40+30+20+10+0−100元。

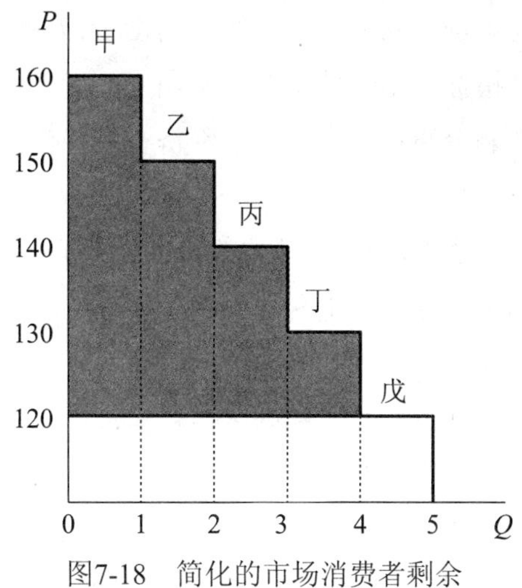

图7-18　简化的市场消费者剩余

可见，市场的消费者剩余是需求曲线和支付价格之间围成的部分，价格下降，消费者剩余会增加。由于市场上存在众多消费者，所以需求曲线的通常情况为图7-19中的一条连续曲线。整个市场的消费者剩余是需求曲线以下，价格线以上所围成部分的面积，即图中的阴影部分面积。

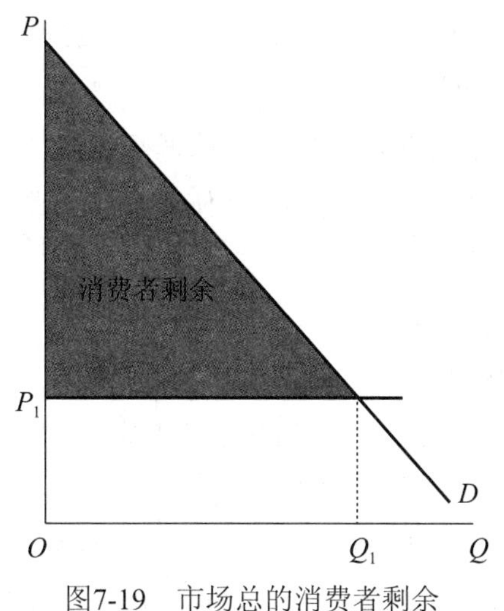

图7-19　市场总的消费者剩余

消费者剩余是反映消费者从市场交易中获得好处多少的指标。支付价格变化和需求曲线移动会带来市场消费者剩余的变化。

7.6.3　完全竞争市场的效率评价

为了判断完全竞争市场是否能够实现资源配置有效率，我们需要清楚资源配置效率的衡量方法和标准。

消费者剩余是买者参与市场活动所得经济福利的衡量指标，生产者剩余是卖者参与市场活动所得经济福利的衡量指标。由于整个社会是由生产者和消费者构成的，所以我们可以通过消费者剩余和生产者剩余衡量整个社会的经济福利。消费者剩余与生产者剩余之和称为经济剩余，即

经济剩余=消费者剩余+生产者剩余 (7-17)

消费者剩余和生产者剩余可以分别定义为

消费者剩余=买者的支付意愿-买者支付的价格 (7-18)

生产者剩余=卖者得到的价格-卖者的成本(边际成本) (7-19)

因此，完全竞争市场上的经济剩余可以写成

经济剩余=消费者剩余+生产者剩余

=(买者的支付意愿-买者支付的价格)+(卖者得到的价格-卖者的成本) (7-20)

这个等式中，买者支付的价格和卖者得到的价格相等，都等于市场价格，因此，经济剩余可以写成

经济剩余=买者的支付意愿-卖者的成本 (7-21)

买者的支付意愿反映买者对物品的评价，也就是他从物品的购买中得到的边际效用，经济剩余是用买者从物品中得到的好处，减去卖者生产这些物品的成本。显然，如果买者从物品中得到的好处大于该物品的生产成本，那么该物品的生产和交易就会带来社会总的好处增加。反之，如果买者对物品的支付意愿低于卖者生产它的成本，那么该物品不该被生产，如果被生产并且被交易的话，就会使整个社会的经济剩余减少，给社会带来损失。

效率，就是资源配置使全社会得到经济剩余最大化的状态。如果资源配置没有使社会的经济剩余达到最大，这种资源配置就是缺乏效率的。例如前面提到的，如果买者的支付意愿低于卖者成本的产品被生产出来，会带来经济剩余的减少，这种资源配置状态就是缺乏效率的。

接下来我们通过经济剩余来考察完全竞争市场的资源配置是否是有效率的。

如图7-20所示，在完全竞争市场达到均衡时，市场上交易价格为P_0，交易的数量为Q_0。消费者剩余为需求曲线与价格线围成部分的面积，即AEP_0的面积，生产者剩余为价格线与供给曲线围成部分的面积，即P_0EB的面积。经济剩余等于消费者剩余与生产者剩余之和，即AEB的面积。

根据经济剩余等于买者的支付意愿减去卖者的成本，同样可以分析出经济剩余的大小，买者的支付意愿，即边际效用，通过需求曲线的高度反映，卖者的成本通过供给曲线的高度反映，所以需求曲线和供给曲线到均衡点之间的总面积，就代表了市场经济剩余，即AEB的面积。它等于消费者得自物品消费的边际效用之和减去生产者生产这些产品的边际成本之和。

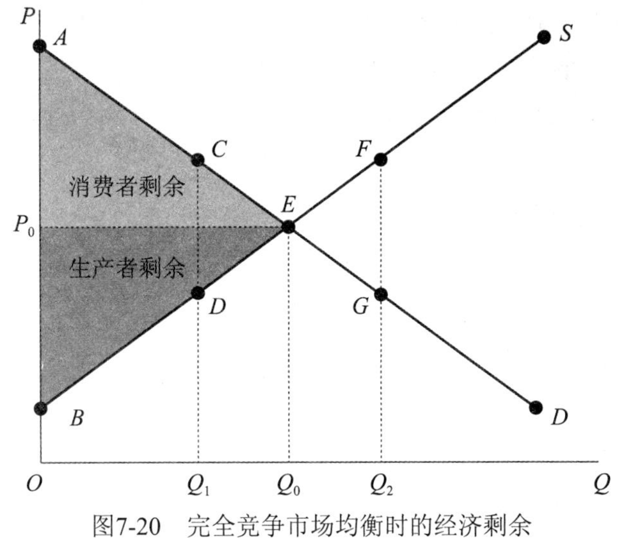

图7-20　完全竞争市场均衡时的经济剩余

这是因为，如果数量小于均衡数量，如图7-20中Q_1，此时，最后1单位(第Q_1单位)产品买者的支付意愿(即买者得到的效用，C点)大于卖者的成本(即卖者的边际成本，D点)，买卖双方能够实现交易，继续生产并交易会带来经济剩余增加；如果数量大于均衡数量，如图中的Q_2，此时，最后1单位(第Q_2单位)产品买者的支付意愿(即买者得到的效用，G点)低于价格，小于卖者的成本(即卖者的边际成本，F点)，这单位产品如果生产出来会带来经济剩余减少。只有在生产均衡数量Q_0时，经济剩余才是最大的。

所以我们可以得出结论：当完全竞争市场实现均衡时，经济剩余最大，即完全竞争市场能够实现资源配置有效率。完全竞争市场的均衡数量，是社会资源配置有效率的产量。此时，最后1单位产品买者的支付意愿(即买者得到的效用)与卖者的成本(即卖者的边际成本)相等。

当生产的产品数量高于或低于均衡数量时，会出现经济剩余的减少，即发生无谓损失。无谓损失是指由于无效率的生产水平引起的经济剩余的减少。图7-20中，CED部分的面积是由于生产数量低于有效率产量所产生的生产不足引起的无谓损失，EFG部分的面积是生产了高于社会有效率产量所产生的生产过剩引起的无谓损失。存在无谓损失说明经济剩余没有达到最大化，意味着资源配置缺乏效率。

完全竞争市场之所以能够实现资源配置有效率，是由它的资源配置方式决定的。

在均衡数量的左侧，那些对物品的支付意愿大于价格的买者都买到了物品，在均衡数量的右侧，那些对物品的支付意愿小于价格的买者选择不购买物品，当物品数量少时，首先由支付意愿最高(边际效用最高)的买者实现购买。对此，可以得出完全竞争市场效率性的第一个特点：完全竞争市场把物品的消费首先分配给对物品支付意愿最高的买者。

类似的，在均衡数量左侧，那些边际成本低于价格的卖者生产并且销售产品，在均衡数量的右侧，那些边际成本高于价格的卖者不能生产并销售产品，当市场对产品的需要数量少时，首先由边际成本最低的卖者提供生产。完全竞争市场效率性的第二个特点：完全竞争市场把产品的生产首先分配给成本最低的卖者。

在实现市场均衡时，最后一单位物品买者的支付意愿和卖者的生产成本相等，此时，达到了经济剩余最大。完全竞争市场效率性的第三个特点：完全竞争市场的均衡数量是使消费者剩余和生产者剩余总和最大化的产量。

由于最后一单位物品买者的支付意愿等于市场价格，实现经济剩余最大的衡量标准可以描述为：价格与边际成本相等。价格高于或低于边际成本都会产生无谓损失。如果价格高于边际成本，意味着最后1单位物品买者的支付意愿高于卖者的成本，有一部分交易的好处没有实现，产生了无谓损失。如果价格低于边际成本，意味着社会资源被过度用在了这种产品的生产上，同样也产生了无谓损失。我们在后面学习中还会用到这个衡量标准考察其他市场结构中资源配置的效率性。

完全竞争市场是高度理想化的市场，对完全竞争市场的分析有助于我们理解市场是如何配置资源的。但现实生活中，市场经济很难实现资源配置有效率，主要障碍有：价格限制、税收和补贴、垄断、公共产品和外部性。存在这些障碍时，市场提供的数量会高于或低于社会最有效率数量。但完全竞争市场配置资源的方式，仍是市场经济运行的基础。

本章小结

1. 市场结构的划分和完全竞争市场

根据行业中企业的数目、行业中企业生产的产品或服务的相似程度，以及新企业进入该行业的难易程度，可以将行业市场结构划分为4种类型：完全竞争市场、垄断市场、垄断竞争市场和寡头市场。

完全竞争市场是4种市场结构类型中的一种。在这个市场上商品都是同质的，存在大量的买者和卖者，且信息充分，企业可以自由进入或退出市场。

2. 边际收益与边际成本：完全竞争企业的利润最大化决策

对企业行为分析的重点是企业如何通过生产决策实现利润最大化。对所有市场结构中的企业而言，利润最大化的条件都是边际收益等于边际成本，即MR=MC。

完全竞争市场的特征决定了在这个市场上经营的企业是市场价格的接受者，只能按照市场价格出售它想出售的产品数量，所以竞争企业面对的需求曲线是一条等于市场价格的水平线。因此，对竞争企业而言，P=AR=MR。

根据利润最大化条件，竞争企业选择P=MR=MC的产量。

3. 边际成本曲线：完全竞争企业的供给曲线

当市场价格上下波动时，竞争企业选择的产量沿着边际成本曲线进行调整，所以完全竞争企业的供给是企业边际成本曲线的一部分。

4. 价格与平均成本的比较：完全竞争企业的短期和长期决策

在短期，企业必须支付固定成本，完全竞争企业的短期经营决策要考虑总收益能否弥补可变成本，所以当P＜AVC时，企业选择短期停止营业，当P＞AVC时，企业会继续营业。

在长期，企业的全部成本都可调整，完全竞争企业的长期经营决策要考虑总收益能否弥补总成本，所以当P＜ATC时，企业会退出市场，当P＞ATC时，会吸引外部企业进入市场。

5. 边际成本曲线：完全竞争市场的供给曲线

市场供给是单个企业供给之和。

在短期，企业固定成本不可变，市场中企业的数量是一定的，完全竞争企业的短期供给曲线是边际成本曲线在平均可变成本之上的部分，向右上方倾斜，所以将所有单个企业的供给曲线水平相加得到的市场短期供给曲线是一条向右上方倾斜的曲线。

在长期，企业可以自由进入或退出市场，所以实现长期均衡时竞争市场上的企业一定获得零利润，此时P=MR=MC=ATC。长期中企业进入和退出市场将使价格等于最低平均总成本，所以完全竞争市场的长期供给曲线是一条反映企业最低平均总成本的水平线，在这个价格水平市场中有足够的企业提供满足市场需求的产品数量。

6. 完全竞争市场的短期和长期均衡

市场需求变化或企业成本变化对企业或市场的影响取决于时间框架，通过完全竞争市场的短期和长期均衡分析可以考察这些变动对企业和市场的短期影响和长期影响。短期中企业可能获得利润或面临亏损，但长期中企业获得零利润，市场价格等于企业最低平均总成本。

当市场中绝大多数企业的成本发生变化时，市场的长期供给曲线也会变化，成本递增行业的市场长期供给曲线向右上方倾斜，成本递减行业的市场长期供给曲线向右下方倾斜。

7. 经济剩余最大化：完全竞争市场的资源配置效率

资源配置有效率的衡量标准是经济剩余实现最大化。

在完全竞争市场上，经济剩余等于消费者剩余和生产者剩余之和。消费者剩余等于买者的支付意愿减去买者支付的价格，生产者剩余等于卖者得到的价格减去卖者的边际成本。经济剩余可以通过买者的支付意愿减去卖者的边际成本来衡量。在完全竞争市场实现均衡时，经济剩余最大，产量低于或高于均衡数量会产生无谓损失。经济剩余最大的衡量标准可以表示为：P=MC。

完全竞争市场资源配置有下面三个特点：完全竞争市场把物品的消费首先分配给对物品支付意愿最高的买者；完全竞争市场把产品的生产首先分配给成本最低的卖者；完全竞争市场的均衡数量是使消费者剩余和生产者剩余总和最大化的产量。

完全竞争市场的资源配置是有效率的。

现实生活中，虽然鲜有完全满足条件的完全竞争市场，但对完全竞争市场的分析有助于我们深入理解市场运行，是微观经济学的核心内容之一。

思考与练习

1. 分析出售下列产品和服务的市场分别属于哪种类型？

(1) 手机 (2) 小镇的唯一超市 (3) 柑橘 (4) 沙宣洗发水

2. 判断下列市场是否为完全竞争市场，如果不是完全竞争市场，请给出理由。

(1) 玉米种植 (2) 书籍零售 (3) 汽车制造 (4) 新房建筑

3. 小张开了一家复印店，他租了一个店铺，租期一年，并从银行贷款购买了10台复印机。六个月后，一个大型的连锁企业在附近开了一家复印店。连锁复印店开业后，小张的复印店的收入虽然足以支付员工的工资以及支付纸张和水电等成本，但却无法支付租金和银行贷款的本息。此时，小张还应该继续经营下去吗？一年后租期到期后，小张会怎么做？

4. 精美公司是一家生产钥匙扣的企业，钥匙扣市场是完全竞争市场。精美公司的产量和成本如表7-3所示。

表7-3 产量和成本表

每天产量/个	总成本/元
0	5
1	15
2	22
3	32
4	44
5	58
6	74
7	92
8	112

(1) 如果钥匙扣的市场价格是16元，企业生产多少个钥匙扣？它卖出的钥匙扣的价格是多少？获得多少利润？

(2) 如果钥匙扣的价格下降到10元，企业生产多少个钥匙扣？企业的利润是多少？

(3) 如果市场价格保持在10元，长期中，精美公司还会在钥匙扣市场中生产经营吗？

(4) 如果钥匙扣的价格降到7元，该公司还会继续生产吗？为什么？

5. 某竞争市场中的企业固定成本为100元，可变成本如表7-4所示。

表7-4 成本表

数量	VC/元	TC/元	AVC/元	ATC/元	MC/元
1	30				
2	50				
3	80				

(续表)

数量	VC/元	TC/元	AVC/元	ATC/元	MC/元
4	125				
5	190				
6	280				

(1) 填写表7-4。

(2) 画出企业的需求曲线、边际收益曲线、平均可变成本曲线、平均总成本曲线、边际成本曲线，以及企业的短期供给曲线和长期供给曲线。

(3) 如果此时产品的市场价格是64元，企业利润最大化的产量是多少？企业效率最大化的产量是多少？

(4) 企业在短期中能够接受的最低价格是多少？长期中愿意接受的最低价格是多少？

(5) 如果市场价格发生波动，如表7-5所示，企业在短期和长期中应如何进行生产决策？假设市场中有1000家相同规模的企业。填写表7-5。

表7-5　决策表

价格/元	企业决策		企业的产量	市场供给量
	短期决策	长期决策		
90				
60				
40				

6. 老张的企业在完全竞争市场上生产便签本，每周产量和总成本如表7-6所示，回答下列问题。

表7-6　成本表

每周产出	总成本	AFC	AVC	ATC	MC
0	10	–	–	–	–
1	15				
2	18				
3	19				
4	21				
5	24				
6	28				
7	34				
8	42				
9	52				
10	64				

(1) 假设便签本市场的均衡价格为6元，老张应该生产多少个便签本？其利润为多少？长期来看，市场中企业的数量怎样变化？

(2) 如果便签本的市场价格下降到3元，老张的短期和长期生产决策分别是什么？如果价格下降为2元呢？请说明原因。

(3) 如果老张所在的便签本市场实现长期均衡，此时的市场价格是多少？老张企业的利润是多少？如果市场中有100家和老张规模相同的企业，长期均衡时市场供给量为多少？

7. 李阿姨经营的早餐店是追求利润最大化的完全竞争企业。该早餐店每套早餐的价格是10元，每天可以卖出100套早餐。李阿姨每天的总成本是800元，其中固定成本200元。此时，李阿姨的短期营业决策和长期退出决策是怎样的？如果每套早餐的价格只能卖到7元，李阿姨的短期营业决策和长期退出决策又是怎样的？

8. 根据表7-7，回答下列问题。假设企业的固定成本是100元，每个工人每天的工资是80元。

表7-7　成本表

L	*Q*	MP	AP	FC	VC	TC	AFC	AVC	ATC	MC
0	0									
1	7									
2	15									
3	25									
4	40									
5	45									
6	48									
7	50									

(1) 将表7-7填写完整。

(2) 如果市场价格为16元，企业将生产多少单位产品，获得的利润是多少？

(3) 假设价格下降到10.5元，企业将生产多少单位产品，获得的利润是多少？

(4) 假设价格下降到7.5元，企业将生产多少单位产品，获得的利润是多少？

9. 假设蓝天卫生清洁公司是市场上众多类似企业中的一个典型企业，它目前面临24元的固定成本和每小时8元的工资。蓝天公司的清洁能力情况如表7-8所示。

表7-8　清洁能力情况表

清洁的办公室数量	工作时间
0	0
1	5
2	9
3	15
4	22
5	30

(1) 计算公司的边际成本和平均总成本。

(2) 如果该市场达到长期均衡，蓝天公司会清洁多少间办公室，此时清洁1间办公室的价格是多少？

(3) 假定现在对工作卫生环境的关注使市场上对清洁服务的需求增加，请用蓝天公司的模型和市场模型说明短期中和长期中的变化。短期中，蓝天公司清洁办公室的数量和市场中总的清洁办公室的数量会有什么变化？长期中呢？(假定工资不变)

10. 一个行业中有200家规模和技术相同的企业，所有企业的固定成本都为20元，平均可变成本如表7-9所示。

表7-9　成本表

产量	平均可变成本/元
1	2
2	3
3	4
4	5
5	6
6	7
7	8
8	9

(1) 计算边际成本和平均总成本。

(2) 现在市场价格为12元，每家企业的产量是多少？利润情况呢？市场供给量是多少？

(3) 当这个市场转向长期均衡，价格会上升还是会下降？需求量会增加还是减少？

(4) 长期中，该市场上产品的价格是多少？

11. 假设鸡蛋市场是个完全竞争市场，而且初始处于长期均衡。

(1) 用单个典型养殖户和鸡蛋市场的模型说明长期均衡。

(2) 假设市场上对鸡蛋的需求增加，在(1)问图中说明，短期中单个养殖户和鸡蛋市场的变化。

(3) 如果对鸡蛋的需求持续保持在较高水平，随着时间的推移，市场上鸡蛋的价格会发生什么变化？新的长期均衡价格是高于、低于还是等于初始长期均衡时的价格？与短期均衡时的价格相比呢？

12. 假设移动充电宝市场是完全竞争的市场，且处于长期均衡。

(1) 用单个典型企业和市场模型说明长期均衡。

(2) 某公司发明了可以大规模降低成本的新技术，并申请了专利。在专利期内，其他企业无法使用该技术时，该企业的利润会发生什么变化？此时市场的价格会有变化吗？

(3) 专利到期后，市场中的其他企业也可以自由使用这种技术进行生产，此时会发生什么变动？

(4) 与原有的长期均衡相比，新的长期均衡价格和市场上产品的数量会有什么变化？

13. 在市场上存在1000家风味小吃店。每家小吃店都有正常的U型平均总成本曲线。风味小吃的市场需求曲线向右下方倾斜。该市场处于长期竞争均衡。

(1) 用整个市场和单个风味小吃店的图形描述此时的长期均衡。

(2) 如果现在市政府决定规范风味小吃市场，通过发放许可证的形式限制小吃店的数量，把风味小吃店减少到只有800个。这一行为对市场和仍然在经营的单个小吃店有什么影响？用图形说明。

(3) 假设市政府决定对这800张许可证收费，并且所有许可证很快就售完了。许可证收费多少如何影响单个小吃店出售的风味小吃数量？如何影响该市的风味小吃价格？

(4) 如果市政府想尽可能多地筹集收入，又想确保仍能售出800张许可证。该市的许可证费用应该设定为多少？用图形说明。

14. 表7-10中给出了一块小田地上生产草莓的总成本。

表7-10　成本表

产量/公斤	总成本/元
0	10
1	11
2	14
3	18
4	25
5	34

(1) 计算并列出生产草莓的边际成本表。

(2) 画出这个农民的供给曲线。

(3) 假设市场上每公斤草莓的价格为4元，那么这个农民会生产多少草莓？农民获得的利润是多少？画图指出表示生产者剩余的区域，并计算生产者剩余的大小。

(4) 如果草莓的价格上升为每公斤7元，此时这个农民会生产多少草莓？现在他获得的利润是多少？生产者剩余是多少？

(5) 观察不同价格下农民的利润和生产者剩余，二者之间有什么关系？

15. 假设技术进步大大降低了数码相机的生产成本。

(1) 结合供求图分析，数码相机市场的价格、数量、消费者剩余和生产者剩余会发生什么变动？

(2) 数码相机和存储卡是互补品，用供求图分析存储卡市场的价格、数量、消费者剩余和生产者剩余会发生什么变动？

(3) 数码相机和数码摄像机是替代品，用供求图分析存储卡市场的价格、数量、消费者剩余和生产者剩余会发生什么变动？

16. 为了保护农民利益，对小麦市场实行限制性价格下限。

(1) 画图分析此时小麦的价格和市场交易数量。

(2) 分析此时小麦市场上的消费者剩余和生产者剩余，与不实行价格限制相比，消费者剩余、生产者剩余和经济剩余有什么变化？

17. 在某个市场有如表7-11所示的供给和需求信息。

表7-11　信息表

价格/元	供给量	需求量
2	2	14
3	6	12
4	10	10
5	14	8
6	18	6
7	22	4
8	26	2

(1) 此时市场上的均衡价格和均衡数量是多少？画出该市场的供给曲线和需求曲线。

(2) 计算均衡时的生产者剩余、消费者剩余和经济剩余。

(3) 如果政府在这个市场上实行比均衡价格高2元的限制性价格下限，此时市场上的价格和交易数量为多少？

(4) 计算实行(3)问中的限制性下限时的生产者剩余、消费者剩余和经济剩余。

(5) 这个限制性价格下限产生了无谓损失吗？如果产生了无谓损失，无谓损失的大小是多少？

18. 市场中有五位消费者想要装修房屋，他们愿意为装修房屋支付的价格如表7-12所示。

表7-12　价格表

消费者	愿意支付的价格
甲	10万元
乙	5万元
丙	3万元
丁	15万元
戊	8万元

市场中恰好有五家装修公司，他们的成本如表7-13所示。

表7-13　成本表

装修公司	成本
A	7万元
B	4万元
C	9万元
D	6万元
E	2万元

假设每家装修公司只能为一位消费者装修房屋。从效率来看，应该装修几间房屋？哪些公司可以提供装修服务？这几个装修公司为哪些消费者的房屋进行装修？最大可能的经济剩余是多少？

19. 已知猪肉市场的供求曲线如下列方程所示：

$$Q_D=20-P$$

$$D_S=-4+P$$

(1) 求猪肉市场均衡价格和均衡数量，并计算市场均衡时的消费者剩余、生产者剩余和经济剩余。

(2) 如果政府对每单位猪肉收取2元的税，计算征税后买者支付的价格、卖者得到的价格和交易数量，并计算征税后的消费者剩余、生产者剩余和无谓损失。

(3) 如果政府为了保证消费者利益，在猪肉市场上实行限制性价格上限，该价格比市场均衡价格低2元，此时猪肉市场的价格和交易数量为多少？消费者剩余、生产者剩余和经济剩余为多少？实行价格限制对消费者、生产者和全社会都是有好处的吗？

(4) 分析比较前面几个问题，关于市场配置资源的效率性可以得出什么结论？

第8章　垄断市场

本章导入

本章中我们研究垄断市场，在这个市场上一个企业可以影响产品的供给量进而决定市场的价格。完全竞争和垄断是市场模型的两个极端。我们介绍过完全竞争市场能够实现配置资源有效率，是符合社会利益的，而垄断则不然。垄断企业的目标也是实现利润最大化，但这个目标却有着与竞争企业极为不同的后果，垄断市场的结果往往不符合社会最佳利益。本章将说明为什么会存在垄断，以及垄断者如何做出决策。

通过本章的学习，需要做到：了解垄断和垄断形成的原因；掌握单一定价的垄断企业如何决定产量及价格；理解垄断如何影响经济剩余，并对垄断企业和完全竞争企业加以比较；理解垄断企业的不同价格歧视方式；理解政府对自然垄断的管制方法；了解反垄断政策。

开篇案例　破除垄断才能共赢

2014年以来，中国反垄断调查频繁出现在公众视野中，力度之大为《反垄断法》正式实施以来前所未有。尽管调查时不时引来一些非议，但监管部门并没有因此而停止对涉嫌垄断企业的进一步调查与处罚，也没有因为出现所谓“排外”的说法而放慢脚步。由此可见，国家相关监管部门坚决维护公平竞争、整顿市场秩序的信心和决心异常坚定。

众所周知，自由、公平的市场竞争机制才是市场经济的活力之源。滥用垄断优势的行为，不仅破坏了市场公平的竞争秩序，也会损害消费者的合法权益，对于一些遵纪守法的企业——不管是国内的企业还是外资企业而言是百害而无一利的，更谈不上促进中小企业的创新和发展。

过去，中国对企业监管较宽松，国内一些大型企业，凭借资金、技术、渠道、知识产权等方面的优势左右市场，一些外企又长期享受超国民待遇，有意无意滥用市场支配能力，导致很多企业做出了同样的贡献，却实现不了待遇方面的平等，“垄断”与“普通”之悬殊已经无法忽视。而在企业不正当争利的同时，消费者也不得不承担高昂的成本。

在这样的背景下，国家相关部门开展的反垄断调查不可谓不及时，不仅有利于维护市场的公平竞争秩序，打击和遏制企业滥用垄断优势的行为，也有助于规范跨国公司的行为，同时也能维护中小企业和消费者利益，充分释放消费市场的活力，可谓是一举多得，让人为之称快。

事实上，反垄断调查在全球商业活动中已经非常常见，其作为维护市场秩序的有效手段已经成为世界各国的共识。比如目前汽车业的反垄断，西方国家相关调查就开展得“如火如荼”。有数据显示，截至2014年7月，美国总计处罚了34名汽车零部件企业高管和27家零部件制造商，罚金超过23亿美元。由此可见，中国目前的反垄断调查，虽还需要不断完善，却有阶段的合理性，是中国反垄断加快与国际接轨的重要一步。

当然，对于中国当前的经济发展阶段而言，反垄断要想走得更远，真正发挥推动市场经济发展的重要作用，还需要建立“常态化”和“全面化”机制，并通过公开的执法程序，让市场主体自觉遵守相关法律，履行社会责任。开展这一切的前提是政府进一步转变行为方式，完善市场竞争结构，而现在仅仅是开始。

资料来源：凤凰网http://finance.ifeng.com/a/20140820/12961739_0.shtml

8.1 垄断的形成原因

垄断企业是其产品唯一的卖者，而且其产品没有相近替代品。垄断市场具有如下特征。

第一，整个市场中只有一个卖方，一个企业就代表一个行业，提供了市场的全部供给。

第二，不存在与垄断企业的产品相似的替代品。

第三，具有很高的进入壁垒。与完全竞争市场企业可以自由进入或退出不同，其他企业很难进入垄断市场，因此垄断企业没有竞争者，长期中也是如此。

竞争企业是价格的接受者，而垄断企业是价格的制定者，垄断企业能够通过调整产量来控制产品价格。

由于垄断企业不需要面对竞争，因此每个企业都会希望自己是垄断者。但是，要拥有垄断力量，市场的进入壁垒必须高到没有其他企业可以进入。进入壁垒具有下列形式。

1. 政府制造的垄断

一些市场的进入壁垒来自政府的限制。当政府给予一个人或一个企业排他性地出售某种产品或劳务的权利时，就会产生垄断。因政府法律限制形成的进入壁垒主要有：专利权、版权和特许经营权。

专利权是当发明者开发出新的产品并向政府申请专利保护时，专利法赋予发明人在一定时期内排他性地生产该产品的权利。在专利法的保护之下，发明者在市场上就具有了垄断地位。专利制度主要是为了激励企业和个人进行发明创新。如果企业担心一旦他们的新产品投入市场，创新成果就会被竞争对手窃取，那么市场上就不会有新产品问世。专利保护是激励创新的重要保障。由于有机会获得专利，发明者更有动力花时间与精力发明新东西或者冒险尝试新想法。例如，制药公司就认为药品专利是对药品发明者的奖赏。专利造成的高价格和消费者损失可以看作新想法与产品的成本。当专利期满时，具有垄断地位的产品会向接近竞争市场转变。

版权给予个人或者企业在较长时间内排他性地生产或复制某些类型的知识产品的权利。文学著作、艺术作品和软件程序都可以申请版权。例如某个作家完成一部小说后，在版权法的保护下，未经作者许可，任何人都不能印刷和出售该小说，作者也就是他的小说的垄断者，当作者将小说授权给某个出版社出版其作品时，该出版社也就具有了出版发行该小说的垄断地位。

拥有特许经营权的企业能够提供特殊的商品或者服务，而其他未获得特许经营权的企业则不能。特许经营权并不是创造垄断，但是它消除了竞争。例如，美国邮政局是政府主导的垄断企业，法律规定使用除美国邮政局以外的其他企业的航空信是违法的。然而，由于来自快递服务和传真技术的竞争，这种垄断逐渐消失。

2. 成本壁垒

在有些情况下，一种产品的成本状况决定了该产品的市场是垄断市场。这种成本形成的自然进入障碍创造了自然垄断。当一家企业能以低于两个或者更多企业的成本为整个市场提供产品时，就产生了自然垄断。自然垄断与规模经济相关，当产量在满足全部需求的范围内表现出规模经济时，就会形成自然垄断，即在满足整个市场需求的产量范围内，产量越大，平均总成本越低。如图8-1所示，随着产量的增加，企业平均总成本一直下降。在这种情况下，一个企业可以以最低的成本生产任何数量的产品，也就是说，在既定的产量下，企业数量越多，每个企业的产量越少，平均总成本越高。在这样的成本状态下，由一家企业进行生产并提供产品是有效率的。这种平均总成本曲线持续下降的企业称为自然垄断企业。

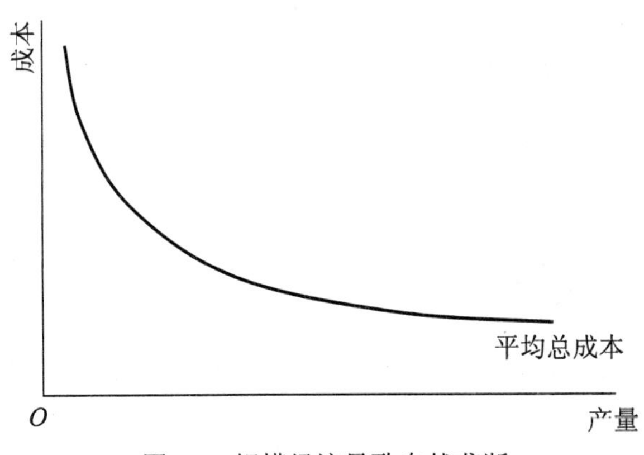

图8-1　规模经济导致自然垄断

现实生活中自来水、煤气、电力供应和铁路运输等都是自然垄断的例子。当一个企业是自然垄断企业时，它很少关心有损于其垄断力量的新进入者。在正常情况下，一个企业如果没有关键资源的所有权或政府保护，是不容易维持其垄断地位的。因为垄断利润的存在会吸引企业进入，从而使市场更具竞争性。但进入一个自然垄断行业并不具有吸引力。因为将进入企业如果进入的话，每个企业的市场份额都会变小，无法实现垄断企业所享有的同样低的成本。

3. 垄断资源

如果一家企业能够控制某种关键的资源，也会形成垄断。但现实经济十分巨大，资源往往由许多企业拥有，而且许多物品都可以在国际市场上交易，所以拥有独特资源的企业很少。一个近似的例子是南非的钻石公司德比尔斯(De Beers)。德比尔斯公司在1888年由英国商人建立，它一度控制着全世界钻石矿产量的80%，最高时的市场份额甚至达到了90%。由于市场份额小于100%，因此德比尔斯公司不是完全意义上的垄断企业，但该公司对钻石的市场价格可以产生巨大的影响。

8.2 垄断企业的利润最大化决策

垄断和竞争的主要差别是垄断企业确定自己的价格，但它这样做时，会面临市场限制。接下来我们考察垄断企业的定价选择。

8.2.1 垄断企业的收益

由于垄断市场中只有一家企业，所以垄断企业面临的需求曲线就是市场需求曲线。这样，垄断企业面临的需求曲线就是一条向右下方倾斜的曲线。见图8-2(a)。

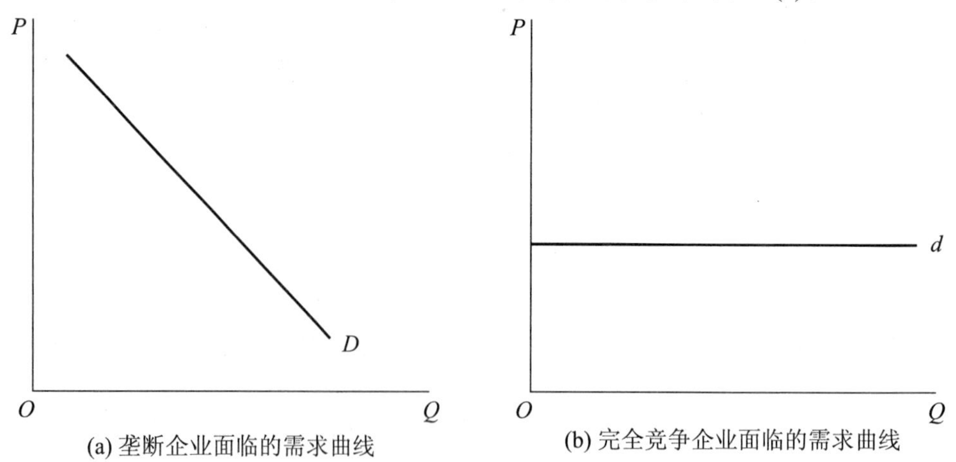

(a) 垄断企业面临的需求曲线　(b) 完全竞争企业面临的需求曲线

图8-2　垄断企业和完全竞争企业面临的需求曲线

垄断企业面临向右下方倾斜的需求曲线，这意味着垄断企业如果增加产量的话，市场价格会降低，如果减少产量，市场价格会提高。也就是说，垄断企业可以通过调整产量来影响价格。企业可以影响市场价格的能力，称为市场势力。这点与前面介绍过的完全竞争企业不同，完全竞争企业是市场上众多企业之一，是市场价格的接受者，不具有市场势力。完全竞争企业面临的需求曲线是一条等于市场价格的水平线(见图8-2(b))，企业多出售或少出售产品都不会影响市场价格。正是因为这一点，完全竞争企业每多卖一单位产品获得的边际收益等于价格，即MR=P。那么垄断企业的收益情况呢？

表8-1描述了一个城市中唯一一家自来水公司的需求和收益情况，借此我们来考察一个垄断企业的收益与产量之间的关系。

表8-1　垄断企业的总收益、平均收益和边际收益

水的需求量Q/吨	价格P/元	总收益TR/元	平均收益AR/元	边际收益MR/元
0	11	0	—	—
1	10	10	10	10
2	9	18	9	8
3	8	24	8	6
4	7	28	7	4
5	6	30	6	2
6	5	30	5	0
7	4	28	4	−2
8	3	24	3	−4

表8-1的前两列是垄断企业的需求表，由于垄断企业是市场上的唯一卖者，所以市场需求数量也就是企业的生产量。如果垄断企业将水的价格定为11元，市场的需求量为0，此时企业无法卖出它生产的水；如果垄断企业将水的价格定为10元，可以卖出1吨水；想要卖出2吨水就必须把水的价格将为9元。类似的，垄断企业想多生产并卖出水的话，就必须降低价格。当它想卖出8吨水时，价格要降低到3元。根据这两类数据，可以得到垄断企业面临的是一条向右下方倾斜的需求曲线。

表8-1的第三和第四列，是垄断企业得到的总收益和平均收益。前面介绍过，总收益等于价格乘以销售数量，平均收益等于总收益除以销售数量，也就等于价格，即：总收益TR=$P\times Q$，平均收益AR=TR/Q=P。表中第三列总收益为前面两列数据的对应乘积，第四列平均收益为第三列总收益对应除以第一列的销售数量，可以看出，得出的数据与第二列相同，即AR=P。

表8-1的最后一列是垄断企业的边际收益。边际收益是企业多生产并销售一单位产品得到的总收益的增加，即：边际收益MR=ΔTR/ΔQ。当垄断企业卖出2吨水时，总收益从10元增加到18元，总收益增加8元，此时销售数量增加1吨，所以边际收益是8元。类似的，可以得到最后一列中的每多生产一吨水得到的边际收益。观察得到的数据可以发现，边际收益是递减的，而且与完全竞争企业边际收益等于价格不同，除了第一单位产品边际收益

与价格相等外，垄断企业的边际收益是小于价格的。

这个边际小于价格的特征正是由于垄断企业面临一条向右下方倾斜的需求曲线所决定的。

需求曲线向右下方倾斜，说明垄断企业想要多卖出产品就必须降低价格。例如，如果垄断企业想把销售数量从2吨提高到3吨，就必须把价格从9元降低到8元才能实现。垄断企业从第3吨水中得到8元的收入，但此时全部卖出的3吨水都是以8元的卖出，即原来卖出2吨水时是可以按照9元的价格卖出的，现在也要按照8元来卖出，所以垄断企业从这2吨水中损失了2元的收入。这样，当垄断企业卖出3吨水时，新增的收入就是第3吨水的8元减去损失的2元，第3吨水的边际收益就是6元，小于价格8元。当增加产量带来价格下降使企业损失的收入比从多卖出一单位的价格还要多时，增加销售量会使总收益减少，出现边际收益为负的情况。如垄断企业将产量从6吨增加到7吨时，多卖一吨(第7吨)的新增收入等于价格4元，但从前6吨水中损失了6元(原本卖5元)，所以边际收益为-2元。

也就是说，当垄断企业多卖出一单位产品时，必须降低对所销售的每一单位产品收取的价格，这种价格下降减少了它已经卖出的各单位产品的收益，所以，垄断企业的边际收益小于价格，即

$$\mathrm{MR}<P \tag{8-1}$$

图8-3中描述了垄断企业的需求曲线和边际收益曲线。企业卖出第1单位产品时获得的边际收益等于价格，随着产量增加，边际收益小于价格，所以边际收益曲线位于需求曲线的下方。与此不同，完全竞争企业增加销售量时，不会影响到价格，也就不会减少前面产量的收益，所以完全竞争企业的边际收益是等于价格的。

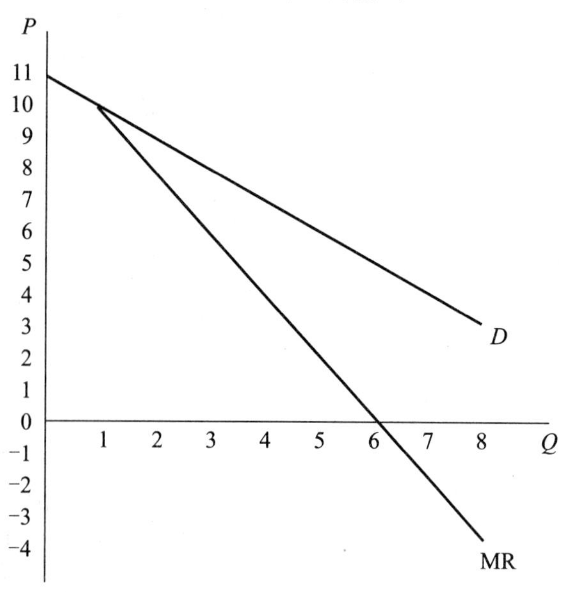

图8-3　垄断企业的需求曲线和边际收益曲线

8.2.2　垄断企业的利润最大化

虽然垄断企业作为市场上唯一企业能够通过产量影响市场价格，但需求曲线限制了垄断企业借由市场势力获取利润的能力：要想提高价格必须减少产量，要想增加产量必须降低价格。垄断企业要获得利润最大化不能单纯追求高价格或者高产量。

接下来我们分析垄断企业如何实现利润最大化。图8-4中画出了一个垄断企业的需求曲线、边际收益曲线和成本曲线。

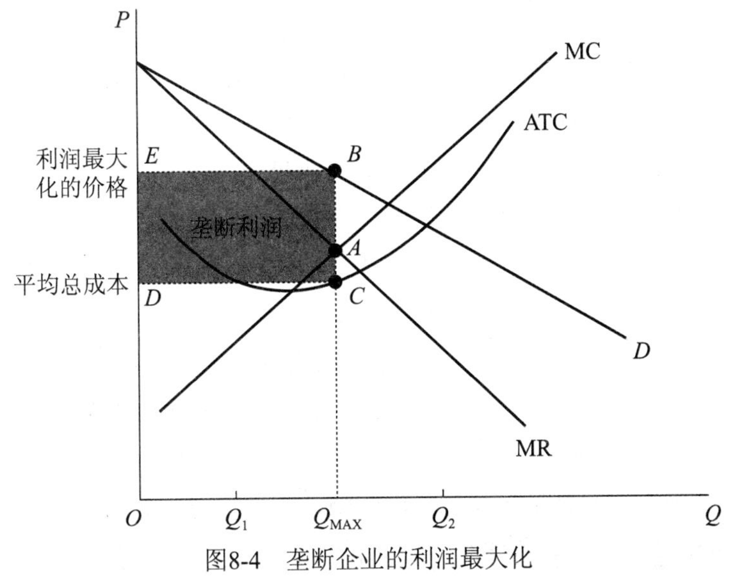

图8-4　垄断企业的利润最大化

垄断企业如果选择生产Q_1的产量，此时，边际收益大于边际成本。企业增加1单位产量实现的新增收益大于新增成本，企业继续生产利润会增加。因此，当边际收益大于边际成本时，企业可以通过增加产量来增加利润。

垄断企业如果选择生产Q_2的产量，此时，边际收益小于边际成本。企业减少1单位产量所减少的成本大于减少的收益，企业减少生产利润会增加。因此，当边际收益小于边际成本时，企业可以通过减少产量来增加利润。

企业产量最后调整到Q_{MAX}时为止，此时企业不能通过增加或减少产量来实现利润增加。此时，边际收益和边际成本相等。垄断企业的利润最大化产量是由边际收益和边际成本曲线的交点决定的，即图8-4中的*A*点。

与其他所有市场类型中的企业一样，垄断企业的利润最大化条件也是边际收益和边际成本相等，即MR=MC。

由于垄断企业是市场上唯一的卖者，当垄断企业选择了使边际收益和边际成本相等的产量后，对应到需求曲线，就可以找到它能收取的最高价格，并销售该产品。这是因为需求曲线反映了消费者愿意为某一销售数量的产品支付的最高价格。在图8-4中，垄断企业利润最大化的价格为*B*点所对应的价格。显然，这个价格是高于边际成本的。

与完全竞争企业对比一下，可以发现完全竞争市场与垄断市场之间的关键差别：在完全竞争市场上，价格等于边际成本；在垄断市场上，价格大于边际成本，即

$$完全竞争企业：P=\mathrm{MR}=\mathrm{MC}$$

$$垄断企业：P>\mathrm{MR}=\mathrm{MC}$$

利用这一结论，我们可以比较这两个市场上的资源配置效率。

在介绍完全竞争企业的生产决策时，我们得出的结论是竞争企业的供给是企业边际成本曲线的一部分，那垄断企业呢？需要注意的是，垄断企业是没有供给曲线的。这是因为，供给曲线表示的是企业在任意一种价格水平时选择的供给量。在我们分析作为价格接受者的完全竞争企业时，这个概念是有意义的。但垄断企业是价格的制定者，不是价格的接受者。在垄断企业根据利润最大化条件确定其生产的数量并销售时，市场上的价格就相应确定了。所以，我们不能谈及垄断企业的供给曲线。

垄断企业做出利润最大化决策时，获得的利润是多少呢？

根据上一章的分析，利润=总收益-总成本，即：利润=TR-TC，也可以表示为

$$利润=(P-\mathrm{ATC})\times Q$$

运用图8-4来分析，当垄断企业选择利润最大化的产量时，支付的平均总成本在C点，此时利润最大化的价格在B点，所以线段BC可以表示价格与平均总成本之差，即P-ATC，是企业从每单位产品中获得的利润。此时企业销售了Q_{MAX}数量，可以用线段CD的长度表示。因此，垄断企业获得的利润就是图8-4中阴影部分的矩形面积。

与完全竞争企业长期中获得零利润不同，由于垄断市场上存在进入壁垒，只要垄断企业得到高于平均总成本的价格，就能够在长期中保持正的垄断利润。当然，垄断也不意味着一定存在垄断利润，垄断企业也会面临成本和价格压力。如果根据利润最大化条件MR=MC实现的价格低于平均可变成本，短期中垄断企业也会选择停业将损失减少到最低，如果价格低于平均总成本，长期中垄断企业也会选择退出该行业。

案例8-1　德比尔斯钻石公司计划减少钻石生产，钻石价格预期每年至少上涨5%

德比尔斯钻石公司(De Beers)是全球最大的钻石矿业公司，主要业务包括钻石矿石开采、贸易、工业钻石生产及加工等。由于控制着全球最大的钻石销售渠道，德比尔斯公司在钻石市场的占有份额曾一度达到90%。在20世纪下半叶，随着俄罗斯、澳大利亚和加拿大等新世界级矿产的发现，德比尔斯公司对全球供给的控制就变得越来越困难。但目前仍控制着全球市场份额40%的钻石开采和贸易。

为了通过不可替代性维持其垄断地位，德比尔斯公司每年都要花巨资在各个国家做广告，它的广告词“钻石恒久远，一颗永流传”已经家喻户晓。虽然已经不是严格意义上的垄断企业，但德比尔斯公司仍然能够影响全球钻石市场的价格。

2010年4月25日，据金融时报网站报道，德比尔斯公司认为长期来看钻石供应将逐步枯竭，这促使其减少钻石生产以延长矿山寿命。加拿大皇家银行资本市场钻石行业分析师达斯·克拉里尔(Des Kilalea)认为此举将使未来5年原钻价格每年至少上涨5%。德比尔斯总经理加雷斯·彭尼(Gareth Penny)称，目前亚洲对钻石的需求加速了全球现有钻石矿的枯竭，因此必须减少钻石生产。20年来，该行业一直未能找到可以和德比尔斯在非洲的两个最大钻石矿或Alrosa在俄罗斯的最好的钻石矿相媲美的新钻石矿。钻石供给在未来15年内是需要重点考虑的问题。

目前德比尔斯钻石产量占全球原钻产量的40%，在未来五年内将从钻石“自然供求不平衡”的现象中受益。

资料来源：根据维基百科http://zh.wikipedia.org/zh-tw/戴比尔斯、中国商务部网址http://www.mofcom.gov.cn/aarticle/i/jyjl/k/201004/20100406888440.html、中国黄金网http://www.gold.org.cn/detail_28_1598.aspx相关内容整理

8.3 垄断市场的效率评价

上一章中，我们学习到完全竞争市场上资源配置是有效率的，完全竞争市场的均衡带来全社会经济剩余最大化。那么在垄断市场上，资源配置是否有效率呢？我们继续用经济剩余来对垄断市场进行效率评价。

经济剩余等于消费者剩余和生产者剩余之和。消费者剩余等于买者的支付意愿减去买者支付的价格，即需求曲线与价格线围成部分的面积。生产者剩余等于卖者得到的价格减去卖者的边际成本，即价格线与边际成本曲线围成部分的面积。经济剩余就是需求曲线与边际成本曲线之间的面积。

利用图8-5可以考察垄断市场上的消费者剩余和生产者剩余。为了实现利润最大化，垄断企业选择边际收益曲线与边际成本曲线交点对应的产量Q_0，对应到需求曲线上，此时垄断企业收取的价格是P_0。垄断市场上消费者剩余是需求曲线之下、价格线之上的深色阴影三角形部分面积；垄断市场上的生产者剩余是价格线之下、企业边际成本曲线之上的阴影梯形部分面积。此时的经济剩余是消费者剩余与生产者剩余之和。

我们还记得，实现经济剩余最大的衡量标准可以描述为：价格与边际成本相等。完全竞争市场在均衡的交易数量，买者支付的价格恰好等于卖者的边际成本，竞争市场的均衡能够实现经济剩余最大。垄断市场上，产量为Q_0时，价格为P_0，高于垄断企业的边际成本，此时没有实现经济剩余最大：如果继续增加产量，经济剩余会增加，垄断企业生产的数量低于社会最有效率产量。有效率的产量水平是价格与边际成本相等，即需求曲线和边际成本曲线交点对应的产量，即图8-5中的产量Q_1。

由于垄断企业收取了高于边际成本的价格，在垄断产量Q_0到有效率产量Q_1之间，买者

对产品的支付意愿低于垄断价格，这部分买者无法实现购买。但他们对产品的支付意愿高于其边际成本，如果能够交易会使双方受益，带来经济剩余增加。也就是说，垄断定价使一些对双方有益的交易无法进行。这部分无效率的垄断产量引起经济剩余减少，是垄断引起的无谓损失，即图8-5中的三角形*ABC*的面积。

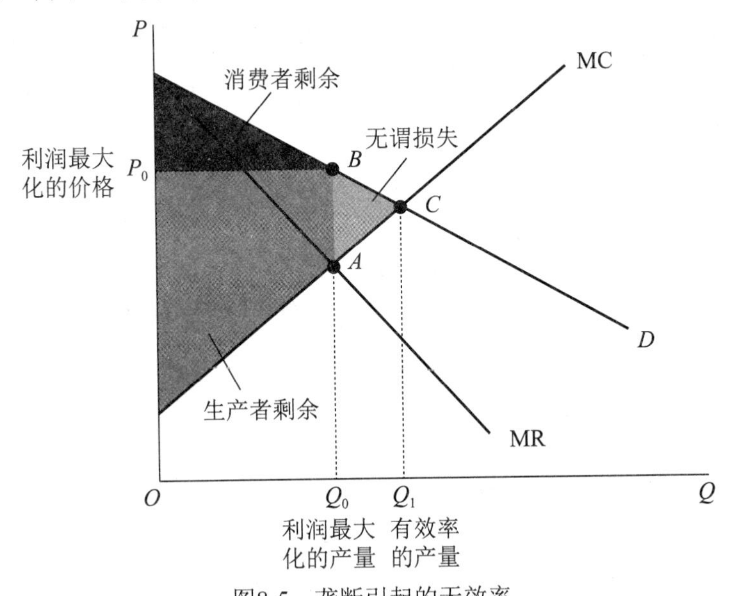

图8-5　垄断引起的无效率

对垄断市场的资源配置效率可以总结如下。

第一，垄断者生产小于社会有效率的数量，并收取高于边际成本的价格。

第二，垄断导致了消费者剩余减少，生产者剩余增加。

第三，垄断导致了经济剩余减少，即产生了无谓损失。

垄断产生的主要原因是专利权、版权和规模经济形成的自然垄断。由于垄断会产生无谓损失，因此很多垄断行为都会受到政府的管制。对自然垄断行业进行管制的目的是使价格低于垄断价格并接近于竞争价格，进而降低垄断的无谓损失。由专利权导致的垄断能够让企业获得创新的高利润，但也会由于高价格对消费者造成损害。政府可以通过制定法律控制专利保护期内产品价格。例如，政府可以降低病人服用的专利药品的价格，但这样做会减少制药企业发明新药的动力，社会会遭受一定的损失。总的来说，在评价垄断企业的无谓损失时，必须考虑有垄断利润促发的研究与新产品所带来的收益。

案例8-2　江苏打响垄断药品降价第一枪

2014年9月26日上午，江苏省物价局召开新闻发布会，宣布调整(事实上为降价)奥拉西坦注射剂等13种药品，27个规格化学药品最高零售价格。此番降价平均幅度达到25%，最高达40%，是2006年省管药品价格以来，史上最大的降幅。

这些药品主要集中在部分独家生产、市场缺乏竞争性、临床用量大的高价药品，即主要是高价垄断药物。比如“注射用复合辅酶”是日治疗费用超过100元的独家品种。不少是抗肿瘤药品，像“紫杉醇脂质体”的单支价格超过千元，价格比较高。

有媒体测算，像“注射用复合辅酶”，降价后可减轻全社会医药费用负担超过3000万元/年；“紫杉醇脂质体”是单支价格过千元的抗肿瘤药品，降价后减轻医药费用负担超过2300万元/年。

打破药品价格垄断，近年来一直是一个热点话题。不少行业人士普遍对专利药、原研药的高定价感到不满，多次呼吁取消其“超国民待遇”，而为外资药企提供“庇护”的一些组织，则通过发布报告等各种途径，推出“同药不同质”的论断，以维护专利、原研药品相对高的价格体系。

由于国内医药企业在某些产品的研发、资金和技术方面相对薄弱，使得外资药企在某些产品方面具有一定的市场支配地位，而外资医药企业可能会利用自己在技术上的优势，滥用市场支配地位。

医药企业的垄断行为不仅会对医药企业、整个医药产业产生影响，并将严重伤害到消费者本身。由于医药行业是国家经济的重要行业，整个医药行业的不健康发展终会影响到整个国家经济发展。无论是专利药垄断还是曲线手法获得市场支配地位，这种扰乱市场生态、有悖商业精神的行为对中国医药行业所产生的负面影响是致命性的。

资料来源：根据华夏医界网http://news.hxyjw.com/yigai/show-146691内容整理

8.4 价格歧视

前面所分析的是垄断企业获得利润最大化的单一定价。但有时候，由于具有市场势力，垄断企业会针对不同的人群对同一产品收取不同的价格，这种做法称为价格歧视(Price Discrimination)。价格歧视在生活中很普遍，例如针对学生或达到一定年龄的老年人的景区折扣门票，电影院的周二的半价电影票。有些价格歧视不被发现，因为它发生在地理上相互分离的市场中。在国外市场和国内市场制定不同价格的现象很普遍。例如，日本的照相机在美国的价格比在日本低，而德国高级汽车在美国的价格通常比德国高。

在讨论垄断企业的价格歧视前，先考察一下竞争市场上的企业能否实现价格歧视。在竞争市场上，许多企业按照市场价格出售同一种产品，当然没有哪一个企业愿意以低于市场价格卖出产品，而想以高于市场价格卖出产品也是不可能的，如果某一企业提高价格，消费者会从其他企业那里购买产品。所以，完全竞争企业是不能实行价格歧视的。

成功的价格歧视需要以下条件。

第一，卖者必须具有一定的垄断权(或者市场势力)，或者对价格有一定的控制权。

第二，卖者必须能够根据顾客的需求弹性将市场中的消费者划分为不同的群体。

第三，卖者必须能够阻止套利行为，即“贱买贵卖”不可能实现，或者需要付出极高的代价。

价格歧视主要有三种类型。第一种是“完全价格歧视”或“一级价格歧视”。完全价格歧视描述了垄断者向每个消费者收取等于其支付意愿的价格。第二种是“二级价格歧视”，描述了垄断者根据消费者购买的数量向消费者收取不同的价格。例如，企业会对初始购买量收取一个较高的价格，当消费量达到一定程度时就会降低价格。第三种是“三级价格歧视”，描述了垄断者向不同的消费群体收取不同的价格。这是一种最为常见的价格歧视形式。例如，学生购买电影票、火车票可以享受半价优惠。

8.4.1 完全价格歧视

当完全价格歧视可以实现时，垄断者完全了解每个消费者的支付意愿，并对每个消费者收取等于其支付意愿的价格。这种类型价格歧视的最好例证可能是跳蚤市场。在跳蚤市场上，买家和卖家对每一件产品进行讨价还价，最后成交的价格就是买者愿意支付的最高价格。在实行完全价格歧视的情况下，垄断者对支付意愿最高的买者收取最高的价格，对支付意愿稍低的买者收取稍低的价格，以此类推，最后一单位产品买者支付的价格等于垄断者的边际成本。事实上，在完全价格歧视时，垄断者从每单位产品的销售中得到的边际收益就等于买者对每单位产品支付的价格。因此，对完全价格歧视者而言，边际收益等于价格，需求曲线变为边际收益曲线。

图8-6中比较了垄断者实行单一定价和完全价格歧视。为了分析方便，假设垄断者具有不变的边际成本，且等于平均总成本。可以看出，与单一定价的垄断者相比，实行完全价格歧视时，消费者剩余和无谓损失变为零，原有的消费者剩余和无谓损失全部转变为垄

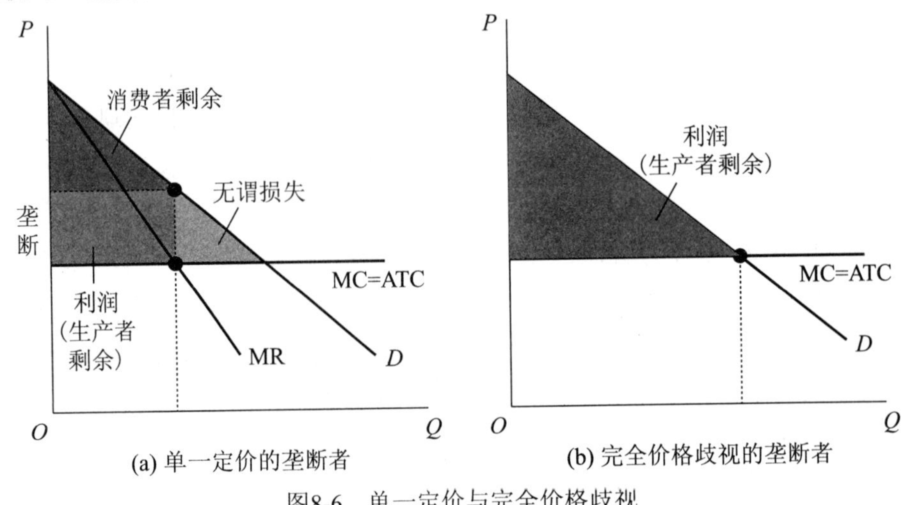

图8-6 单一定价与完全价格歧视

断者的生产者剩余。此时，垄断者以利润的形式获得了市场全部经济剩余。无谓损失为零，说明完全价格歧视实现了资源配置有效率。垄断企业产生无谓损失是因为它的产量太低。如果价格歧视能够增加产量，那么就减少了无谓损失。

当实行完全价格歧视产量增加到价格等于边际成本时，边际成本曲线与需求曲线相交。这时的产量与完全竞争的产量相同。不同的是，在完全竞争时由消费者和生产者分享经济剩余，而完全价格歧视使生产者剩余增加到等于完全竞争下的消费者剩余与生产者剩余之和，得到了全部的经济剩余。垄断对垄断者是有利的，但其他人为此付出了代价。

8.4.2　二级价格歧视

二级价格歧视是指根据消费者不同的购买量来收取不同的价格。例如在产品批发市场上，购买的数量越大，能够享受到的价格越低。如图8-7所示，垄断者单一定价时，价格为P_0，生产的数量为Q_0，此时获得的利润为P_0P_CBA的面积。如果根据消费者购买数量确定价格，最初的Q_1单位产品以P_1的价格出售；在Q_1到Q_2之间时，价格降低到P_2；当消费者购买数量继续上升的时候，价格就降低到P_C。这样，垄断者就赚取了灰色阴影区域的利润。

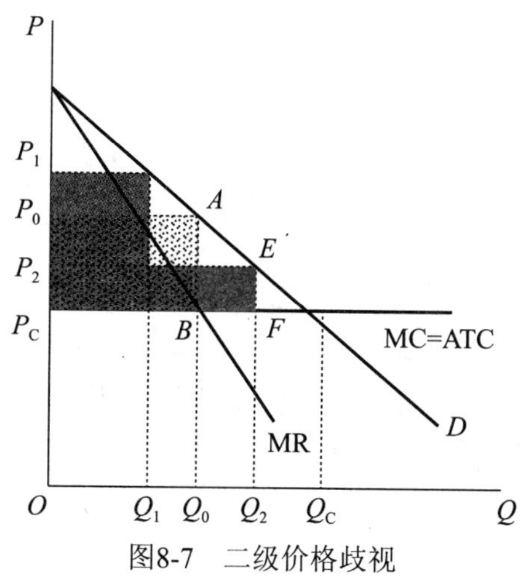

图8-7　二级价格歧视

对比灰色阴影区域和斜线区域，可以看出，垄断者实行二级价格歧视所获得的阴影区域的利润，大于仅以P_0价格单一定价时出售商品获得的利润。垄断企业实行二级价格歧视是将部分消费者剩余转化为超额利润。航空公司的常客飞行里程累计就是这样一种定价，如果乘客的累计飞行距离超过了一定数量，就可以得到一张免费的机票，或者免费升级为商务仓。肯德基、麦当劳餐厅推出的“第二杯半价”活动，也是这种二级价格歧视。

从图8-7中可以看出，如果垄断者给大批量购买者更高的折扣，利润就会增加，只要大批量购买者不把产品转售给小批量购买者，就能创造出额外的利润。在二级价格歧视下也具有类似完全价格歧视的优点：可以减少无谓损失。例如，由于常客飞行折扣而得到低价格机票的人往往会飞行更多，结果是航空公司将推出更多的航班。垄断产生无谓损失的原因是产量太低，如果价格歧视能增加产量，就会减少无谓损失。

8.4.3 三级价格歧视

三级价格歧视是生活中最常见的价格歧视类型，即对不同的消费者群体收取不同的价格。例如学生持学生证可以半价购买电影票，或者按一定折扣购买火车票。

实行三级价格歧视除了要求企业具有一定的市场势力外，还必须满足一定的前提条件：第一，存在两个以上可以分割的子市场，子市场间由于成本、地理位置、年龄、国籍等原因充分隔绝而不可能存在相互流动的情况。第二，两个以上分割的子市场中的消费群体具有不同的需求价格弹性。

如图8-8所示，需求曲线D_1和D_2分别代表了一个市场中需求价格弹性不同的两个子市场，相应的需求曲线和边际收益曲线分别为D_1、MR_1和D_2、MR_2。由于差别定价的产品是相同的，所以无论哪个市场边际成本MC都是相同的。企业利润最大化的差别定价原则应该满足每个子市场能够实现利润最大化，即两个子市场的边际收益等于边际成本：$MR_1=MR_2=MC$。

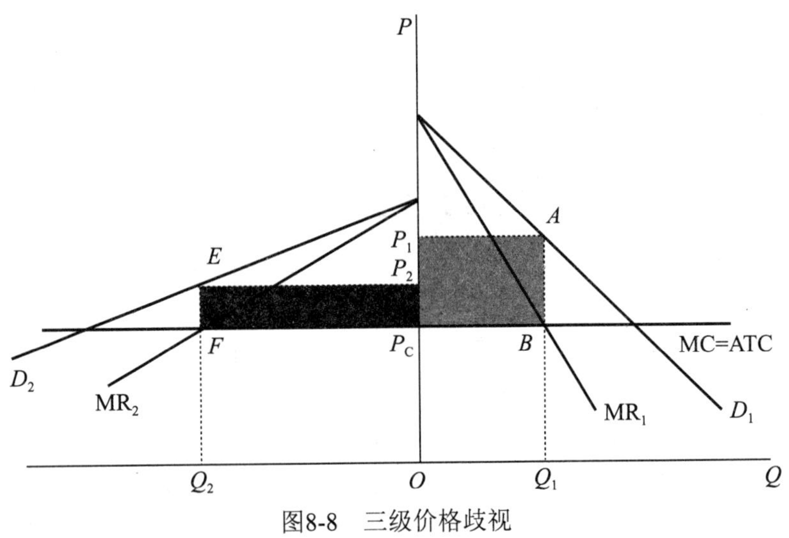

图8-8 三级价格歧视

差别定价的结果是：具有较低需求价格弹性的子市场(需求曲线为D_1) 上的价格为P_1，这个价格高于较高需求价格弹性的子市场(需求曲线为D_2) 上的价格P_2。对子市场D_1，垄断者得到了P_1P_CBA的利润，对于子市场D_2，垄断者得到了P_2P_CFE的利润。在弹性大的子市场上，如果索取高价格，会使消费者需求量明显减少，从而导致垄断企业收入减少较多，相反，在弹性小的市场，如果索取高价格，不会使消费者需求明显减少，也不会导致垄断企业收入明显减少。实行三级价格歧视有利于垄断企业在不同子市场实现利润最大化，从而在市场总体上实现利润最大化。

与实行完全价格歧视类似，通过对需求价格弹性不同的消费者群体实行不同的价格，垄断者不仅增加了销售数量，还获得了比实行单一价格政策更多的利润。

垄断产生的无效率源自于垄断企业生产了较少的产品数量，可以看出，无论是哪一种类型的价格歧视，由于增加了产量，因此与单一价格时相比，均会减少无谓损失，从而增加经济福利。垄断企业可以实行的价格歧视越完全，产量就越接近于完全竞争的产量，市场结果也越有效率。

案例8-3　麦当劳的优惠券与第二杯半价

在麦当劳店里，我们经常会看到一群学生在一起翻着花花绿绿的优惠券，试图从中找到最优惠的购买组合。麦当劳一直采取向消费者发放优惠券的促销策略，这些优惠券不仅可以在其网站上下载、打印，很多时候在麦当劳店门口就有店员在派发。麦当劳这样做是为了吸引更多的顾客，扩大销售量吗？如果是这样的目的，那么为什么不直接降价呢？可见，这个解释并不准确。

事实上，麦当劳的优惠券政策是在实行三级价格歧视，利用优惠券将顾客分开。

要获取或者使用优惠券是要花费一定的时间成本的——上麦当劳的网站寻找、打印优惠券，或者到路边索取，都需要花费少许成本，主要是时间成本。另外，优惠券能够购买的通常是某种指定的商品组合，而不是随意购买。也就是说，使用优惠券的顾客，是要付出代价——不能随意挑选商品的代价，这也是一种成本。所以并不是所有的顾客都愿意花时间将优惠券保存，在下次就餐时带来并使用。但是，通过优惠券的方式，麦当劳成功将顾客中的富裕而繁忙的高收入顾客和低收入顾客分开。高收入阶层到麦当劳用餐弹性低，对优惠券的价格优惠不敏感，不可能花时间将优惠券随时带在身上，也不愿意花费时间成本来选择优惠组合。如果直接将产品价格降低，不带优惠券的高收入顾客的高支付意愿消费带来的收入就会流失。但低收入的顾客到麦当劳用餐弹性高，他们更可能保留优惠券，因为他的支付意愿低，对优惠券的价格优惠比较敏感。这样，对于高收入顾客——不持有优惠券的人，麦当劳对供给他们的商品实行高价格(没有优惠)，而对于低收入顾客——持有优惠券的人，麦当劳实行较低的价格，吸引了一部分低收入顾客到麦当劳用餐。时间、地点、商品相同，但对不同的人群收取的价格不同，这就是典型的三级价格歧视。

通过优惠券这种价格歧视，麦当劳既能够通过高价格从高收入顾客那里获得利润，又能够通过低价格吸引低收入顾客的消费来增加销售量，麦当劳从消费者那里获得了更多的消费者剩余，增加了利润。

那么，麦当劳推出的第二杯半价活动怎么解释呢？这种第二杯半价的销售方式同样是在实行价格歧视政策，是根据消费者购买数量不同实行不同价格的二级价格歧视。

一位消费者购买冰饮时，由于消费者的边际效用递减，喝了第一杯之后，不那么渴了，第二杯饮料带来的满足感低于第一杯，从而使消费者不肯为第二杯饮料出高价。麦当劳从消费者喝的第一杯饮料中赚得最多。当然麦当劳不满足于只赚第一杯的钱，对它来说，能多赚一点是一点。但是消费者已经不肯为第二杯饮料付同样多的钱，因此麦当劳采取差别定价的策略，对第二杯收取低价格。

生活中，更多的情况是两个人同时购买享受优惠折扣，这其中的原因也是类似的。以麦旋风为例，购买一杯需要12元，购买第二杯只要半价即6元。这样两个人平均每杯的价格就是9元。部分原本不愿意以12元的价格购买冰饮的顾客，以较低的9元价格实现了购买。这样，麦当劳既可以按照12元的价格从只购买一杯的消费者那里获得利润，又可以按照9元的价格增加销售数量获得更多的利润，这同样使麦当劳获得了更多的消费者剩余。

资料来源：http://edu.sina.com.cn/bschool/2014-01-20/1749407844.shtml

8.5 针对垄断的公共政策

竞争市场以最低的价格为消费者提供最多的产品选择，能够实现资源的有效配置。与竞争市场相比，垄断企业有足够大的垄断权来控制产量，并收取高于边际成本的价格，最终导致了资源配置的无效率。为了避免全社会范围内较大的效率损失，政府通过相关的公共政策解决垄断产生的无效率问题。

8.5.1 自然垄断及政府管制

在自然垄断的情况下，政府要防止垄断者滥用他们的市场权利。图8-9代表了自然垄断的市场。由于存在巨大的规模经济，该行业的边际成本很低，平均总成本曲线是向下倾斜的。如果这个自然垄断企业是纯粹的私人企业，为了追求利润最大化，它只会生产Q_1的产量，并以P_1的价格出售(A点)。垄断企业能够赚取垄断利润，但是消费者会因为低产量和高价格而受损，整个社会会面临较高的无谓损失，即三角形ACD部分的面积。因此，政府一般不允许这类企业实行他们想实行的高价格，需要对自然垄断行业的价格实施管制。自然垄断行业价格管制的规则有边际成本定价、平均总成本定价和激励管制。

1. 边际成本定价

理想的情况下，对自然垄断的价格管制应实现价格等于垄断者的边际成本，即实施边际成本定价(P=MC)，这是最佳的资源配置方式。在图8-9中，根据边际成本定价规则，企业以P_3的价格销售Q_3单位的产品(C点)。此时消费者将购买使经济剩余最大化的产量，资源配置是有效率的。

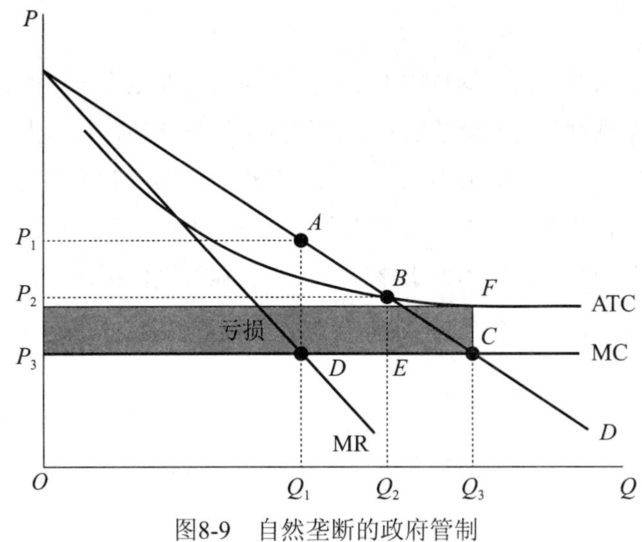

图8-9　自然垄断的政府管制

但是，这种定价方式存在现实的障碍。自然垄断下平均总成本递减，此时边际成本是小于平均总成本的。如果将价格定为等于边际成本，价格就会低于企业的平均总成本，企业将面临亏损。图8-9中，在价格管制下垄断企业生产Q_3的产量时，每单位产品会遭受CF的损失，企业会面临阴影部分显示的亏损，最终垄断企业会离开该行业。如果要实施边际成本定价，政府要给予企业相当于阴影部分亏损大小的补贴，补贴使企业获得正常的经济利润的同时，能够以社会有效率的价格提供社会有效率的产量。此时相当于政府承担了边际成本定价的亏损。但为了支付补贴，政府需要通过税收筹集资金，又会引起税收的无谓损失。

2. 平均总成本定价

边际成本定价的方式并不经常被使用。较为常见的管制方式是平均成本定价。平均成本定价要求受管制的垄断企业在价格等于平均成本的点进行生产和销售产品。如图8-9中的B点所示，需求曲线和平均总成本曲线在B点相交，价格等于平均总成本，垄断企业以P_2的价格销售Q_2单位的产品，正好能够获得正常的经济利润。与资源配置有效率的定价方式相比，消费者要为较低的产量支付较高的价格，社会中会出现BCE大小的无谓损失。在这种价格管制下，正常利润使企业能够继续经营，并且与垄断定价相比消费者的损失大大减少了。

但是，平均总成本定价的方法也存在一些严重的问题。假如企业知道不论自己的平均总成本是多少，它总可以按照平均总成本来制定价格，那么它将失去降低成本的激励。规模扩大带来了员工增加和缺乏创造性的管理层反而会导致成本上升。在平均总成本定价的政策下，任何增加的成本都会导致价格上升。如果没有惩戒机制，将会导致无效率。

3. 激励管制

第三种管制方法试图解决平均总成本定价所产生的控制成本不足的弊端。这一方法被称为激励管制。这是一种相对较新的思想，并得到了很快传播，很多人预测它代表了管制方法的未来发展方向。激励管制的做法是，制定多年有效的管制价格，该价格可能基于对平均总成本的估计。管制部门告诉自然垄断企业，这一价格在若干年内不会改变。如果经过努力，受管制企业的平均总成本低于该价格，则企业可以保留这部分利润或者将利润用于奖励降低成本方法的员工。相应地，如果由于管理不善导致成本上升，企业将会蒙受亏损，因为价格是不变的。

在激励管制中，管制价格不完全等同于平均总成本。因此企业获得了降低成本的激励，如果企业经营不善，就会受到利润减少或亏损的惩罚。

8.5.2 反垄断政策

垄断是无效率的，它使垄断企业占有了消费者剩余并把这种剩余转化为生产者剩余，成为企业的垄断利润。反垄断政策就是政府用以促进市场上各企业竞争所采取的行动。反垄断政策包括威胁并分割拥有重要市场力量的企业，阻止那些会极大增加垄断力量的兼并，阻止限定价格，限制企业与他们的攻击者的反竞争协定，其目的是促进竞争性经济。

1. 美国的反垄断政策

反垄断政策始于100多年前的美国，当时是为了回应汹涌的兼并浪潮。同一时期，类似的兼并运动也发生在欧洲。交通、通讯和管理技术的迅速革新使这些兼并成为可能。标准石油公司就是在这个时候迅速成长起来的。1870年1月10日，洛克菲勒创建标准石油。1890年，标准石油成为美国最大的原油生产商，垄断了美国95%的炼油能力、90%的输油能力、25%的原油产量。标准石油公司十分强势，它要求美国铁道部门只能给予标准石油公司运输费率折扣，不能给予其竞争对手折扣，并运用其强大的市场占有率强迫它的竞争对手退出。为了阻止这样的大型企业使用他们的垄断力量，美国1890年通过了《抵制非法限制与垄断保护贸易及商业法》，因最初是由参议院议员约翰·谢尔曼提出的议案，故称《谢尔曼法》，由于当时企业兼并多是通过“托拉斯”的形式进行，所以这部法律也称为《反托拉斯法》。一般被认为《谢尔曼法》是世界上最早的反垄断立法。《谢尔曼法》禁止限制贸易的契约、联合或共谋，该法令的第二部分特别关注大型厂商，并指出：“任何垄断或试图垄断国内贸易与商业任何部分的个人或与外国联合垄断的个人，都将被判以重罪。”

根据《谢尔曼法》，1911年，标准石油公司被拆分成34个独立的自由公司，其中最大的五个就是后来著名的埃克森、美孚、Sohio、阿莫科和雪弗龙。在标准石油公司拆分后不久，美国政府根据《谢尔曼法》将美国烟草公司拆分成16个不同的厂商，还分割了铁路、食品供应与化学产业的垄断企业。在针对垄断的判决中秉持了合理性原则，即构成垄断的条件是厂商不仅拥有垄断力量而且它意图使用这种力量对付其他厂商进而限制竞争。

1914年，美国通过了《克莱顿法》，详细列出了哪些行为可能是违法的。比如，该法案规定，拥有很大市场份额的企业，如果要求其客户或产品租赁方，不得从其竞争对手那里购买产品，那就是违法的。此外，掠夺性定价也被认定违法，掠夺性定价是指一个厂商将价格定在牺牲短期利润以消除竞争对手并在长期获得高利润的行为。掠夺性定价是具有一定的市场支配地位的大企业以排挤竞争对手为目的的故意行为。企业通过兼并形成更大、更强势的企业，或者通过股票收购、并购或控制其他企业，也会形成垄断势力。《克莱顿法》禁止"显著弱化竞争"或"可能形成垄断"的兼并或并购。

之后，美国又通过了一系列相关法案对《谢尔曼法》和《克莱顿法》进行修正和补充。粗略地说，反垄断法实际上是关于什么可以做，什么不能做的法律，它试图提供一个一般性的法律框架，根据实际情况对限制了市场竞争的行为进行规范和惩罚。

2. 欧盟的竞争政策

在欧盟成立后，竞争法成为其体系中重要的法律，主要包括建立欧共体、欧洲煤钢共同体和欧洲原子能共同体三个基础条约及相关文件，其法律效力凌驾于成员国的竞争法之上，后者不得与欧盟竞争法相抵触。欧盟竞争政策通过欧盟委员会实施，不仅能允许或禁止欧洲公司之间的兼并，而且在欧洲大型公司竞争行为方面也扮演着重要的反垄断角色。

1999年，欧盟委员会在反对沃尔沃和Scania合并声明中声称：这种兼并会支配斯堪的纳维亚半岛市场并对瑞典的大型卡车市场产生实际的垄断作用。1998年，欧盟委员会和澳大利亚、加拿大反垄断部门一起要求取消前六大会计师事务所的两大——安永和毕马威——之间的兼并，他们担心这一兼并会导致成千上万的雇员失业，从而使欧洲面临一次失业高潮。

2004年，欧盟委员会裁定微软使用"近乎垄断"的地位来排挤软件对手，从而违反了欧盟竞争政策的罗马条约。欧盟除了要求微软支付61 300万美元的罚单外，还被要求和软件竞争对手共享Windows操作系统的细节，从而有助于他们编写和Windows匹配的程序。欧盟委员会威胁微软，如果不提供足够的原始代码和技术支持从而确保对手的数据服务软件可以像微软服务软件一样简单地通过微软桌面操作系统起作用，一天将处罚微软200万美元。2006年4月微软在欧洲一审法庭就罚款事项进行上诉，直到2007年这个决定才得以实施。

欧盟的竞争政策与美国的反垄断法非常类似，同样限制兼并、关注主导企业滥用市场势力的行为，但二者也存在一些差异。一般来说，在反垄断的态度上，欧盟及大多数国家对于垄断地位本身不加以干预，仅禁止滥用垄断地位的行为，而且，即使发生滥用垄断地位的行为，也只是禁止和制裁其行为本身，而不分拆垄断企业，甚至在不正当获取垄断地位的情况下也是如此。美国同样不禁止垄断地位本身，而禁止以不正当方式获取垄断地位以及以不正当方式维持垄断地位的情形，但可以采取分解垄断企业的制裁措施，从根本上消除其滥用垄断地位的基础。在兼并评估方面，欧洲会做得更快一些，并且在实际操作中，认定欧洲企业拥有占优地位，也比认定美国的企业拥有垄断势力要容易些。此外，欧盟和美国都努力执行有关限定价格的法律，但欧洲只有民事处罚，美国除了民事处罚外，还有可能对企业负责人进行刑事处罚。

3. 亚洲的反垄断政策

近年来，亚洲国家反垄断政策的发展，主要来自贸易自由化和全球化的推动。随着商业运营的国际化进程加快，亚洲各国家关心的是来自贸易自由化的经济利益不应受反竞争行为的侵蚀。例如，日本政府为了赶超英、美、德等发达国家，集中财产参与国际竞争，先是鼓励和保护垄断。但是在第二次世界大战以后，凭借美国政府的干预，日本依照美国的反垄断法于1947年4月颁布了严厉的《禁止私人垄断及确保公正交易法》，成功地肢解了三井、三菱、住友和安田4大财阀，并在以后多次对该法律进行了修改。在反垄断的态度上，日本对垄断地位本身是禁止的，即不管垄断地位是否是通过不正当方式获取或者维持的，其垄断地位本身就是反垄断法禁止的对象，即只要达到较高的市场占有率或者较大经济规模，不管是否实施妨碍竞争的行为，都构成违法行为。但是，日本禁止垄断状态的规定在实施中非常谨慎。

我国于1980年10月颁布了《关于开展和保护社会主义竞争的暂行规定》，首次提出了反垄断一词，特别是反对行政垄断的主张。1988年提出《反对垄断和不正当竞争暂行条例草案》，1993年9月颁布《中华人民共和国反不正当竞争法》。之后，又颁布了一系列维护市场经济运行和保护竞争机制的法律、法规。2007年8月我国通过了《反垄断法》，并于2008年8月1日开始实施。

虽然各国在反垄断的政策和实施上略有不同，但关注的主要问题都是类似的，即反对经济活动中的垄断行为，这些行为包括：

(1) 对市场的垄断。企业借此获得对市场的强大控制力，并以此赶走竞争对手，或阻止其进入市场。

(2) 排他性交易。作为合同的一部分，一个企业可以用它对另一个企业(如前者唯一的经销商)施加限制。

(3) 针对供应商或制造商实施维持转售价格。

(4) 通过企业间的兼并，降低市场上的竞争水平。

8.5.3 关于垄断的讨论

与完全竞争相比较，垄断看起来对社会福利不好，因为垄断是无效率的，而且它占有了消费者剩余并把这种剩余转化为生产者剩余和企业利润。但是垄断也带来一些利益，垄断存在的主要原因是它比竞争情况有潜在的优势，这些优势产生于对创新的激励和规模经济、范围经济。

随着新知识运用到生产过程中，发明和创新可以使企业从开发一种新产品或生产流程中获得专利，得到这种产品或生产流程专利期的排他性权利，进而从创新中获得垄断利润。没有专利期的垄断保护，创新者就不能在相当长的时期内享有创新的利润，因此必然会削弱创新的动力。关于这种观点，也存在相反的见解，垄断者可以懒散，而竞争企业不行。竞争企业必须努力创新并降低成本，尽管他们也知道他们不能长期地从自己的创新中获益，但这会刺激他们更快、更努力地创新。不论何种观点，创新都是企业利润的重要来源，对创新的合理保护也是保证技术进步和社会发展的重要手段之一。

企业对规模经济和范围经济的追求必然促使企业不断向规模扩大化和业务领域多元化发展，从现实情况看，竞争的结果往往会导致一个行业中竞争性下降。事实上，绝大多数反垄断政策反对的是经济活动中的垄断行为，而不是反对企业的垄断地位，即由于技术先进、管理效率高以及产品质量好等原因产生的规模扩大。由于自然垄断、法律规定所产生的垄断，都是受法律保护或者鼓励的垄断。法律不能也不应该惩罚竞争中的优胜者。

反垄断政策不会成为发展规模经济的障碍，而通过反垄断政策所维持的生机勃勃的竞争机制是促进经济发展和经济规模扩大的根本动力。

案例8-4　电信联通遭反垄断调查

2010年11月，部分运营商和增值服务提供商在北京召开“中国宽带互联网反垄断”研讨会。据参会人士说，中国电信、联通长期以“同一种产品，三种用户，三种价格”进行价格歧视，两家公司给作为竞争对手的弱势运营商网间流量结算价格高达100万元/G/月以上，增值服务提供商的结算价格则只有10万～30万元/G/月，内容服务提供商仅为3万～10万元/G/月。两家公司为应对广电总局组建的国家级广播电视网络公司的竞争，更是采取了对互联网宽带接入的清理行动。这些行为不仅扰乱了市场秩序，也阻碍了“三网融合”的推进。

另外，名为《2011年蓝皮书的中国信息化形式分析与预测》的报告显示，截止到2010年，我国宽带上网平均速率排名全球第71位，不及美国、英国、日本等30多个经济合作组织国家的平均水平的十分之一，但是平均1兆每秒网速的接入费用却是发达国家平均水平的三到四倍。

2011年11月9日，发改委证实正在就价格垄断问题对中国电信和中国联通展开调查，这是自反垄断法2008年生效以来，反垄断执法机构查处的第一件涉及大型国有企业的反垄断案。调查主要是针对两方面：一是两公司自身没有实现互联互通，二是两公司对于与自身有竞争关系的企业存在价格歧视。调查主要涉及中国电信以过高的价格变相拒绝与中国铁通交易，以及中国电信和中国联通对互联网服务提供商(ISP)实行价格歧视的问题。

我国主要互联网骨干网络资源90%以上带宽资源由中国电信和中国联通两家掌控，其余主要由中国铁通掌握。调查前，两家公司由于网间结算纠纷导致彼此互联带宽严重不足，互联互通质量很差。为保障互联网服务水平，相关互联网服务提供企业(ISP)不得不同时有偿使用两大电信公司带宽资源，增加了运营成本，不利于相关行业的发展和用户体验。

调查基本查明，在互联网接入市场上，中国电信和中国联通二者合在一起占有三分之二以上的市场份额，却没有实现充分的互联互通，是具有市场支配地位的，使得相关市场缺乏竞争。在这种情况下，它们利用这种市场支配地位对跟自己有竞争关系的竞争对手给出高价，没有竞争关系的企业，给出的价格相对优惠。

在2011年12月12日，中国电信和中国联通向国家发改委提交整改方案和终止调查的申请。整改方案具体内容共有四方面：一、中国电信将尽快与中国联通、中国铁通等骨干网络运营商进行扩容。二、降低与中国铁通的直联价格，进一步提升互联互通质量，实现充分互联互通。三、将进一步规范互联网专线接入资费管理，按照市场规则公平交易，并梳理现有协议，适当降低资费标准。四、将大幅提升光纤接入普及率和宽带接入速率，五年内公众用户上网单位带宽价格下降35%左右，并立即着手实施。据有关部门初步估算，如果能推动市场形成有效竞争，未来五年可以促使上网价格下降27%至38%，至少可为消费者节约上网费用100至150亿元。

2013年12月23日和2014年1月7日，中国联通和中国电信分别提交最新整改情况的报告。报告显示，互联互通质量有较大幅度提高。根据相关数据，电信与联通之间忙时网间时延、丢包率均大幅度下降。两个公司实行了对等互联互不结算，建立起了有利于互联互通的良性基础。互联互通质量有较大提升，在消费者上网速率、降低单位宽带价格方面作出了努力。

2014年2月19日，国家发改委就价格监管与反垄断工作情况举行新闻发布会，发改委正根据《反垄断法》相关规定，对两公司是否完全履行整改承诺、相关整改措施是否消除涉嫌垄断行为后果等情况进行评估，并将根据评估结果，依法作出处理决定。

资料来源：根据凤凰网http://tech.ifeng.com/telecom/special/fanlongduan/、新浪网http://finance.sina.com.cn/chanjing/cyxw/20140219/113818264432.shtml、腾讯网http://finance.qq.com/a/20140220/005603.htm等相关新闻整理

本章小结

1. 垄断的特征和形成原因

垄断市场是只有唯一一家企业提供某种产品或服务的市场，没有相近替代品。在这样的市场上，由于法律法规、成本或者掌控关键资源存在进入壁垒，阻碍了其他企业进入这个行业。

2. 垄断企业的利润最大化决策与效率损失

垄断企业面临着一条向右下方倾斜的需求曲线，企业可以通过调整产量来控制市场上产品价格。由于想要增加销售量，就必须降低价格，因此单一价格垄断企业的边际收益小于价格。

单一价格的垄断企业根据边际收益与边际成本相等的利润最大化原则选择利润最大化产量，并实行需求曲线上与这一产量相对应的价格。

与完全竞争行业相比，垄断市场上的价格高于完全竞争行业，生产的数量低于完全竞争行业。单一价格垄断企业实行的价格高于其边际成本，产量低于社会有效率产量，因此垄断市场存在无谓损失。

3. 垄断企业的价格歧视

由于具有市场控制势力，垄断企业可以向不同的消费者收取不同的价格来增加利润，即实行价格歧视。

完全价格歧视是指垄断企业对每个消费者收取等于其支付意愿的价格。这种极端的情况下，产量可以达到社会有效率的产量水平，不存在无谓损失，但市场所有的经济剩余都转变为垄断者的生产者剩余。

二级价格歧视和三级价格歧视分别是指垄断企业根据消费者购买数量不同和不同的消费者人群收取不同的价格。价格歧视的做法可以使一些本来不想购买的消费者购买产品从而增加经济福利。垄断产生无谓损失的原因是产量太低，如果价格歧视能增加产量，就会减少无谓损失。

4. 对自然垄断的管制

对自然垄断行业，政府通过管制的方式避免形成垄断企业单一定价出现的效率损失。政府对自然垄断的管制定价可以采取边际成本定价、平均总成本定价或采取激励管制的办法。

边际成本定价可以避免无谓损失，但由于会造成垄断企业亏损，因此这种管制定价需要政府给予垄断企业一定程度的补贴。

对自然垄断的管制可以采用平均总成本定价方法，此时可以保证企业获得正常利润维持正常经营，并且大大减少无谓损失。

为了避免平均总成本定价缺少对自然垄断企业降低成本的激励，可以采用激励管制的方法，通过制定多年有效的管制价格，让企业能够从降低成本中受益，或从成本上升中受到惩罚。

5. 反垄断政策

反垄断法是很多国家限制企业垄断行为的重要手段。反垄断法旨在维持竞争、遏制垄断产生的不正当竞争行为。很多受到保护的垄断行为，如专利和版权，能够促进创新和技术革新。绝大多数反垄断法反对的是经济活动中的垄断行为，而不是反对企业的垄断地位。

思考与练习

1. 假设某药厂发明了一种新的药品，并申请了专利。经测定该药品的需求价格弹性为1.25。

(1) 如果该药厂减少15%的产出，市场上该药品的价格会上升百分之多少？

(2) 专利到期后，其他药厂也可以使用其配方，该药品市场变为完全竞争市场，市场上存在100家药厂，每家药厂占有1%的市场份额。如果一家药厂减少15%的产量而其他99家药厂不改变产量，那么市场上该药品的价格会上升百分之多少？

(3) 比较两种市场条件下企业生产决策对市场的影响。

2. 一家图书出版公司购买了一名作家新小说的版权，向作家支付的稿酬为200万元，一本小说的印刷成本是10元，即每本小说的边际成本是固定的10元。该小说的需求量如表8-2所示。

表8-2 需求表

价格/元	需求量/万册
90	10
80	20
70	30
60	40
50	50
40	60
30	70
20	80
10	90
0	100

(1) 计算总收益、总成本和每种销售量时的利润。

(2) 出版公司选择的利润最大化的发行量是多少？该小说的定价为多少？

(3) 画图表示该出版公司面临的需求曲线、边际收益曲线、边际成本曲线和平均总成本曲线，该出版公司的平均总成本曲线有何特点？

(4) 在图中标出无谓损失。

(5) 如果出版公司向作者支付的稿酬是300万元，这将如何影响出版公司关于小说定价的决策？

(6) 假设该小说具有很好的教育意义，该出版公司又是一家热心公益事业的企业，它的目标不是利润最大化，而是经济效率最大化。那么它对该小说制定的价格是多少？在这个价格时获得的利润是多少？

3. 甲乙丙丁四个人合伙开了小镇上唯一的一家冰淇淋店，在经营问题上他们提出了各自不同的看法，甲建议生产利润最大化的产量，乙想要实现冰淇淋店的总收益最大，丙认为为了卖出更多的冰淇淋，他们应该生产利润等于零的产量，丁表示为了全小镇人的福利，他们应该生产社会最有效率的产量。假设这家冰淇淋店的成本曲线为正常的形状，请画图说明这四个合伙人每个人的要求。

4. 某垄断企业的生产信息如表8-3所示。

表8-3　生产信息表

产量	价格/元	平均总成本/元
1	11	18
2	10	11
3	9	7.67
4	8	6.75
5	7	6.6
6	6	7
7	5	8

(1) 要实现利润最大化，企业在什么产量上生产？此产量下的价格是多少？企业获得的利润是多少？

(2) 使企业获得总收益最大的产量是多少？该点的需求价格弹性为多大？为什么此点不是企业利润最大化的产量？

5. 一个小镇中有多个规模和技术相同的蛋糕店，他们面临着相同的边际成本，且处在相互竞争状态。

(1) 用蛋糕市场的图形，说明市场上的消费者剩余、生产者剩余和经济剩余。

(2) 如果这些蛋糕点合并成一个大的蛋糕连锁店，与没合并前的竞争状态相比，此时的蛋糕产量和价格有什么变化？

(3) 用新的图形说明合并成连锁店后的消费者剩余、生产者剩余和经济剩余。与没合并时相比，消费者剩余、生产者剩余和经济剩余有什么变化？

6. 假设云南白药集团发明了一种新的消炎止痛药，并马上申请了专利。该企业有正常形状的成本曲线。

(1) 画图说明企业对这种新药的生产定价决策，并在图中标明消费者剩余、生产者剩余和无谓损失。

(2) 如果新药投产后企业为了推广和宣传新增了一笔固定成本，那么企业获得的利润与未宣传时相比如何变化？消费者剩余、生产者剩余和无谓损失呢？

(3) 如果企业能够实现完全价格歧视，消费者剩余、生产者剩余和无谓损失会发生什么变动？

7. 华艺唱片公司新签约一名当红歌星，获得了该歌星新唱片的发行版权。假设唱片发行公司有正常的U型成本曲线。

(1) 画图说明该唱片公司的利润最大化的产量、价格和利润。

(2) 假设唱片发行公司为该歌星一次性支付报酬，对唱片的价格、产量和企业利润有何影响？垄断产生的无谓损失有何变化？

(3) 如果唱片公司每出售一张唱片就需要向该歌星支付一定的报酬，那么唱片的价格、产量和企业利润有何变化？垄断产生的无谓损失有何变化？

8. 假设某个垄断企业的信息如表8-4所示。

表8-4　信息表

数量/百万个	价格/元	边际成本/元
1	10	4
2	9	5
3	8	6
4	7	7
5	6	8
6	5	9
7	4	10
8	3	11

(1) 该垄断企业会选择多少产量进行生产？以何种价格出售？

(2) 该垄断企业是在社会最优水平上生产吗？为什么？

(3) 如果该企业有很强的政治影响力，政府打算为该垄断企业的生产提供补贴。请设定一个恰当的补贴水平，既能够满足企业的利润需要，又能够提高经济效益。

9. 某知名作家新完成了一部作品，并将该作品的版权卖给了一家出版社。经调研，该出版社了解到这部作品的需求和生产成本的信息如下：

价格=$100-Q$

总收益=$100Q-Q^2$

边际收益=$100-2Q$

边际成本=$10+Q$

其中，Q为该作品可以卖出的数量，P为该作品出版后的价格。

(1) 求此出版社利润最大化的价格和数量。

(2) 实现社会福利最大化的价格和数量是多少？

(3) 计算垄断带来的无谓损失。

10. 某报业集团的一份报纸在某市的报纸市场居于垄断地位，在初期占领市场时它支付了很高的初始成本，占领市场后，它只需为每份报纸支付较低且不变的纸张和印刷成本。

(1) 画图说明如果为了追求利润最大化，该份报纸的生产定价决策。

(2) 如果为了扩大这份报纸在该市的影响，报业集团决定生产社会福利最大的社会有效率产量，请在图中说明此时的报纸发行量和价格。与(1)问中的定价决策相比，此时的定价决策的优缺点有哪些？

11. 一个自然垄断企业的需求与总成本数据如表8-5所示。

表8-5　成本表

价格	数量	总成本
16	6	80
15	7	85
14	8	90
13	9	95
12	10	100
11	11	105
10	12	110
9	13	115
8	14	120
7	15	125
6	16	130
5	17	135
4	18	140

(1) 为什么该企业为自然垄断企业？垄断价格和垄断产量是多少？计算此时企业获得的垄断利润。

(2) 政府视该企业为自然垄断企业并决定对其管制。如果管制的方法采用平均总成本定价，管制的价格和数量各是多少？企业的利润是多少？

(3) 如果政府对其管制的方法采用边际成本定价，管制的价格和数量分别为多少？此时企业的利润是多少？为什么这种管制方法在实际中很难实行？

12. 一个小镇上有500个成人和200个儿童，某乐队想在这个小镇上办一场小型演出。该演出的固定成本为2000元，但多售出一张票的边际成本为零。表8-6是小镇上成人和儿童对演出门票的需求表。

表8-6　需求表

价格/元	成人票/张	儿童票/张
10	100	0
9	200	0
8	300	0
7	400	0
6	500	50
5	500	100
4	500	200
3	500	200
2	500	200
1	500	200
0	500	200

(1) 为了赚取更多的利润，该乐队对门票定价实行价格歧视，那么它应对成人票实行多高的价格？对儿童票呢？这种定价方式使乐队获得的利润是多少？

(2) 在价格歧视情况下，小镇居民获得的消费者剩余是多少？乐队获得的生产者剩余是多少？

(3) 如果该小镇的相关管理部门禁止该乐队向不同顾客收取不同的价格，那么该乐队单一定价的价格应为多少？此时获得的利润是多少？

(4) 单一价格时，小镇居民获得的消费者剩余是多少？乐队获得的生产者剩余是多少？

(5) 如果政府禁止价格歧视行为，消费者剩余、生产者剩余和经济剩余分别有何变化？

13. 在教材中，为了直观地看出实行价格歧视时企业生产者剩余与利润的变化，我们假设企业有不变的边际成本，可以看出，实行价格歧视时企业增加的生产者剩余等于企业增加的利润。如果企业的边际成本曲线为正常的U型曲线，实行价格歧视时企业增加的生产者剩余也等丁增加的利润吗？分析你的观点。

第9章　垄断竞争市场

本章导入

本章主要介绍介于完全竞争和垄断之间的一种市场结构——垄断竞争市场，包括垄断竞争的含义与市场特征；垄断竞争企业的短期经济分析和长期经济分析；垄断竞争与效率评价；垄断竞争企业的过剩生产能力及其竞争手段等，使读者能对垄断竞争市场结构及垄断竞争企业的生产定价决策有个基本的了解。掌握垄断竞争的定义；理解垄断竞争市场的特征；掌握垄断竞争企业的短期经济分析和长期经济分析；了解垄断竞争与效率评价；了解垄断竞争企业的过剩生产能力及其竞争手段；学会运用短期和长期经济分析制定垄断竞争企业的生产定价。

开篇案例　星巴克的产品差异化策略

如今，星巴克咖啡已经出现在城市的各个角落，无论是购物中心，还是繁华的商业街，以及机场候机大厅，都有星巴克咖啡的身影。到2013年，星巴克在全球拥有19 209间分店，遍布在北美洲、南美洲、亚洲、欧洲、中东及太平洋地区的57个国家。

与当今的很多大企业相似，星巴克在起步之初，规模也非常小。第一家星巴克是由企业家Gordon Bowker、Gerald Baldwin和Zev Siegl于1971年在西雅图建立的，到1982年，当Howard Schultz开始管理公司零售和营销时，星巴克只有5家分店。日后成为星巴克董事会主席兼公司总裁的Schultz当时就做出决定，首先要将星巴克变成全国连锁，然后朝世界连锁发展。到1993年，星巴克已经开始在美国东海岸开设分店，1996年，星巴克在日本东京开设了北美以外的第一家分店。

从1999年1月在中国开立第一家门店至今，星巴克在中国地区共有900多家门店。如此迅速的扩张，得益于星巴克的产品差异化策略。从浓缩咖啡到星冰乐系列，以及专门针对中国市场推出的各种各样的茶饮料，在为消费者提供更多选择的同时，也通过产品的差异性使星巴克品牌更加深入人心。此外，星巴克倡导的咖啡文化也是其与众不同之处，通过营造浪漫时尚的放松环境和定期咖啡知识的普及成功地锁定了部分消费者，培养了顾客的忠诚度。事实上，星巴克咖啡并非是独一无二的，咖啡市场具有很强的竞争性。当前，中国咖啡加盟行业正以每年25%的速度增长，这既表明了咖啡行业逐渐繁荣，也反映了行业竞争日趋激烈。截至2012年底，麦当劳“麦咖啡”在全国24个城市的分店达到516家，COSTA在华也有200家门店，这还不包括其他蠢蠢欲动的国际咖啡巨头和本土咖啡馆。因此，如何通过产品差异化策略提升品牌价值，是星巴克咖啡未来发展的重中之重。

资料来源：R. 格伦·哈伯德，安东尼·P. 奥布赖恩. 经济学(微观)[M]. 王永钦，丁菊红，许海波，译. 北京：机械工业出版社，1997.

9.1 垄断竞争的含义与市场特征

前两章所介绍的完全竞争市场和垄断市场都是极端现象，介于这两者之间的市场结构在经济学里叫做不完全竞争市场。简言之，不完全竞争市场一方面存在竞争，但并不像完全竞争市场那样“激烈”，以至于任何一家企业都不能单独左右价格；另一方面，不完全竞争市场中的每家企业都具有一定的市场势力，虽然没有垄断企业的市场势力强大，但仍可以制定其产品或服务的价格。由于不完全竞争市场具有一定数量的企业，因此企业之间的竞争可以相互察觉，这种企业策略的互动所体现的竞争也相当激烈。

不完全竞争市场的竞争主要体现在：首先，在各企业之间，竞争普遍存在。如国美电器和苏宁电器、肯德基与麦当劳常常只有一街之隔或者几步之遥，中国移动与中国联通的4G资费大战，以及各品牌洗发水的电视广告大战等数不胜数。其次，新企业可以进入。1987年11月12日，肯德基作为第一家“洋快餐”进入中国市场，肯德基以直营连锁、特许经营等方式以每年200家餐厅的速度迅猛扩张。1990年必胜客在北京开立了第一家分店，同年，麦当劳登陆中国市场，在深圳正式营业，与肯德基进行激烈竞争。与此同时，在传统中式快餐市场上，永和豆浆、真功夫等品牌也相继出现，竞争愈演愈烈。在这类市场上，只要有利可图，潜在的竞争者总会跃跃欲试。汽车行业也是如此，在大众、丰田、通用、现代等品牌陆续登陆中国市场之后，本土的奇瑞、吉利、中华等企业也经过努力占据了汽车市场的一席之地。

一般情况下，我们将不完全竞争市场划分为两类：其一是日常生活中最常见的垄断竞争市场(Monopolistic Competition Market)，这是本章的主要内容；其二是寡头市场(Ologopoly Market)，这部分内容将在下一章详述。

垄断竞争理论主要形成于20世纪30年代末期，由美国经济学家张伯伦(E. H. Chamberlin)出版的《垄断竞争理论》和英国经济学家罗宾逊(J. V. Robinson)出版的《不完全竞争经济学》共同提出并建立，成为现代微观经济学的重要组成部分。张伯伦认为，实际的市场既不是竞争的，也不是垄断的，而是这两种因素的混合。许多市场价格都既具有竞争因素，又具有垄断因素，因此，企业家心目中没有纯粹竞争，只有垄断竞争的概念。资本主义市场的整个价格制度，是由纯粹竞争市场、垄断市场以及由垄断和竞争力量相混合的各种市场上的价格关系组成的。垄断与竞争力量的混合来源于产品差别，产品差别是造成垄断的一个决定性因素。一种产品具有差别，就意味着卖者对他自身的产品拥有绝对的垄断，但却要遭受非常接近的替代品的竞争。这样，每一个卖者都是垄断者，同时也是竞争者，因此是“垄断的竞争者”。

那么，到底什么是垄断竞争呢？学术界对垄断竞争含义的普遍描述是：垄断竞争(Monopolistic Competition)是一种既有完全竞争成分又有垄断因素的市场结构。它处在完全竞争和纯粹垄断这两级之间，比较接近完全竞争。我们日常生活中常见的餐馆、音像店、超市、电影院、服饰等市场都属于垄断竞争市场。下面我们将从垄断竞争的形成及其市场特征入手，分析垄断竞争企业的生产定价决策以及垄断竞争市场的效率评价等相关问题。

9.1.1　垄断竞争市场的特征

张伯伦提出的垄断竞争理论基于三个基本假定：一是许多企业生产有差异的产品，每个企业的产品几乎可以替代产品群中其他企业的产品；二是产品群中的企业数目足够多，从而每个企业都以为其行动不会被竞争对手所察觉，而且不受竞争对手报复性措施的干扰；三是产品群中所有企业的需求曲线和成本曲线都相同。这些假定反映出垄断竞争市场结构的一般特征。

1. 产品存在差异性

与完全竞争的基本假设不同，垄断竞争市场的产品并不是单一的、同质的，而是存在一定的差异性。这种产品差异，是指同一产品在价格、外观、性能、质量、构造、颜色、包装、形象、品牌、服务及商标、广告等方面的差别。以洗发水市场为例，尽管超市中琳琅满目的洗发水用品的基本功效一致，但每种产品在味道、包装、品牌形象以及服务方式等方面都存在很多差别。比如海飞丝洗发水以“去头屑功能”著称，舒蕾洗发水强调“双重深度护理功效”，而夏士莲则定位于“富含生物精华”，这构成了三种品牌的差异化特征。产品之间的差别决定了相互之间不能完全替代，但这种差别并不大，说明产品之间存在高度的可替代性，因此，垄断竞争市场的产品之间的需求交叉弹性较大，但不是无穷大。

2. 市场企业数目众多

垄断竞争市场中的企业数目众多，彼此之间存在着较为激烈的竞争，以至于每个企业都认为自己的行为对市场的影响极小，不会引起市场上其他企业的注意和反应。在垄断竞争理论中，张伯伦把这些大量生产相近但有差别的同种产品的企业称为产品群(Product Group)，以区别完全竞争市场或完全垄断市场下的行业，因为在那里，行业是指生产同一种无差别产品的企业组合。因此，垄断竞争市场的一个特征就是，产品群中的企业数目足够多，每个企业都以为其行动不会被竞争对手所察觉，而且不受竞争对手报复性措施的干扰。

3. 企业可以自由进出

与完全竞争市场相比，垄断竞争市场存在一定的行业壁垒，但作用较弱，新企业或新品牌进入市场和原企业或原品牌退出市场都比较容易。自由进出市场的原因在于：所需规模较小，生产投资较少，其他方面的门槛也较低。因此，垄断竞争市场的企业众多，单个企业的决策对市场的影响很小，也无须考虑其他竞争对手的反应。例如，当顶新公司看到娃哈哈公司生产纯净水利润丰厚时，它可以在短时间内以较低的投资进入纯净水市场，生产并推出了“康师傅”牌纯净水。尽管顶新公司也看到了自来水公司利润更高，但显然，自来水市场具有很高的行业壁垒，很难进入。这正是垄断竞争市场和垄断市场的重要差别。

案例9-1 牙膏市场的垄断竞争

从市场发展看，世界口腔清洁用品市场已进入成熟期，市场细分程度高，品牌忠诚度起主要作用，价格竞争十分激烈；从市场供给看，市场规模相对稳定，市场增长率低，美国、日本和西欧等发达国家和地区是销售额最高的市场，发展中国家市场成为竞争的焦点；从市场需求看，个性化需求日趋强烈，追求新感觉、健康、美白、天然、多功能依然是主流；从产品结构看，产品市场进一步细化，新品大量涌现，广泛为市场所接受的是具有多种功能的产品；从区域和价格结构看，城市市场的牙膏产品进一步向高档化发展，而农村市场的牙膏产品则以低价位为主流。目前，我国已成为世界牙膏大国，产量居世界首位。从牙膏品牌来看，国内牙膏市场主要可以分为三大板块：一是外资及合资强势品牌板块，占市场份额的三分之二左右，主要由高露洁、佳洁士、黑人、中华组成；二是民族传统品牌板块，拥有20%左右的市场份额，包括两面针、冷酸灵、黑妹、蓝天六必治、田七等；三是新兴品牌，只有15%左右的生存空间，如LG竹盐、纳爱斯、Lion、舒爽等。

当前，我国牙膏市场的竞争主要表现在价格、广告与品牌、包装、市场细分等方面：一是价格竞争有所增强：国际品牌力推低端产品，因为高端市场相对饱和，但中低端市场发展潜力巨大；发展策略从以往的产品创新、广告投入逐渐向削减成本、降低价格转移。二是高低端品牌互相渗透：高档市场已被具有良好企业形象的外资品牌牢牢占据，并逐渐向低端市场发展，国产品牌只能从低端走向高端，两者相互渗透。三是广告宣传成为最有效的营销手段之一，各品牌都不遗余力地增加广告费用的支出。四是销售渠道更加多元化：随着商业经营逐渐呈现出多元化的发展格局，各零售业态层出不穷；商业流通渠道的重整与传统批发渠道的萎缩，使企业将销售渠道向扁平化过渡。国际连锁卖场的进驻加剧了市场竞争，高昂的进场费提高了进入壁垒，压缩了企业利润，“终端黑洞”已成为企业及经销商不容回避的问题。

资料来源：张桂刚. 中国牙膏市场分析预测及未来营销策略选择[EB/OL]. 中国营销传播网，2007

9.1.2 垄断竞争企业的需求曲线和收益曲线

对于完全竞争市场而言，尽管市场的需求曲线向右下方倾斜，但每个完全竞争企业所面临的需求曲线是水平的，这是由于企业生产的产品完全同质造成的。对于垄断竞争企业而言，尽管企业之间生产的同类产品具有可替代性，但并不能完全替代，这就意味着垄断竞争企业所面临的需求曲线是向右下方倾斜的。

1. 垄断竞争企业的需求曲线

假设根据市场调研，某销售点康师傅绿茶的需求表如表9-1所示。

表9-1　康师傅绿茶的需求表

价格/元	每日销量/瓶
5.00	0
4.50	10
4.00	20
3.50	30
3.00	40
2.50	50
2.00	60

基于表9-1，可以做出康师傅绿茶的需求曲线，如图9-1所示。

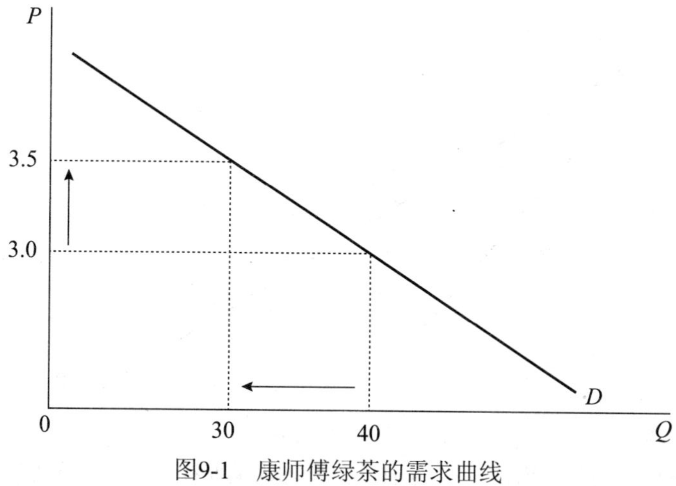

图9-1　康师傅绿茶的需求曲线

如表9-1和图9-1所示，康师傅绿茶如果提高价格的话，将会失去一部分但不是全部的消费者，即当康师傅绿茶的价格从3元/瓶提高到3.5元/瓶时，日销量将从40瓶减少到30瓶。因此，与完全竞争企业不同，垄断竞争厂商面临的是向右下方倾斜的需求曲线。

2. 垄断竞争企业的收益曲线

根据AR=TR/Q=P可知，垄断竞争企业的平均收益总是等于价格，因此垄断竞争企业的平均收益曲线就是垄断竞争企业所面临的向右下方倾斜的需求曲线。平均收益递减，则边际收益也是递减的，并且小于平均收益。所以与垄断企业相似，垄断竞争企业的边际收益MR曲线位于需求曲线(即平均收益曲线)之下，且比需求曲线(即平均收益曲线)更为陡峭。实际上，任何一家企业只要有能力影响其所提供的产品和服务的价格，该企业的边际收益曲线就会在需求曲线之下。只有完全竞争市场上的企业才有与需求曲线一致的边际收入曲线，因为它们能在给定的市场价格下提供其所期望的任何数量的产品。

仍以表9-1康师傅绿茶的需求情况为例，可以计算出康师傅绿茶的总收益TR、平均收益AR和边际收益MR，计算结果如表9-2所示。

表9-2 康师傅绿茶的收益情况

价格/元	每日销量/瓶	总收益/元	平均收益/元	边际收益/元
5.00	0	0	—	—
4.50	10	45	4.50	4.50
4.00	20	80	4.00	3.50
3.50	30	105	3.50	2.50
3.00	40	120	3.00	1.50
2.50	50	125	2.50	0.50
2.00	60	120	2.00	−0.50

基于表9-2，可以做出康师傅绿茶的需求曲线、平均收益曲线和边际收益曲线，如图9-2所示。

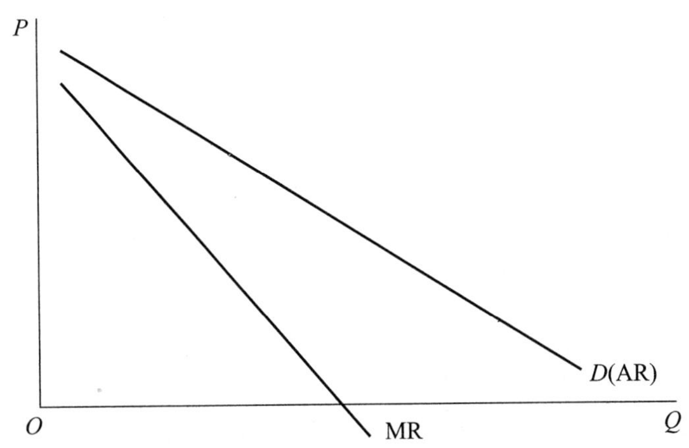

图9-2 康师傅绿茶的需求曲线、平均收益曲线和边际收益曲线

9.2 垄断竞争企业短期经济分析

在完全竞争一章，我们讨论过关于短期与长期的划分：短期，企业考虑是否营业；长期，企业考虑进入还是退出市场。由于垄断竞争市场的企业也可以自由进出，因此，对于垄断竞争企业的分析，也要从短期和长期两方面进行。垄断竞争企业的短期经济分析是指短期内垄断竞争企业基于利润最大化目标所制定的生产定价决策。由于垄断竞争市场的不同企业具有不同的成本曲线和收益曲线，为了分析简便，我们假定垄断竞争企业的成本曲

线和收益曲线相同，对典型的垄断竞争企业进行分析。

短期，垄断竞争市场的企业数量固定，每个垄断竞争企业凭借其差异化的产品具有一定的市场势力，能够像垄断企业一样行事，其利润最大化的均衡条件都是边际收益和边际成本相等。两者都面临向右下方倾斜的需求曲线，但由于垄断竞争企业所生产产品具有一定的可替代性，所以其面临的需求曲线比垄断企业的需求曲线要平坦一些。图9-3给出了垄断竞争企业的短期均衡。

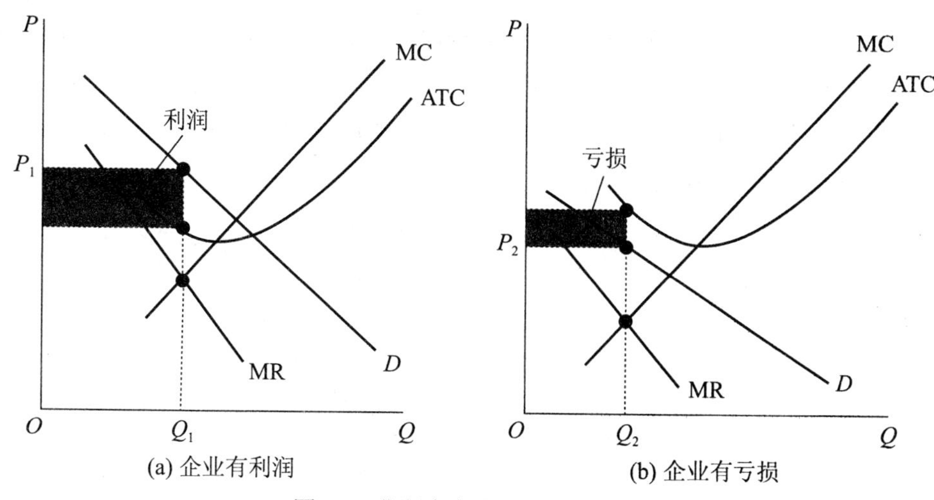

图9-3　垄断竞争企业的短期均衡

如图9-3所示，*D*代表垄断竞争企业所面临的需求曲线，MR代表垄断竞争企业的边际收益曲线，MC代表垄断竞争企业的边际成本曲线，ATC代表垄断竞争企业的平均总成本曲线。垄断竞争企业根据MR=MC找出利润最大化(或损失最小化)产量，再实行需求曲线上与该产量对应的价格。这就是垄断竞争企业的短期均衡。

根据利润=$Q\times(P-\text{ATC})$可知，在图9-3(a)中，由于价格高于平均总成本，企业有利润；在图9-3(b)中，由于价格低于平均总成本，企业有亏损。不过，只要价格超过平均可变成本，亏损企业在短期仍会继续营业。图中阴影部分的面积分别表示企业最大化的利润和最小化的亏损。

9.3 垄断竞争企业长期经济分析

垄断竞争企业的长期经济分析是指长期内垄断竞争企业基于利润最大化目标所制定的生产定价决策。在长期，企业可以自由进入或退出市场，因此，垄断竞争企业不可能长期获得经济利润，即垄断竞争企业在长期均衡状态时，总收益与总成本相等，企业获得零经济利润。

9.3.1 垄断竞争企业的长期均衡

如果垄断竞争市场的企业存在利润时，如图9-3(a)所示，就会引起新企业进入市场，从而增加该市场上的产品类型，减少在位企业所面临的需求。因此，新企业的进入将使在位企业所面临的需求曲线和边际收益曲线向下移动，导致价格下降、利润减少。这种进入会持续存在，直至企业的经济利润降到零为止。

另一方面，如果垄断竞争市场的企业产生亏损，如图9-3(b)所示，某些在位企业就会退出市场，从而减少该市场上的产品类型，增加在位企业所面临的需求。因此，在位企业退出会导致仍然留下来的企业所面临的需求曲线和边际收益曲线向上移动，引起价格上升、亏损减少。这种退出也会持续存在，直至企业亏损消失为止。图9-4刻画了垄断竞争企业的长期均衡。

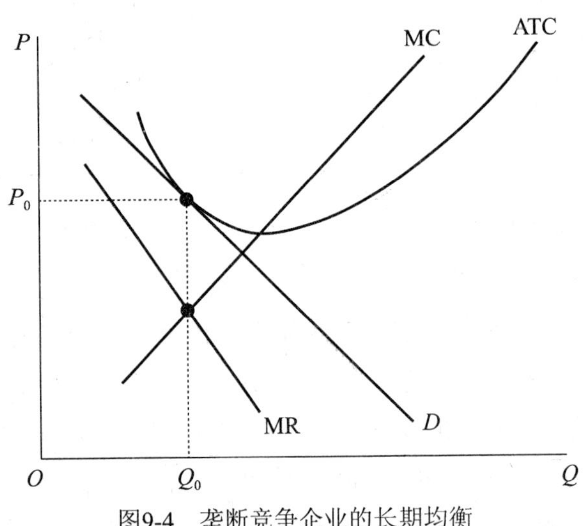

图9-4 垄断竞争企业的长期均衡

可见，在长期，垄断竞争企业进入和退出的动态调整一直要持续到企业经济利润等于零时为止。正如图9-4所示，根据利润=$Q\times(P-\text{ATC})$可知，企业要实现零经济利润，必然有P=ATC，这就要求企业所面临的需求曲线与平均总成本曲线相切，切点就是其利润最大化的价格P_0。

9.3.2 垄断竞争企业长期均衡的特征

1. 与完全竞争企业一样，获得零经济利润

与完全竞争企业一样，垄断竞争市场的壁垒较小，企业可以自由进出，结果必然导致价格等于平均总成本，长期的经济利润为零。这与垄断企业不同，因为垄断企业即使在长期，也可以获得经济利润。

2. 与垄断企业一样，实行高于边际成本的价格加成

与垄断企业一样，垄断竞争企业也面临向右下方倾斜的需求曲线，因此边际收益小于价格。当企业根据边际收益等于边际成本进行利润最大化的生产定价决策时，所实行的价格必定高于边际成本。

9.4 垄断竞争与效率

完全竞争市场的均衡是由市场需求曲线和供给曲线的交点决定的，这一均衡可以使消费者剩余和生产者剩余之和达到最大化，即社会总剩余最大化，因此，完全竞争市场是最有效率的市场结构。完全竞争企业通过在平均总成本最低的有效规模处生产实现了生产效率，通过接受与其边际成本相等的市场价格实现了配置效率，但对于垄断竞争企业而言，这两种效率均没有实现。

9.4.1 垄断竞争市场的效率

和上一章对垄断市场的分析一样，我们仍然使用经济剩余这一工具来探讨垄断竞争市场的社会福利，图9-5给出了垄断竞争市场的福利状况。

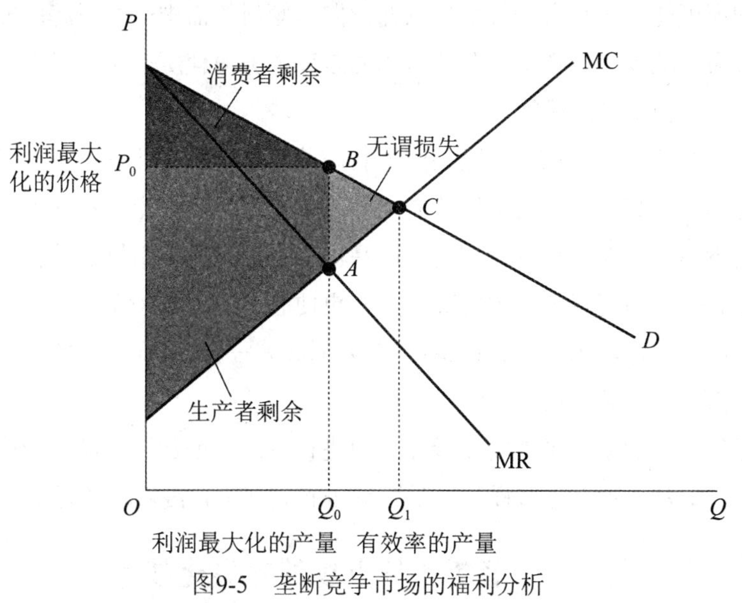

图9-5　垄断竞争市场的福利分析

如图9-5所示，垄断竞争企业按照边际收益和边际成本的交点决定利润最大化的产量Q_0，再找到这一产量在需求曲线上对应的价格P_0。这时，消费者剩余就是P_0以上需求曲线以下的阴影面积，生产者剩余就是P_0以下需求曲线以上的阴影面积，经济剩余就是消费者剩余和生产者剩余之和。由于垄断竞争企业所实行的利润最大化的价格高于企业的边际成本，这种价格加成的存在，使一些对产品的评价高于卖者边际成本但小于价格的消费者没有购买该产品，因此，造成了垄断市场同样存在的无谓损失(图9-5中三角形*ABC*的面积)，使社会福利没有像完全竞争市场一样实现最大化。显然，图9-5中需求曲线与边际成本曲线的交点对应的产量Q_1是使经济剩余最大化的产量，即有效率的产量。

9.4.2 垄断竞争市场的评价

尽管垄断竞争市场存在一定的无谓损失，无法实现经济福利最大化，但从总体而言，这种市场结构的存在还是利大于弊的。

首先，在大多数垄断竞争市场中，由于存在数量众多的生产企业，相互之间的竞争激烈，因此单个企业的垄断势力较弱。不仅如此，由于各个企业所生产的产品具有很强的可替代性，使得没有任何一个企业能取得有影响的垄断力量。这就意味着，垄断竞争市场由于垄断造成的效率损失不会太大，而且高于垄断市场的效率。

其次，尽管垄断竞争企业的低产量(低于有效规模的产量)和高价格(高于边际成本的价格)造成了一定的效率损失，但同时带来了一个无法忽视的好处——产品的多样化(Product Diversity)。对消费者而言，产品的多样化为其提供了多种多样的选择，满足了消费者的不同偏好。大多数消费者都愿意在大量有差异的竞争性产品中进行挑选，他们在产品多样化中获得的利润可能会非常大，甚至足以补偿向下倾斜的需求曲线引起的非效率问题。试想一下，如果为了减少垄断竞争的服装市场的效率损失而使所有生产者的产品整齐划一的话，你的购物体验会何等的糟糕！

最后，垄断竞争市场有利于鼓励企业创新。垄断竞争企业非常重视产品差别，因为其产品的差异化程度越高，企业的市场控制能力就越接近垄断，企业利润就越高，因此，垄断竞争企业会不遗余力地进行各种创新：产品创新——设计或引进与其他企业有差别的新产品；服务创新——向消费者提供比其他企业更便利、更周到的服务；技术创新——采用新的生产技术或者引进新的生产线设备；宣传创新——通过与众不同的广告宣传吸引消费者的注意，从而增加产品的销量。

因此，尽管垄断竞争市场不能以最佳规模进行生产，增加了产品的成本，提高了消费者的支付价格，但从增加产品多样化、鼓励竞争和创新等角度看，还是非常有意义的。

案例9-2　　垄断竞争市场的差异化战略

产品差异化是垄断竞争市场上常见的一种现象，不同企业生产的产品或多或少地存在相互替代的关系，但它们又存在某种差异性，因而不能完全替代。这种产品差异性包括产品本身的差异和人为的差异，后者包括服务、包装、营销手法等方面的差异，垄断竞争企业希望通过产品差异化策略刺激市场需求，增加企业收入。

(1) 产品原料：潘婷洗发水宣称其70%的成分是用于化妆品的，让人不得不相信其对头发的养护功效；舒蕾推广的“小麦蛋白”洗发水也试图通过原料成分的差别强化其产品差异。

(2) 产品颜色：普通牙膏一般都是白色的，当出现一种透明或绿色牙膏时，消费者对此会印象深刻。如高露洁的三重功效牙膏，膏体由三种颜色构成，带给消费者直观的感受——白色的清洁牙齿，绿色的清新口气，蓝色的清除细菌。

(3) 产品味道：牙膏一般都是甜味的，当LG推出咸味牙膏时，极大地吸引了消费者的注意，提高了产品销量。

(4) 产品造型：摩托罗拉的V70手机具有独特的旋转式翻盖造型及苹果的无键盘平板电脑都是以造型取胜的经典。

(5) 产品功能组合：这是一种常用的创意方法，如海尔的氧吧空调就是利用普通空调与氧吧结合的创意设计的。

(6) 产品产地：很多产品具有产地特点，如北京的二锅头、新疆的葡萄干，还有我们常说的川酒云烟等，这类产品的产地本身就是其特色所在。

(7) 产品服务：产品所提供的优质服务会增加产品本身的附加值，提升产品的差别程度。如顺丰快递提供的高效送达服务，海尔电器的“五星级服务”等。

(8) 产品历史：产品时间越长越会带给消费者信任感，因此，对产品历史的宣传和时间概念的诉求也是提升产品差异化程度的有效手段。如百年张裕，青岛啤酒：始于1992年。

(9) 产品专业化程度：专业感是提升信任的主要来源。很多产品在宣传时都以其专业化程度为目标，如方太——厨房专家；中国移动——移动通信专家。

资料来源：吴虹. 西方经济学(微观部分)[M]. 武汉：湖北科学技术出版社，2012.

9.5 垄断竞争企业的过剩生产能力

根据前文的分析，垄断竞争企业达到长期均衡时，企业面临的需求曲线和平均总成本相切于其利润最大化的价格处。由于需求曲线向右下方倾斜，所以只能与平均总成本曲线递减的部分相切，故该市场中的企业规模通常要小于平均总成本曲线最低点的有效规模，说明企业存在过剩的生产能力(Excess Capacity)。生产能力过剩是指企业在低于使平均总成本最小的产量下进行生产的一种情况。不仅如此，市场中企业的数量也因此会多于不存在过剩生产能力时所需的企业数量。如果生产能力过剩是垄断竞争企业的显著特点的话，这充分说明了垄断竞争市场结构对社会资源存在一定的浪费。

图9-6给出了垄断竞争企业长期均衡与完全竞争企业长期均衡的对比。在长期，垄断

竞争企业和完全竞争企业都可以自由地进入或退出市场，因此，长期经济利润为零，价格等于平均总成本。这就要求在利润最大化的产量水平上，需求曲线与平均总成本曲线相切。如图9-6(a)所示，垄断竞争企业生产产量Q_1，制订价格P_1，显然企业利润最大化的产量Q_1小于其有效规模，所以存在过剩的生产能力。如图9-6(b)所示，由于完全竞争企业是价格接受者，它所面临的需求曲线是水平的，因此，需求曲线和平均总成本曲线的切点一定位于平均总成本曲线的最低点，也就是企业的有效规模。可见，在长期中，完全竞争企业在有效规模上进行生产，而垄断竞争企业的产量低于有效规模，存在着生产能力过剩。虽然垄断竞争企业可以增加产量并降低平均总成本，但它并不会这样做，因为它拥有一定的市场势力来保持较高的价格和较低的产量。

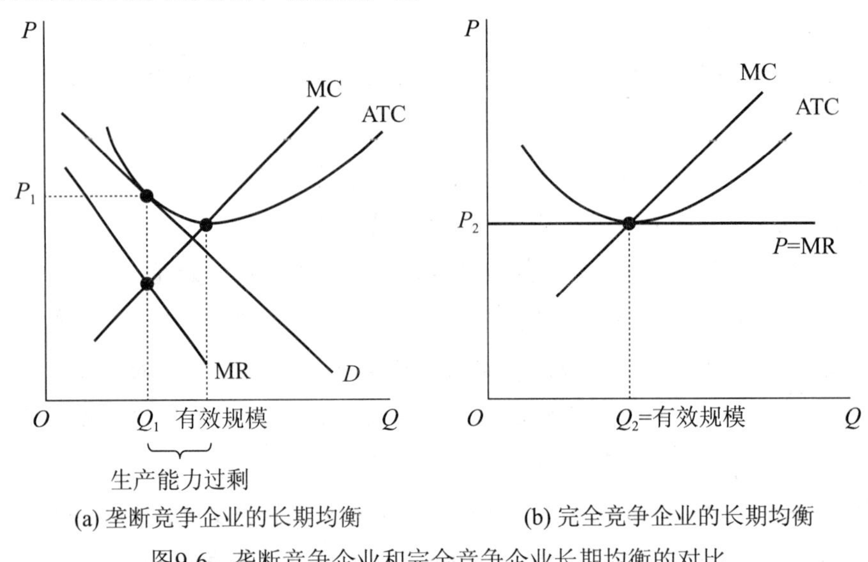

(a) 垄断竞争企业的长期均衡　　(b) 完全竞争企业的长期均衡

图9-6　垄断竞争企业和完全竞争企业长期均衡的对比

根据前面的分析，我们已经基本了解了垄断竞争市场与完全竞争市场和垄断市场的不同之处，垄断竞争企业所生产的产量小于完全竞争企业而大于垄断企业；垄断竞争企业所实行的价格高于完全竞争企业但低于垄断企业，再次说明了垄断竞争是介于完全竞争和垄断之间的市场结构。表9-3对垄断竞争与完全竞争和垄断的异同进行了总结。

表9-3　垄断竞争与完全竞争和垄断的异同

市场结构	价格	有效规模	过剩生产能力	长期利润	无谓损失
完全竞争	P=MC	是	无	无	无
垄断竞争	P>MC	不是	有	无	有
垄断	P>MC	不是	有	有	有

9.6 垄断竞争企业的竞争手段

企业之间的竞争一般采取两种方式：一是价格竞争，即企业通过压低价格来争夺市场份额；二是非价格竞争(Non-price Competition)，即企业通过提高产品质量，改进产品性能，改变产品设计与包装，附加赠品，或者通过大量的广告宣传来争夺市场。由于价格竞争使企业不得不降低售价以扩大市场占有率，但这样会减少利润，所以企业一般不会轻易变动价格，而主要采取非价格竞争手段。

9.6.1　垄断竞争企业的非价格竞争

非价格竞争包括开发新产品、改进售后服务、增强销售手段等多种形式，其中最为常见的就是通过提高产品质量和进行广告宣传这两种方式。质量因素和广告因素都是与价格因素一样出现在需求曲线中重要的自变量因素，而且质量因素和广告因素对企业而言属于可控范畴，可以通过努力加以改进。

1. 改进产品质量

改进产品质量实际上就是提升产品差异程度进而增加企业垄断能力。当企业提升产品质量之后，如果维持价格不变，相当于变相降价，能够吸引更多的消费者购买；即便企业提高价格，对于那些看重质量的消费者而言，也非常具有吸引力。因此，产品质量的提升与企业需求的增加正相关，可以使需求曲线向右移动，增加企业销量和利润。

2. 进行广告宣传

进行广告宣传也是垄断竞争企业提升垄断能力的一种途径。适宜的广告宣传不仅会扩大老顾客的购买量，还会吸引新顾客，从而使企业面临的需求曲线向右移动，扩大企业的销量和利润。广告可以带来很多好处：首先，提供产品信息，特别是对于企业正在推广的新产品，广告可以向消费者传递产品信息，刺激消费者需求。第二，如果市场上已经存在竞争者，广告可以起到扩大市场份额、吸引竞争对手顾客的效果。第三，广告可以改变企业形象，很多广告与产品无关，而是以宣传企业的经营理念、树立企业形象为目的。如中国移动集团在2006年实行的“村村通工程”旨在向边远山区提供移动通信服务，其广告宣传的“沟通改变命运，奉献源于责任”正是提升企业社会形象的成功之作。第四，广告可以提高顾客对产品的忠诚度，从而形成进入障碍。可口可乐和百事可乐是全球知名的两大可乐制造商，其在各国的广告支出都十分巨大，使其消费者具有很强的忠诚度。因此，虽然可乐的生产成本并不高，但世界上很少有国家出产过第三种持久畅销的可乐产品，就是因为可乐市场已经形成的进入壁垒造成的。

案例9-3　**为何会有如此多的广告？**

广告并不总是意味着对潜在进入者建立进入壁垒。有时候，广告实际上是通过解释企业的内部信息告诉消费者产品的质量信息。

当消费者在购买之前一眼就能看出产品质量时，广告的收益微乎其微。变黑腐烂的香蕉不能让消费者相信它们是新鲜美味的。那些免费提供的试图欺骗消费者的信息很快就会被揭露。但是，对于大多数商品，消费者在购买之前并不能核实质量，只能在使用一段时间后逐步查明质量。

因此，生产者对于首次购买者而言具有内部信息。突出的(昂贵的)广告活动给潜在的购买者提供信号，企业对自己的商品有信心，并期望有足够多的重复购买以弥补初期的广告投资成本。那些很快被消费者拆穿谎言的企业不会在广告上进行大量投资，因为它们不能销售足够的数量收回广告费用的支出。消费者一旦发现商品的质量糟糕，就会停止购买。预想到这一点，企业就知道最初就不该在昂贵的广告上浪费金钱。

那么，一次性购买的商品情况如何呢？例如电冰箱，通常可以使用十几年甚至更长时间。消费者确实可以从可信的广告中受益，但是高质量商品的生产商没有动力做广告，低质量冰箱生产商做广告是有利可图的，因为上当的消费者需要很长时间后才能进行下次消费，做广告的意愿不再表示企业对自身商品的信心。这样，由于高质量企业不愿意投资做广告，低质量企业倾向模仿高质量企业的行为，故低质量企业也不做广告。

根据统计，诸如上面提到的香蕉之类的产品，由于购买前就可以查明质量，所以其广告支出仅占销售收入的0.4%左右；而对于饼干之类的产品，质量要到购买后才知晓，而且很快就会有再次购买，所以其广告支出则占销售收入的3.6%左右；而对于冰箱这种购买后很久才能查明质量、下次购买还需要很长时间的产品，其广告支出占销售收入的1.8%左右。这三类产品广告支出的现实情况与前文的理论分析还是十分吻合的。

资料来源：E. Davis，J. Kay，J. Star. Is Adevertising Rational? [J]. Business Strategy Review，1991，Oxford University Press.

9.6.2 非价格竞争的优势

首先，非价格竞争手段具有一定的隐蔽性，不会引起竞争对手的注意。一个企业在产品性能、质量、包装、颜色和售后服务等方面的改进，不易被其他企业立即发觉。即使进行广告宣传是公开的，其他企业也无法完全了解做广告企业的全部情况和实际效果。但如果是价格竞争的话，相关的价格信息很快就能被竞争对手全部察觉。

其次，非价格竞争引起的消费者习惯和偏好的转变很难迅速扭转。一旦企业对产品质量的完善和广告宣传的效果已经对消费者起作用，竞争对手要想立即消除消费者对该产品的信任和习惯就相当困难，即便投入大量人力和物力也可能收效甚微。消费者对永久、凤凰自行车的信赖就是这个道理。

再次，非价格竞争的效果具有长远性。这是因为，消费者一旦对某种产品留有印象并形成定位之后，企业如果试图改变，需要花费很长时间和高昂的费用，因此，产品质量的提升和广告宣传的影响十分深远，会使企业在竞争中占得先机。但非价格竞争手段也需要付出成本，企业应选择最佳质量的产品进行广告宣传并确保支出合理才能实现其利润最大化的经营目标。

本章小结

1. 垄断竞争：是一种既有完全竞争成分又有垄断因素的市场结构

前两章所介绍的完全竞争市场和垄断市场是极端现象，在日常生活中最常见的是垄断竞争市场，是介于完全竞争和垄断之间的不完全竞争市场结构，却又比较接近完全竞争。

2. 垄断竞争市场的特征：产品有差异、企业数量多、可以自由进出

垄断竞争企业生产的产品尽管属于同类但存在一定的异质性，因此，产品之间有一定的可替代性但又不能完全替代；垄断竞争市场的企业数目众多，彼此之间存在着较为激烈的竞争，以至于每个企业都认为自己的行为对市场的影响极小，不会引起市场上其他企业的注意；垄断竞争市场存在一定的行业壁垒，但作用较弱，进出市场都比较容易。

3. 垄断竞争企业的短期均衡：MR=MC

在短期，垄断竞争市场的企业数量固定，每个垄断竞争企业凭借其差异化的产品具有一定的市场势力，能够像垄断企业一样行事。垄断竞争企业根据MR=MC找出利润最大化的产量Q，再确定需求曲线上与该产量对应的价格P。

4. 垄断竞争企业的长期均衡：MR=MC，P=ATC

在长期，企业可以自由进入或退出市场，因此，垄断竞争企业不可能长期获得经济利润，即垄断竞争企业在长期均衡状态时，总收益与总成本相等，企业与完全竞争企业一样获得零经济利润；另一方面，垄断竞争企业可以确定高于边际成本的价格加成，这是其垄断特征的体现。

5. 垄断竞争与效率：无谓损失与产品多样化的权衡

由于垄断竞争企业所确定的利润最大化的价格高于企业的边际成本，造成了垄断竞争市场的无谓损失，无法实现完全竞争市场的生产效率和配置效率。但另一方面，垄断竞争带来的产品多样化给消费者提供了多种选择，满足了消费者的不同偏好，甚至足以补偿向下倾斜的需求曲线引起的非效率问题。

6. 垄断竞争企业的过剩生产能力：需求曲线与平均成本曲线相切于其递减部分

垄断竞争企业达到长期均衡时，企业面临的需求曲线和平均总成本曲线相切于其利润最大化的价格处。由于需求曲线向右下方倾斜，所以只能与平均总成本曲线递减的部分相切，故该市场中的企业规模通常要小于平均总成本最低点的有效规模，说明企业存在过剩的生产能力。

7. 垄断竞争企业的竞争手段：非价格竞争为主

企业之间的竞争一般采取价格竞争和非价格竞争两种方式。由于价格竞争使企业不得

不降低售价以扩大市场占有率，但这样会减少利润，所以企业一般不会轻易变动价格，而是以非价格竞争手段为主。

通过本章的学习，我们已经对垄断竞争这一市场结构的研究内容有了一个初步的了解。下一章，我们会对最后一种市场结构——寡头市场进行深入细致的分析。

思考与练习

1. 什么是垄断竞争市场？垄断竞争市场的特征如何？

2. 垄断竞争市场是介于完全竞争和垄断之间的市场结构，请解释一下，垄断竞争与完全竞争的差别是什么？与垄断的差别又是什么？

3. 为什么垄断竞争企业愿意承担高昂成本去做广告，而完全竞争企业和垄断企业却不这么做？

4. 根据本章的分析，垄断竞争市场和垄断市场一样会引起无谓损失，为什么政府对垄断企业会加以管制而不对垄断竞争进行较大程度的干预？

5. 下面的企业属于完全竞争企业、垄断企业还是垄断竞争企业？

(1) 市场上众多生产小麦的企业之一；

(2) 农夫山泉矿泉水公司；

(3) 刚刚申请了专利的佳能公司；

(4) 某市自来水公司；

(5) 联合利华公司。

6. 凯特经营一家麦当劳分店，她以3.25美元的价格每周可以卖出350个巨无霸汉堡，如果她把价格降到3.20美元的话，第351个汉堡的边际收入是多少？

7. 时尚杂志是杂志市场众多品牌之一，初始时处于长期均衡。

(1) 画图表示时尚杂志的长期均衡。图中包括需求曲线、边际收益曲线、边际成本曲线和平均总成本曲线，并标出时尚杂志利润最大化的产量和价格。

(2) 时尚杂志的利润是多少？为什么？

(3) 在(1)问的图中标出消费者剩余、生产者剩余和无谓损失。

(4) 如果政府强迫时尚杂志生产有效率的产量水平，杂志社将有什么变动？杂志读者又会如何？

8. 农夫山泉矿泉水生产商投入巨额成本用于广告支出，因此拥有大量的忠诚客户群体，相比之下，无品牌的矿泉水生产商不进行任何宣传，顾客购买该矿泉水主要考虑其较低的价格。假设两种矿泉水的边际成本相同而且是个常数。

(1) 画图表示农夫山泉矿泉水的生产定价决策。图中包括需求曲线、边际收益曲线和边际成本曲线，并标出企业大于边际成本的价格加成和过剩生产能力。

(2) 画图表示无品牌矿泉水的生产定价决策。图中包括需求曲线、边际收益曲线和边际成本曲线，并标出企业大于边际成本的价格加成和过剩生产能力。

(3) 两种矿泉水的图形有何不同？哪个企业所确定的价格加成更高？

(4) 哪个企业有更严格控制产品质量的激励？请解释原因。

9. 辛迪经营一家音像制品租售店，其需求和成本信息如表9-4所示。

表9-4　辛迪音像店的需求和成本信息

Q	P	TR	MR	TC	MC	ATC
0	6.00			3.00		
1	5.50			7.00		
2	5.00			10.00		
3	4.50			12.50		
4	4.00			14.50		
5	3.50			16.00		
6	3.00			17.00		
7	2.50			18.50		
8	2.00			21.00		

(1) 请将表9-4中空格补全。

(2) 为了追求利润最大化，辛迪应该租售多少音像制品？她收取的价格是多少？能够获得多少利润？

(3) 此时，辛迪的音像店处于长期均衡吗？为什么？

10. 垄断竞争市场的无谓损失是如何产生的？如果政府强迫垄断竞争企业生产有效率的产量，会产生什么结果？

11. 请画图说明一个获得经济利润的垄断竞争企业的短期均衡。图中包括需求曲线、边际收益曲线、边际成本曲线和平均总成本曲线，并用阴影标出企业的利润，说明当新企业进入该市场时，原有企业会发生什么变动？

12. 下面每组企业中，哪个更有动机做广告？

(1) 小麦企业和洗发水企业；

(2) 特效药的生产企业和常用药的生产企业；

(3) 美的公司和无品牌小家电生产企业。

13. 请判断下面这句话是否正确并解释原因：任何一家厂商，只要它有能力影响其所提供的产品或服务的价格，它的边际收入曲线就将在需求曲线之下。

14. 请举例说明广告给消费者带来的好处以及它所产生的误导消费的弊端。

15. 请解释一下完全竞争企业的长期均衡与垄断竞争企业的长期均衡有何差别？

第10章　寡头市场

本章导入

本章主要介绍介于完全竞争和垄断之间的另一种市场结构——寡头市场，包括寡头市场的含义与特征；寡头市场的进入壁垒；寡头市场的经济分析与效率评价；寡头市场的博弈分析等，使读者能对寡头市场结构及寡头企业的均衡决策有个基本的了解。掌握寡头市场的定义；理解寡头市场的进入壁垒；理解寡头市场的特征；掌握寡头市场的经济分析；掌握博弈论的含义；理解博弈的基本构成要素；理解占优策略和纳什均衡；理解寡头企业之间的串谋难以维持的原因；学会运用博弈论方法分析寡头企业的最优决策。

开篇案例　石油输出国组织(OPEC)：卡特尔的兴衰

石油输出国组织(OPEC，Organization of Petroleum Exporting Countries)是世界上最著名的卡特尔。它建立于1960年，由五个主要的石油出口国组成：沙特阿拉伯、伊朗、伊拉克、科威特和委内瑞拉。该组织确定的目标是协调并统一各成员国的石油政策；采取措施确保价格稳定、消除有害而又不必要的价格波动。尽管1960年成立了石油输出国组织，但直到1973年OPEC才能决定石油的产量并以此决定其石油收入。此时，OPEC已拥有13个成员国。

1973年和1974年，OPEC把油价从每桶3美元左右提高到每桶12美元以上。这个价格一直延续到1979年，而石油的销售量并没有明显下降。但1979年之后，经济衰退使油价进一步由每桶15美元左右提高到每桶40美元，需求开始下降。

为了应对持续下降的需求，OPEC在1982年之后同意限定产量并分配产量定额，以维持油价。1984年达成协议，最高产量为每天1600万桶。然而，由于下列原因，卡特尔开始瓦解：全球性经济不景气导致石油需求下降；非OPEC成员国的石油产量上升；某些OPEC成员国违背协议，生产超过其分配限额的产量。

由于石油供过于求，OPEC无法维持其高油价，石油的现货价格不断下降。直到20世纪80年代末，随着世界经济的复苏，油价下降的趋势才有所逆转。

1990年海湾战争爆发，科威特和伊拉克停止了石油供应，使石油供给下降，油价急剧上涨。随着这场战争的结束，再加上20世纪90年代初的经济不景气，油价又开始快速下跌，并随着世界经济开始再次扩张而缓慢恢复。

到了20世纪90年代末，随着远东经济危机的爆发，形势对OPEC更为不利。石油需求每天大约下降200万桶。1999年初，油价已降到每桶10美元左右——若按1973年价格计，只有2.70美元！OPEC成员国同意把每天的石油产量减少430万桶，目的是把价格重新抬至每桶18～20美元。但随着亚洲经济的复苏以及世界经济增长的加快，油价迅速上升，仅仅在12个月里就增加了2倍。

在2001年底，OPEC的10个成员国决定把每天产量削减150万桶，并与该卡特尔之外的5大石油生产者也达成减产协议，以提高油价。OPEC与非OPEC石油生产者之间的这种联盟是石油行业中的首例。结果，OPEC又开始控制石油市场了。

资料来源：张元鹏. 微观经济学(中级教程)[M]. 北京：北京大学出版社，2011.

10.1 寡头市场的含义与特征

我们在上一章中介绍了不完全竞争的一种市场结构——垄断竞争市场，本章将主要阐述不完全竞争的另一种市场结构——寡头市场。既然属于不完全竞争市场，寡头市场和垄断竞争市场一样，也是介于完全竞争市场和垄断市场之间的一种市场结构，而且在现实中十分常见。寡头市场在经济中占有十分重要的地位，很多寡头行业都属于国民经济的重要部门，如钢铁、汽车、石油、飞机制造、航空、机械等，这些行业中几家公司的产量能占到整个行业的70%左右。表10-1给出了美国部分寡头行业的市场份额情况。其中，英特尔在微处理器和芯片行业的市场份额高达86%，而航空业前5家公司的总市场份额已经超过了80%。

表10-1　美国部分寡头行业的市场份额情况

行业	企业	市场份额
微处理器和芯片	英特尔	86%
	高级微设备(AMD)	9%
	其他	5%
航空公司	美国航空公司	20.6%
	联合航空公司	20.4%
	德尔塔航空公司	15.8%
	西北航空公司	14.0%
	大陆航空公司	10.5%
	美国空路公司	9.5%
	TWA公司	9.3%

那么，到底什么是寡头市场呢？学术界对寡头市场的普遍描述是：寡头市场(Oligopoly Market)是指只有少数几家企业生产有差别或者无差别的同类产品，控制了整个

市场的生产和销售的一种市场结构。例如，美国的汽车行业主要由三家公司所控制——通用汽车公司、福特公司和克莱斯勒公司；美国的电器设备市场则由通用电器公司和西屋公司控制了绝大部分；而美国的罐头行业则由美洲罐头公司和大陆罐头公司所掌控。我国石油市场的中石油与中石化，移动通信市场的中国移动、中国联通和中国电信等，都属于典型的寡头市场企业。但这并不意味着只有大企业才能具有寡头地位，即使是两家小商店，只要其附近没有其他同类竞争者，它们也是寡头企业。下面我们将从寡头市场的形成及其市场特征入手，分析寡头企业的经济决策，并从博弈论视角对寡头市场的均衡状态进行研究。

10.1.1 寡头市场的形成

作为一种不完全竞争市场结构，寡头市场处于完全竞争市场与垄断市场之间，更严格来说，它处于垄断竞争与垄断市场之间。经济学家认为，如果某一行业中，前四大企业的集中度(Four-firm Concentration Ratio)大于40%，则这一行业属于寡头市场。如表10-2所示，根据美国统计局每5年公布的四大企业集中度(CR4) 指标来看，零售业和制造业中的寡头市场十分常见。

表10-2 美国零售业和制造业中的寡头市场

零售业		制造业	
行业	CR4	行业	CR4
折扣店	95%	香烟	99%
超级市场	92%	啤酒	90%
大学书店	71%	飞机	85%
运动鞋商店	70%	汽车	80%
家用电器商店	69%	早餐粗粮	83%
玩具游戏商店	64%	宠物食品	58%
药房	52%	电脑	45%

之所以存在寡头市场，主要是由其行业的进入壁垒(Barrier to Entry)造成的。关于进入壁垒，我们在垄断和垄断竞争市场中都提及过，即任何阻止新企业进入某一可以获得经济利润的行业的壁垒。寡头市场的进入壁垒主要存在于以下三方面。

1. 自然进入壁垒——规模经济

规模经济(Economics of Scale)是寡头市场最重要的进入壁垒。我们在成本理论一章中探讨过，如果企业的长期平均总成本随着产量的增加而递减，则该行业存在规模经济。规模经济越强，说明该行业中的企业数量就越少。汽车行业存在典型的规模经济，因为该领域的初始投资巨大，而且只有在形成规模后才能盈利。如果汽车工业要求的最优规模是年产150万辆的生产能力，当市场年需求为600万辆时，竞争的结果就是由4家汽车生产商构成了生产集团，这一格局一旦形成，就很难再有企业进入。这可以解释为什么美国50多年以来，没有一家国内品牌汽车企业成功进入汽车行业的原因(当然，这期间有国外汽车企业进入美国市场，如日本的丰田)。餐饮行业的竞争程度明显高于大型超市的原因也是因为规模经济的存在。在餐饮行业，大型餐厅的平均总成本并不比小型餐厅低，这给该行业留出了容纳更多餐厅的空间；相反，沃尔玛、家乐福等大型超市的平均总成本要比小超市低得多，因此美国超市行业中，沃尔玛、Target、Kmart和Costco四家企业占据了该行业总销售量的95%。

案例10-1　沃尔玛——零售业的奇迹

沃尔玛公司由美国零售业的传奇人物山姆·沃尔顿(Sam Walson)先生于1962年在阿肯色州成立。经过五十多年的发展，沃尔玛公司已经成为美国最大的私人雇主和世界上最大的连锁零售企业。沃尔玛在全球27个国家开设了超过10 000家商场，下设69个品牌，全球员工总数220多万人，每周光临沃尔玛的顾客达2亿人次。

1991年，沃尔玛年销售额突破400亿美元，成为全球大型零售企业之一。据1994年5月美国《财富》杂志公布的全美服务行业分类排行榜，沃尔玛1993年销售额高达673.4亿美元，比上一年增长118亿多美元，超过了1992年排名第一位的西尔斯(Sears)，雄居全美零售业榜首。1995年沃尔玛销售额持续增长，并创造了零售业的一项世界纪录，实现年销售额936亿美元，在《财富》杂志1995年美国最大企业排行榜上名列第四。事实上，沃尔玛的年销售额相当于全美所有百货公司的总和，而且至今仍保持着强劲的发展势头。至今，沃尔玛已拥有2133家沃尔玛商店、469家山姆会员商店和248家沃尔玛购物广场，分布在美国、中国、墨西哥、加拿大、英国、波多黎各、巴西、阿根廷、南非、哥斯达黎加、危地马拉、洪都拉斯、萨尔瓦多、尼加拉瓜14个国家。它在短短几十年中有如此迅猛的发展，不得不说是零售业的一个奇迹。作为美国百货业的领头羊，沃尔玛在零售业市场的多个部门中占有很大份额，在一次性尿片、牙膏、宠物食品以及照相胶卷等产品的销量超过市场总销量的25%，而且还是CD、录像机和DVD的最大销售商。

沃尔玛成立初期，山姆·沃尔顿制定了一个关键性的商业策略——在小镇设立分店。这样，沃尔玛的主要竞争对手就是当地的小商店。通过直接向制造商大量购买产品，沃尔玛的成本更低，从而能提供比竞争对手更低的价格。早在20世纪70年代，沃尔玛就大规模投资信息技术。当竞争对手还利用人工清点存货数量时，沃尔玛已经要求供应商使用通用(UPC)条形码，通过计算机跟踪商品。这些新技术的应用以及沃尔玛成功的成本管理模式和高效的物流供应链系统，大大降低了沃尔玛的平均总成本，为其带来了规模经济的好处，自然形成了美国零售业的进入壁垒。

资料来源：R. 格伦·哈伯德，安东尼·P. 奥布赖恩. 经济学(微观)[M]. 王永钦，丁菊红，许海波，译. 北京：机械工业出版社，1997.

2. 关键资源的所有权

如果某种行业产品的生产需要特定资源的投入，那么对该资源的控制就能形成市场的进入壁垒，这一点，和垄断市场的进入壁垒相似。南非的戴比尔斯公司(De Beers)之所以能够控制钻石市场一半以上的产量，就是由于其控制了世界上绝大多数钻石的开采。美国制铝公司(Alcoa)凭借其控制的制铝所需的高品质矾土矿的世界供给，使该市场竞争对手的进入只能通过再生铝的使用。直到20世纪90年代，Ocean-Spray公司仍然控制着几乎100%的浆果供应，是其在新鲜浆果和冰冻浆果市场鲜有竞争对手，即使现在，该公司还控制着浆果产量的80%左右。

3. 政府设置的壁垒

所谓政府设置的壁垒是指为了保证资源有效配置，政府采取立法形式指导和干预企业进入行为，调整企业关系的公共政策。具体而言，政府设置的壁垒包括专利、特许经营以及国际贸易壁垒等。

政府通过使用专利鼓励企业创新，推动技术进步。当发明者开发出新产品并向政府申请专利保护时，专利法就赋予发明者在一定时期内排他性地生产该产品的权利，这就意味着发明者在市场上会处于垄断地位。例如，当一家制药公司发明出一种新药时，就可以向政府申请专利，如果政府认为这种药符合专利保护的条件，政府就会授予专利。专利给予该公司在一定时期内排他性生产并销售这种药品的权利。

对某些行业而言，政府通过发放经营许可证来限制竞争。我国、日本以及美国的移动通信行业的寡头市场结构就是这样形成的。由于移动通信行业涉及国家安全，国家对于经营许可证的发放十分谨慎，目前，我国只有中国移动、中国联通和中国电信三家通信运营商经营移动通信产品和服务。

此外，为了保护民族工业，政府还会通过关税或者配额之类的国际贸易壁垒限制国外竞争者。例如，我国在1994年以前，轿车进口关税接近200%，到1997年时，轿车关税还在100%左右，直到2002年加入WTO以后，轿车关税才下降到50%以下。

实际上，寡头市场的进入壁垒是以上各种因素共同作用的结果。比如，世界范围内的飞机制造寡头——美国波音公司和欧洲空中客车公司，其形成显然既有规模经济的原因，也有专利技术的保护；而通信行业的寡头结构既与政府特许经营有关，也是该行业规模经济的结果。

10.1.2 寡头市场的特征

与完全竞争、垄断及垄断竞争市场不同，寡头市场最明显的特征在于企业之间相互依存性非常强，每个寡头在制定自身决策时，必须充分考虑其竞争对手的反应，这也增加了寡头企业决策制定的困难程度。这一点，其他市场结构中的企业完全不用考虑，因为完全竞争和垄断竞争市场企业众多，每个企业的生产定价行为都不会引起其他企业的注意，也不会影响市场价格；而垄断市场由于只有唯一的生产者，更无须考虑其他企业的反应。

具体而言，寡头市场主要存在以下特征。

1. 市场内企业数量极少

寡头市场的企业只有少数几个，因此，每个企业对市场都有巨大的控制力，其行为会直接影响整个市场的价格水平。当市场上只有两家企业时，叫做“双头”，如国内的石油产品市场基本被中石油和中石化两家企业控制；如果市场上有两家以上的企业，则叫做“多头”，如国内的通信市场主要被中国移动、中国联通和中国电信三家通信运营商瓜分。

2. 企业之间相互依存

寡头市场中企业的行为存在明显的相互依赖性。由于寡头市场的企业数量极少，每个企业的行为都会引起其他企业(竞争对手)的注意并影响其他企业的行为；反之，其他企业的行为又会反作用于该企业自身的决策。因此，每个企业在制定生产定价决策时，都必须充分考虑其他企业可能的反应，否则必将出现“两败俱伤”的价格战(Price War)。但这些反应往往难以预料，所以企业只能在“不确定”的条件下进行决策。正是由于寡头企业的相互依存性，导致企业决策结构的不确定性。例如，在只有甲、乙、丙三家企业的寡头市场上，如果甲试图通过降价促销来增加市场份额，那么结果是否能实现要取决于乙、丙对此做出的反应，如果在甲降价后，乙和丙也跟着降价以维持其市场份额，结果甲的销量并未增加，利润也因此减少了。由于寡头市场的企业之间存在着这种相互依存、相互制约的关系，所以每个寡头既不是价格接受者，也不是价格制定者，而是价格搜寻者。

3. 企业不能自由进出市场

与完全竞争市场和垄断竞争市场中企业的自由进出不同，寡头市场的企业进入或者退出市场相当困难，其原因主要在于寡头市场类似于垄断市场，存在一定的进入壁垒。这种进入壁垒包括行业本身的规模收益情况、进入的资源障碍、技术障碍、资金障碍和法律障碍等。而且，由于寡头之间的相互依存，也使得在位企业退出市场也比较困难。

10.2 寡头市场的经济分析

寡头市场之所以复杂，主要因为寡头之间的关系不同于其他市场。在完全竞争市场或者垄断竞争市场，每个企业相互独立，其生产定价决策与市场上的其他企业的行为无关；

而垄断企业作为产量和价格的制定者，没有其他企业与其竞争，自然谈不上相互影响和制约。但在寡头市场，每个企业的行为具有明显的特征：首先是行为的非独立性，即每个企业的生产定价决策必须考虑其竞争对手的反应，也就是说寡头企业之间的市场行为是相互影响的；其次是每个企业都以追求利润最大化为目标，致使企业行为存在机会主义倾向。基于第一个特征，寡头企业之间存在相互串谋的激励，如OPEC组织的市场分割协定；基于第二个特征，寡头企业之间又存在短期内违背协议的冲突。

为了解寡头的行为，我们考察只有两个卖者的寡头市场，即双头市场。这是最简单的寡头市场类型。

10.2.1 双头的例子

假设A、B两家企业是某个小镇上长途电话行业的双头，两家企业所提供的长途电话服务是同质的，而且边际成本均为零，因此，企业的总收益就是其利润。A、B两家企业所面临的需求及收益情况如表10-3所示。

表10-3 小镇长途电话行业的需求及收益情况

数量/万户	价格/元/小时	总收益(或总利润)/万元
0	12	0
5	11	55
10	10	100
15	9	135
20	8	160
25	7	175
30	6	180
35	5	175
40	4	160
45	3	135
50	2	100
55	1	55
60	0	0

表10-3的第二列表示小镇长途电话的价格，第一列表示小镇长途电话的需求量。如果两家企业总计提供5万户的长途电话服务，则每小时长途电话的价格为11元；两家企业总计提供10万户的长途电话服务，则每小时长途电话的价格为10元，以此类推。表10-3的第三列表示两家企业共同的总收益，它等于销售量乘以价格。因为本例中假定长途电话服务的边际成本为零，所以两者的总收益就是其总利润。

在考虑A、B这个双头所提供的长途电话服务的价格和数量之前，我们先简单地讨论一下已经学过的两种市场结构——竞争和垄断，探讨一下不同的市场结构会如何影响市场的产量和价格。

如果这个小镇的长途电话市场是完全竞争市场，即小镇存在很多卖者都可以提供长途电话服务，并且可以自由进出市场。这时，根据完全竞争企业的利润最大化条件，市场价格会和边际成本相等。因为边际成本是零，所以，在完全竞争市场上，长途电话服务的均衡价格将是零，而均衡数量是60万户。由于长途电话服务的价格反映了其边际成本的大小，因此，该完全竞争市场上的价格和数量是有效率的。

如果这个小镇的长途电话市场是垄断市场，即该小镇只有一个长途电话供应商。垄断者为了实现其利润最大化，它将收取6元/小时的价格，向30万户提供长途电话服务。此时，该垄断者每小时能得到最大的垄断利润180万元。由于价格高于边际成本，垄断者的产量30万户的长途电话服务是无效率的。

那么，当小镇的长途电话市场是双头市场时，即市场上有两家企业A和B，结果会如何呢？这要分两种情况来讨论，一种情况是两家企业相互勾结；而另一种情况就是两家企业相互竞争。

1. 相互勾结

所谓“勾结”是指企业之间就产品的生产产量及实行价格所达成的协议。这种几家企业勾结在一起，并以一致方式行事的企业集团被称为卡特尔(Cartel)。一旦形成了卡特尔，市场实际就是由一个垄断者提供服务。卡特尔按照利润最大化的原则确定总产量和价格，然后再在各成员中进行分配。

在小镇长途电话的例子中，如果A和B两家企业就提供长途电话服务的数量及收取的价格达成一致，相互勾结，为了实现利润最大化，它们就会像垄断者那样行事。此时，这两个生产者共同向30万户居民提供长途电话服务，并收取6元/小时的价格。价格再次大于边际成本，说明这个结果从全社会的角度来看是无效率的。

卡特尔不仅要就总产量水平达成一致，还要就每个成员的生产量达成一致。在这个例子中，A、B两家企业要就如何在他们之间分配向30万户居民提供的长途电话服务达成一致。卡特尔的每个成员都想有较大的市场份额，因为市场份额越大，意味着利润越大。如果两家企业同意平分市场，那么，每个人将向15万户居民提供长途电话服务，价格将是6元/小时，每家企业可以获得每小时90万元的利润。

可见，相互勾结的寡头企业所制定的生产定价决策与垄断企业是一致的。

2. 相互竞争

如果A、B两家企业不能就长途电话服务的产量和价格达成一致，就是两者没有勾结在一起，那么，两家企业各自的生产定价决策会如何呢？我们依旧根据表10-3的数据进行分析。为了分析的简便，我们假设A、B两家企业都会在既定的市场条件下选择使自己利润最大化的产量，并假设A企业首先进入长途电话市场。

当A企业首先进入长途电话市场而B企业还未进入时，A企业是一个垄断者，为了实现其利润最大化，它将收取6元/小时的价格，向30万户提供长途电话服务。此时，A企业每小时能得到最大的垄断利润180万元。

接下来，B企业进入市场。此时，市场价格是6元/小时，产量是30万户，B企业在这个既定的市场条件下选择使自己利润最大化的产量。当B企业选择向5万户居民提供长途电话服务时，市场总供给量增加到35万户，市场价格就会下降为5元，B企业获得25万元/小时的利润。当B企业选择向10万户居民提供长途电话服务时，市场总供给量增加到40万户，市场价格就会下降为4元，B企业获得40万元/小时的利润。当B企业选择向15万户居民提供长途电话服务时，市场总供给量增加到45万户，市场价格就会下降为3元，B企业获得45万元/小时的利润。当B企业选择向20万户居民提供长途电话服务时，市场总供给量增加到50万户，市场价格就会下降为2元，B企业获得40万元/小时的利润。依此类推，我们得出，当A企业向30万户居民提供长途电话服务时，B企业会选择向15万户居民提供长途电话服务的利润最大化产量。

当B企业选择向15万户居民提供长途电话服务时，为了利润最大化，A企业也会调整自己的产量。通过分析计算，可以得出，A企业会将产量调整至向25万户提供长途电话服务的利润最大化产量。

当A企业选择向25万户居民提供长途电话服务时，为了利润最大化，B企业会再次调整自己的产量。通过分析计算，可以发现，B企业生产15还是20单位所获得的利润相同，所以，B企业会将产量调整至向20万户提供长途电话服务的利润最大化产量。

当B企业选择向20万户居民提供长途电话服务时，为了利润最大化，A企业也会调整自己的产量。通过分析计算，可以发现，A企业生产20单位获得的利润最多，所以，A企业会将产量调整至向20万户居民提供长途电话服务的利润最大化产量。

当A企业选择向20万户居民提供长途电话服务时，B企业发现，向20万户提供长途电话服务就是其利润最大化的产量。此时，A、B企业不会再调整各自的产量，市场的总供给量为40万户，价格是4元/小时。

上述产量的调整过程如下：A企业首先进入生产30；A企业生产30，B企业进入生产15；B企业生产15，A企业产量调整至25；A企业生产25，B企业产量调整至20；B企业生产20，A企业产量调整至20。至此，调整结束。

根据上述分析，表10-4给出了不同市场结构下小镇长途电话市场的均衡产量、均衡价格和市场总利润情况。

表10-4　不同市场结构下小镇长途电话市场的均衡产量、均衡价格和总利润

市场结构	均衡数量/万户	均衡价格/元/小时	总利润/万元
完全竞争	60	0	0
垄断	30	6	180
寡头	40	4	160

如表10-4所示，竞争的寡头市场上的均衡产量大于垄断市场但小于完全竞争市场；竞争的寡头市场上的均衡价格低于垄断市场但高于完全竞争市场。因此，更为一般性的结论是：当寡头企业个别地选择利润最大化的产量时，它们生产的产量大于垄断但小于完全竞争的产量水平，所收取的价格低于垄断但高于完全竞争的价格水平。这再次印证了寡头市场是介于完全竞争市场和垄断市场之间的一种不完全竞争的市场结构。

10.2.2 寡头市场的效率评价

我们已经学习了完全竞争、垄断、垄断竞争和寡头4种市场结构，在探讨寡头市场的效率问题之前，我们先来回顾一下不同市场结构的异同，表10-5对完全竞争、垄断竞争、寡头和垄断这4种市场结构的主要特征进行了对比。

表10-5 4种市场结构的主要特征对比

项目	完全竞争	垄断竞争	寡头	垄断
企业数量	很多	较多	几家	一家
价格决定	接受者	影响者	寻求者	制定者
产品性质	同质	有差别	同质或有差别	独特
进出难易	容易	较易	不易	不能
需求曲线	水平	略斜	较斜	最斜
均衡条件	P=MR=MC	MR=MC	—	MR=MC
短期利润	正、负或0	正、负或0	正	正
长期利润	0	0	正	正
典型行业	农业	轻工业	通信或石油行业	公用事业

不同市场结构的经济效率存在差别，市场结构的类型直接影响着经济效率的高低。一般来说，市场的竞争程度越高，经济效率也越高；而市场的竞争程度越低，则经济效率就越低。在完全竞争市场，企业面临的需求曲线是水平的，长期经济利润为零，因此，产品的均衡价格最低(分别和边际成本、最低的平均总成本相等)，均衡产量最高，所以经济效率最高。在垄断市场，企业拥有较强的市场势力，需求曲线向右下方倾斜，因此，产品的均衡价格最高、均衡产量最低，所以经济效率最低。在垄断竞争市场，企业需求曲线也向右下方倾斜，倾斜程度取决于企业的垄断势力，垄断势力越强，需求曲线越陡峭，垄断竞争企业的长期经济利润为零，此时，产品的均衡价格略低(与平均总成本相等)、均衡产量略高，但企业存在过剩的生产能力，所以经济效率略低(高于垄断但低于完全竞争)。

相比之下，寡头市场的情况比较复杂。寡头企业的需求曲线不太确定，一般认为，寡头和垄断竞争虽然都属于不完全竞争，但寡头比较接近垄断，而垄断竞争比较接近完全竞争。因此，在寡头市场达到均衡时，产品的均衡价格较高、均衡产量较低，所以经济效率较低。但是，与其他市场结构相比，寡头市场有个突出的优点——有利于研究与开发。这是因为，在完全竞争和垄断市场不存在对企业研发的激励，而且，垄断竞争企业和完全竞争企业一样，由于规模较小，通常无力承担研发的高额成本。

案例10-2 **串谋的失败**

粮食是国际贸易重要的大宗商品。20世纪80年代以来，我国平均每年进出口量在4亿吨上下。国际粮食市场的结构特点在于：美国、澳大利亚、加拿大、欧盟、阿根廷等国家或地区占据大部分出口份额，其中美国所占份额最多，因此，国际粮食出口市场具有寡头市场的结构特点。

由于美国是最大粮食出口国，而且大多数出口国都是美国传统盟国，这使得美国外交和国际政治关系领域长期有一种理念，认为有可能与其他出口国联手对某个主要进口国实行禁运，以达到特定的政治目的。这种带有政治性的联合禁运目标，虽然与市场环境下的寡头厂商目标存在差别，但它同样是控制很大市场份额的少数市场参与主体协调串谋，来影响市场价格和交易数量的，因而与卡特尔勾结具有类似的发生机制和运作机制。

1980年初，美国卡特政府第一次运用粮食禁运手段打击其争霸对手苏联，起因是苏联入侵阿富汗。美国认为这是对其战略利益的挑战，但又不宜军事介入，于是动用粮食禁运这一武器。1980年1月4日，美国政府公布禁运政策，此时，苏联已向美国订购了2500万吨粮食，占其当年进口总量的70%。半个月之后，主要出口国家或地区加、澳和欧洲各国同意参与。禁运起初在美国国内获得广泛支持，但结果事与愿违，苏联当年进口粮食达3120万吨，仅比计划进口差10%。美国政府试图施压的苏联肉类消费所受影响微乎其微。1980年是大选年，里根以此攻击卡特政策无能，并在入主白宫几个月内就解除了禁运。

此次禁运政策的失败主要有以下原因：首先，出口国难以达成共识，阿根廷拒绝参与美国禁运的结果使其成为最大赢家，获取巨额利润；其次，难以控制粮食转口，禁运国只能控制不对目标国出口，但不能控制出口给第三国后又转运至目标国；再次，禁运国自身也存在违规，美国在禁运后当年粮食出口量反而比以前上升，说明串谋者都有欺骗动机和行为；第四，其他粮食出口国乘虚而入，泰国、匈牙利、西班牙等国开始向苏联出口粮食；最后，美国国内政治因素影响，如农业集团因利益受损要求政府补偿等等。以上分析都说明了卡特尔串谋的可能性及其运作的内在困难，这正是寡头市场特有的“合作与利己的冲突”。

资料来源：卢锋. 我国粮食贸易政策调整与粮食禁运风险评价[J]. 中国社会科学，1998，2.

10.3 寡头市场的博弈分析

寡头市场与其他市场结构最大的差别在于各个企业进行决策时的相互依赖性，因此，对寡头市场的分析，我们将采用作为对策理论的博弈论来进行，这与前面三种市场结构的分析方法截然不同。

10.3.1　博弈论的含义及博弈的构成要素

博弈一词来源于围棋、桥牌及战争术语，指的是两个及两个以上的个人或组织都在追求自身利益，却不能支配结果的竞争态势。博弈论(Game Theory)是研究在既有冲突又有合作的态势下，个人或组织在平等的对局中根据对方策略选择自己策略，以达到取胜目的的行为。实际上，博弈论思想古已有之，中国古代的《孙子兵法》除了是一部军事著作外，还是最早的一部博弈论著作。博弈论最初主要研究游戏或赌博中的胜负问题，通过考虑游戏或赌博的参与者的预测行为和实际行为，研究其最优策略。

近代对于博弈论的研究，开始于策梅洛(Zermelo)、波莱尔(Borel)及冯·诺依曼(John von Neumann)。1928年，美国数学家冯·诺依曼证明了博弈论的基本原理，宣告了博弈论的正式诞生。1944年，冯·诺依曼和摩根斯特恩(Oskar Morgenstern)共著的划时代巨著《博弈论与经济行为》将双人博弈推广到*n*人博弈结构并将博弈论系统地应用于经济领域，奠定了这一学科的基础和理论体系。诺贝尔经济学奖得主约翰·纳什(John F. Nash)在其开创性论文《n人博弈的均衡点》(1950)以及《非合作博弈》(1951) 中，利用不动点定理证明了均衡点的存在，为博弈论的一般化奠定了坚实的理论基础。从1994年诺贝尔经济学奖授予3位博弈论专家开始，共有6届的诺贝尔经济学奖与博弈论的研究有关(分别在1994年、1996年、2001年、2005年、2007年和2012年)，足见博弈论方法对经济学的重要意义。

博弈的基本构成要素主要包括以下几个。

1. 参与者(Players)

参与者指的是一个博弈中的决策主体，也可以叫做局中人。参与者的目的是通过选择行动或战略最大化自身收益。在博弈中，参与者可以是个人、企业，还可以是国家，甚至若干国家组成的集团(如欧洲货币联盟、北约组织等)。根据经济学的理性假定，参与者以利益最大化为目标。如果博弈中只有2个参与者，叫做双人博弈；如果参与者数量超过2个，则为多人博弈。

2. 策略(Strategies)

策略也可以叫做战略，指一局博弈中，每个参与者在不确定的情况下，进行博弈时所采取行动的完整说明，它规定参与者在何时采取何种行动。显然，每个参与者的策略取决于其掌握的信息，即参与者关于其他参与者的特征和行动的了解；而每个参与者所选择的策略决定了博弈的最终结果。如果在一个博弈中，参与者的策略数量有限，则称为“有限博弈”，否则称为“无限博弈”。

3. 收益(Payoff)

所谓收益，就是每个参与者所采取对策的结果，它可以是参与者的货币收入或支出，也可以是参与者的利润或亏损，还可以是经济福利或其他损失等。总之，收益是参与者在策略选择下的所得或所失，反映了参与者从博弈中所获得的效用水平。对于参与者的每个策略组合，都有一个收益与其对应，如果博弈中只有两个参与者，该博弈的收益就可以通过矩阵的形式来表示，即收益矩阵(Payoff Matrix)。

下面我们通过最经典的博弈论案例——囚徒困境，来解释博弈的构成要素。

10.3.2 囚徒困境

1950年，经济学家塔克提出了一个非常经典的博弈论案例——“囚徒困境”(Prisoner's Dilemma)。囚徒困境用一种特别的方式讲述了一个关于警察与小偷的故事。假设有两个小偷Jack和John因私闯民宅被警察抓住。警方将两人分别置于不同的两个房间内进行审讯，对每一个犯罪嫌疑人，警方给出的政策是：如果两个犯罪嫌疑人都坦白罪行、交出赃物，由于证据确凿，两人都将被判有罪，刑期8年；如果只有一个犯罪嫌疑人坦白，另一个人没有坦白而是保持沉默，则沉默者由于被同伙指证将获得10年的重罚，而坦白者因为立功可以获得自由；但如果两人都拒不交代，则警方因证据不足只能各判入狱1年。

根据以上描述，我们可以得出囚徒困境中两个参与者Jack和John的收益矩阵，如表10-6所示。

表10-6　囚徒困境的收益矩阵

类别		Jack	
		坦白	保持沉默
John	坦白	8年 \ 8年	自由 \ 10年
	保持沉默	10年 \ 自由	1年 \ 1年

在囚徒困境中，囚犯Jack的思考如下：如果John选择坦白，我坦白的话坐牢8年，我沉默的话坐牢10年，所以我选择坦白；如果John选择沉默，我坦白的话就能获得自由，我沉默的话坐牢1年，所以我还是选择坦白。因此，囚犯Jack的最优选择就是坦白。同样的道理，囚犯John的最优选择也是坦白。在这里，无论John的策略如何，Jack都会选择坦白，因此，坦白就是Jack的占优策略(Dominated Strategy)。所谓占优策略是指，无论其他参与者采取什么策略，他所采取的策略是他所能选择的策略中最好的。显然，坦白也是John的占优策略。

在这个博弈中，最后的结果就是两人都选择坦白，分别被判处8年刑罚。这是双方博弈实现的均衡，我们称为纳什均衡(Nash Equilibrium)，是以1994年诺贝尔经济学奖得主约翰・纳什的名字命名的。纳什均衡是指在其他参与者所选策略既定的情况下，每个参与者选择其最佳策略从而达到的均衡。在纳什均衡中，如果其他参与者不改变策略，则任何一个参与者都不会改变自己的策略。

但显而易见地，在囚徒困境中，纳什均衡并不是一个最好的结果，因为如果Jack和John都选择沉默的话，每个人只会被判处1年的刑罚，但每个参与者出于对自身利益最大化的追求，导致了“损人不利己”的结果。囚徒困境揭示了个人理性和集体理性的矛盾，反映了寡头市场上企业之间存在的合作与利己的冲突。

10.3.3　存在囚徒困境的寡头

很多在寡头市场经营的企业都存在囚徒困境的情况，下面我们运用博弈论方法，分析存在囚徒困境的寡头是如何进行博弈的。

1. 产量博弈

我们以本章第2节所介绍的小镇长途电话市场的双头的例子运用博弈论方法进行产量博弈分析。根据10.2.1的分析可知，A、B两家企业可以通过相互勾结来减少产量、提高价格，这样按照垄断者行事的话，双方各提供15万户的长途电话服务，实行6元/小时的价格，获得90万元/小时的利润。但如果两家公司不能达成一致的话，双方将各提供20万户的长途电话服务，实行4元/小时的价格，获得80万元/小时的利润。我们用表10-7刻画两家企业的处境，即它们的收益矩阵。

表10-7　小镇两家长途电话供应商的收益矩阵

类别		A	
		15万户	20万户
B	15万户	90万元 / 90万元	100万元 / 75万元
	20万户	75万元 / 100万元	80万元 / 80万元

如果B企业选择15万户的产量的话，A企业选择15万户产量可以获利90万元，选择20万户的产量可以获利100万元，显然它会选择20万户的产量；如果B企业选择20万户的产量的话，A企业选择15万户产量可以获利75万元，选择20万户的产量可以获利80万元，显然它还会选择20万户的产量。因此，选择向20万户居民提供长途电话服务是A企业的占优策略，同样的，B企业的占优策略也如此。此时，该博弈的纳什均衡就是两家企业各提供20万户的长途电话服务，分别获得80万元的利润。显然，这个结果对于两家企业而言，并

不是耳……门争的话，每家企业的获利都会增加。但即使A、B之前已经商……量，但只要它们之间的博弈是一次性的，两家企业就会从自身……违背协议，这正是寡头市场合作与利己冲突的体现。

……Target两家大型超市正在为同一款游戏机定价，两家超市的经理人为制……美元的价格绞尽脑汁。如果两家超市都将游戏机的价格定为150美元，……美元；如果两家超市将价格定在200美元，则利润分别上升至10 000美元……如果一家超市定价为150美元而另一家定价为200美元，低价超市将会抢走很多顾客，从而获利15 000美元，另一家超市因为价格较高，销量减少，只能获利5000美元。根据以上信息，我们可以得到沃尔玛与Target超市的收益矩阵，如表10-8所示。

表10-8　沃尔玛与Target的收益矩阵

类别		Target	
		150美元	200美元
沃尔玛	150美元	7500美元 / 7500美元	15 000美元 / 5000美元
	200美元	5000美元 / 15 000美元	10 000美元 / 10 000美元

如表10-8所示，如果沃尔玛将游戏机定价为150美元，Target定价150美元可以获利7500美元，定价200美元可以获利5000美元，显然它会选择150美元的售价；如果沃尔玛将游戏机定价为200美元，Target定价150美元可以获利15 000美元，定价200美元可以获利10 000美元，它还会选择150美元的售价。因此，定价150美元是Target的占优策略。同样的，沃尔玛的占优策略也是定价150美元。此时，该博弈的纳什均衡是两家超市均将游戏机定价为150美元，分别获得7500美元的利润。但显然，两家超市如果都定价为200美元时更为有利，这样每家可以获得10 000美元的利润。

3. 广告博弈

假设上海大众与一汽捷达面对即将形成的国内家用轿车市场，准备筹划一次竞争性的广告宣传活动。在这个活动中，每家企业只能选择一种渠道：电视广告或者杂志广告，电视广告的宣传效果要好于杂志广告，但缺点是成本较高。如果两家企业都选择电视广告，则分别可以获利2亿元；如果一家选择选择电视广告而另一家选择杂志广告，则选择电视广告的可获利4亿元，而选择杂志广告的只能获利1亿元；如果两家都选择杂志广告，可以分别获利3亿元。根据以上信息，我们可以得到上海大众与一汽捷达的收益矩阵，如表10-9所示。

表10-9　上海大众与一汽捷达的收益矩阵

类别		一汽捷达	
		电视广告	杂志广告
上海大众	电视广告	2亿 \ 2亿	4亿 \ 1亿
	杂志广告	1亿 \ 4亿	3亿 \ 3亿

如表10-9所示，如果上海大众选择电视广告，一汽捷达选择电视广告可以获利2亿，选择杂志广告可以获利1亿，它会选择电视广告；如果上海大众选择杂志广告，一汽捷达选择电视广告可以获利4亿，选择杂志广告可以获利3亿，它还是会选择电视广告。因此，一汽捷达的占优策略就是选择电视广告。同样的，上海大众的占优策略也是选择电视广告。该博弈存在纳什均衡，即两家企业都选择电视广告，各获得2亿元的利润。但显然，两家企业如果都选择杂志广告可能更为有利，这样每家企业可以分别获得3亿元的利润，高于都选择电视广告只能获得的2亿元利润。

案例10-3　谷歌与苹果的寡头大战

两大寡头，一个是互联网的王者，一个是移动终端的霸主，都是呼风唤雨雄霸一方的诸侯，除了自己愿意停下来，谁还能阻止？谷歌与苹果并不满足于争夺仅仅停留在移动便携领域，在围绕智能手机领域的iPhone之外，两家在其他相关的子领域的竞争也到了步步紧逼的程度。

2010年5月20日，谷歌召开新闻发布会，宣布年底将与索尼公司联手推出一种全新的电视模式——Google TV，让人们可以通过传统的电视机，不用其他任何网络辅助就可以连接因特网，实现信息传递的便捷，这样一来，谷歌就把老牌传统业务“互联网搜索”延伸进电视领域。不出十天，苹果公司就公布了升级Apple TV的庞大计划——全面推行基于云计算和iPhone 0s的电视机顶盒，其功能与Google TV极为相近，也是让电视机直接上互联网的一种转换机，而且功能和稳定性还要在Google TV之上，其上网速度之快远超人们的预料，而且操作便捷，外观华丽，最吸引消费者眼球的是，这款最新的机顶盒只需要99美元。要知道，虽然苹果一直都很努力，并且并购了一些公司，但还是没能成功地挤进电视领域，这次谷歌的新计划就像在苹果上扎了根刺，刺激它不顾一切地冲进这一处女地。

消费者对苹果和谷歌的热爱程度，已经超过了对影视巨星或运动明星的喜爱，两家公司的产品也已深深地影响到人们的日常生活。在数据计算领域，苹果和谷歌之间的竞争凸显了当今科技领域最核心的问题：大多数计算任务究竟应该在哪里处理？谷歌认为，多数计算任务都应由“云”来处理，即通过将所有数据都上传到一个大型数据中心，再由其中的软件来运行处理，最后将结果发回给申请终端。谷歌Android系统就隐含了这种思维模式。相反，苹果的目的在于销售美观大方、性能优越的产品，以获取丰厚利润，并主张将大多数计算能力放进消费者的口袋和公文包。通过只能在iPhone上运行的软件，苹果创建了自己的私有环境，通过这一操作系统，每台苹果机都可以独立完成各类计算任务。苹果还将其产品范围进一步扩大，凡是能使消费者获得信息并自娱自乐的产品，都将成为苹果的目标，如平板电脑、便携电视以及电子书阅读器等。

资料来源：吴中宝. 寡头战争(谷歌战苹果)[M]. 北京：中国经济出版社，2011.

本章小结

1. 寡头市场：是介于完全竞争市场和垄断市场之间的一种市场结构

寡头市场是和垄断竞争市场一样的不完全竞争市场结构，在日常生活中比较常见，是介于完全竞争市场和垄断市场之间的一种市场结构。寡头市场在经济中占有十分重要的地位，很多寡头行业都属于国民经济的重要部门，如钢铁、汽车、石油、飞机制造、航空、机械等，这些行业中几家公司的产量能占到整个行业的70%左右。

2. 寡头市场的进入壁垒：规模经济、关键资源的所有权、政府设置的壁垒

规模经济是寡头市场最重要的进入壁垒，如果企业的长期平均总成本随着产量的增加而递减，则该行业存在规模经济，规模经济越强，该行业中的企业数量就越少；第二个进入壁垒是关键资源的所有权，如果某种行业产品的生产需要特定资源的投入，那么对该资源的控制就能形成市场的进入壁垒；政府设置的壁垒包括专利、特许经营以及国际贸易壁垒等。

3. 寡头市场的特征：企业数量少、企业间相互依存度高、不能自由进出

寡头市场的企业数量较少，每个企业对市场都有巨大的控制力，其行为会直接影响整个市场的价格水平。由于寡头市场的企业数量极少，每个企业的行为都会引起其他企业的注意并影响其他企业的行为；反之，其他企业的行为又会反作用于该企业自身的决策。因此，每个企业在制定生产定价决策时，都必须充分考虑其他企业可能出现的反应，这种高度的相互依存性，导致企业决策结构的不确定性。寡头市场的企业进出市场相当困难，其原因主要在于寡头市场存在一定的进入壁垒。

4. 寡头市场的产量和价格：取决于寡头企业之间是相互勾结还是相互竞争

如果寡头企业相互勾结，像垄断者一样行事，则寡头市场的价格和产量与垄断市场一致；但如果寡头企业相互竞争，则寡头市场的产量大于垄断但小于完全竞争，所实行的价格低于垄断但高于完全竞争。

5. 寡头市场的效率评价：低于完全竞争市场但高于垄断市场

在寡头市场达到均衡时，产品的均衡价格较高、均衡产量较低，所以经济效率较低，处于完全竞争与垄断之间。但是，与其他市场结构相比，寡头市场有个突出的优点——有利于研究与开发。因为在完全竞争和垄断市场不存在对企业研发的激励，而垄断竞争企业和完全竞争企业一样，由于规模较小，通常无力承担研发的高额成本。

6. 博弈论的构成要素：参与者、策略与收益

博弈论是研究在既有冲突又有合作的态势下，个人或组织在平等的对局中根据对方策略选择自己策略，以达到取胜目的的行为。博弈的主要构成要素有三个：参与者，即博弈的决策主体；策略，一局博弈中，每个参与者在不确定的情况下，进行博弈时所采取行动的完整说明；收益，即每个参与者所采取对策的结果。

7. 囚徒困境：合作与利己的冲突

囚徒困境中的每个参与者出于对自身利益最大化的追求，导致了“损人不利己”的结果，它揭示了个人理性和集体理性的矛盾，反映了寡头市场上企业之间存在的合作与利己的冲突。囚徒困境的逻辑适用于许多情况，包括产量博弈、价格博弈和广告博弈等。

通过本章的学习，我们已经对寡头市场的研究内容有了一个初步的了解。下一章，我们会对生产要素理论进行深入细致的分析。

思考与练习

1. 什么是寡头市场？寡头市场的特征如何？

2. 作为一种不完全竞争的市场结构，寡头市场和垄断竞争市场一样介于完全竞争和垄断之间，请解释一下，寡头市场与完全竞争市场、垄断市场以及垄断竞争市场的差别如何？

3. 为什么寡头市场最大的特征是企业之间高度的相互依存性？其他市场结构为什么不存在这种情况？

4. 什么是博弈论？什么是占优策略和纳什均衡？

5. 考虑美国和墨西哥间的贸易关系，两国在执行不同的关税水平时，收益矩阵如表10-10所示。

表10-10　美国与墨西哥的收益矩阵

类别		美国	
		低关税	高关税
墨西哥	低关税	250亿美元 250亿美元	300亿美元 100亿美元
	高关税	100亿美元 300亿美元	200亿美元 200亿美元

(1) 美国的占优策略是什么？墨西哥的占优策略是什么？

(2) 两国贸易政策博弈的纳什均衡是什么？

(3) 1993年美国国会通过了北美自由贸易协定。根据这个协定，美国和墨西哥一致同意同时降低关税。根据上表看到的结果说明这个贸易协定产生的原因？

6. 美洲航空公司和布拉尼夫航空公司是美国主要的两家航空公司。假设每家公司既可以对机票收取高价格，也可以收取低价格。如果两家都收取低价格，分别获利2000万美

元；如果一家收取高价格，一家收取低价格，高价格的航空公司只能获利1000万美元，而低价格的航空公司能获利3000万美元；如果两家都收取高价格，分别获利2500万美元。

(1) 根据以上描述画出该博弈的收益矩阵。

(2) 分别找出美洲航空公司和布拉尼夫航空公司的占优策略。

(3) 该博弈的纳什均衡是什么？最好的结果又是什么？

7. 在商业大片市场，为了获得更好的票房，同档期上映的影片发行商在定价方面不得不慎重考虑。以《加勒比海盗4》和《功夫熊猫2》为例，假设每个发行商都可以选择将票价定为60元或70元，如果两个发行商都定价70元，则各获得2.5亿的票房收入；如果一个发行商定价为60元，另一个定价70元，则定价为60元的影片可以获得2.8亿的票房收入，而定价70元的影片将获得1.5亿的票房收入；如果两个影片都定价60元，则每个影片获得2亿元的票房收入。

(1) 根据以上描述画出该博弈的收益矩阵。

(2) 找出两部电影发行商定价的占优策略。

(3) 该博弈的纳什均衡是什么？最好的结果又是什么？

8. 假设在一个小镇上只有A、B两家生产矿泉水的公司，两家公司生产矿泉水的边际成本是不变的1元，没有固定成本。小镇对矿泉水的需求如表10-11所示。

表10-11 小镇对矿泉水的需求表

价格/元	数量/瓶
8	5
7	6
6	7
5	8
4	9
3	10
2	11
1	12

(1) 如果有许多生产矿泉水的公司，价格和数量是多少？利润呢？

(2) 如果只有一家生产矿泉水的公司，价格和数量是多少？利润又如何？

(3) 如果两家企业勾结形成卡特尔，价格、数量和利润是多少(平分市场)？

(4) 两家企业能维持住卡特尔协议么？为什么？

(5) 写出这两家矿泉水公司博弈的收益矩阵，并找出纳什均衡。

9. 世界大部分的钻石供给来自南非和比利时。假设采集每块钻石的边际成本是1000元，且钻石的需求如表10-12所示。

表10-12 世界钻石的需求表

价格/元	数量/块
8000	5000
7000	6000
6000	7000
5000	8000
4000	9000
3000	10 000
2000	11 000
1000	12 000

(1) 如果有许多钻石供给者，则钻石的价格和数量会是多少？

(2) 如果南非和比利时共同向市场供给钻石，并相互勾结形成一个垄断的钻石供给者，则钻石的价格和数量会是多少？

(3) 如果南非和比利时各自从自身利益最大化的角度出发，则钻石市场的价格和数量会是多少？

(4) 写出南非和比利时博弈的收益矩阵，并找出纳什均衡。

10. 为什么寡头市场存在“合作与利己的冲突”？请举例说明。

11. 我们在讲到寡头市场的形成时，提到了进入壁垒。你认为，进入壁垒与行业竞争程度有何关系？什么是最重要的进入壁垒？请举例说明一种政府设置进入壁垒的情况，为什么政府会这么做？

12. 下面行业或者部门更接近于何种市场结构？

(1) 原油行业；

(2) 纺织行业；

(3) 国家电力部门；

(4) 农业部门。

13. 2003年，在伊拉克战争获得胜利的联合声明发表后，美国政府斥资数十亿美元进行战后伊拉克基础设施的重建。重建工作由建筑公司和能源公司竞标获得。假设只有两家公司参与竞标——Bechtel和Halliburton。它们必须确定其竞标价格是40亿美元还是50亿美元。每家公司完成工作的成本为25亿美元，如果两家公司竞标价格相等，它们将共同完成工作并平分利润；如果一方报价高而另一方报价低，则低价一方将被雇用，并获得全部利润。两家公司的收益矩阵如表10-13所示。

表10-13　Bechtel与Halliburton的收益矩阵

类别		Bechtel	
		40亿	50亿
Halliburton	40亿	7.5亿美元 / 7.5亿美元	0 / 15亿美元
	50亿	15亿美元 / 0	12.5亿美元 / 12.5亿美元

(1) 该博弈是否存在纳什均衡？请解释说明。

(2) 如果两家公司都希望以后还可以更多地参与类似投标，则定价会发生什么变化？

14. 请说明完全竞争、垄断竞争、寡头和垄断的主要特征是什么？比较4种市场结构的经济效率。

15. 图10-1给出了两条平均总成本曲线。请简要说明，哪条曲线更可能属于寡头企业？哪条曲线更可能属于完全竞争企业？

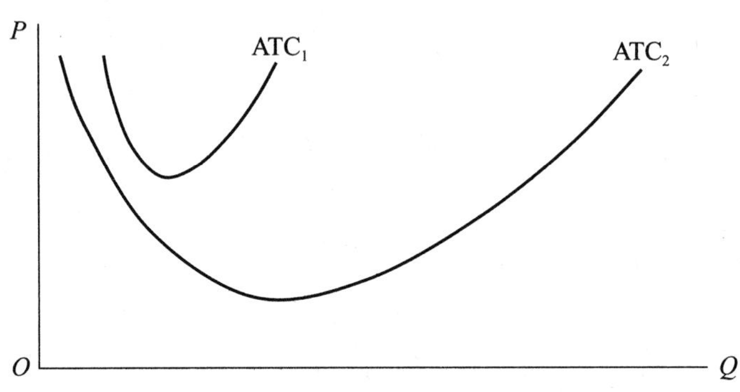

图10-1　两家不同市场结构企业的平均总成本曲线

第11章　生产要素市场

本章导入

在本书的前几章，我们已经学过了供给与需求，但之前所讲的供求是围绕产品市场来展开的，即生产最终产品和服务的市场。这一章我们将转向生产这些产品和服务的要素市场，生产要素市场分析的是各种要素或经济资源的价格决定问题。具体说，就是劳动的价格——工资，土地的价格——地租，资本的价格——利息是如何决定的。要素市场上的供给和需求决定了要素的价格和数量，同时，要素的所有权决定了收入在经济体中的分配。

开篇案例　教育与工资差别

在劳动力市场上，产生工资差别的重要根源之一是劳动者受教育程度的高低。有资料表明，劳动者工资水平的高低与其受教育程度正相关：受教育程度越高，劳动者的工资越高；受教育程度越低，劳动者的工资越低。

教育对工资水平的影响主要体现在其对劳动供给和需求的影响上。首先分析教育对劳动供给的影响。劳动者接受教育是需要花费成本的，一方面劳动者在接受教育时要支付学费、书本费等显性成本；另一方面劳动者接受教育还要付出隐性成本，即放弃相同时间用于工作所能获取的报酬。因此，教育提高了劳动的供给成本，受教育程度越高，劳动的供给成本也越高，这样，在相同的劳动供给量下，受教育程度越高的劳动者所要求的工资也越高。教育对劳动供给的这种影响，直接地表现为劳动的供给曲线向左上方移动，劳动者受教育程度越高，供给曲线向左上方移动的幅度越大。再看教育对劳动需求的影响。教育可以提高劳动者的素质和技能，使其胜任技术要求高、难度大的复杂工作，因此，教育可以提高劳动者的边际生产力，使劳动的边际收益产品增加，从而使厂商愿意支付的工资增加。教育对劳动需求的这种影响，直观地表现为拉动需求曲线向右上方移动，同样，劳动者受教育程度越高，需求曲线向右上方移动的幅度越大。最终的结果是，新的供求曲线决定了较以前更高的工资。

资料来源：根据黄亚均、郁义鸿主编的《微观经济学》中的相关内容整理

11.1 生产要素市场的特征

市场由产品市场和生产要素市场两部分组成。在第2章对产品市场均衡分析的基础上，本章将研究生产要素市场及其均衡决定，即研究生产要素价格和使用量的决定问题。

同产品市场一样，生产要素的价格也是由供求双方决定的，所不同的是供求双方的身份与产品市场发生了互换，产品市场的供给者成了要素市场的需求者，而产品市场的需求者则成了要素市场的供给者。但产品市场均衡的相关原则同样适用于生产要素市场。消费者作为生产要素的供给者，其收入水平取决于要素的价格和使用量，因此，生产要素价格决定理论实际所讨论的是分配问题，而要素价格决定论也是分配理论的核心内容。

11.2 生产要素的需求

对生产要素的需求和对产品的需求具有不同的性质。产品的需求者是消费者，消费者购买产品是为了直接满足自己的生理和心理需要。生产要素的需求者是厂商，厂商购买生产要素是为了生产和出售产品以获得收益。因此，企业对生产要素的需求有以下两个特点。

(1) 要素需求是一种派生需求。企业购买生产要素不是为了满足自己的消费需求，而是为了满足生产需求，从而获得利润。因此，企业对生产要素的需求是由产品市场上消费者对企业生产的产品的需求派生出来的。从这个意义上来说，对生产要素的需求是“派生需求”或“引致需求”。例如，企业对纺织工人的需求，是由对服装的需求派生出来的。

(2) 要素需求是一种联合需求。企业购买生产要素是为了从事产品生产活动，而任何一种产品都不是单独一种生产要素就能生产出来的，必须有许多生产要素共同作用才行。例如，要想生产出粮食，只有农田是没有用的，而没有农田的两手空空的农民也同样生产不出粮食。只有农民使用农具在农田上耕作才能生产出粮食。生产要素之间除了这种互补关系之外，同时也存在一定程度的相互替代关系。例如，在生产一定数量的粮食时，可以通过投入较多的劳动和较少的资本来生产，也可以用资本替代劳动，通过投入较少的劳动和较多的资本来生产。

同产品市场一样，在要素市场上，对一种要素的需求量取决于该要素的价格。也就是说，在其他条件不变的情况下，要素的价格越低，需求量越大；要素的价格越高，需求量越小。图11-1用标有字母*D*的曲线表示一种要素的需求曲线，与产品市场的需求定理一致，它同样是向右下方倾斜的。

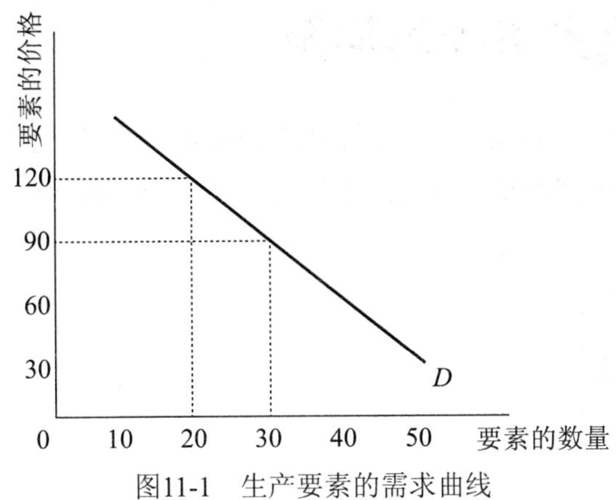

图11-1 生产要素的需求曲线

11.3 生产要素的供给

从要素的供给来看，要素市场的供给不是来自企业，而是来自个人或家庭。即，劳动由工人供给，资本由资本家供给，土地由地主(土地所有者)供给。无论是工人、资本家还是地主，他们都是属于家庭的个人。

对于要素的供给有一个明显的特点：人们拥有的生产要素的数量在短时间内是固定不变的。例如，一个劳动者一天只有24小时的时间，他一天可以提供的劳动数量不能超过24小时；一个地主如果只拥有10公顷土地，则他能供给的土地数量也不能超过10公顷。由于资源既定，个人只能将其拥有的生产要素的一部分提供给市场，另一部分保留自用。因此，所谓的要素供给问题可以看成消费者在既定要素价格水平下，将其全部资源在“要素供给”和“保留自用”两种可能的用途上进行分配以获得最大效用。

这就决定了要素市场的供给也如产品供给一样，市场上要素的价格越高，人们将其全部资源“保留自用”的部分越少，市场上的供给量就越大；反之，要素的价格越低，人们愿意供给的要素量就越少。图11-2中的S曲线表示一种要素的供给曲线，与产品市场的供给定理一致，它也是向右上方倾斜的。

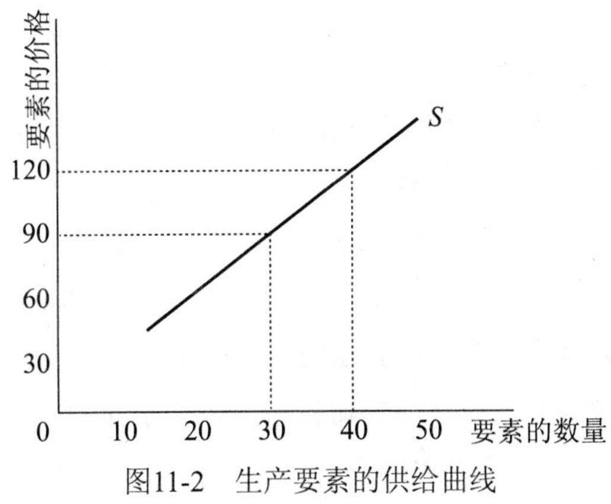

图11-2 生产要素的供给曲线

11.4 生产要素市场的均衡

同产品市场一样，要素价格是由要素市场上的要素需求和要素供给共同决定的。如图11-3所示，要素的需求曲线和供给曲线的交点为要素市场的均衡点，均衡价格为90，均衡数量为30。

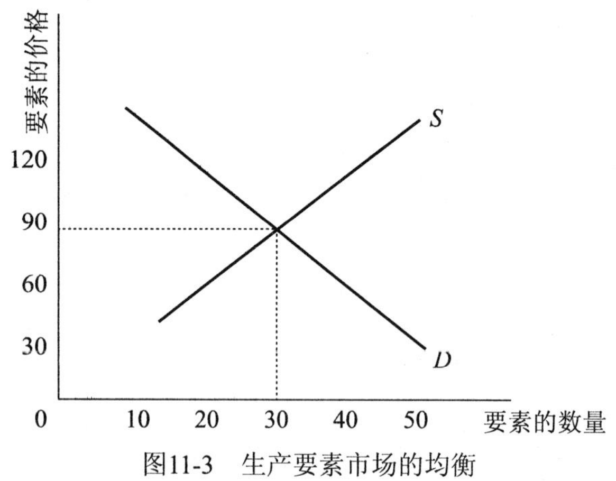

图11-3　生产要素市场的均衡

正如产品的卖价最终形成了企业的收入一样，生产要素所有者的收入就是生产要素的价格。劳动者的收入就是工资，即劳动的价格；资本所有者的收入就是利息，即资本的价格；土地所有者的收入就是地租，即土地的价格。因此，生产要素价格的决定问题就是要素所有者的收入决定问题。

我们要注意，生产要素的价格与一般产品的价格并不完全相同。产品价格指的是人们对它一次性的购买价格。要素价格则是指企业按约定时期对它们的使用价格，而不是指一次性的购买价格。例如，劳动的价格，是指购买一定时间内劳动力使用的价格，即工资，而不是指一次性购买工人的全部劳动力的价格；资本的价格，是指使用资本一定时间的利息，而不是指资本本身的全部价值；土地的价格，是指使用土地一定时间的地租，而不是指土地本身的价值。

案例11-1　　**我整整一生的时间**

对于某些人而言，高收入和实际的工作时间无关，而是与他们的超长技能有关，这些技能反映了他们人力资本的不断积累。这一点体现在下面这个故事当中。

据说一位旅行者曾在巴黎的一个咖啡厅里亲眼见过著名的西班牙艺术家巴勃罗·毕加索。这位旅行者问毕加索是否愿意为他的妻子画一幅画，他愿意付费。大概几分钟的时间内，毕加索就给他的妻子画好了画像，然后说：“10 000法郎(折合人民币大约是15 000元)。”听到价格这么高，旅行者被激怒了，说道：“但是这只花了您几分钟的时间啊。”“不，”毕加索回答道，“它花了我整整一生的时间。”

资料来源：刘东，梁东黎. 微观经济学[M]. 南京：南京大学出版社，2004.

11.5 典型生产要素市场

如前所述，在生产要素市场上，要素的需求与供给决定了要素的价格。劳动要素的价格就是工资；资本要素的价格就是利息；土地要素的价格就是地租。在接下来的这节中，将对上述三种典型的要素市场及价格进行分析。为了分析的简便，我们假设产品市场和要素市场都是完全竞争的。因此，企业在产品和要素两个市场上都是价格的接受者。

11.5.1 劳动市场与工资

1. 劳动的需求

正如我们在第2章分析的，家庭购买产品的决策决定了对产品的需求。同样，企业的雇佣决策(购买劳动的决策)决定了对劳动的需求。因此，对劳动需求的考察其实是对企业的雇佣工人的决策进行考察。

我们先回忆一下企业是如何运用利润最大化原则来做出生产决策的：如果再生产1单位产品的边际收益大于边际成本，多生产会增加企业的利润，因此企业就会生产这1单位的产品；如果再生产1单位产品的边际收益小于边际成本，多生产就会减少企业的利润，因此企业就不会生产这1单位的产品；直至最后生产的这1单位产品的边际收益等于边际成本，此时企业利润达到最大。

利润最大化原则也同样适用于企业雇佣多少工人的决策。如果再雇佣一个工人所带来的边际收益大于这个工人的边际成本，多雇佣工人会增加企业的利润，因此企业就会雇佣这个工人。反之，如果再雇佣一个工人所带来的边际收益小于这个工人的边际成本，多雇佣工人会减少企业的利润，企业就不会雇佣这个工人了。

通过上面的分析，我们知道，企业雇佣多少劳动取决于劳动的边际收益和边际成本。我们接下来就通过考察劳动的边际收益和边际成本来推导出劳动的需求曲线。

我们以乐迁搬家公司为例来说明劳动的边际收益和边际成本，并推导出企业劳动的需求曲线，如表11-1所示。

表11-1　乐迁搬家公司工人每天的边际收益产量与边际成本

工人数量/人	搬运的吨数/吨	工人的边际产量/吨	每吨价格/元	劳动的边际收益产量/元	工资/元	多雇一个工人增加的利润/元
0	0	—	400	—	160	—
1	0.4	0.4	400	160	160	0
2	1.0	0.6	400	240	160	80
3	1.8	0.8	400	320	160	160
4	2.5	0.7	400	280	160	120

(续表)

工人数量/人	搬运的吨数/吨	工人的边际产量/吨	每吨价格/元	劳动的边际收益产量/元	工资/元	多雇一个工人增加的利润/元
5	3.0	0.5	400	200	160	40
6	3.4	0.4	400	160	160	0
7	3.6	0.2	400	80	160	-80
8	3.7	0.1	400	40	160	-120

因为我们假设产品市场和要素市场都是完全竞争的，因此乐迁搬家公司能够以每吨400元的价格搬运任何数量的家具，如表11-1中第四栏所示。同时，乐迁搬家公司能够以每天160元的工资雇佣到任意数量的工人，也就是说，企业多雇佣一个工人的成本是不变的，每天160元，如表11-1中第六栏所示。

表11-1中的第三栏表示工人的边际产量，我们在第5章考察企业的生产活动时做过说明，劳动的边际产量是指多雇佣一个工人所得到的新增产量。我们知道，由于要素边际收益递减规律的存在，当企业雇佣的工人越来越多的时候，工人的边际产量在每天雇佣的工人数超过3个以后开始递减。

当企业决定雇佣多少工人的时候，它对多雇佣一个工人能够增加多少产出并不真正感兴趣。让企业真正感兴趣的是，多雇佣一个工人能增加多少收益。也就是说，对于企业而言，现在重要的是，因为多雇佣一个工人而增加的产量能为企业增加多少收益。我们可以用工人的边际产量乘以产品价格来计算增加一个工人为企业增加的收益。我们将多雇佣1单位劳动所引起的总收益增加称为劳动的边际收益产量(Marginal Revenue Product，MRP)。在表11-1中我们可以看到，第1个工人的边际产量是0.4吨，而搬运每吨家具的价格是400元，所以第1个工人的边际收益产量就等于0.4乘以400元，即160元。也就是说，公司由于雇佣第1个工人增加的收益为160元，或者说，第1个工人给公司带来的收益是160元。第2个工人的边际产量是0.6吨，搬运每吨家具的价格是400元，所以第2个工人的边际收益产量就是240元。也就是说，第2个工人给公司带来了240元的新增收益。以此类推计算，我们就得到了各个工人所对应的边际收益产量的数值，如表11-1第五栏所示。可以看到，工人的边际收益产量是先递增后递减的，不难理解，这是由于工人的边际产量先递增后递减。

当乐迁搬家公司要决定雇佣多少工人时，它就要在多雇佣一个工人的边际收益产量和边际成本(工资)之间进行比较。如果增加一个工人的边际收益产量大于工资(边际成本)，雇佣这个工人就会增加企业的利润，增加的利润就是边际收益产量和工资之间的差额。如表11-1所示，第4个工人的边际收益产量是280元，企业支付给第4个工人的工资是160元，雇佣第4个工人能够给企业增加120元的利润，因此企业会雇佣第4个工人。反之，如果增加一个工人的边际收益产量小于工资，雇佣这个工人就会减少利润，减少的利润就是工资和边际收益产量之间的差额。雇佣第7个工人的边际收益产量是80元，企业支付给他的工资是160元，雇佣第7个工人会使企业的利润减少80元，因此企业不会雇佣第7个工人。

通过上面对企业雇佣工人的决策分析，我们可以进行如下的总结。只要工人的边际收益产量大于工资，企业就会雇佣这个工人；只要工人的边际收益产量小于工资，企业就不会雇佣这个工人。也就是说，企业雇佣工人的利润最大化规则是：企业所雇佣的工人数量将会保持在工人的边际收益产量等于工资的那点上。我们从表11-1中可以看出，乐迁搬家公司应该雇佣6个工人。

我们可以用图形来直观地考察企业的雇佣决策。图11-4给出了劳动的边际收益产量曲线。这条曲线之所以向右下方倾斜，是因为边际收益产量递减。

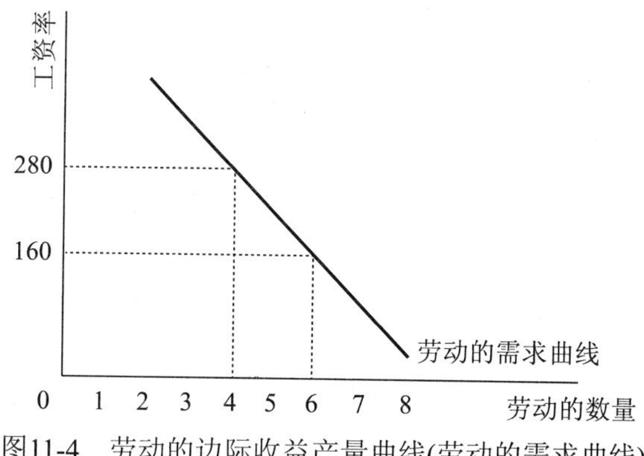

图11-4　劳动的边际收益产量曲线(劳动的需求曲线)

从图11-4中，我们可以看到，如果工资为每天160元，搬家公司会雇佣6个工人，因为雇佣6个工人能够使它的利润最大化。当工资上升至每天280元时，搬家公司会雇佣4个工人。事实上，劳动的边际收益产量曲线告诉我们，有一个工资水平就有一个雇佣的人数。也就是说，劳动的边际收益产量曲线描述了工资和劳动需求量之间的对应关系。因此，劳动的边际收益产量曲线也就是企业对劳动的需求曲线。

当我们得出单个企业对劳动的需求曲线之后，我们可以通过水平相加单个企业的劳动需求曲线得出劳动的市场需求曲线。

需要注意的是，简单水平相加得出市场劳动需求曲线的方法是在产品市场价格不变的前提下进行的。实际上，当工资下降的时候，每个厂商生产的产品增加，那么市场上这种产品的供给增加，导致该产品的市场价格下降，因此劳动的边际收益产量也会随之下降，进而导致单个企业的劳动需求曲线发生变化。当单个企业的劳动需求曲线因为工资的变化而变化时，劳动市场的需求曲线就不再是原企业的劳动需求曲线简单水平相加就能得到的了。

2. 劳动需求曲线的移动

劳动的需求曲线反映了劳动的边际收益产量。那些会引起劳动的边际收益产量变动的因素就会引起劳动的需求曲线的移动。下面依次说明四个重要的会引起劳动的需求曲线移动的因素。

第一个因素是产品的价格。劳动的边际收益产量取决于企业出售产品所得到的价格。产品价格上升，会使边际收益产量增加，从而劳动需求曲线向右(上)移动。例如，服装的价格上涨增加了每个服装工人的边际收益产量，因此服装厂对工人的需求增加。反之，产品价格下降，会使边际收益产量减少，从而使劳动的需求曲线向左(下)移动。

第二个因素是技术变革。技术进步能够提高劳动生产率，增加劳动的边际产量，从而增加劳动的边际收益产量，导致对劳动的需求曲线向右移动。

第三个因素是其他要素的投入数量。因为企业的生产活动必须有许多生产要素共同作用才行。一种生产要素的投入数量会影响其他生产要素的边际产量。例如，当工人拥有更多的资本时，工人的边际产量会增加，从而工人的边际收益产量增加，劳动的需求曲线右移。

第四个因素是企业的数量。如果新的企业进入市场，劳动的需求曲线也会向右移动。如果企业退出市场，劳动的需求曲线会向左移动。这与消费者数量的增减对某种产品的需求所产生的影响是类似的。

3. 劳动的供给

在考察了劳动的需求之后，我们现在还需要考察劳动的供给。劳动的供给决定于每个人的工作决策。

(1) 劳动和闲暇。劳动供给涉及人们对其所拥有的既定时间资源的分配。每人每天只有固定的24小时，这就需要人们把这固定的24小时在两种活动上进行合理配置：工作(劳动供给)和闲暇(它包括除了工作之外的所有活动)。

工作能带来收入，通过收入增加人们的效用；闲暇能直接给人们带来效用。既然工作和闲暇都能带来效用，那么人们就应该合理地分配劳动和闲暇的时间以使个人效用达到最大。因此，劳动供给问题实际上就是人们如何决定其固定的24小时在工作和闲暇之间合理分配以达到最大效用的问题。

(2) 劳动的供给曲线。你用于上网、看电影等自己所喜爱的休闲活动的时间越多，你用于工作的时间就越少。也就是说，为了得到一个小时的闲暇，你就放弃了一个小时的工作，这就意味着放弃了一个小时工作所带来的收入。因此，闲暇的机会成本就是工资。例如，如果你每小时的工资是20元，一小时闲暇的机会成本就是20元。当你的工资提高到每小时30元，享受一小时闲暇的机会成本也增加到30元。也就是说，工资越高，闲暇的机会成本就越高，或者说享受闲暇付出的代价越大。因而，随着工资的上升，我们愿意减少闲暇时间而增加工作时间。如图11-5所示的劳动供给曲线描述了工资和劳动供给量之间的关系。

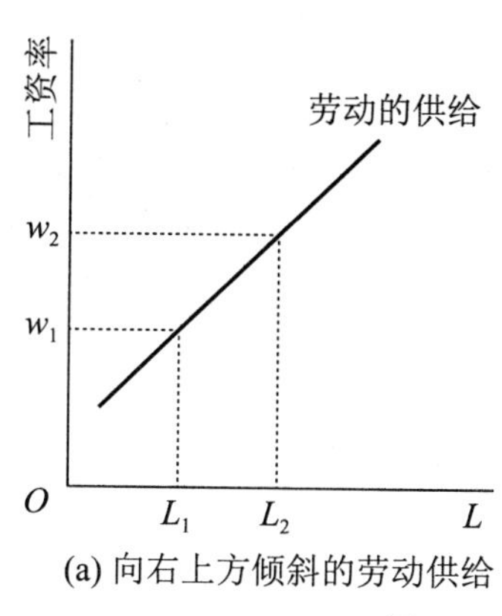

(a) 向右上方倾斜的劳动供给

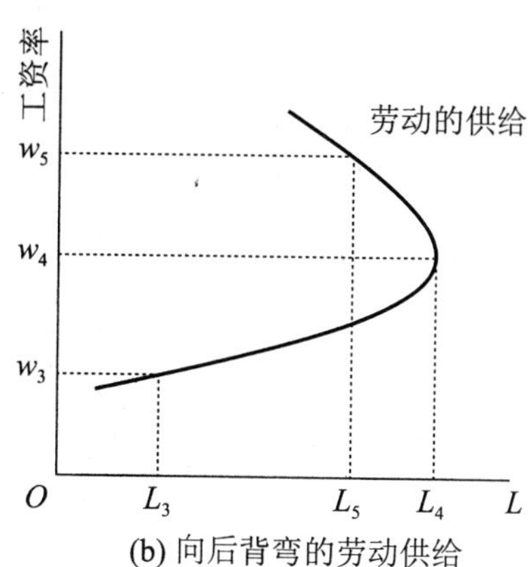

(b) 向后背弯的劳动供给

图11-5　劳动的供给曲线

图11-5中的(a)图表明，当工资率从w_1增加到w_2时，劳动的供给量会从L_1增加到L_2，工资率越高，劳动的供给量越大。劳动的供给曲线是一条向右上方倾斜的直线(曲线)。它表明，随着工资率上升，人们宁愿牺牲更多的闲暇来增加劳动的供给量。

但从(b)图中，我们还可以看到，劳动的供给曲线有时又是向后弯曲的，这是与一般的供给曲线不同的。向后弯曲的劳动供给曲线表示最初在工资率还比较低时，随着工资率的上升，劳动的供给也增加；当工资率上升到一定程度之后，随着工资的上升，劳动的供给不增反降。

关于劳动的供给曲线为什么会呈现出直接向右上方倾斜的形状或是向后背弯的形状，我们可以借助于替代效应和收入效应来解释。

在消费者选择理论中我们已经知道，商品价格的变化通过收入效应和替代效应两种作用对消费量产生影响。同样，工资率的变化，也就是闲暇这种商品价格的变化也会通过收入效应和替代效应对工人的闲暇需求量产生影响。下面我们详细看一下当工资率上升时，收入效应和替代效应如何使人们对于闲暇的购买发生变化，从而对劳动的供给量产生影响。

① 替代效应。当工资率上升时，闲暇的价格上升，这使闲暇相对变得更为昂贵，因此人们会主动用工作代替闲暇进而获得更高的收入。因此我们可以说随着工资率的提高，人们会减少闲暇而增加劳动时间。

② 收入效应。当工资率提高到一定程度后，人们的收入已大幅度增加，这会使人们不太在意工资率的进一步提高所能带来的收入的增加，反而会增加对闲暇这种商品的消费。因此，工资率进一步提高导致的收入效应会使人们增加闲暇时间而减少劳动时间。

工资率的提高到底是刺激人们增加劳动时间还是促使人们减少劳动时间取决于由此产生的收入效应和替代效应的共同作用。假如替代效应超过收入效应，工资率提高时人们愿意提供更多的劳动；假如收入效应超过替代效应，工资率提高会使人们愿意工作的时间减少；假如两者相互抵消，人们劳动的时间不会发生变化。一般而言，在消费者的工资水平还很低时，此时替代效应会超过收入效应，从而工资率上涨引起劳动供给增加；当工资率已达到一个较高水平，此时工资率上涨引起的收入的增加就比较多，收入效应可能超过替代效应，于是劳动的供给曲线在较高工资水平后向右后弯曲。

以上讨论的是对于单个消费者来说的劳动供给曲线可能是向右后弯曲的。现实的统计结果表明向右后弯曲的供给曲线对于某些收入水平相当高的职业，如医生、律师来说是存在的。但就劳动的市场供给曲线而论，迄今还没有经验材料表明是向右后弯曲的。因此，下文中所提到的劳动供给曲线均指直接向右上方倾斜的劳动供给曲线。同理，我们同样可以将单个人的劳动供给曲线水平加总得到劳动的市场供给曲线。

4. 劳动供给曲线的移动

劳动的供给曲线描述了工资和劳动供给量之间的关系。除了工资之外，还有其他一些因素会影响劳动的供给。当除工资之外的其他影响劳动供给的因素发生变化时，就会引起劳动供给曲线的移动。

以下几个因素会引起劳动供给曲线的移动。

第一个因素是对工作的偏好。如果一个国家或地区的人们变得越来越勤劳，除了赚钱之外，认为工作本身也是有价值的，劳动的供给就会增加，供给曲线右移。反之，如果人们越来越好逸恶劳，认为工作是一件苦差事，劳动的供给就会减少，供给曲线左移。

第二个因素是工作机会的变化。在任何一个劳动市场上，劳动供给都部分地取决于其他劳动市场上可能得到的工作机会。例如，由于受到国际金融危机的冲击，2008年下半年我国沿海地区的大量出口企业关闭或减产，很多农民工失去了工作。这些农民工进入其他行业或地区寻找工作，这又使得其他行业或地区的劳动供给增加，供给曲线右移。

第三个因素是人口的变化。当人口由于自然增长或迁移而增加的时候，劳动力供给就会增加，供给曲线向右移动。例如，我国由于人口基数很大，每年都会有大量的新劳动力加入劳动市场，从而使劳动供给曲线右移。

5. 劳动市场的均衡

我们已经得出了企业的劳动需求曲线，同时也得到了个人的劳动供给曲线。劳动的供给和需求将共同决定劳动的价格——工资。图11-6表示劳动市场的均衡。

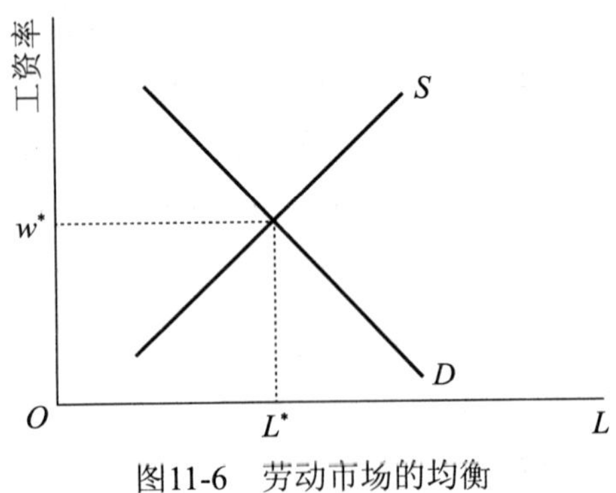

图11-6 劳动市场的均衡

当劳动市场处于均衡时，劳动的供给量等于劳动的需求量。我们知道，劳动的需求曲线就是企业的边际收益产量曲线，因此，每个企业都雇佣劳动直到边际收益产量等于工资时为止。换句话说，市场均衡时的劳动雇佣量是每个企业利润最大化的劳动雇佣量，劳动的供给者所得到的工资等于劳动的边际收益产量。

通过上面的分析，我们可以对劳动市场的均衡做如下的总结：工资的调整使劳动的供求平衡，工资等于劳动的边际收益产量。

6. 工资的升降——均衡的变动

同产品市场一样，当劳动市场的供给和需求增加或减少时，就会引起市场均衡价格和均衡数量的变动。

假设由于能源的短缺引起了煤炭的价格上涨。虽然煤炭的价格上涨并没有改变煤矿工人的边际产量，但矿工生产的煤能卖更高的价格，矿工的边际收益产量增加。我们用图11-7表示煤矿工人的供给和需求。

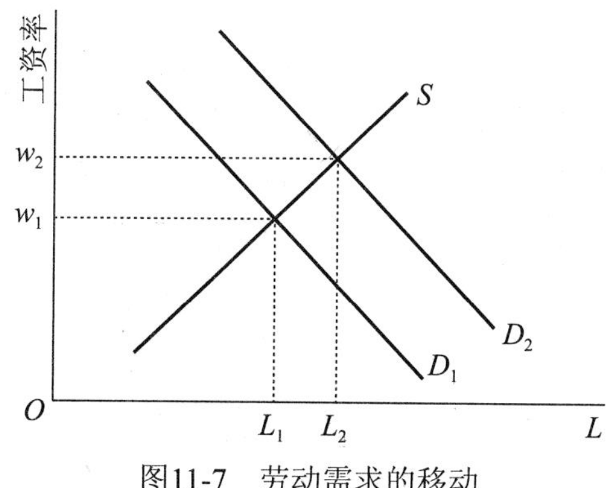

图11-7 劳动需求的移动

如图11-7所示，当边际收益产量增加，对矿工的需求从D_1向右移动到D_2时，均衡工资从w_1上升到w_2，均衡就业量从L_1增加到L_2。

上面的分析表明，一个行业的企业与一个行业的工人的利益是密切相关的。当煤炭的价格上升时，煤矿赚的利润多了，煤矿工人赚的工资也高了。反之，当煤炭价格下降时，煤矿赚的利润会减少，煤矿工人的工资也少了。

假设由于出口不景气，大量农民工失去了工作。这些失业的农民工涌向建筑市场寻找工作。图11-8表示了建筑工人的供给和需求。

如图11-8所示，当大量的工人涌向建筑市场寻找工作时，建筑工人的供给从S_1向右移动到S_2，均衡工资从w_1下降到w_2，均衡就业量从L_1增加到L_2。

从上面的分析我们不难看出，因为劳动力会在不同的劳动市场之间转移，一个劳动市场的状况会受其他劳动市场的影响。

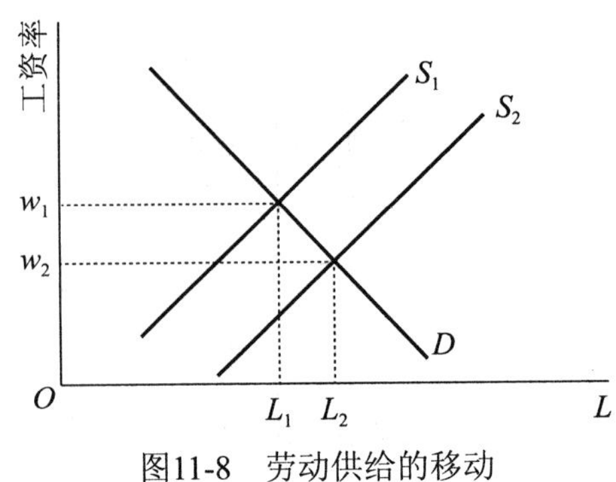

图11-8　劳动供给的移动

案例11-2　　2014年行业间工资差距突出

国家统计局发布的2014年平均工资主要数据显示，全国城镇非私营单位就业人员年平均工资56 339元，同比名义增长9.4%，扣除物价因素，实际增长7.1%；全国城镇私营单位就业人员年平均工资36 390元，同比名义增长11.3%，扣除物价因素，实际增长9.0%。

数据显示，城镇非私营单位和城镇私营单位年平均工资的名义增速分别比上年回落0.7和2.5个百分点。其中，东北地区平均工资增速明显放缓。东北地区非私营单位和私营单位平均工资增速明显低于其他地区，分别比最高地区的增速低2.6和4.9个百分点。

2014年中国经济增长7.4%，这一增速较2013年回落0.3个百分点。而东北三省经济增速排名倒数后几位，与2013年相比，辽宁、黑龙江经济增速回落幅度均超过了2个百分点。分行业看，数据显示，在非私营单位中，年平均工资最高的行业是金融业(108 273元)，最低的是农、林、牧、渔业(28 356元)，最高行业是最低行业平均工资的3.82倍。在私营单位中，年平均工资最高的行业是信息传输、软件和信息技术服务业(51 044元)，最低的是农、林、牧、渔业(26 862元)。2014年城镇非私营单位和城镇私营单位最高行业与最低行业平均工资分别相差79 917元和24 182元，而去年为相差73 833元和19 415元。

数据还显示，2014年不同岗位平均工资水平有较大差距。中层及以上管理人员平均工资(109 760元)最高，商业、服务业人员平均工资(40 669元)最低。岗位平均工资最高与最低之比为2.70。

行业间的工资差距跟行业发展不平衡有关，有些行业发展快，劳动力需求大，工资增长快一些。而金融行业的高工资跟垄断有一定关系，由于金融是高门槛行业，其他民间资本不太容易进入，在竞争不充分的情况下，金融部门工资比较偏高。

并且，私营单位与非私营单位收入差距也比较大大。以两个不同性质单位的平均工资为例，非私营单位和私营单位分别为56 339元和36 390元，前者比后者多出约2万元。从最高收入的行业看，非私营单位中，年平均工资前三名分别为108 273元、100 797元、82 220元；私营单位中，年平均收入前三名分别为51 044元、47 462元、41 553元，差距均在2倍左右。具体来看，以金融业为例，非私营单位中金融业收入为108 273元，而私营单位中金融业仅为41 553元，差距巨大。

资料来源：2015年5月28日，中国新闻网，http://finance.ifeng.com/a/20150528/13737010_0.shtml

11.5.2　资本市场与利息

前面讨论了劳动要素市场，现在考虑另一种生产要素——资本。由于资本在不同人的眼中有不同的含义，因此有必要先明确在本节中讨论的资本的含义。

作为生产要素的资本一般有两层含义：①是指货币形态的资本，这部分货币形态的资本(或说资金)不是用于消费的，而是消费者通过购买公司股票或贷款的方式借贷给企业家，让企业家用于购买机器、设备、原材料以用于生产。②是指实物形态的资本(实物形态的资本又称资本品)，包括厂房、机器、设备和原材料等，这是经济学中的资本概念。实物形态的资本有可能是企业家在市场上购买或租借的，也有可能是自己生产的。与劳动和土地这两种生产要素不同的是，资本是由土地和劳动这两种初级生产要素生产出来并被投入生产过程的。

我们用于分析劳动市场的方法同样可以用来分析资本市场。

1. 资本的需求

资本是指用于生产物品与服务的设备和建筑物，广义地说，资本还包括用于购买厂房和设备等的资金。资本的价格，是指使用资本一定时间需要支付的利息。与企业对劳动的需求一样，企业对资本的需求也取决于资本的边际收益产量。资本的边际收益产量就是多投入1单位资本所引起的总收益的增加。同样，在竞争性的市场上，资本的边际收益产量等于资本的边际产量乘以产品价格。因为资本的边际产量也是递减的，资本的边际收益产量递减。与企业购买劳动类似，企业对资本的需求曲线就是资本的边际收益产量曲线。如图11-9中的D曲线所示，它是一条向右下方倾斜的曲线。

2. 资本的供给

资本的供给产生于人们的储蓄决策。决定人们供给多少资本的主要决定因素是利率。利率越高，今天储蓄1元钱明天得到的量越大。换句话说，今天花掉1元钱牺牲的未来收入越多。因此，利率越高，现在消费的机会成本越大，当现在消费的机会成本升高时，人们会减少现在的消费并增加储蓄。也就是说，利率和资本的供给量正相关，因此，资本的供给曲线是一条向右上方倾斜的曲线，见图11-9中的S曲线。

3. 资本市场的均衡——利率的决定

如图11-9所示，资本的供给和需求决定了资本市场的均衡价格和均衡数量。资本的均衡价格就是均衡利率。

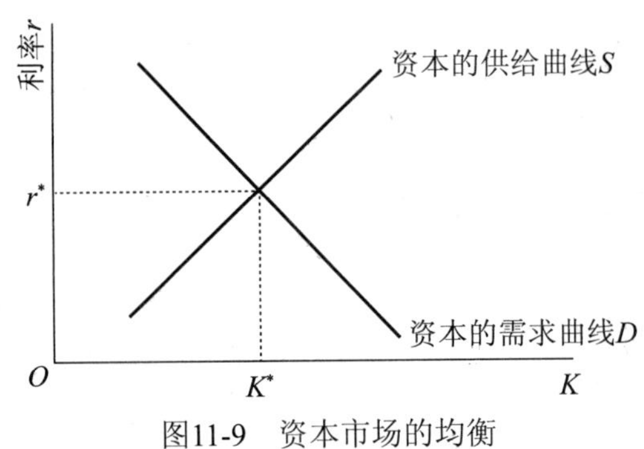

图11-9　资本市场的均衡

在资本市场均衡时，企业投入了利润最大化的资本数量，即每个企业都投入资本直到资本的边际收益产量等于企业所支付的利息为止。在资本市场均衡时，资本的供给者得到的利息率等于资本的边际收益产量。

当资本的供给和需求发生变动的时候，资本市场的利率也会发生相应的变动。

11.5.3　土地市场与地租

对于土地市场来说，分析劳动市场和资本市场的方法同样适用。

我们先考察土地的需求。一家企业考虑投入多少土地的时候，它同样会考虑多投入1单位土地所引起的总收益的增加，即土地的边际收益产量。受边际产量递减规律的支配，土地的边际收益产量也是递减的，即向右下方倾斜。这条向右下方倾斜的边际收益产量曲线就是企业对土地的需求曲线，如图11-10所示的*D*曲线。

接下来我们考察土地的供给。由于任何一种类型和任何一个特定地方的土地总量是固定的，人们无法改变土地的数量。这就意味着，无论土地的租金如何，土地的供给量是固定的。也就是说，土地的供给曲线是一条完全无弹性的垂线，如图11-10中*S*曲线所示。

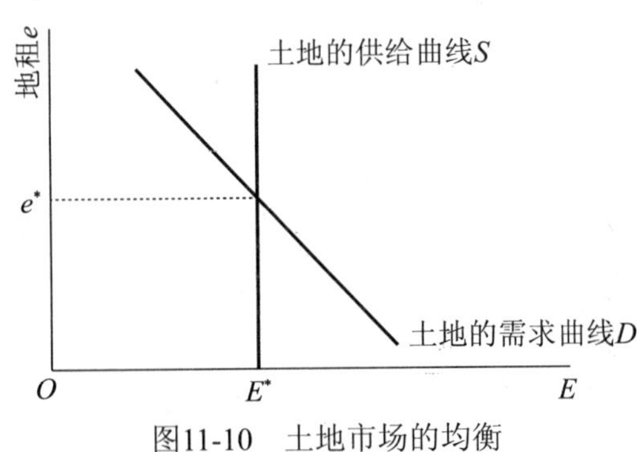

图11-10　土地市场的均衡

我们可以从图11-10中看出，由于土地的供给是固定的，所以，地租由土地的需求决定。对某块土地的需求越大，其地租就越高。在土地市场均衡时，土地所有者得到的地租等于土地的边际收益产量。

案例11-3　垄断行业工资过高既损效率又违反公平

劳动和社会保障部副部长步正发，在日前召开的第三届薪酬管理高层论坛上，再次批评了垄断行业员工工资过高的问题。他用一系列的数据说明：目前我国电力、电信、金融等垄断行业职工的平均工资是其他行业职工平均工资的2至3倍，如果再加上工资外收入和职工福利待遇上的差异，实际收入差距可能更大。

垄断行业工资过高，究竟有什么危害呢？在我看来，主要有这样几点。

首先，垄断行业工资过高，损害了全民的利益。因为这些行业如电力、电信、金融等都是国有企业，他们所获得的利润，应该归国家所有，并且由国家在全民范围内合理地进行分配，包括用于对教育、医疗卫生、文化事业的投入以及扶助贫困人口等。但垄断行业员工过高的工资，实际上挤占了国家，也就是全民应得的份额，在客观上构成了对全民利益的无理剥夺，这当然是不合理、不公平的。

其次，由于这些垄断行业多半是行政垄断，并不是在激烈的市场竞争中胜出后形成的自发垄断，所以他们的技术水平往往并不高，其管理和提供的服务也存在许多问题，而且他们也没有尽快改进的动力和紧迫感。他们的高额利润以及在此基础上的高工资，主要是凭借其垄断地位强行提高价格获得的，这必然损害消费者的利益，有违市场经济要促进整个社会福利最大化的宗旨。

第三，垄断行业员工的收入与付出不成比例，也破坏了人才价值规律，使青年产生错误的心理预期。步正发在讲话中举例说，某市电力集团公司一名普通职工的月工资不到6000元，但是加上奖金、住房公积金及各种补贴后，其年薪可达15万元，相当于全国职工年均工资的10倍。实际上，我认为这个收入也超过了许多拥有硕士、博士学位的白领的收入。

一个正常的市场经济向求职者发出的信号应该是：你的能力越强，贡献越大，收入就会越高；但垄断行业过高的收入发出的信号却是：你的能力和贡献同你的收入没有必然联系，却和你选择的行业有极大关系。显然，如果这种观念盛行，青年就很难愿意加大投入来提高自己的素质，整个社会的效率都会因此而受到影响。

要解决垄断行业员工收入过高的问题，最根本的办法当然是打破垄断，摧毁其凭借垄断地位榨取超额利润的基础。对于那些由于产业的性质而不得不垄断的行业，政府应该采取限薪以及对工资和福利征税的方式来进行调控。

资料来源：《中国商报》2006 年5 月30 日

本章小结

对生产要素的需求是引致需求或派生需求，因此厂商对生产要素的需求同样遵循利润最大化的原则。与产品市场不同，在生产要素市场上，厂商的均衡原则表现为边际收益产量等于边际要素成本，即厂商最后一单位要素投入所带来的收益增量与其成本增量相等。

厂商对生产要素的需求曲线就是要素的边际收益产量曲线。在其他条件不变的情况下，要素的边际产出是递减的，因此厂商的要素需求曲线是向右下方倾斜的。

在要素市场上，生产要素的供给者是个人或家庭。个人或家庭提供生产要素是为了获取收入，因此，要素供给与要素价格正相关，要素供给曲线是一条向右上方倾斜的曲线。

同产品市场一样，要素的均衡及价格是由要素的供给和需求决定的。当要素的供给和需求相等时，要素市场达到均衡状态，所对应的价格即为均衡价格，要素使用量为均衡数量。

经济学中比较重要的三类要素分别为劳动、资本、土地，其价格分别是工资、利息和地租。虽然生产要素的价格取决于要素的供给和需求，但由于各自不同的特性，工资、利息和地租的均衡决定各具特点。

思考与练习

1. 生产要素的需求同产品的需求有什么区别和联系？

2. 劳动的边际产量同劳动的边际收益产量有什么区别和联系？

3. 为什么劳动的需求曲线是向右下方倾斜的？

4. 为什么劳动的供给曲线通常是向右上方倾斜的？

5. 下列说法正确吗？请简要回答。

(1) 对于完全竞争企业而言，劳动的边际收益产量等同于劳动的边际产量。

(2) 在替代效应大于收入效应的情况下，个人劳动供给曲线向后弯曲。

(3) 厂商在边际收益产量大于边际要素成本的情况下所得到的利润，要大于在边际收益产量等于边际要素成本的情况下得到的利润。

(4) 支付工资的并不是雇主，雇主只是管理货币，支付工资的是产品。

6. 假设科学家培育出了新的玉米品种，种植新品种的玉米会使每亩农田的玉米产量大幅度上升。玉米农场的土地的租金将发生什么变化？为什么？请用图形来说明你的答案。

7. 当利率下降时，资本需求量为什么会增加？资本供给量为什么减少？

8. 中国改革开放的三十多年来，大量的外国资本涌入中国，在中国投资建厂。

(1) 用一幅中国资本市场图来说明外资流入对中国资本价格和资本使用量的影响。

(2) 用一幅中国劳动市场图来说明外资流入对中国劳动价格和劳动使用量的影响。

9. 解释工资如何调整才能使劳动的供求平衡，同时又等于劳动的边际收益产量。

10. 老张拥有一个盛产鱼的湖泊，他雇佣工人在湖泊中捕鱼。工人每周可以捕到的鱼的数量如表11-2所示。

表11-2 鱼的数量表

工人数量	鱼的数量/公斤
1	40
2	100

(续表)

工人数量	鱼的数量/公斤
3	180
4	240
5	290
6	330
7	360
8	380

老张以每公斤10元的价格出售他的鱼，工人的工资是每周350元。

(1) 计算工人的边际产量并画出边际产量曲线。

(2) 计算工人的边际收益产量并画出边际收益产量曲线。

(3) 找出老张的劳动需求曲线。

(4) 老张会雇佣几个工人？老张每周会出售多少鱼？

(5) 假设鱼的价格仍然是每公斤10元，但工人的工资下降到每周250元。边际收益产量会发生什么变动？老张的劳动需求曲线会发生什么变动？老张雇佣几个工人？

(6) 假设工人的工资仍然是每周350元，但鱼的价格下降到每公斤8元。边际收益产量会发生什么变动？老张的劳动需求曲线会发生什么变动？老张雇佣几个工人？

11. 假定某地区劳动的需求用L_D=500−50H表示，劳动的供给用Ls=100W表示，L表示劳动力人数，H表示劳动的小时工资率。

(1) 求该劳动市场的均衡劳动人数和劳动工资率。

(2) 如果政府决定对企业就业人员实行补贴(比如物价补贴)，要求每小时工资率补贴为0.10元，对劳动市场的影响如何？

(3) 假定政府宣布最低工资每小时为2.5元，对劳动市场的影响如何，会不会造成失业？

12. 假设坏天气使湖泊中的鱼大量死亡。

(1) 坏天气会如何影响鱼的价格和捕鱼工人的边际产量？你能确定对于捕鱼工人的需求会产生什么影响吗？

(2) 假设鱼的价格上涨了一倍，而边际产量下降了50%。捕鱼工人的均衡工资会发生什么变动？

(3) 假设鱼的价格上升了20%，而边际产量下降了60%。捕鱼工人的均衡工资会发生什么变动？

第12章　市场失灵与信息不对称

本章导入

本章将信息不对称市场所涉及的相关知识，包括市场失灵的含义与成因；柠檬市场的含义与类型；信息不对称对旧车市场、保险市场以及就业市场的影响分析；逆向选择与道德风险在现实生活中的体现；偷懒模型的含义与效率工资的深远影响；委托-代理问题分析以及社会针对信息市场失灵问题所应采取的公共政策。通过本章的学习，将会使读者理解信息不对称对经济行为有很重要的影响；学会运用逆向选择、道德风险等相关概念来解释保险市场所出现的一些问题；理解委托-代理理论主要用来分析道德风险行为；学会运用委托-代理理论来分析我国目前国企改革中出现的一些问题，并能给出相关解释。在本章中，我们将重点探讨信息不对称市场的行为与理论模型，并分析由于信息不对称所导致的市场失灵现象与影响。

开篇案例　委托-代理、信息不对称与安然公司破产

安然公司(Enron)，曾是一家位于美国得克萨斯州休斯敦市的能源类公司。在2001年宣告破产之前，安然拥有约21 000名雇员，是世界上最大的电、天然气以及电讯公司之一，2000年披露的营业额达1010亿美元之巨。公司连续六年被《财富》杂志评选为"美国最具创新精神公司"，然而真正使安然公司在全世界声名大噪的，却是这个拥有上千亿资产的公司在2002年几周内因为财务造假而破产。安然欧洲分公司于2001年11月30日申请破产，美国本部于两日后同样申请破产保护。

我们知道，信息不对称可能产生委托-代理问题。问题产生的原因在于许多重要任务都需要委托他人完成。在本案例中，委托-代理和信息不对称问题在安然公司的破产中起到了重要的作用。当这个巨大的公司倒闭时，股东(包括将退休金投入公司中的工人们)失去了他们的储蓄，但安然的经理们早已通过发放大量奖金抛弃了这条将沉之船，他们在价格很高时就抛弃了他们手中的公司股票。美国居民将法律制定权委托给国会，工会成员将许多决策权都交给了工会领导人。事实上，这些代理人都是受雇于委托人来履行职责的。

安然破产案例带给我们的另一个重要启示是：应重视信息不对称问题。委托人不能完全知道他们的代理人是否会诚实有效地为自己的利益服务，代理人可能会忽略甚至违背委托人的利益而谋取私利。滥用委托人财产、盗用公款以及贪污都是代理人渎职的例子。

为了防止公司高级管理层利用股权滥用“代理人”职权，侵犯中小股东利益，美国十分注重独立董事制度。但安然公司的独立董事却形同虚设，根本没有履行应尽的职责。该公司17名董事会成员中独立董事达15名，审计委员会7名委员也都是独立董事，而且这些独立董事都是政界、学界、商界的知名人士。即使有这些德高望重的独立董事，也未能为安然公司的股东把好监督关。

如果安然公司经理们的薪水能够与公司的利润相关联，或是以公司股票的市场价值为基础，那么，只有股东们的福利提高了，经理们的福利才能提高。

资料来源：根据2002年1月16日《京华时报》第二十一版资料整理

前面各章节主要论述了市场经济中的“看不见的手”——价格机制的原理，重点论述了在完全竞争市场中，在一系列假设条件下可以使市场经济达到一般性均衡，并使资源配置达到最优化。但是，建立在一系列假设条件下的市场经济并不是现实市场经济的真实写照。因此，很多经济学家认为，在现实的市场经济中，“看不见的手”的原理经常是不成立的，资源配置的最优化很难得以实现。现实市场经济中价格机制经常不能充分发挥作用的情况被称为“市场失灵”。

资源的稀缺性问题始终存在于每个经济领域，在一个家庭中或者一个消费者那里也不例外。每个家庭或者每个消费者的收入是有限的，要满足的欲望却是无限的，那么对于消费者来说就必须合理安排和使用这有限的收入。西方学者在对消费者行为理论进行分析时，采用了不同的方法分别进行研究，其中，基数效用论和序数效用论是两种最为重要的理论方法。

12.1　市场失灵的含义与成因

12.1.1　市场失灵的含义

市场失灵(Market Failure)又称“市场障碍”“市场失效”，是指市场在某种场合不能提供符合社会效率条件的商品或劳务。即，市场失灵描述的是这样一种状态：在不完全竞争条件下，市场机制会导致资源配置不合理并造成效率损失。

那么，是什么原因导致了市场失灵现象呢？原因有许多种，从经济学研究的角度来看，导致市场失灵的主要原因可以简单概括为三大类：市场势力(即垄断)、不完全信息(即信息不对称)、外部性及公共物品。

12.1.2 市场失灵的原因

1. 市场势力——垄断

垄断之所以会产生主要是由于某些行业中各种进入壁垒的存在。垄断会导致效率损失，这主要是由于垄断厂商在价格高于边际成本处生产，垄断产量比竞争产量低，产生效率损失。垄断不仅仅会使社会效率低下，也会导致垄断厂商不思进取和寻租行为的产生。

1) 垄断导致市场失灵

在垄断市场中，整个行业中只有唯一一家厂商在生产和销售某种产品，不存在竞争。在寡头市场上，几个寡头也可以相互串通勾结起来对市场实行控制。这些行为都将导致市场机制不能充分发挥作用，降低市场效率，如图12-1所示。

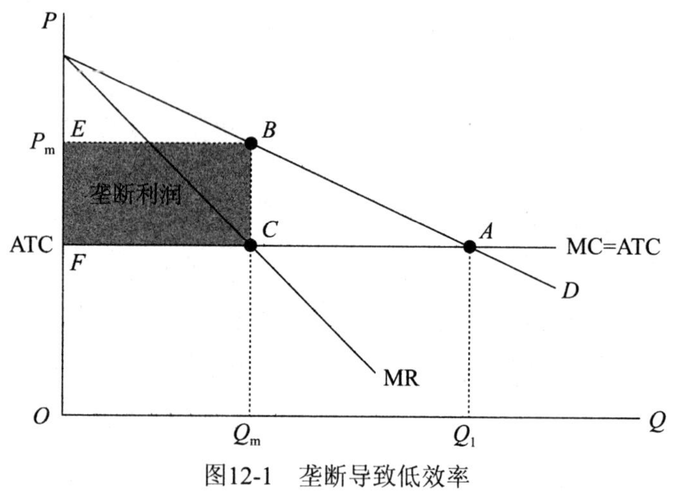

图12-1　垄断导致低效率

通过前面章节的学习我们了解到，垄断厂商按照利润最大化原则将产量确定为Q_m，价格定为P_m，并没有达到竞争市场上有效率的产量水平Q_1，获得的垄断利润为图中阴影$BCFE$的区域面积。垄断之所以无效率，根本原因在于垄断者为了追求利润最大化而选择的低产量。

2) 垄断导致寻租行为

寻租理论最早产生于20世纪60年代的美国，确立于70年代。1974年克鲁格在研究国际贸易保护主义的经济影响时正式把寻租作为一个理论进行阐述。在之后的十多年中，寻租理论得到了深远的发展并在诸多领域产生了极强的影响力。

租(Rent)，或者叫经济租，在经济学里的原意是指一种生产要素的所有者获得的收入中，超过这种要素的机会成本的剩余。在社会经济处于总体均衡状态时，每种生产要素在各个产业部门中的使用和配置都达到了使其机会成本和要素收入相等。如果某个产业中要素收入高于其他产业的要素收入，这个产业中就存在着该要素的经济租。

寻租(Rent-seeking)是指非生产性的寻利活动，是为获得和维持垄断地位进而获得垄断利润的活动。租，是指租金，也就是好处、利益、利润。在完全垄断市场，如图12-1所示，阴影部分的垄断利润即为租金。当一个企业家成功地开发了一项新产品或发明了一项新技术时，该企业就能获得高于其他企业的超额利润。可以把这种活动称为创租活动，或者可称为寻利活动。当其他企业家看到应用这一新技术或生产这一新产品有(超额)利可图时，就会纷纷效仿，努力进入这一市场，从而降低了该产品价格并逐渐缩小超额利润(租)。后者的行为属于寻利行为。

存在限制市场进入或市场竞争的制度或政策是寻租产生的条件，即寻租往往与政府干预的特权有关。在政府干预的条件下，寻利的企业家发现寻利有困难，转而进行寻租活动，取得额外的收益。寻租活动有合法与非法之分。企业利用政府的特殊政策维护自身的独家垄断，或向政府争取更为优厚的待遇，这样的活动属于合法的寻租行为。而企业或个人为了获得相关利益向政府行贿则属于非法的寻租活动。

寻租有三个层次，一是对政府活动所产生的额外收益的寻租；二是对政府肥缺的寻租；三是对政府活动所获得的公共收入的寻租。例如对汽车的购买数量进行限制，即只发放一定数量的牌照。这时寻租的活动在以下三个层次上进行。

一是直接获取牌照的寻租。这时，没有牌照数量限制与有汽车牌照数量限制之间的收益差额就是寻租的空间。这一层次的寻租是通过竞争性拍卖牌照获得报酬的方式来实现的。如果拍卖过程是充分竞争的，那么牌照的价格就是寻租的空间，由于该寻租空间已经表现为价格，已经不值得寻租，因此寻租活动在这一层次会消失。当然，拍卖是需要高额费用的，这一费用实际上就是非生产性的支出，也就是为了遏制寻租活动而额外支出的费用。并且，只要制度是需要成本的，其寻租的可能性总是存在的，腐败也自然随时会产生。

二是对政府肥缺的寻租。第一层次寻租空间的消失，并不意味着寻租活动真的消失了。实际上寻租活动会转向第二个层次。这就是对政府肥缺的寻租。一旦汽车牌照是有价值的，汽车管理部门就成了肥缺，潜在的个人就会在退出汽车牌照寻租的同时转入政府肥缺或者能获得拍卖的收益的职位的寻租。当这些职位能够获得拍卖汽车牌照的收入时尤其如此。当然，如果把拍卖汽车牌照的收入变成政府的财政收入，严格实施收支两条线，或者政府职位竞争上岗，通过竞争的方式付给报酬，这一领域的寻租活动也会减少，甚至消失。但严格实施收支两条线并非没有成本，政府职位竞争上岗的制度设计更为复杂，因此寻租空间总是可能存在的，腐败空间也总是难以消除的。

三是对政府收入的寻租。政府通过拍卖汽车牌照获得了收入，并将其变成公共财政的一个来源。公共财政的基本原则是“取之于民，用之于民”，但是公共财政的收入和支出过程中，其收入用于什么民，用多少，大有文章可做。

寻租活动的消极影响主要体现在如下几个方面：

(1) 社会资源的浪费；

(2) 经济效率的下降；

(3) 社会财富的分配不公；

(4) 造成社会公害；

(5) 给实现现代化造成致命的障碍；

(6) 给官员腐败滋生温床等。

案例12-1 上海牌照拍卖制度

上海私车牌照拍卖始于1986年，真正意义上的拍卖制度建立于1992年。为解决上海交通拥堵的状况，1994年开始首度对新增的客车额度实行拍卖制度，上海开始对私车牌照实行有底价、不公开拍卖的政策，购车者凭着拍卖中标后获得的额度，可以去车管所为自己购买的车辆上牌，并拥有在上海中心城区(外环线以内区域)使用机动车辆的权利。

由于每个月额度只有几千辆，致使原本车管所发放的价值人民币140元的两块印有车辆牌号的铁牌子变得异常紧俏，甚至一度超过了黄金价，上海牌照拍卖制度由此也备受争议，要求取消之声也不绝于耳。

早在2004年5月24日，时任国家商务部部长助理黄海就点名批评上海市拍卖私车牌照的做法违反了《中华人民共和国道路交通安全法》。

在两会上，人大代表也积极提议，希望上海能取消牌照拍卖。对此，上海市政府发言人多次说过，拍卖牌照只是一种阶段性的政策，不可能长期存在。而在回应2012年年初两会上人大代表蒋建华书面意见时，市发改委、交通港口局等部门也明确表示：本市将适当增加机动车额度投放总量，研究详细的可替代方案，为现行额度拍卖适时退出做好准备。

此前，有消息称上海有望在世博会结束后取消私车牌照拍卖，不过，上海交通运输与港口管理局有关领导在一个论坛上，又明确表示上海暂缓取消拍牌，并表示正是因为十多年来，上海采取的牌照拍卖政策，十多年间减少了120万辆汽车，取得了很大成就。

推出牌照拍卖制度后，上海也一直在进行研究是否有更好的替代方式。此前由上海市建委主任熊建平牵头，曾进行过拥挤收费方面的课题研究。

对城市拥挤进行收费，这是英国治理城市拥堵的一种方式，被称为“伦敦模式”。伦敦从2003年开始，就开始收取“拥挤费”。借鉴伦敦模式，上海市2002年版本的《上海市城市交通白皮书》就提出要“实行拥挤道路收费”的政策思路。

尽管政府部门发出车牌拍卖制度取消的信号，但上海的车牌价格却出现了强烈反弹。2012年的一次上海车牌拍卖于3月29日在安亭结束，有63 534人参与竞拍9300个被投放的车牌。当日的车牌平均中标价格为32 169元，比上次平均中标价格反弹了近1万元。二手车市场内的牌照价格爬升速度更是惊人。据记者掌握的信息，自从1月份车牌竞拍之后，车牌在二手车市场上的价格从45 000元一度跌落到30 000元。3月份，车牌竞拍平均中标价开始回升。不过，据业内人士分析，此次的价格反弹系技术性反弹。这位业内人士告诉记者，2012年车牌价格大幅度涨价，主要是受到短期可观利润和投机心理影响。他认为：

"车牌价格仍在政府宏观掌握中，政府既然有放开牌照的倾向，可利用大量投放额度等手段再次打压囤积行为。"

2012年3月下旬，上海市城市交通管理局副局长五一表示："上海车牌拍卖制度只是一个过渡性的政策，在公共交通逐渐发展成熟之后，车牌拍卖政策会慢慢淡化，直到最后淡出。"上海信息中心汽车研究室主任朱君奕认为："目前的拍卖制度恐怕要延续到世博会之后，到2012年，车牌拍卖的历史才会终结。"

资料来源：根据2012年中国广播网资料整理

2. 外部性与公共物品

在前面的研究中，经常隐含着一种假设：单个消费者或生产者的经济行为对社会上的其他人的福利不产生影响。但在实际的生产经营与消费活动中，单个消费者或生产者的行为往往会对其他人或社会的经济活动产生重要的影响。

所谓外部性(Externality)就是个体行为对他人福利的影响。外部性有正外部性与负外部性之分，正外部性(Positive Externality)是指个体从其活动中得到的私人利益小于该活动所带来的全部利益，也称为外部经济；负外部性(Negative Externality)是指个体在其所从事的活动中所付出的私人成本小于该活动所造成的全部社会成本，也称为外部不经济。

除此以外，外部性还可以划分为生产的外部性和消费的外部性。无论是生产的外部性还是消费的外部性，都有正外部性和负外部性之分。

外部性之所以会造成市场失灵主要是因为以下原因：

(1) 在个体不承担外部成本的时候，他们所决定的产量总是会超过社会有效率的产量，造成社会效率的损失，例如，污染的负外部性；

(2) 在个体获得的利益小于社会的整体利益时，他们所决定的产量低于社会有效率的产量水平，从而造成社会效率低下，例如，教育的正外部性；

(3) 消费也会对其他人造成一些损害和影响，但单个消费者根据自己获得的效用水平来决定消费量，从而使消费量偏离了社会有效率的产量水平，造成部分效率的损失，例如香烟的负外部性。诸如此类的外部性都会导致社会效率的损失，造成市场失灵。

除了外部性之外，公共物品的存在也会产生市场失灵。

公共物品是指公共使用或消费的物品。公共物品是可以供社会成员共同享用的物品，严格意义上的公共物品具有非竞争性和非排他性。商品的排他性是指商品的生产者或者购买者可以很容易地把他人排斥在获得该商品带来的利益之外；商品的竞争性是指消费商品的数量与生产这一数量的成本有关。因此，商品的非竞争性是指某人对公共物品的消费并不会影响别人同时消费该产品及从中获得效用，即在给定的生产水平下，为另一个消费者提供这一物品所带来的边际成本为零。而非排他性则是指某人在消费一种公共物品时，不能排除其他人消费这一物品(不论他们是否付费)，或者排除的成本很高。

一般来说，可以将公共物品划分成以下两大类。

(1) 准公共物品：准公共物品具有有限的非竞争性和局部的排他性。即超过一定的临界点，非竞争性和非排他性就会消失，拥挤就会出现。准公共物品可以分为两类：第一类是公益物品，如义务教育、公共图书馆、博物馆、公园等。第二类则是公共事业物品，也称自然垄断产品，如电信、电力、自来水、管道、煤气等。

(2) 纯公共物品：纯公共物品具有完全的非竞争性和非排他性。通常不具有排他性或(和)竞争性，一旦生产出来就不可能把某些人排除在外的商品称为(纯)公共物品。如国防和灯塔等，通常采用免费提供的方式。在现实生活中并不多见。

公共物品的这些特点使消费者自己不愿意去购买该类产品，但另一方面又等着别人去购买，自己可以从别人的购买中得到好处，这一现象被称为搭便车。公共物品中搭便车现象的存在会造成市场的价格机制无法发生作用，即市场失灵。

3. 不完全信息——信息不对称

一般来说，信息对生产者、消费者和生产要素所有者来说都是非常重要的。在微观经济学的很多研究中，例如在完全竞争市场中，假设市场具有完全信息，市场上的买卖双方能充分掌握商品信息，即信息完全对称(Symmetric Information)。但实际生活中的市场更为常见的是不完全信息，即信息不对称(Asymmetric Information)，是指市场上买方与卖方所掌握的信息具有不对称性，其中的一方比另一方掌握的信息要更多些。也就是说，信息不对称是指某些参与人拥有但另一些参与人不拥有某些信息。可以从两个角度来划分非对称性：信息不对称发生的时间与内容。

从时间上来看，信息不对称可能发生在当事人签约之前，也可能发生在签约之后，可称之为事前非对称信息与事后非对称信息。研究事前信息不对称的模型主要是逆向选择模型，研究事后信息不对称的模型主要是道德风险模型。

从信息不对称研究的内容来看，信息不对称的研究内容可以是参与人的行动，也可以是某些参与人的知识。研究参与人不可观测行动的模型主要是隐蔽行为模型，研究参与人不可观测知识的模型主要是隐蔽知识模型或隐蔽信息模型。

一般来说，信息不对称产生的原因主要有以下三种。

(1) 信息收集的困难性或不可能性。一般而言，来自社会各个阶层的需求方或供给方是很难将大量的信息收集全面的，并且，需求具有易变性，这就导致完全信息收集几乎是不可能的。加上信息收集充分的成本比较大，就使得市场上的交易双方很难去掌握完全信息。

(2) 信息的传递会失真。即使前面收集的信息比较充分完全，在后续的层层传递过程中也会导致信息失真，这也造成了信息不对称的产生。

(3) 信息的正确处理具有困难性和不可能性。即使在前面的信息收集过程中已经收集到充分的信息，但是在处理这些信息时，必须在一定的科学处理方法下确定无数个变量并求解，这就为完全信息的掌握带来了一定的困难。如果信息的处理时间较长，又会增加时滞效应对市场供求状况反映的不及时性。

上述因素导致了信息不对称的产生，并导致市场失灵。

信息不对称的市场的基本形式可划分为三种：一是因为买主与卖主之间的信息差别而产生的信息不对称市场；二是因为买主与买主之间的信息差别而产生的信息不对称市场；三是因为卖主与卖主之间的信息差别而产生的信息不对称市场。

12.2 信息不对称与柠檬市场

下面，我们重点探讨信息不对称市场的行为与理论模型，并分析由于信息不对称所导致的市场失灵现象与影响。

12.2.1 柠檬市场的含义

柠檬市场是在分析信息不对称时提到的概念，旨在说明逆向选择导致了市场的低效率，即市场失灵。

柠檬，在美国俚语中表示不中用的东西或次品。柠檬市场(The Market for Lemons)也称次品市场，或称阿克洛夫模型，是指信息不对称的市场，即在市场中产品的卖方对产品的质量拥有比买方更多的信息。柠檬市场效应则是指在信息不对称的情况下，好的商品往往遭到淘汰，而劣等品会逐渐占领市场，从而取代好的商品，导致市场中都是劣等品。一般而言，信息不对称的存在会导致柠檬市场逐步萎缩，甚至在极端情况下消失，这就是信息经济学中的逆向选择。

柠檬市场的存在是由于商品的真正价值通常并不被买方知道和了解，市场交易的一方只能通过市场上的平均价格来判断平均质量，由于难以分清商品好坏，因此也只愿意付出平均价格。由于商品优劣不等，提供好商品的卖方在平均价格以下的自然就要吃亏，提供坏商品的一方则受益。于是好商品便会逐渐退出市场。这样，市场上平均质量又因此而下降，于是平均价格也会下降，导致真实价值处于平均价格以上的商品也逐渐退出市场，最终市场上就只剩下坏商品。这样，消费者便会认为市场上的商品都是质量差的，就算面对一件价格较高的好商品，都会难以信任，为了避免被骗，最后还是选择价格较低的质量差的商品。

典型的柠檬市场主要有：二手车市场、保险市场、货币市场和劳动力市场。

12.2.2 二手车市场

二手车市场，只是柠檬市场的一个特例。比如对于新的产品你可以认牌子，厂商可以提供品质保证，减少了信息的不对称。而在二手车市场里都是旧货，光看品牌是不能保证你买到的就一定是质量好的产品。在二手车市场里由于信息不对称十分严重，所以买东西的人只愿意出最低的价格。而在低价格下也就只会有人愿意卖那些质量比较差的商品。

在二手车市场，显然卖家比买家拥有更多的信息，两者之间的信息是非对称的。买者肯定不会相信卖者的话，即使卖家说得天花乱坠。买者唯一的办法就是压低价格以避免信息不对称带来的风险损失。买者过低的价格也使得卖者不愿意提供高质量的产品，从而低质品充斥市场，高质品被逐出市场，最后导致二手车市场萎缩。

下面从一个二手车市场的实例出发来探讨二手车市场上由于信息不对称所产生的市场失灵问题。为了能够更清晰地说明信息不对称问题，我们从完全信息市场和信息不对称市场两个角度来进行分析。

1. 完全信息的二手车市场

假定有两种二手车——高质量车和低质量车。再假设买方和卖方具有完全信息，即买方和卖方都知道哪一款车质量高，哪一款车质量低。如图12-2(a)所示，D_H是高质量车的需求曲线，S_H是供给曲线。同理，图12-2(b)中的D_L是低质量车的需求曲线，S_L是供给曲线。在任何给定的价格下，供给曲线S_H都高于S_L，因为高质量车的车主只有在得到较高的价格下才愿意出售。同样，需求曲线D_H也高于D_L，因为买主愿意为得到一辆高质量的车而支付的价格也会比较高。

现在假设，在旧车市场里高质量车与低质量车并存，每200辆二手车中有100辆质量较好、100辆质量较差。

买主出价：低质量车5万元/辆，高质量车10万元/辆。

卖主要价：低质量车8万元/辆，高质量车15万元/辆。

如果买卖双方都了解两种旧车的真实质量，则低质量车的交易价格在5万元～8万元之间，如图12-2(b)所示；高质量车的交易价格将在10万元～15万元之间，如图12-2(a)所示。高质量车的最终成交价为13.5万元，低质量车的最终成交价格为6.5万元，在完全信息的情况下，价格机制调节市场供求并最终形成市场均衡。

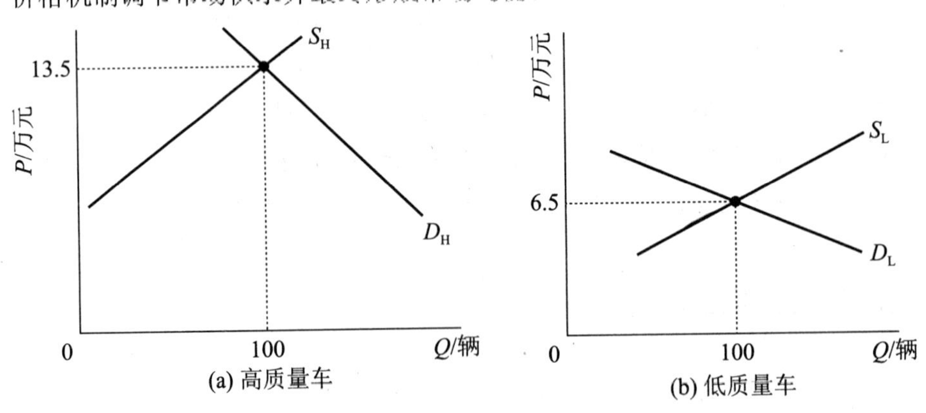

图12-2　完全信息的二手车市场

2. 信息不对称的二手车市场

我们知道，实际生活中的二手车市场上，卖者往往比买者更了解二手车的优点和缺点(甚至是质量问题)，买者也深知其中的风险，因此买者会将所有的车都看成中等质量的车，只愿意出一个中等的价钱来购买。那么，在信息不对称的二手车市场上会发生什么呢？

现在假设在二手车市场里高质量车与低质量车并存，每200辆二手车中有100辆质量较好、100辆质量较差，质量较好的车在市场中的价值是20万元，质量较差的价值是10万元。二手车市场的特性是卖方知道自己的车是好车或坏车，但买方在买卖交易时无法分辨。在买方无法了解车子的好坏时，聪明的卖方知道，无论自己手中的车是好车还是坏车，宣称自己的车是好车一定是最好的策略，反正买方无法分辨。尽管市场中有一半好车、一半坏车，但如果你去问车况，卖方必有一个统一的答案——我们的车是好车。但消费者知道，他买的车有一半机率是高质量车，有一半机率是低质量车，因此最高只愿出价15万元(15=10×0.5+20×0.5) 买车。

此时，市场拥有好车的原车主开始惜售，一台20万元的好车却只能卖到16万元，有一些车主宁愿留下自用，亦不愿忍痛割爱，因此好车逐渐退出市场。当部分好车退出市场时，情况变得更糟。举例而言，当市场中的好、坏车比例由1∶1降到1∶3时，消费者此时只愿花11.5万元(11.5=10×3/4+16×1/4) 来购买车，车市中成交价降低(由15万元降至11.5万元)迫使更多的好车车主退出市场，到最后，车市中只剩下坏车在交易，买卖双方有一方信息不完全，因而形成了一种市场的无效率性(好车全部退出市场)。

在图12-3中，D_M是中等质量车的需求曲线，它高于D_L但低于D_H。现在，市场上愿意出售的高质量的车迅速减少，假设减少到50辆，而低质量的车却增加了，假设增加到150辆，即需求曲线D_L向D_M移动。

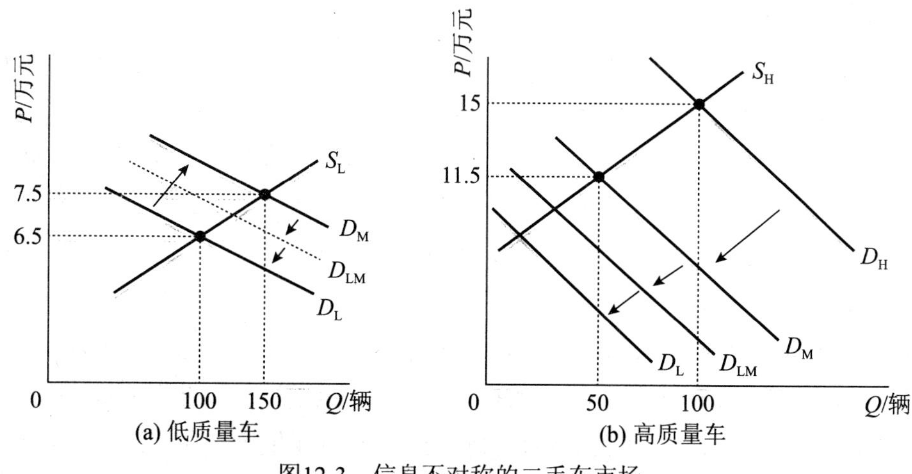

图12-3　信息不对称的二手车市场

在这种情况下，消费者很快就会明白，大多数卖出的二手车都是质量差的车，如图

12-3中所示，需求曲线开始水平向左移动，形成新的需求曲线D_{LM}。这表明，一般情况下，二手车市场出售的车是中低质量的，好车少之又少，这会促使消费者的需求发生转移，需求曲线进一步从D_{LM}向D_L移动，导致市场上车的组合进一步向低质量靠拢。这一转移还将继续下去，那么二手车市场上车的价格就会在5万元～8万元之间，直至低质量车全部售光。

这样，过低的市场价格又加剧了高质量车无法进入市场销售的局面，而消费者就更确信，市场上的任何一辆车质量都不会好，最终的结果是市场上的需求曲线就是D_L曲线。

也许图12-3所描述的例子过于极端，实际市场上可能会有少部分高质量车能够在市场均衡价格上出售。但是，高质量车的数量肯定低于消费者购买前所了解到的数量。由于信息不对称，在二手车市场上，高质量车被低质量车驱逐出市场，严重破坏了市场机制作用的发挥。

二手车市场的例了说明，如果买者具有完全信息，他就可以在高质量和低质量车之间进行充分的选择。愿意出高价格的买者选择较贵的高质量车，而不愿意多花钱的买者则可以选择价格较低的低质量车。然而，信息不对称导致消费者在购买之前无法对旧车的质量有充分的了解，从而导致旧车市场的平均成交价格偏低，绝大多数高质量车被驱逐出二手车市场，出现了市场失灵。

12.2.3 保险市场

保险市场是指保险商品交换关系的总和或是保险商品供给与需求关系的总和。它既可以指固定的交易场所，如保险交易所，也可以指所有实现保险商品让渡的交换关系的总和。保险市场的交易对象是保险人为消费者所面临的风险提供的各种保险保障及其他保险服务，即各类保险商品。

在保险市场上，信息不对称问题非常严重。为了进一步认识信息不对称对市场有效性的影响，我们来考察和分析保险市场。一般来说，保险的买方经常比保险公司对自己投保的事件发生险情的可能性知道得更多些。例如，重大疾病险的买方对自己的健康状况和因此向保险公司买保险的频率会比保险公司了解得更多些。这样，保险公司只有在其保险品种的费率或定价能够准确地反映可能有多少索赔的情况下，才能弥补其成本，包括保险公司的资金用于金融投资的机会成本。

例如，张三投了重大疾病的保险，那么他在平日里锻炼身体的努力可能会因为投保而发生改变。如果没投保而生病，20万元的损失他自己完全承担；如果花5000元钱投了保，这时候保险公司赔他20万元，他的金钱损失将极小。而注重锻炼和保养是要付出代价的，比如要多买一些保健品，每年花2000元。如果投保人更担心身体健康而再买一些健身器材，会使重大疾病发生的概率下降。保险公司是根据大数定理来获得利润的。如果所有投保重大疾病险的索赔概率都上升，保险公司就可能会亏损。而亏损的生意是没人做的，即无交易，所以没有公司愿意提供重大疾病保险，这对那些不偏好风险的投保人来说是不划算的。这在信息经济学里被称为道德风险，投保前和投保后投保人的行为无法被保险公司观察到。

与之相关的逆向选择是指：每个投保人可能知道自己因不注重保养身体而生病的概率，而保险公司不一定知道这种信息，这样那些觉得自己会生大病的概率比较大的人会更有积极性投保，这样保险公司赔偿的概率也会变高，会更加容易亏损。最终这个保险市场也会消失。这时保险公司为什么不采取大幅度提高保费的办法来获得利润呢？问题在于这时那些犹豫不决的客户可能会选择不保险，而这部分人往往是生病概率比较小的人，因为生病的概率越小，他所能接受的保费就越低。这时保险市场同样难以存在。这就是我们不能通过提高保费的措施使保险市场的逆向选择现象消失的原因。

总之，保险市场出现的逆向选择问题是因为生病的人总是比健康的人更可能需要医疗保险。如果保险公司可以识别谁健康、谁有病，或者什么样的人粗心大意、什么样的人谨小慎微，那么保险公司就可能把保费降低，从而使投保人的数量增加，进而增加保险公司的利润。

12.2.4　劣币驱逐良币

“劣币驱逐良币”是柠檬市场的一个重要应用，也是经济学中的一个著名定律。该定律是这样一种历史现象的归纳：在铸币时代，当那些低于法定重量或者成色的铸币——劣币进入流通领域之后，人们就倾向于将那些足值货币——良币收藏起来。最后，良币将被驱逐，市场上流通的就只剩下劣币了。当事人的信息不对称是劣币驱逐良币现象存在的基础。因为如果交易双方对货币的成色或者真伪都十分了解，劣币持有者就很难将手中的劣币用出去，或者，即使能够用出去也只能按照劣币的“实际”而非“法定”价值与对方进行交易。 简单说来，货币是作为一般等价物的特殊商品，当货币的接受方对货币的成色或真伪缺乏信息的时候，就会想办法提供价值更低的交易物，而交易物的需求方(也就是支付货币的一方)相应地也会想办法用更不足值的货币来进行支付，最终导致整个市场充斥劣币。

12.2.5　就业歧视问题

柠檬市场是次品市场。以劳动力市场为例，在信息不对称的情况下，雇主只愿意付最低的工资，因此也就只有那些劳动效率比较低的工人愿意工作。这实际上是一种没有效率的平衡。如果信息对称的话，雇主按每个人的工作能力来提供相应的工资，那每个人都愿意工作，这样生产力才能达到最大化。

柠檬市场效应同样可以对就业歧视问题进行解释。在国外的一些劳动力市场，有些雇主拒绝将有色人种或少数民族雇佣到一些重要岗位上。这并非因为他们存在偏见，或者非理性，而是其遵循利润最大化原则所产生的后果。因为在缺乏充足、可信的信息的情况下，在这些雇主看来，一个人的种族、肤色便成为其社会背景和素质能力的一个信号。当然，对一个人的素质、能力，教育体系可以给出一个更好的衡量指标。它可以通过诸如授予学位等方法给出更好的信号。正如舒尔茨1964年写到的，教育可以开发一个人的潜能，启迪人的智慧，并可以发现和挖掘一个人的能力，并使其获得社会的认可。实际上，一个没有接受任何训练的工人也完全可能有很好的潜质，但在其被一个公司雇佣以前，这种才能一定要经过教育体系的鉴证。这个鉴证的体系一定要权威，具有可信度。这也是今天我们绝大多数家庭想方设法提高孩子受教育程度的一个很重要的原因。

在美国，有色人种或少数民族接受良好教育的机会很少，大多人是在贫民窟学校完成学业。对于一些雇主而言，在重要的岗位上雇用有色人种或少数民族，这类似于购车者花费较多的金钱在信息不完全的旧车市场上买车。正如购车者会去买一辆新车一样，雇主会在那些他认为可能能力较强者较多的市场中挑选人才。

由此可见，就业歧视问题也是信息不对称所导致的市场失灵的一个重要体现。原理可以用类似于二手车市场的原理图来进行分析，如图12-4所示。

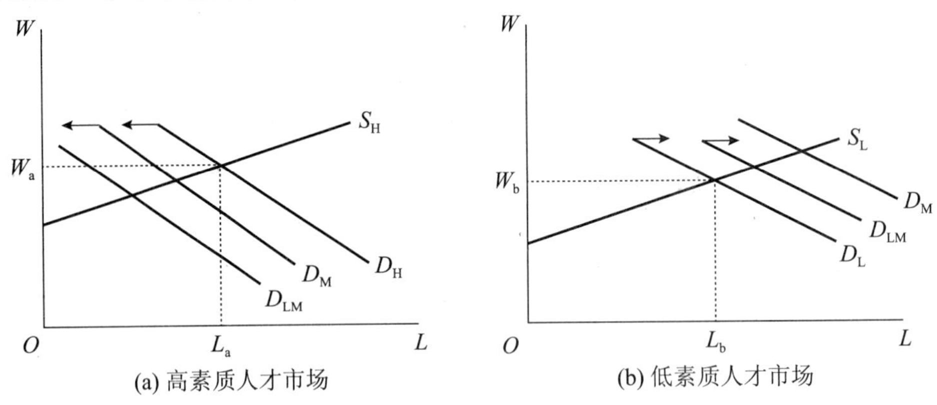

图12-4　信息不对称的就业市场

如图12-4所示，在劳动力市场上，W表示劳动力工资报酬，L表示劳动力数量。假设能力强、生产率高的高素质人才与能力差、生产率低的低素质人才各占50%，分别用S_H和S_L表示能力强、生产率高的人才和能力差、生产率低的人才的市场供给曲线，而D_H和D_L则表示他们的市场需求曲线，在高报酬可以招聘到高素质的人的期望下，S_H和D_H分别高于S_L和D_L，由于信息不对称的原因，均衡时，能力强、生产率高的人和能力差、生产率低的人被录用的数量相等，而前者的报酬高于后者，即$L_a=L_b$，而$W_a>W_b$。由于信息分布的不对称性，企业主最初认为招聘到高素质人才的可能性为50%，从而在报酬方面令能力高的人不满意，部分地退出市场，能力差的人将更多地进入市场，使图12-4中的D_H向左移动至

D_M、D_{LM}；而D_L向右移动至D_{LM}、D_M。结果，高素质人才被录用的数量减少而低素质人才被录用的数量增加，低于企业主的预期。据此，企业主将降低其招聘到能力强、生产率高的人的预期，D_H和D_L将作进一步的移动，甚至直到市场上只有能力差、生产率低的人为止。这种“能力差者驱逐能力强者”的现象，是逆向选择在劳动力市场中的表现形式。

12.3 道德风险

信息不对称导致市场失灵的另一个重要表现是道德风险的存在，下面我们将分析道德风险的含义与特征，并分析道德风险将如何引发市场失灵问题。

道德风险的典型例子发生在保险市场上，是指一个人的行为在购买保险之后可能会发生改变。当了解到购买了保险的保险者可能会改变自身行为时，保险公司不知道人们会采取什么行动，只知道可能会有不利于保险公司的事情发生，造成保险公司赔偿的概率增加，便产生了道德风险。

12.3.1 道德风险的含义

道德风险(Moral Hazard)一词是源于研究保险合同时提出的一个概念。简单地说，由于机会主义行为而带来更大风险的情形称为道德风险。

道德风险是从事经济活动的人在最大限度地增进自身效用的同时做出不利于他人的行动，或者当签约一方不完全承担风险后果时所采取的使自身效用最大化的自私行为。它一般存在于下列情况：由于不确定性和不完全的或者限制的合同使负有责任的经济行为者不能承担全部损失(或利益)，因而他们不承担他们的行动的全部后果。同样，也不享有行动的所有好处。显而易见，这个定义包括许多不同的外部因素，可能导致不存在均衡状态的结果，或者均衡状态即使存在，也是没有效率的。

12.3.2 道德风险的特征

(1) 内生性特征。内生性特征即风险雏形形成于经济行为者对利益与成本的内心考量和算计，利益的驱使是道德风险出现的重要原因。

(2) 牵引性特征。牵引性特征是指风险的制造者都容易受到利益诱惑而以逐利为目的。

(3) 损人利己特征。损人利己特征是指即风险制造者的风险收益都是对信息劣势一方利益的不当攫取，即风险制造者(Risk-Maker)与风险承担者(Risk-Taker)之间存在信息不对称。

12.3.3 道德风险的效应

道德风险并不仅仅是保险公司的问题，它同时也对市场有效配置资源产生不利影响。例如，我们考察一个出租车司机购买保险以后的情形。在图12-5中，*D*表示对汽车每天行驶里程数的需求曲线，即平均收益线(AR)，纵轴表示每公里的行驶成本，随着行驶成本——价格的提高，有些人会找到替代品，因此需求会减少。

假设保险公司能准确地衡量出租车行驶的里程数，并且按照行驶的公里数收费，则行驶成本中就包含了保险成本，就不会存在道德风险。这时，出租车司机知道行驶的里程越远就会增加他的保险费。在图12-5中，行驶的边际成本用MC曲线表示，每天行驶的最佳里程由均衡点E_1表示。每天行驶300公里是有效率的行驶公里数，每公里的边际成本为1.30元(其中0.3元为保险成本)。

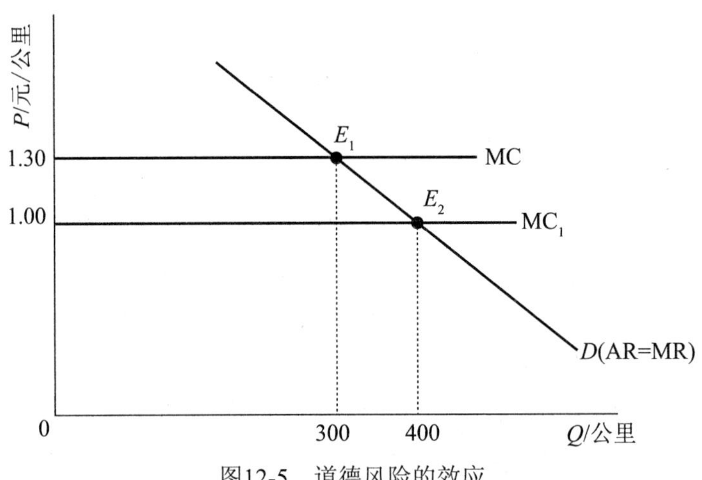

图12-5　道德风险的效应

在实际生活中，保险费与行驶里程无关，都是一次性购买付费的。这时，事故率的高低主要取决于驾驶员的驾驶习惯，而保险公司难以控制个人的驾驶习惯，结果便产生了道德风险问题。由于出租车司机的保险费在某一时期是固定成本，不随行驶的里程数变化。随着每天行驶公里数的增加，每公里的边际成本也在下降。如图12-5所示，额外行驶一公里的成本将下降为1.00元，对于出租车司机来说，这时，每天行驶的有效里程数就会从300公里增加到400公里，对社会来说，这是无效率的水平。

在本例中，之所以会产生社会无效率的产出水平主要是因为参加保险之后，个人与社会对成本或收益的看法不一致。有了道德风险之后，社会的边际成本高于驾驶员所看到的边际成本，因此，驾驶员每天行驶的公里数便超过了社会有效率的公里数，道德风险因此而产生。

案例12-2　　**警惕基层员工道德风险问题**

河北省邯郸市市民雷先生称从农行和平路一网点取了15万现金，封条没打开就去了工行存款，工作人员却发现里面有1张面值100元的假钞，随即依法没收。雷先生觉得奇怪，更觉得委屈。奇怪的是银行里怎么会流出假钞？而委屈的是，当他拿着存款行开具的没收假钞的证明和封条回到取款行要求赔偿时，却遭到“离柜出门概不负责”的拒绝。

而银行似乎也有满肚子委屈。银行内部有诸多条条框框的规章制度杜绝假钞，从收款到出库都是层层把关，也不可能出现假钞。

但是，凡事都不是绝对的。这事儿用不着专家和专业的法律工作者分析，原因只有一个，就是人的问题，就是道德风险依然存在的问题。第一种可能，不排除取款人在途中做了手脚，用了“偷梁换柱”手法；另一种可能，就是银行工作人员不严格按照规定执行，致使假钞在眼皮底下溜过。同时，也不排除个别素质低下的银行工作人员从中做手脚。

银行流出假钞事件不是个案，且屡屡发生，情节大致雷同。这充分说明，道德风险依然存在，防范道德风险仍然是我们面临的一项艰巨而长久的任务。首先，规章制度是必不可少的防范基础，贯彻落实是防范风险的必要措施，加强教育和严格的行为约束是防范道德风险的关键。目前，银行实行的柜员制似乎应该改革一下。“双人临柜”“交叉复核”等传统的业务模式不应该全部废弃。

不管雷先生的官司是否打，能否打赢，也不管银行方面“离柜出门概不负责”的规定对与错，这都不是问题的关键。关键是那张假钞从何而来？又是怎样混进成捆的真币当中？但愿假钞事件能给我们敲响防范道德风险的警钟，但愿类似事件不再发生。

资料来源：根据2008年1月8日河北金融网资料整理

12.4 效率工资与偷懒模型

12.4.1　效率工资

当劳动力市场是完全竞争市场的时候，市场均衡时是有效率的，因为所有需要找工作的人都能在市场上找到适合自己的工作并获得竞争性工资，同时，所有要雇佣员工的企业也能在竞争工资下雇佣到工人。但现实生活中，几乎每个国家都存在大量的失业者，许多失业者甚至可以在比劳动市场竞争工资更低的工资水平下工作。但为什么我们看不到企业降低工资从而增加社会就业量呢？效率工资理论解释了这一切。

效率工资理论(Efficiency Wage Theory)的基本假说就是工资和效率的双向作用机制，即生产率高的工人理应得到高工资，工资依赖于工人的生产率，而另一方面工人的生产率也依赖于工资，工人的行为常受到工资的影响，例如，工资的高低可以影响工人的偷懒程度、辞职率、工作士气和对雇主的忠诚度等。

简言之，效率工资是指企业为了提高工人的生产率而支付的高于均衡工资的工资。效率工资理论认为，企业发现支付高工资是有利可图的，因为这样做能够提高工人工作的努力程度。现实表明，该理论在一般情况下是正确的，因为有很多企业支付给自己工人的工资高于同行业的市场平均工资。

偷懒模型对效率工资理论进行了很好的解释。

12.4.2 偷懒模型

偷懒模型(Shirking or Moral Hazard Models)也称为道德危机模型，该模型是对效率工资理论的一种较好的解释。偷懒模型认为雇主由于讯息的劣势无法正确观察到员工真正的努力程度，所以利用给付高于员工机会成本的工资的正面策略，配合开除被抓到偷懒的员工的负面措施，来诱导员工努力工作。

偷懒模型的分析逻辑是：如果一家企业为其工人支付竞争市场的工资水平，如图12-6所示，则员工就有偷懒的动机。即使他们被抓到会被解雇，他们也能在另一家企业立即就业并获得相同的工资水平。在这种情况下，以解雇相威胁并不会构成工人的机会成本，因此工人努力工作的动力就很小。因此，作为一种激励员工努力工作的措施，企业必须向其员工支付高于均衡工资W_e的工资W_1。此时，如果工人由于偷懒而被解雇，到其他企业只能赚到均衡工资的W_e收入，则收入会大受影响。这种没有偷懒行为而形成的工资即为效率工资。一般来说，效率工资高于完全竞争工资。

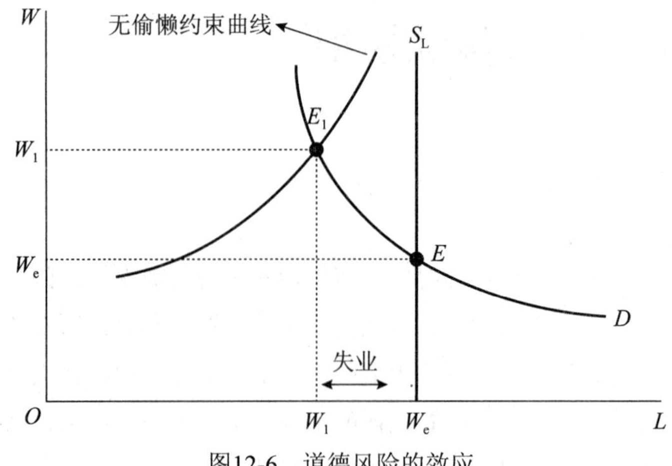

图12-6 道德风险的效应

但是所有的企业都会面临偷懒问题，这样所有企业都要支付高于市场竞争工资W_e的效率工资W_1。这样的结果是不是就一定能消除工人偷懒的动机呢？事实上并非如此。由于所有企业都提供高于市场均衡工资的效率工资W_1，这相当于提高了最低工资，市场上对劳动力的需求就会小于市场均衡的就业数量，从而造成失业。结果是，又会有工人因为偷懒而被解雇，由于正常找工作需要一定的时间，他就需要一段时间才能重新找到工作岗位。这种可预期的情景会诱使工人更加努力地工作。

案例12-3　福特汽车的效率工资

1914年福特汽车公司开始向其工人支付每天5美元的工资。由于当时流行的工资在每天2～3美元之间，所以福特的工资远远高于均衡水平。求职者在福特汽车工厂外排起了长队，希望获得这样的工作机会。

早在1913年以前，汽车生产严重地依赖于技术工人，但是装配线的引进使汽车工厂的生产方式发生了急剧的变化。生产线所需要的技术工人大幅度地减少，这一变化导致1913年福特的人员变动率为380%，1914年上升为1000%，但同时利润急剧下降。在这种情况下，福特需要一个比较稳定的劳动大军，亨利·福特及其商业伙伴詹姆斯·考森斯提供了这种供给，于是便发生了本案例前面的一幕。福特汽车实施高于同行业平均工资水平的效率工资政策的背后不是因为公司慷慨，其目的是吸引较好的工人稳定在其工作岗位上，从而达到企业提高经济利润的最终目的。

福特的动机是什么呢？亨利·福特后来写道："我们想支付这些工资，以便公司有一个持久的基础。我们为未来而建设，低工资的企业总是无保障的。为每天8小时支付5美元是我们所作出的最好的减少成本的事之一。"

从传统经济理论的角度看，福特的解释有点怪。他提出的高工资意味着低成本，而不是高成本。

实际上有证据表明，支付如此高的工资有利于公司。根据当时的一份调查报告："福特的高工资摆脱了惰性和生活中的阻力。工人绝对听话，而且可以很有把握地说，从1913年的最后一天以来，福特工厂的劳动成本每天都在下降。旷工减少了75%，这表明工人的努力程度大大提高了。高工资改善了工人的纪律，使他们更忠实地关心制度，并提高了他们的个人效率。

虽然亨利·福特因此受到同行业的攻击，但是他的效率工资政策成功了。福特汽车的劳动力稳定了，旷工减少了一半，利润从1914年的3000万美元提高到1916年的6000万美元。同时，福特说工资增加确实提高了工人的忠诚度和个人效率。

资料来源：和炳全. 微观经济学[M]. 重庆：重庆大学出版社，2008.

12.5 委托-代理问题

12.5.1 委托-代理理论的产生与发展

处于复杂经济体中的企业管理者比企业所有者能够掌握更为全面的信息，如果能够毫无成本地监督工人，那么企业就能保证每一位工人直至经理们都努力工作。但是，在绝大多数企业中，企业主都无法监督每位员工所做的一切，在员工是否努力工作这件事情上，员工掌握的信息要比企业主多。这种信息不对称便产生了委托-代理问题(Principal-Agent Problem)。

委托-代理问题就是指代理人为追求他们自己的目标，不惜以牺牲所有者的利益为代价的可能性。只要在一种安排中一个人所做的可以决定另一个人的福利，那么委托-代理问题便产生了。在这种委托-代理关系中，行为人是代理人(Agent)，而受其行为影响的另一方则是委托人(Principal)。

代理关系广泛存在着。例如，物业经理可能并不想照业主想要的那样去保养物业；医生作为医院的代理人从事看病服务，他就有可能会挑选病人，并根据个人的偏好而不一定按照医院的标准来诊断病人。

委托-代理的中心问题主要有两个：①信息不对称和代价高昂的监督管理成本对代理人行为的影响；②经理们为业主的利益努力工作的动力机制的产生问题。

委托-代理问题的产生主要是由于委托-代理双方存在一定的信息、目标的不对称。首先，委托人利益的实现取决于代理人的工作，但委托人与代理人之间信息不对称。委托人无法确切地了解代理人的知识与能力等，同时，由于技术上的制约及成本方面的考虑，委托人也不能对代理人的工作行为，如努力程度、有无机会主义做法进行全面的监督，这就导致委托人的主动权和对代理人的有效监控都受到制约。其次，委托人与代理人责任不对称。例如，代理人掌握着企业的经营管理权，却不直接承担企业的盈亏责任，而委托人直接承担企业盈亏的后果，却失去了企业的经营管理权，这种责任上的不对称极大地弱化了对代理人的约束，使得代理人缺乏努力工作和认真负责的压力。最后，委托人与代理人目标不一致，即委托人的目标不同于代理人的目标。例如，拥有企业控制权的经理人作为代理人，一方面追求更高的薪酬、资金等货币效用；另一方面还力图追求更高的非货币效用，如舒适的办公条件、气派的商业应酬以及为了晋升和满足权欲而盲目地扩大企业规模等。而资本所有者所追求的目标是利润最大化，从而实现资本收益的最大化。因此，委托-代理问题随之产生。

12.5.2　委托-代理框架中的激励机制

在现实的企业中，一旦出现委托-代理问题，其后果不仅仅使企业所有者的利润受损，也会使社会资源配置出现无效率，因为在不发生委托-代理问题的情况下，社会可以生产出更多的产品或更高的产量。由此可见，企业所有者应该设计一种激励机制(Incentive Systems)，使工人的工作与企业所有者的目标相一致。

要解决委托-代理问题，企业所有者必须使经理从他努力工作的成果中获得好处或利益。具体来说，企业主可以从企业利润的分配中采取适当的措施来调动经理的工作积极性。通常可以采取两种激励办法：一种是让经理参与利润分享；另一种是根据企业盈利情况给经理发奖金。

当没有办法直接衡量代理人工作的努力程度时，企业所有者采用奖金支付系统可以诱导代理人推进厂商的目标。当然，也可以采用其他方式进行激励。例如，建立一种利润分享系统，使代理人在得到基本工资的基础上还会得到一定比例的利润。只要利润分享系统设计得当，这种系统可以使代理人更加努力工作，同时也能增加企业所有者的利润。

12.6　市场失灵的公共政策

市场失灵意味着一个国家或地区的经济运行无法单纯地由市场机制来进行有效的调节，当市场机制的运行处于一种无效率的状态时，政府干预就成为弥补市场机制不足的重要手段。否则，经济将处于一种无序甚至失控的状态，经济中的相关问题不能获得有效的解决。

在针对市场失灵的政策分析中，主要是以纠正市场失灵从而实现资源的有效配置为出发点进行研究的。通过缓解和消除市场失灵，政府干预提供了提高效率的可能性。

针对市场失灵的种种原因，政府可以分别采取措施以纠正市场失灵问题。下面，我们逐一分析政府针对市场失灵的公共政策。

12.6.1　针对垄断的公共政策

1. 进入管制

政府为了抑制垄断等市场势力的发展，可以对垄断市场的进入条件实行管制。进入管制主要是指政府从市场准入条件方面加以管制，以减少能够进入该类行业的厂商数量，从而避免过度竞争造成对现有规模经济的损害。政府对市场进入壁垒实行管制的主要手段是实施经营许可证制度。许可证的发放需要考察企业的产品安全性、卫生条件达标等情况。

2. 价格管制

与完全竞争厂商相比，完全垄断者总是实行高价格的产量战略，因此，应该对垄断产品实行限价政策，即价格调节或价格管制。政府调节价格的原则是尽可能或者完全消除因为垄断造成的无谓损失。这样，政府就会让调节价等于完全垄断厂商的边际成本。价格与边际成本相等是完全竞争所达到的状况，此时，资源配置实现了最优化。

对于自然垄断的产业，由于其特征是在产业中始终存在着递增的规模报酬，因此，自然垄断厂商的边际成本和平均成本始终是递减的。如果不进行调节，垄断价格太高，产量太低，社会因此产生无谓损失。政府在对该类行业进行价格调节时，不能将其价格定在与边际成本相等的水平上，此时，自然垄断厂商的生产成本无法获得弥补，将出现亏损。因此，对于自然垄断的行业来讲，政府应该把价格调整至使其与平均成本相等的位置，以实现资源的最优化配置。

3. 实施反垄断法

政府对完全垄断的最强烈反应是制定反垄断法或反托拉斯法。反垄断法最早出现在西方国家，美国最为突出，美国政府为反垄断制定了一系列法案。例如，1890年的谢尔曼法、1914年的克莱顿法和联邦贸易委员会法以及1936年的罗宾逊-帕特曼法，等等，这些统称为反托拉斯法。

可见，政府可以通过法律手段来禁止大企业间相互勾结、互相串通来控制产量和价格，规定单个企业所能占据的最大市场份额，一旦超过这个市场份额就将其视为非法垄断，强制该类企业拆分成若干个可以相互竞争的企业。同时，必须采取措施对以控制市场为目的的兼并行为予以控制，从而保证市场竞争性的存在，实现资源的有效配置。

12.6.2 针对外部性的公共政策

外部性集中体现在私人成本与社会成本不相等，或者私人利益与社会利益不相等，从而导致私人实际的产出与社会合意的产出水平不相符。对外部性所产生的问题，政府的解决思路主要是采取政策使外部影响内在化。具体的主要政策手段有以下几种。

1. 税收和补贴

针对外部经济的情况，政府可以对造成外部经济的家庭或厂商给予税收减免或补贴，补贴的额度应该与该家庭或厂商给其他家庭或厂商带来的额外收益相等，从而使该家庭或厂商的私人利益等于社会利益；另一方面，政府可以对造成外部不经济的家庭或厂商采取罚款、征收特别税等惩罚措施，罚款额和征税额应该等于该家庭或厂商给其他家庭或厂商造成的损失额，从而使该家庭或厂商的私人成本等于社会成本。

2. 企业合并

如果政府制定政策能促使产生外部性的厂商或企业自愿合并，那么外部性就消失了，这就是外部性的内在化。当然，政府促使合并的厂商必须是自愿合并，这样，无论是原来的外部经济还是外部不经济问题，就都迎刃而解了。合并后的厂商为了企业整体利益的最大化，将使自己的生产确定在其边际收益与边际成本相等的水平上。由于此时已经不存在外部性的影响，因此合并后的企业成本与社会成本是相等的，企业的收益与社会收益也相等，即社会资源实现了最优配置。

3. 确定产权

在许多情况下，产权不确定、不清晰是导致外部性问题的根源，从而导致市场失灵的出现。如果产权能够清楚地划分并得到充分保障，有一部分外部性问题就可以杜绝。例如，某个水库上游的化工厂使水库的水受污染并使用水者受害。如果给予水库用水者以使用一定质量水源的财产权，则上游的化工厂将由于把下游水库的水质降到特定质量之下而受到惩罚。在此情况下，上游的化工厂便会同下游的水库用水者协商，将这种权利从他们那里买过来，然后再适量排污。同时，遭到损害的下游水库用水者也会使用他们出售污染权而获得的收入来治理受污染的水质。总之，由于污染者为其负面的外部性付出了代价，因此其付出的私人成本与社会成本相一致，会生产社会合意的产量。

产权明晰的观点最早是由1991年的诺贝尔经济学奖获得者罗纳德·哈里·科斯提出的。科斯认为，在产权明晰确定的条件下，通过市场交易就可以解决一部分外部性问题，即科斯定理(Coase Theorem)。科斯定理的含义是：只要财产权是明确的，并且交易成本为零或者很小，那么，无论在开始时将财产权赋予谁，市场均衡的最终结果都是有效率的，能够实现资源配置的最优化。科斯定理与我们的社会生活密切相关，我们生活中存在的诸多社会现象都可以用科斯定理来解释。科斯定理的精华在于发现了交易费用及其与产权安排的关系，提出了交易费用对制度安排的影响，为人们在经济生活中作出关于产权安排的决策提供了有效的方法。在这种理论的影响下，美国和一些国家先后实现了污染物排放权或排放指标的交易。

然而，现实世界中财产权的明确是很困难的，交易成本也不可能为零，有时甚至是比较大的，因此科斯定理所要求的前提经常是不存在的。因此，依靠市场机制矫正外部性是有一定困难的。但是，科斯定理毕竟提供了一种通过市场机制解决外部性问题的一种新的思路和方法。

4. 劝说

外部性问题的出现有部分原因是人们在做决策时没有考虑对他人的影响。如果每个人在做决策时能完全意识到对他人造成的负面影响，就可能使外部性消失。所以人们在做决策时，应尽可能考虑对社会造成的全部成本，而不是仅仅考虑私人成本。

作为政府来说，可以劝导其公民，让他们充分考虑个人行为可能对别人造成的影响，以此来削弱市场失灵。劝说的形式很多，宣传就是一种很重要的形式。例如，林业局可以做广告，提醒人们在野营时要防范森林火灾，不要随处丢垃圾。政府可以号召人们保护土地以防止水土流失，还可以号召人们节约用水、用电以节约能源。虽然这些工作的效果有限，但这是能被人们接受的一种现实可行的方法。

12.6.3 针对公共物品的公共政策

在现实生活中，“搭便车”问题的严重性随着公共物品覆盖的消费者人数的增加而加剧。“搭便车”问题越严重，公共物品由私人来提供的可能性就越小。因此，解决“搭便车”问题的唯一途径就是由政府集中计划生产并根据社会福利原则来进行分配。

1. 公共物品和社会项目评估

政府在确定某种公共物品是否值得生产以及应该生产多少的问题时，经常采用社会项目评估的方法，这是一种在确定公共物品供给决策时应采用的重要方法。社会项目评估是用来评估经济项目和非经济项目的。评估的程序大致是：首先，估计一个项目可能带来的收益以及需要耗费的成本；然后，将收益与成本进行比较；最后，根据比较的结果决定该项目是否值得提供和生产。在把公共物品作为一个社会项目进行评估时，只有在评估的结果是收益大于或至少等于其成本时，该项目才值得提供，否则就不值得。

2. 公共物品的供给方式

由于公共物品的存在经常会导致市场失灵，所以很难依靠市场机制的运行来提供。既然私人不能提供，公共物品就必须由政府来提供。需要注意的是，我们所指的是必须由“政府提供”，并不是说必须由“政府生产”。政府提供是指政府通过预算安排或政府安排通过某种适当方式将公共物品交付给私人企业来进行间接生产，而政府生产则是指政府建立企业直接来生产某种或某些公共物品。在发达的市场经济国家中，公共物品的生产主要是由“国营”“公营”和“私营”三种方式来进行。

3. 公共物品有效提供的决策机制

公共物品的特点决定了该类产品的生产不能由市场机制来解决，因此，该类物品的有效提供需要另一种决策机制。

在民主制度下，对公共物品的支出可以采取投票的方式来决定。投票的方式可以是全民投票表决，即由公民所选举的代表投票表决，也可以由政府有关机构的官员来投票表决。表决可以采取简单多数规则、五分之三多数规则、三分之二多数规则、一致同意规则等多种方式。

尽管投票方式并不总能获得有效率的社会公共支出水平，但是在民主制度下，用投票的方法来决定公共支出方案仍然是一种调节公共物品生产的较好方法。

12.6.4　针对不完全信息的公共政策

针对不完全信息的公共政策包括以下几点。

1. 采取公共管制的办法

采取公共管制的办法是指由政府通过有关法律，并通过执行机构审核生产者的资格，要求生产者公布相关的信息，从而禁止假冒伪劣产品的出现。

2. 实施公共生产

不管是公共生产还是私人生产，生产者的信息总是比消费者全面，但是在公共生产的条件下，企业的利益由国家计划制定，这就可以将企业欺骗消费者的动机予以削弱。

3. 防范逆向选择和道德风险的产生

虽然信息不对称在许多领域中都存在，但不一定都会产生逆向选择问题，产生逆向选择也不一定都需要政府进行干预。如果市场上拥有信息多的一方可以通过市场发送信号消除因信息不对称产生的逆向选择问题，政府就不需要干预。如果信息不对称问题很严重以至于破坏了市场运作时，政府就必须加以干预。政府可以通过采取有力的措施和制定有效的制度来排除逆向选择的影响。

道德风险的防范主要是解决委托-代理问题。委托-代理问题主要是由于信息不对称的存在，信息不对称导致企业所有者无法选择合适的劳动者和采取有效的激励措施。实际上，委托-代理问题不能通过政府的行政干预来解决，因为政府也同企业一样，无法获取雇佣者的全部信息。因此，政府只能从内部增强约束和外部规范竞争两个角度来采取措施。例如，建立经理市场、规范企业间的并购与收购、建立机制监督董事会的行为，等等。

本章小结

1. 价格机制无法充分发挥作用：市场失灵的含义

市场失灵是指市场机制不能有效发挥作用的情况，即在不完全竞争条件下，市场机制会导致资源配置不合理并造成效率损失。

2. 垄断、外部性、公共物品与信息不对称：市场失灵的成因

导致市场失灵的主要原因可以简单概括为三大类：市场势力(垄断)、不完全信息(信息不对称)、外部性及公共物品。其中，信息不对称是造成市场失灵的一个主要原因。在现实生活中，信息不对称会在柠檬市场上产生逆向选择与道德风险问题。委托-代理问题的

产生根源是信息不对称的存在。

3. 柠檬市场：信息不对称市场的典型

柠檬市场，即次品市场。柠檬市场效应的存在使得在信息不对称的情况下，好的商品往往遭到淘汰，而劣等品会逐渐占领市场，从而取代好的商品，最终柠檬市场上都是劣等品。本章重点分析了几种典型的柠檬市场：二手车市场、保险市场、货币市场以及劳动力市场。

4. 激励机制的选择：委托-代理问题的解决方法

信息不对称是委托-代理问题产生的根源。政府可以通过实施一些公共政策来抑制委托-代理问题的不良后果，但要从根本上解决委托-代理问题还得依靠激励机制发挥作用。企业所有者可以通过股权激励等方式来激励代理人更好地为企业实现利润最大化。

5. 公共政策的制定和运用：市场失灵时政府需要采取的措施

市场失灵的主要原因是垄断、外部性、公共物品和信息不对称。为了消除或抑制这些因素对市场机制正常运行的影响，政府可以相应地采取一些公共政策来矫正市场失灵。

思考与练习

1. 什么是市场失灵？有哪些因素会导致市场失灵？在市场失灵的情况下是否一定需要政府干预？为什么？

2. 什么是逆向选择？什么是道德风险？什么是委托-代理问题？

3. 什么是外部性？为什么外部性的存在会使资源配置效率受损？

4. 什么是公共物品？为什么在大多数情况下公共物品只能由政府来提供？

5. 委托-代理问题的解决必须依靠政府的行政干预吗？为什么？

6. 什么是效率工资？为什么效率工资能减少或避免工人的偷懒行为？

7. 逆向选择和道德风险是如何影响劳动力市场的？企业可以采取哪些举措来解决这种问题？

8. 污染控制的目标是消除污染吗？如何达到污染控制的最佳水平？

9. 请解释当存在负外部性时，如何运用税收手段达到有效率的产量水平？

10. 什么是科斯定理？一些西方学者为什么会认为规定产权办法可解决外部影响问题？

11. 假定一个社会由A和B两人组成。A对某公共物品的需求为$Q_A=100-P$，B对该公共物品的需求为$Q_B=200-P$。

(1) 如该物品是一种纯粹的公共物品，在每一单位产品的边际成本为120元时社会最优产出水平是多少？

(2) 如该物品由私人厂商生产，会有多少单位产出？

(3) 如由政府来生产该物品的最优产出水平，成本为多少？A和B各应为这种公共物品消费缴纳多少税收？

12. 一个养蜂人住在一个苹果园旁边。果园主人由于蜜蜂而受益，因为每箱蜜蜂大约能为一亩果树授粉。然而果园主人并不为这一服务付任何费用，因为蜜蜂并不需要他做任何事就到果园来。蜜蜂不足以对整个果园的全部树木授粉，因此，果园主人必须以每亩树10元的成本，用人工来完成授粉。

养蜂的边际成本为MC=10+2Q，公式中，Q是蜂箱数目，每箱产生20元的蜂蜜。

(1) 养蜂人将会持有多少箱蜜蜂？

(2) 这是不是经济上有效率的蜂箱数量？

(3) 什么样的变动可以产生更有效率的运作？

13. 假设平安保险公司正在考虑发行三种盗窃险：

(1) 赔偿全部损失；

(2) 赔偿1000元免赔额以上的全部损失；

(3) 赔偿80%的损失。

问：哪一种保险单最可能产生道德风险问题？为什么？

14. 小张的麦田和小李的牧场相邻，她们相处得很好，因此她们之间的交易成本很低。她们之间存在的唯一问题是小李的羊群偶尔会跑到小张的麦田里吃麦苗。建铁栅栏可以阻止羊群进入麦田。假定羊群每年吃麦苗造成的减产价值是1000元，每年铁栅栏的成本是1500元。

(1) 如果小张有权利拥有不受羊群侵犯的麦田，小张和小李会达成怎样的私人解决方案？

(2) 如果小李有权利让羊群偶尔侵犯麦田，小张和小李会达成怎样的私人解决方案？

(3) 该问题说明了什么道理？

15. 随着低质量产品把高质量产品逐出市场，非对称信息会降低市场上出售产品的平均质量。对于那些非对称信息严重的市场，你是否同意下列意见？并作简要解释。

(1) 政府应当对消费者的投诉给予奖励；

(2) 政府应当实施质量标准，例如不允许厂商出售低质量产品；

(3) 政府应当要求所有的厂商提供内容全面的质量保证书；

(4) 由高质量产品的生产者提供一项内容全面的质量保证书。

16. 为什么真实的广告可以促进市场的竞争和提高消费者的福利？为什么虚假广告会降低市场的竞争性？

参考文献

[1] [美] R. 格伦・哈伯德，安东尼. P. 奥布赖恩. 经济学(微观部分)[M]. 张军，等，译. 北京：机械工业出版社，2007.

[2] [美] 迈克尔・帕金. 微观经济学[M]. 张军，译. 北京：人民邮电出版社，2007.

[3] [美] R. S. 平狄克，D. L. 鲁宾费尔德. 微观经济学[M]. 张军，校.高远，等，译. 7版. 北京：中国人民大学出版社，2009.

[4] [美] N. 格里高利・曼昆. 经济学原理(微观经济学分册)[M]. 梁小民，译. 4版. 北京：北京大学出版社，2007.

[5] [美] C. R. 麦克康奈尔，S. L. 布鲁伊. 经济学[M]. 陈晓，等，译. 14版. 北京：北京大学出版社，2000.

[6] [美] 斯蒂格利茨.《经济学》小品和案例[M]. 王尔山，等，译. 北京：中国人民大学出版社，1998.

[7] [美] H. 范里安. 微观经济学：现代观点[M]. 费方域，等，译. 上海：上海三联书店，上海人民出版社，1994.

[8] [美] 保罗・萨缪尔森，威廉・诺德豪斯. 微观经济学[M]. 肖琛，等，译. 18版. 北京：人民邮电出版社，2008.

[9] 黎诣远. 西方经济学——微观经济学[M]. 3版. 北京：高等教育出版社，2007.

[10] 高鸿业. 西方经济学(微观部分)[M]. 5版. 北京：中国人民大学出版社，2011.

[11] 梁小民. 微观经济学[M]. 北京：中国社会科学出版社，1999.

[12] 黎诣远. 西方经济学[M]. 北京：高等教育出版社，1999.

[13] 尹伯成.现代西方经济学习题指南(微观经济学)[M]. 上海：复旦大学出版社，1996.

[14] 黄亚钧，姜纬. 微观经济学教程[M]. 上海：复旦大学出版社，1995.

[15] 张维迎. 博弈论与信息经济学[M]. 上海：上海人民出版社，2000.

[16] 和炳全. 微观经济学[M]. 重庆：重庆大学出版社，2002.

[17] 范家骧. 微观经济学[M]. 2版. 大连：东北财经大学出版社，2007.

[18] 苏素. 微观经济学[M]. 北京：科学出版社，2012.

[19] 叶德磊. 微观经济学[M]. 4版. 北京：高等教育出版社，2013.

[20] 吴虹. 西方经济学(微观部分)[M]. 武汉：湖北科学技术出版社，2012.

[21] 张元鹏. 微观经济学(中级教程)[M]. 北京：北京大学出版社，2011.

[22] 吴中宝. 寡头战争(谷歌战苹果)[M]. 北京：中国经济出版社，2011.

[23] 杨小凯. 当代经济学与中国经济[M]. 北京：中国社会科学出版社，1997.

[24] 庞辉，李庆杨，等. 经济学[M]. 沈阳：辽宁大学出版社，2010.

[25] 宋学丛. 经济学(微观)[M]. 大连：大连理工大学出版社，2009.

[26] 卢锋. 我国粮食贸易政策调整与粮食禁运风险评价[J]. 中国社会科学，1998(2): 33-47.